Peter Stein
Das kirchliche Selbstbestimmungsrecht im Arbeitsrecht und seine Grenzen

Das HSI ist ein Institut
der Hans-Böckler-Stiftung

Band 47
HSI-Schriftenreihe

Das kirchliche Selbstbestimmungsrecht im Arbeitsrecht und seine Grenzen

Peter Stein

BUND
VERLAG

Bibliografische Information der Deutschen Nationalbibliothek
Die Deutsche Nationalbibliothek verzeichnet diese Publikation
in der Deutschen Nationalbibliografie; detaillierte bibliografische Daten
sind im Internet über http://dnb.d-nb.de abrufbar.

@ Bund-Verlag GmbH, Emil-von-Behring-Straße 14, 60439 Frankfurt am Main, 2023

Umschlaggestaltung: A&B one Kommunikationsagentur GmbH, Berlin
Satz: Reemers Publishing Services GmbH, Krefeld
Druck: CPI books GmbH, Birkstraße 10, 25917 Leck

ISBN 978-3-7663-7295-6

www.bund-verlag.de

Vorwort

Die Kirchen und ihre Einrichtungen beschäftigen 1,8 Millionen Arbeitnehmer*innen. Sie betreiben zahlreiche Einrichtungen der Wohlfahrtspflege und sind nach wie vor für viele Menschen eine moralische Institution. Doch wichtige Teile des Arbeitsrechts finden hier nur eingeschränkt Anwendung. Als rechtliche Begründung werden oft die Grundsätze des kirchlichen Selbstbestimmungsrechts sowie der Dienstgemeinschaft herangezogen.

Die amtierende Bundesregierung hat sich im Koalitionsvertrag darauf festgelegt, zu prüfen, „inwiefern das kirchliche Arbeitsrecht dem staatlichen Arbeitsrecht angeglichen werden kann" (S. 56). Verkündigungsnahe Tätigkeiten sollen ausgenommen bleiben. Der „Gesetzentwurf für ein modernes Betriebsverfassungsrecht" (Arbeit und Recht Sonderausgabe April 2022) macht hierzu für den Bereich der Mitbestimmung bereits einen konkreten Vorschlag: Das Betriebsverfassungsgesetz soll demnach außerhalb des verkündigungsnahen Bereichs auch auf Religionsgemeinschaften Anwendung finden.

Peter Stein, Richter am ArbG Hamburg a.D., baut mit dem vorliegenden Gutachten auf seine Kommentierung zu § 9 AGG (zulässige unterschiedliche Behandlung wegen der Religion oder der Weltanschauung) im von Ursula Rust und Josef Falke herausgegebenen Kommentar auf. Er zeigt, dass sich die für die kirchliche Sonderstellung gegebenen Begründungen nicht immer als tragfähig erweisen. Auch vor dem Hintergrund des europäischen Rechts und der Rechtsprechung des EuGH gibt das Gutachten Antworten auf die von der Bundesregierung aufgeworfene Frage, inwiefern die Besonderheiten von Arbeitsverhältnissen im kirchlichen Kontext Bestand haben können.

Hierzu bringt Peter Stein auch seine Expertise aus der gerichtlichen Vertretung von Vera Egenberger ein (EuGH, Urt. v. 17.04.2018, Az. C-414/16). Der EuGH hat in dieser wegweisenden Entscheidung entschieden, dass die Reichweite der kirchlichen Selbstbestimmung einer gerichtlichen Überprüfung unterliegt.

Der Autor weist schließlich für wichtige Einzelfragen auf die Konsequenzen für die betreffenden Arbeitnehmer*innen hin: Für sie gelten nicht nur individualarbeitsrechtliche Regelungen wie Wiederverheiratungsklauseln, die weit in ihre Privatsphäre reichen. Auch Mitbestimmungs- und Arbeitskampfrechte sind abgesenkt.

Dr. Johanna Wenckebach
Wiss. Direktorin des Hugo Sinzheimer Instituts

Inhaltsübersicht

Inhaltsverzeichnis

Abkürzungsverzeichnis

a.A.	anderer Ansicht
a.a.O.	am angegebenen Ort
ABl.	Amtsblatt
abw.	abweichend
ACK	Arbeitsgemeinschaft Christlicher Kirchen
AcP	Archiv für die civilistische Praxis
ADG	Antidiskriminierungsgesetz
AEntG	Arbeitnehmerentsendegesetz
AEUV	Vertrag über die Arbeitsweise der Europäischen Union
AGG	Allgemeines Gleichbehandlungsgesetz
AK-GG	*Bäumlin, Richard/Azzola, Axel* (Hrsg.), Kommentar zum Grundgesetz für die Bundesrepublik Deutschland
ALR	Allgemeines Landesrecht für die Preußischen Staaten
Anm.	Anmerkung
AP	Arbeitsrechtliche Praxis
ArbG	Arbeitsgericht
ArbGG	Arbeitsgerichtsgesetz
ArbZG	Arbeitszeitgesetz
ARGG-EKD	Arbeitsrechtsregelungsgrundsätzegesetz
ARK	Arbeitsrechtliche Kommission
ARRG	Arbeitsrechtsregelungsgesetz
ARRG-EKD	Arbeitsrechtsregelungsgesetz der Evangelischen Kirche in Deutschland
ARRO	Arbeitsrechtsregelungsordnung
Art.	Artikel
AuK	Arbeitsrecht und Kirche
AuR	Arbeit und Recht
BAG	Bundesarbeitsgericht
BayVerfGH	Bayerischer Verfassungsgerichtsgerichtshof
BayVGH	Bayerischer Verwaltungsgerichtshof
BB	Betriebs-Berater
BbgVerfG	Brandenburgisches Verfassungsgericht
BeckOK	Beck'scher Online-Kommentar Arbeitsrecht
BetrVG	Betriebsverfassungsgesetz
BGB	Bürgerliches Gesetzbuch
BGBl.	Bundesgesetzblatt
BGH	Bundesgerichtshof
BJ	Betrifft Justiz
BK	Bonner Kommentar

BlStSozArbR	Blätter für Steuer-, Sozial- und Arbeitsrecht
BPersVG	Bundespersonalvertretungsgesetz
BRG	Betriebsrätegesetz
BRRG	Rahmengesetz zur Vereinheitlichung des Beamtenrechts
BT-Drs.	Bundestags-Drucksache
BVerfG	Bundesverfassungsgericht
BVerfGE	Entscheidungssammlung des Bundesverfassungsgerichts
BVerwG	Bundesverwaltungsgericht
ca.	circa
Däubler/Beck	*Däubler, Wolfgang/Beck, Thorsten* (Hrsg.), Allgemeines Gleichbehandlungsgesetz, 5. Aufl., Baden-Baden, 2022
DB	Der Betrieb
DKW	Däubler, Wolfgang/Klebe, Thomas/Wedde, Peter (Hrsg.), Betriebsverfassungsgesetz, 17. Aufl., Frankfurt am Main 2020
DÖV	Die Öffentliche Verwaltung
Dreier	*Dreier, Horst* (Hrsg.), Grundgesetz, 3. Aufl., Tübingen 2018
DrittelbG	Drittelbeteiligungsgesetz
DRiZ	Deutsche Richterzeitung
DVBl.	Deutsches Verwaltungsblatt
EG	Europäische Gemeinschaft
EGBGB	Einführungsgesetz zum Bürgerlichen Gesetzbuch
EGMR	Europäischer Gerichtshof für Menschenrechte
EGV	Vertrag zur Gründung der Europäischen Gemeinschaft
EKD	Evangelische Kirche in Deutschland
EMRK	Europäische Menschenrechtskonvention
ErfK	Erfurter Kommentar zum Arbeitsrecht
EuArbRK	Kommentar zum europäischen Arbeitsrecht
EuGH	Europäischer Gerichtshof
EuGRZ	Europäische Grundrechte Zeitschrift
EuR	Europarecht
EUV	Vertrag über die Europäische Union
EuZA	Europäische Zeitschrift für Arbeitsrecht
EuZW	Europäische Zeitschrift für Wirtschaftsrecht
EWGV	Vertrag über die europäische Wirtschaftsgemeinschaft
EzA	EzA-Schnelldienst – Arbeitsrechtliche Sofortinformation der Entscheidungssammlung zum Arbeitsrecht
FA	Arbeit und Arbeitsrecht
FS	Festschrift
gem.	gemäß
GG	Grundgesetz
gGmbH	gemeinnützige GmbH
GK	*Wiese, Günther/Kreutz, Peter/Oetker, Hartmut/Raab, Thomas/ Weber, Christoph/Franzen, Martin/Gutzeit, Martin/Jacobs,*

	Matthias/Schubert, Claudia, Betriebsverfassungsgesetz, 12. Aufl., München 2022
GrCh	Charta der Grundrechte der Europäischen Union
GrO	Grundordnung des kirchlichen Dienstes im Rahmen kirchlicher Arbeitsverhältnisse
GVBl.	Gesetzes- und Verordnungsblatt
GVOBl.	Gesetzes- und Verordnungsblatt
HessVGH	Hessische Verwaltungsgerichtshof
HK-ArbR	Handkommentar Individualarbeitsrecht mit kollektivrechtlichen Bezügen
h.M.	herrschende Meinung
HSKR	*Pirson, Dietrich/Rüfner, Wolfgang/Germann, Michael/Muckel, Stefan* (Hrsg.), Handbuch des Staatskirchenrechts
Hrsg.	Herausgeber
HStR	*Isensee, Josef/Kirchhof, Paul* (Hrsg.), Handbuch des Staatsrechts
ILO	International Labour Organization
IPBPR	Internationale Pakt über bürgerliche und politische Rechte
i.S.d.	im Sinne des
i.V.m.	in Verbindung mit
JA	Juristische Ausbildung
jM	juris – Die Monatszeitschrift
JZ	Juristenzeitung
KAGO	Kirchliche Arbeitsgerichtsordnung
KGH	Kirchengerichtshof
KJ	Kritische Justiz
KODA	Kommission zur Ordnung des Diözesanen Arbeitsvertragsrechts
KR	Gemeinschaftskommentar zum Kündigungsschutzgesetz und zu sonstigen kündigungsschutzrechtlichen Vorschriften
KSchG	Kündigungsschutzgesetz
KuR	Kirche und Recht
LAG	Landesarbeitsgericht
Lfg.	Lieferung
MAV	Mitarbeitervertretung
MAVO	Mitarbeitervertretungsordnung
m.a.W.	mit anderen Worten
MitbestG	Gesetz über die Mitbestimmung der Arbeitnehmer
MR-Ausschuss	Ausschuss für Menschenrechte und humanitäre Hilfe
MünchArbR	Münchener Handbuch zum Arbeitsrecht
MüKo BGB	Münchener Kommentar zum Bürgerlichen Gesetzbuch
MVG	Mitarbeitervertretungsgesetz
MVG-EKD	Kirchengesetz über Mitarbeitervertretungen in der Evangelischen Kirche in Deutschland
m.w.N.	mit weiteren Nachweisen

n. Chr.	nach Christus
NdsRpfl	Niedersächsische Rechtspflege
NJW	Neue Juristische Wochenschrift
NwVZ	Neue Zeitschrift für Verwaltungsrecht
NZA	Neue Zeitschrift für Arbeitsrecht
NZA-RR	NZA-Rechtsprechungs-Report Arbeitsrecht
PflR	Pflegerecht
RdA	Recht der Arbeit
RG	Rechtsgeschichte
RGBl.	Reichsgesetzblatt
RIW	Recht der Internationalen Wirtschaft
RL	Richtlinie
Rn.	Randnummer
S.	Seite
s.	siehe
SchulG NRW	Schulgesetz Nordrhein-Westfalen
Schwarze	*Becker, Ulrich/Hatje, Armin/Schoo/Johann/Schwarze Jürgen* (Hrsg.), EU-Kommentar, 4. Aufl., Baden-Baden 2019.
Slg.	Sammlung
sog.	sogenannte
SprAuG	Gesetz über Sprecherausschüsse der leitenden Angestellten
SR	Soziales Recht
SZ	Süddeutsche Zeitung
TAZ	Die Tageszeitung
TVG	Tarifvertragsgesetz
TVöD	Tarifvertrag für den öffentlichen Dienst
u.a.	unter anderem
UN	United Nations
VG	Verwaltungsgericht
VGH	Verwaltungsgerichtshof
vgl.	vergleiche
Vorb.	Vorbemerkung
WRV	Weimarer Reichsverfassung
ZAR	Zeitschrift für Ausländerrecht und Ausländerpolitik
z.B.	zum Beispiel
ZESAR	Zeitschrift für europäisches Sozial- und Arbeitsrecht
ZevKR	Zeitschrift für evangelisches Kirchenrecht
ZfA	Zeitschrift für Arbeitsrecht
Ziff.	Ziffer
zit.	zitiert
ZMV	Die Mitarbeitervertretung
ZRP	Zeitschrift für Rechtpolitik
ZTR	Zeitschrift für Tarif-, Arbeits- und Sozialrecht des öffentlichen Dienstes

A. Einleitung

In der Neuzeit sind Gewissens- und Religionsfreiheit ein ethisches und rechtliches Basisprinzip. Sie lassen sich als Ausgangs- und Kristallisationspunkt der modernen Menschenrechtserklärungen und als normative Grundlage der modernen Freiheitsidee verstehen.[1]

Deutschland war 1945 diskreditiert. Das betraf auch einen Teil der Kirchen: Die Deutschen Christen z.b. waren eine rassistische, antisemitische und am Führerprinzip orientierte Strömung im deutschen Protestantismus, die diesen von 1932 bis 1945 an die Ideologie des Nationalsozialismus angleichen wollte. Nach dem Nationalsozialismus sah man in den Kirchen gleichwohl moralische Institutionen, die Integrität versprachen.[2] Die Förderung der Kirchen wurde zur öffentlichen Aufgabe. Das Grundgesetz garantiert den Religionsgemeinschaften, ihre eigenen Angelegenheiten selbstständig innerhalb der Schranken des für alle geltenden Gesetzes zu ordnen und zu verwalten.[3]

Kirchlichen Arbeitgebern kommen zahlreiche Besonderheiten zugute. Das hohe Maß an Autonomie, das sie beanspruchen und mit Hilfe des BGH[4] und des BVerfG[5] erkämpft haben, ist problematisch. Das gilt insbesondere für das Arbeitsrecht. Die Rechtsprechung des BVerfG privilegiert die christliche Wertemoral in exzessivem Umfang gegenüber dem staatlichen Arbeitsrecht.

Das allgemeine Persönlichkeitsrecht aus Art. 1 Abs. 1 GG i.V.m. Art. 2 Abs. 1 GG zieht dem Radius arbeitsvertraglicher Nebenpflichten und der Privatautonomie eine verfassungsrechtliche Grenze.[6] Eine allgemeine Pflicht von Arbeitnehmerinnen und Arbeitnehmern, ihre private Lebensführung an den Interessen des Arbeitgebers auszurichten, kann der Arbeitsvertrag nicht begründen.[7] Weder kann der Arbeitsvertrag Arbeitnehmerinnen und Arbeitnehmer dazu verpflichten, ein ordentliches Leben zu führen, noch ist der Arbeitgeber aufgrund des Arbeitsvertrags zum Sittenwächter über die in seinem Betrieb täti-

---

1   *Kreß*, Religionsfreiheit und Toleranz, S. 23.
2   Mittlerweile sind Glaubwürdigkeit und Ansehen der Kirchen stark geschrumpft. Nur noch knapp die Hälfte der Deutschen ist laut einem Bericht der Forschungsgruppe Weltanschauungen v. 27.6.2022 in Deutschland Mitglied in einer Kirche, https://fowid.de/meldung/kirchenmitglieder-49-7-prozent (zuletzt besucht am 6.7.2022).
3   Art. 140 GG i.V.m. Art. 137 Abs. 3 WRV.
4   BGH 17.12.1956 – III ZR 89/55, BGHZ 22, 387 f.
5   BVerfG 4.6.1985 – 2 BvR 1703/83, 2 BvR 1718/83, 2 BvR 856/84, BVerfGE 70, 138.
6   *Morgenbrodt*, S. 82.
7   *Wiese*, ZfA 1971, 273, 299.

gen Beschäftigten[8] berufen.[9] Außerdienstliches Verhalten ist für den Arbeitgeber tabu.[10] Ausnahmen gelten, wenn sich das private Verhalten auf den betrieblichen Bereich auswirkt, dort Störungen verursacht und so unter § 241 Abs. 2 BGB greifbar wird.[11]

Die Kirchen sind im Arbeitsrecht hingegen vielfach privilegiert. Sie bedienen sich staatlicher Institutionen, um ihren Einfluss zu sichern und sind bestrebt, ihre Moral über staatliche Sanktionen für alle verbindlich zu machen.[12] Sie beanspruchen Loyalitätspflichten, die über § 241 Abs. 2 BGB (vertragliche Rücksichtnahmepflicht) hinausgehen und stark in die private Lebensführung der Beschäftigten eingreifen. Arbeitnehmerinnen und Arbeitnehmer in Caritas und Diakonie haben auch kollektivrechtlich zahlreiche Nachteile in Kauf zu nehmen. Berechtigten Anliegen der Kirchen nach Schutz ihres Propriums wäre bereits mit § 118 Abs. 1 BetrVG,[13] § 241 Abs. 2 BGB und § 8 AGG Rechnung getragen. Dessen ungeachtet, gelten für sie z.B. das BetrVG, das BPersVG, das MitbestG und das Sprecherausschussgesetz nicht.[14] Arbeitskampfrechte sind eingeschränkt. In einer Reihe von gesetzlichen Vorschriften wird eine Abweichung nicht nur durch Tarifvertrag, sondern auch durch innerkirchliche Regelungen zugelassen. Dies gilt für § 7a AEntG, für § 21a Abs. 3 JArbSchG, für § 7 Abs. 4 ArbZG und für § 3 Abs. 1 Nr. 1 ATZG. Der Gesetzgeber geht so weit, den Kirchen gegen den klaren Wortlaut des Unionsrechts Sonderrechte einzuräumen.[15]

Die vom Staat gesetzten Rechtsnormen, die sich auf die Rechtsstellung von Religionsgemeinschaften beziehen, werden als Staatskirchenrecht bezeichnet. Reichweite und Grenzen des kirchlichen Selbstbestimmungsrechts[16] werden von Art. 137 WRV, Art. 4 GG, § 9 AGG und dem Unionsrecht (speziell der RL 2000/78/EG) markiert. Umstritten ist, inwieweit die Gerichte die kirchliche Personalpraxis zu kontrollieren haben.

---

8   BAG 23.6.1994 – 2 AZR 617/93, BAGE 77, 128.
9   ErfK/*Preis*, § 611a BGB Rn. 730.
10   *Thüsing*, Kirchliches Arbeitsrecht, S. 100.
11   BAG 23.6.1994 – 2 AZR 617/93, BAGE 77, 128. Relevanz haben außerdienstliche Straftaten, vgl. BAG 20.6.2013 – 2 AZR 583/12, NZA 2013, 1345; BAG 10.9.2009 – 2 AZR 257/08, NZA 2010, 220; BAG 28.10.2010 – 2 AZR 293/09, NZA 2011, 112.
12   *Kühling*, Wie viel Religion verträgt eine offene Gesellschaft?, S. 98.
13   *Morgenbrodt*, S. 88ff.
14   118 Abs. 2 BetrVG, §§ 4 Abs. 5, 112 BPersVG, § 1 Abs. 4 MitbestG, § 1 Abs. 3 Nr. 2 SprAuG.
15   § 9 Abs. 1 AGG, s.u. E.
16   Zur Begrifflichkeit Selbstverwaltungsrecht/Selbstbestimmungsrecht s. C.III.

Aktuell stellen sich folgende Fragen:

- Wie wird das Selbstbestimmungsrecht der Kirchen begründet?
- Sind die Kirchen und kirchliche Arbeitgeber berechtigt, Inhalt und Reichweite ihres Selbstbestimmungsrechts selbst zu bestimmen?
- Welche Auswirkungen hat die Schranke des „für alle geltenden Gesetzes"[17] für den kirchlichen Sonderstatus?
- Welche verfassungsrechtlichen Schranken begrenzen das kirchliche Selbstbestimmungsrecht?
- Wo verläuft die Grenze der Angelegenheiten, die die christlichen Kirchen als eigene[18] regeln können? Können die Rechtsbeziehungen der Kirchen zu ihren Arbeitnehmern als eigene Angelegenheit der Kirche verstanden werden?[19]
- Welchen Stellenwert hat das Grundrecht der Religionsfreiheit für Arbeitnehmerinnen und Arbeitnehmer?
- Ist das kirchliche Arbeitsrecht im Hinblick auf Art. 17 AEUV gemeinschaftsfest oder hat die RL 2000/78/EG Vorrang?[20] Liefert Art. 17 AEUV eine Bereichsausnahme?
- Gebietet das europäische Primärrecht[21] eine Auslegung von Art. 4 Abs. 2 RL 2000/78/EG im Sinne einer Wahrung der sich aus Art. 140 GG i.V.m. Art. 137 WRV ergebenden kirchlichen Selbstbestimmungsrechts gemäß der Rechtsprechung des BVerfG?[22]
- Hat der deutsche Gesetzgeber Art. 4 Abs. 2 RL 2000/78/EG vollständig umgesetzt? Wie ist mit Umsetzungsdefiziten umzugehen?
- Können Religionsgemeinschaften die Religion als berufliche Anforderung für die bei ihnen Beschäftigten bestimmen, auch wenn Tätigkeiten ausgeübt werden, die keine Nähe zum religiösen Verkündigungsauftrag haben?
- Gilt für § 9 AGG eine volle justizielle Kontrolle oder unterliegen die Wertungen der Kirchen lediglich einer Plausibilitätskontrolle?

---

17 Art. 137 Abs. 3 WRV.
18 „Ihre Angelegenheiten", Art. 137 Abs. 3 WRV; s. dazu Sachs-*Ehlers*, Art. 140 GG/Art. 137 WRV Rn. 7 ff., 11 ff., 14 ff.
19 Zum Streitstand vgl. *Neureither*, JZ 2013, 1089; *Joussen*, RdA 2007, 328; *Schliemann*, ZTR 2013, 414 einerseits, und *Schlink*, JZ 2013, 209; *ders.*, JZ 2013, 1093; *J. Schubert/Wolter*, AuR 2013, 285 andererseits.
20 Preis/Sagan/*Grünberger*, § 3 Rn. 206.
21 Art. 17 Abs. 1 AEUV.
22 LAG Brandenburg 3.6.2014 – 4 Sa 157/14, AuR 2014, 294; *Fischermeier*, ZMV-Sonderheft Tagung 2012, 30; *Schoenauer*, KuR 2012, 30.

B. Grundlagen von Religion und Religionsfreiheit

I. Religion in Deutschland

Die katholische und die evangelische Kirche beschäftigen in ihren karitativen Einrichtungen mehr als 1,7 Millionen Menschen. Nach eigenen Angaben sind in der Caritas rund 660.000 und in der Diakonie rund 600.000 Beschäftigte tätig. Diakonie und Caritas betreiben Krankenhäuser, Kindergärten und Schulen sowie Einrichtungen der Alten-, Jugend- und Behindertenhilfe und der Rehabilitation. Zu der verfassten Kirche gehören die Kirchengemeinden und Kirchenämter und auch Kindergärten. In diesem Bereich sind in der katholischen Kirche mindesten 200.000 und in der evangelischen Kirche mehr als 260.000 Beschäftigte tätig. Die beiden Kirchen sind nach dem öffentlichen Dienst der zweitgrößte Arbeitgeber in Deutschland.[23]

Religion kann Menschen helfen, das Glück des Lebens zu genießen und Krisen zu bewältigen. Sie kann der Gerechtigkeit und dem Frieden dienen. Religionen befriedigen elementare Bedürfnisse nach Sinn, Geborgenheit und Halt. Sie erfüllen eine immense gesellschaftliche Integrationsaufgabe. Die Existenz einzelner Sekten ist schon quantitativ kein Gegenargument. Religion kann allerdings auch eine abgründige, fanatische Seite zeigen. Freiheit, Toleranz und Gleichberechtigung der Frau waren gegen das Christentum zu erkämpfen. Religiöser Dogmatismus und in Besonderheit ein absolut genommener Wahrheitsbegriff können den Nährboden für erbarmungslosen Terror abgeben. Religionen waren und sind – ähnlich wie politische Ideologien – auch ein Quell von Misstrauen, Hass und Gewalt.

In Europa gehen Modernisierungsprozesse mit einem Niedergang der Religion einher. Auch in Deutschland ist für die christlichen Kirchen eine dramatische Legitimationskrise zu verzeichnen.[24] Vertrauen schwindet, es gibt einen Traditionsabbruch. 2021 war die Zahl der Kirchenaustritte so hoch wie nie. Allein 360.000 Katholiken verließen ihre Kirche (evangelische Kirche: 280.000).[25] Unter denjenigen, die noch Kirchensteuer zahlen, sind die weniger Religiösen in der Mehrzahl. Im Alltag hat sich Gottvertrauen verflüchtigt. In den Augen

---

23 Zahlen und Daten zu Tätigkeitsfeldern s. *J. Schubert*, EuZA 2020, 320, 322f.

24 Zur Diskrepanz zwischen politisch-institutionellem Anspruch der Kirchen und der gesellschaftlichen Realität s. *Rath* in: Neumann u.a. (Hrsg.), S. 103.

25 Angaben der Kirchen, SZ v. 28.6.2022, S. 5.

Vieler steht das Christentum weniger für Werte wie Nächstenliebe und Barmherzigkeit, sondern für Rückständigkeit, Unglaubwürdigkeit, Ungerechtigkeit und Missbrauch.[26] Auch die jüdischen Gemeinden in Europa leiden unter Säkularisierungsprozessen. Während es in Deutschland zugunsten der Religionsgemeinschaften Ausnahmen in den Tierschutzbestimmungen gibt, ist das rituelle Schlachten ohne vorherige Betäubung in Schweden, Norwegen, Island, Dänemark, Belgien und der Schweiz verboten.

Grundlegende Annahmen kirchlicher Moral finden in großen Teilen der Gesellschaft kaum noch Unterstützung. Säkularisierungsprozesse erzeugen in wesentlichen Bereichen der kirchlichen Glaubenslehren Diskrepanzen zu gesellschaftlichen Positionen. Für Deutschland ist zunächst zu nennen die Entkriminalisierung des Schwangerschaftsabbruches, der nach kanonischem Recht[27] als Straftat gegen Leben und Freiheit des Menschen gilt, auf die die Exkommunikation angedroht ist. Auf dieser Grundlage wurde das Eintreten für den Schwangerschaftsabbruch als Loyalitätsverstoß gewertet. Auch die Regelwerke der katholischen Kirche werten dieses Verhalten als illoyal.[28] Heute ist der Schwangerschaftsabbruch zwar im Ausgangspunkt strafbar. Die Strafbarkeit unterliegt aber mehrfachen Ausnahmen. Innerhalb der ersten zwölf Wochen nach der Empfängnis kann die Schwangere nach ärztlicher Beratung das Ungeborene straffrei abtreiben.[29] Dieser legale Vorgang widerspricht dem katholischen Moralkodex und kann arbeitsrechtliche Konsequenzen nach sich ziehen. Der Säkularisierungsprozess zeigt sich ebenfalls beim Umgang mit Homosexualität, die jedenfalls dann katholischen Wertvorstellungen widerspricht, wenn sie praktiziert wird. Insbesondere für die zwischen zwei Personen des gleichen Geschlechts eingegangene Lebenspartnerschaft ist es damit unumgänglich, dass sie in den Bereich eines Loyalitätsverstoßes gerückt wird. Demgegenüber stand zunächst das LPartG,[30] mit dem die eingetragene Lebenspartnerschaft umfassende zivilrechtliche Anerkennung gefunden hat. Mit dem Gesetz zur Einführung des Rechts auf Eheschließung für Personen gleichen Geschlechts[31] wurde die zivilrechtliche Eheschließung auch für Personen des gleichen Geschlechts geöffnet. Diese Regelung steht am Ende eines gesellschaftlichen

---

26 Vgl. Frankfurter Allgemeine Zeitung Nr. 298 vom 22. Dezember 2021, S. 8: „Christliche Kultur ohne Christen. Zum letzten Mal Weihnachten mit einer christlichen Bevölkerungsmehrheit?". https://de.statista.com/statistik/daten/studie/1241064/umfrage/meinungen-zur-katholischen-kirche/

27 C. 1398 CIC.

28 Vgl. BAG 21.10.1982 – 2 AZR 591/80, NJW 1984, 826; BAG 21.10.1982 – 2 AZR 628/80, EzA § 1 KSchG Tendenzbetrieb Nr. 13; BVerfG 4.6.1985 – 2 BvR 1703/83 u. a., BVerfGE 70, 138.

29 § 218a Abs. 1 Nr. 1 bis 3 StGB.

30 Gesetz über die Eingetragene Lebenspartnerschaft vom 16.2.2001 (BGBl. I S. 266).

31 Gesetz zur Einführung des Rechts auf Eheschließung für Personen gleichen Geschlechts vom 20.7.2017 (BGBl. I S. 2787).

Wandels in der Wahrnehmung von Homosexualität, die zuvor teils unter Strafe gestellt war[32] und vom BVerfG selbst als Verstoß gegen das Sittengesetz gebrandmarkt worden war.[33] Noch augenfälliger als bei § 218 StGB wurde die Homosexualität entkriminalisiert[34]: § 175 StGB wurde aufgehoben. Damit konform geht der über das AGG vermittelte Schutz, das unter dem Merkmal der sexuellen Identität eine Diskriminierung Homosexueller sanktioniert. Die Ausgangslage im weltlichen Recht ist damit diametral verschieden zum katholischen Wertekanon. Während dort unter Anknüpfung an die Homosexualität negative Konsequenzen im Arbeitsverhältnis möglich sind, hat das weltliche Recht sich auf den Abbau solcher negativen Konsequenzen verständigt.[35] Das ist im Hinblick auf Art. 1, Art. 2 Abs. 1 und Art. 3 Abs. 3 GG auch zwingend.

Im Übrigen ist für Deutschland als Einwanderungsgesellschaft eine ethnisch-kulturelle Pluralisierung kennzeichnend, die nicht zuletzt in einer Erweiterung der religiösen Heterogenität zum Ausdruck kommt.[36] 1950 gehörten mehr als 90 Prozent der gesamtdeutschen Bevölkerung der römisch-katholischen oder einer evangelischen bzw. reformierten Kirche an. Am 31.12.2020 waren 20.236.210 Personen Mitglied in der evangelischen Kirche in Deutschland, die Deutsche Bischofskonferenz gab eine Mitgliederzahl von 22.193.347 an. Das entspricht einem evangelischen Bevölkerungsanteil von 24,3 und einem katholischen von 26,7 Prozent.

Angesichts der Migrationsbewegungen sehen sich die pluralistischen und säkularisierten Kulturen des Westens heute mit einem religiösen Revival konfrontiert. Das gilt vor allem für den Islam.

Die Bundesländer zahlen – mit Ausnahme von Bremen und Hamburg – Jahr für Jahr hohe Beträge an die Kirchen. Für 2021 haben die Bundesländer 591 Millionen Euro allein an die katholischen und evangelischen Kirchen veranschlagt.[37] Sie sollen für die Enteignung von Kirchenbesitz im 18. und 19. Jahrhundert entschädigen. Die in Art. 138 WRV/Art. 140 GG statuierte Verpflichtung, die Staatsleistungen aufzuheben, ist bis heute unerfüllt.[38] Gegenüber der katholischen Kirchen betreffen die größten Posten der Staatsdotationen den Zuschuss zur Besoldung der Seelsorgegeistlichen, Zuschüsse an die Eremitenanstalten, Jahresrenten der Domvikare, Jahresrenten der Kanoniker, Jahresren-

---

32 § 175 StGB a.F.
33 BVerfG 10.5.1957 – 1 BvR 550/52, BVerfGE 6, 389.
34 Art. 1 Nr. 1 des 29. Strafrechtsänderungsgesetzes.
35 *Morgenbrodt*, S. 76f.
36 *Schulte*, ZAR 2013, 24.
37 Aufschlüsselung s. *Haupt*, Vorgänge 2016, S. 153.
38 Einzelheiten s. *Czermak*, DÖV 2004, 110.

ten der Dignitäre und Jahresrenten der Bischöfe/Erzbischöfe. Die größten Positionen der Steuergelder, die der evangelischen Kirche zufließen, betreffen den Zuschuss zur Besoldung der Seelsorgegeistlichen, den Zuschuss zur Ruhestands- und Hinterbliebenenversorgung der Seelsorgegeistlichen und den Personalaufwand des Landeskirchenrates.[39] In den Niederlanden sind solche staatlichen Zahlungen 1983 abgelöst worden.[40]

II. Historische Wurzeln der Religionsfreiheit

Die Verbindung von Thron und Altar hat eine lange Tradition.[41] 380 n. Chr. wurde das Christentum Staatsreligion. Das Heilige Römische Reich war geprägt von der Einheit von Kirche und Reich. Vor allem unter Kaiser Otto dem Großen wurden staatliche Herrschaftsrechte an Abteien und Bistümer übertragen, wodurch geistliche Fürstentümer entstanden. Mit den Bischöfen von Mainz, Köln und Trier stellte die Kirche drei der sieben Kurfürsten. Die Verbindung von Kirche und Staat blieb das gesamte Mittelalter hindurch bis in die Neuzeit bestehen.

Deutschland hat lange unter religiös-weltanschaulichen Konflikten gelitten. Wegen des Widerstandes der großen Kirchen konnte sich die Religionsfreiheit erst ab dem 19. Jahrhundert nach und nach durchsetzen. Auch die säkulare Demokratie musste gegen den Widerstand der Kirchen etabliert werden. Papst Pius IX.[42] verurteilte 1864 die Rede- und Religionsfreiheit sowie die Trennung von Staat und Kirche.

Die infolge der Reformation ausbrechenden konfessionellen Bürgerkriege des 16. und 17. Jahrhunderts haben Europa und insbesondere Deutschland verwüstet. Die Lösung lag nicht darin, dass man Einsicht in die Unlösbarkeit der Wahrheitsfrage gewonnen hätte, man folgte vielmehr dem Gedanken strikt geschlossener konfessioneller Homogenität in den Territorien. Es bedurfte eines langen Entwicklungs- und gewaltigen Zivilisationsprozesses, um diese Logik zu überwinden und den Gedanken zu ertragen, dass Bürger in einem Staat gleiche Rechte genießen, auch wenn sie unterschiedlichen Glaubensbekenntnissen beziehungsweise nichtreligiösen oder sogar antireligiösen Weltanschauungen anhängen.[43]

---

39 *Frerk*, Finanzen, S. 104.
40 *Kreß*, Sonderweg, S. 70.
41 Zur Entwicklung s. *Kreß*, Religionsfreiheit und Toleranz, S. 24ff.
42 Angesichts des Infallibilitätsdogmas in Fragen der Glaubens- und Sittenlehre unfehlbar.
43 *Häberle*, Der Staat 2018, S. 42f.; *Dreier*, Gott und Spott, SZ 27.11.2015, S. 11.

In Europa ging es lange Zeit zunächst um die Vorherrschaft innerhalb der einen – römisch-katholischen – Christenheit. Die mittelalterliche Kirche errang Erfolge im Kampf um ihre Unabhängigkeit, sie gewann vorübergehend sogar die Überordnung über die weltliche Gewalt.[44]

Mit dem Wormser Konkordat von 1122 wurde die systematische Trennung zwischen staatlicher Gewalt und kirchlichen Institutionen festgeschrieben. Damit war ein erster Schritt zur Säkularisierung weltlicher Herrschaft getan.

Der Augsburger Religionsfrieden brachte im Heiligen Römischen Reich Deutscher Nation 1555 erste Ansätze religiöser Freiheitsgarantien. Glaubensfreiheit stand nur den Territorialherren zu, für sie war Religionshoheit ein Herrschaftsrecht. Denn die freie Wahl zwischen dem römisch-katholischen und dem lutherischen Bekenntnis garantierte ihnen die zwangsweise Bestimmung der Religionsverhältnisse in ihrem Territorium. Erreicht war damit immerhin eine beschränkte Religionsfreiheit gegen obrigkeitliche Zwangsbekehrung.

Eine erste Voraussetzung für Religionsfreiheit schuf die Reformation. Sie brachte in Deutschland 1555[45] zunächst anstelle der Religionseinheit die Religionszweiheit[46] und 1648[47], nach 30-jährigem Morden, die Glaubensdreiheit: neben dem katholischen und dem evangelischen wurde auch das reformierte Bekenntnis zugelassen. Unabhängig davon gab es weiterhin in jedem Territorium jeweils eine privilegierte Staatskirche. Damit war die konfessionelle Landkarte Deutschlands für Jahrhunderte fixiert. Auf der Ebene der Einzelstaaten und der Individuen blieb es beim Religionszwang.

Erst die Aufklärung des 17. und 18. Jahrhunderts ließ das Individuum in den Vordergrund treten. An die Stelle der mittelalterlichen Lehre von der natürlichen Ungleichheit des Menschen trat Toleranzdenken.

Deutschland schuf unter wesentlicher Mitwirkung des Luthertums ein kräftiges Staatskirchentum. In ihm erscheint Kirche als innerstaatlicher Verband, der der Souveränität des Herrschers unterliegt. An die Stelle des mittelalterlichen Dualismus trat die allgemeine staatliche Kirchenhoheit. Deren Restbestände wurden erst durch die WRV beseitigt.

Bei der eigenständigen Konzeption der Religionsfreiheit als einem subjektiven Recht des Individuums spielt das Preußische Landrecht eine Vorreiterrolle. Im

---

44   Investiturstreit 1076–1122.
45   Augsburger Religionsfriede.
46   Katholisch, evangelisch.
47   Westfälischer Friede.

aufgeklärten Staat Friedrichs des Großen sollte jeder nach seiner Façon selig werden können, was sich aber nur auf die Religionsausübung im familiären Bereich bezog. Eine besondere Errungenschaft war die nach damaligen Verhältnissen freiheitliche Auffassung des Preußischen Allgemeinen Landrechts von 1794.[48] Das ALR verpflichtete die Kirchen dazu, *„ihren Mitgliedern Ehrfurcht gegen die Gottheit, Gehorsam gegen die Gesetze, Treue gegen den Staat und sittlich gute Gesinnungen gegen ihre Mitbürger einzuflößen"*, instrumentalisierte also die Religion. Die staatliche Kirchenhoheit über die Religionsgesellschaften bedeutete in Preußen ein strenges Reglement. Der König besaß die bischöflichen Rechte. Sämtliche Religions- und Kirchengesellschaften mussten sich *„in allen Angelegenheiten, die sie mit anderen bürgerlichen Gesellschaften gemein haben, nach den Gesetzen des Staates richten"*. Noch heute gilt die Formel des Art. 137 Abs. 3 WRV von den Schranken der für alle geltenden Gesetze.

Am Anfang einer neuen Entwicklungsstufe stand eine Verfassungsrevolution, nämlich der Reichsdeputationshauptschluss von 1803 mit seiner Auflösung der rechts-rheinischen geistlichen Reichsfürstentümer und der Säkularisierung des Reichskirchenguts. Es gab keine Reichsbischöfe mehr, die katholische Kirche musste sich von ihrer Feudalstruktur trennen.

Religionsfreiheit im Sinne eines Grund- oder Menschenrechts einer jeden Person begegnet uns erst in der Paulskirchenverfassung von 1848/49. Die staatliche Aufsicht über die Religionsgemeinschaften und damit jede Identifikation des Staates mit einer bestimmten Glaubensrichtung entfielen. Die Religionsfreiheit wurde umfassend garantiert.[49] Der Dreiklang von Gewissens-, Kultus- und Vereinigungsfreiheit erwies sich als stilbildend für die WRV und das GG.

Die Paulskirchenverfassung scheiterte an den restaurativen Gegenkräften. Sie galt als zu fortschrittlich und zu liberal. Allerdings finden zentrale Elemente Eingang in die Preußische Verfassungsurkunde von 1850, die in ihrem Art. 12 insbesondere die Freiheit der Vereinigung zu Religionsgesellschaften gewährleistet sowie die bürgerliche und staatsbürgerliche Gleichheit auf alle Staatsan-

---

48 II 11: *„§ 1. Die Begriffe der Einwohner des Staats von Gott und göttlichen Dingen, der Glaube, und der innere Gottesdienst, können kein Gegenstand von Zwangsgesetzen seyn. § 2. Jedem Einwohner im Staate muß eine vollkommene Glaubens- und Gewissensfreyheit gestattet werden. § 3. Niemand ist schuldig, über seine Privatmeinungen in Religionssachen Vorschriften vom Staate anzunehmen. § 4. Niemand soll wegen seiner Religionsmeinungen beunruhigt, zur Rechenschaft gezogen, verspottet, oder gar verfolgt werden."*

49 § 144: *„Jeder Deutsche hat volle Glaubens- und Gewissensfreiheit. Niemand ist verpflichtet, seine religiöse Ueberzeugung zu offenbaren."* § 145: *„Jeder Deutsche ist unbeschränkt in der gemeinsamen häuslichen und öffentlichen Uebung seiner Religion."* § 147 Abs. 3: *„Neue Religionsgesellschaften dürfen sich bilden; einer Anerkennung ihres Bekenntnisses durch den Staat bedarf es nicht."*

gehörigen ohne Unterschied der Konfession erstreckt.[50] Das Christentum als Staatsreligion kennt die Preußische Verfassung nicht. Dennoch wird die christliche Imprägnierung des Staates[51] nicht nur als Faktor hingenommen, sondern in gewissem Umfang normativ festgeschrieben. Man hält an einer natürlichen Grundierung des Staats- und Gesellschaftslebens durch das Christentum fest.[52]

Der Landesherr übte in „seiner" Landeskirche die bischöflichen Rechte durch ein Konsistorium oder einen Oberkirchenrat aus; die Kirchenaufsicht über sämtliche Religionsgemeinschaften erfolgte durch staatliche Ministerien. Der Kulturkampf zwischen dem protestantisch geprägten Preußen und der katholischen Kirche eskalierte ab 1871. Der liberalere Staat strebte eine Trennung von Kirche und Staat an und führte die Zivilehe ein. Die katholische Kirche stemmte sich dagegen; sie beharrte auf einem Primat von Kirche und Religion über Staat und Wissenschaft. Die katholische Kirche hat erst im Kontext des Zweiten Vatikanischen Konzils[53] ein positives Verhältnis zur allgemeinen Religionsfreiheit gefunden.

Mit Ende der Monarchie entfiel 1918 das landesherrliche Kirchenregiment. Kaiser Wilhelm II. ging ins Exil. Damit dankte nicht nur ein weltlicher Herrscher ab, sondern auch das religiöse Oberhaupt, denn Wilhelm II. war zugleich oberster Bischof der evangelischen Kirche Preußens.

Mit der WRV wurde nach Jahrhunderten blutiger Religionskriege das Verhältnis zwischen Staat und Kirchen neu geregelt. Die WRV beseitigte endgültig den christlichen Staat und brachte volle individuelle und für die Religionsgemeinschaften institutionelle (korporative) Freiheit. Der gemäßigte Glaubensstaat war nunmehr Staat der Religionsfreiheit. Er wurde aber von den großen Kirchen überwiegend feindselig bekämpft, weil sie ihre religiöse Vormachtstellung bedroht sahen. Das Weimarer System schrieb die Trennung von Staat und Kirche und die weltanschauliche Neutralität des Staates fest, beließ aber den Kirchen ihren öffentlich-rechtlichen Status und ihre gesellschaftlichen Mitwirkungsmöglichkeiten.

Die von Parität und Toleranz geprägte „hinkende Trennung" ist bis heute geltendes Verfassungsrecht. So ist das Staatskirchenrecht geprägt von der Religi-

---

50 „Die Freiheit des religiösen Bekenntnisses, der Vereinigung zu Religionsgemeinschaften ... und der gemeinsamen häuslichen und öffentlichen Religionsausübung wird gewährleistet."

51 Dreier, Säkularisierung des Staates am Beispiel der Religionsfreiheit, RG 2011, 79.

52 Art. 14: „Die christliche Religion wird bei denjenigen Einrichtungen des Staates, welche mit der Religionsübung im Zusammenhange stehen, unbeschadet der im Art. 12 gewährleisteten Religionsfreiheit zugrundegelegt."

53 Vom 11.10.1962 bis zum 8.12.1965.

onsfreiheit und der Trennung von Staat und Kirche, durch die der Staat zu weltanschaulicher Neutralität verpflichtet ist. Die Religionsgemeinschaften regeln ihre Angelegenheiten selbst und ohne staatlichen Einfluss (kirchliches Selbstbestimmungsrecht).

Weil das Grundgesetz die Religionspflege nicht als staatliche, aber doch als öffentliche Aufgabe betrachtet, fördert der Staat Religions- und Weltanschauungsgemeinschaften. Das Prinzip der staatlichen Neutralität gegenüber den Religionsgemeinschaften beinhaltet keine radikale Trennung. Es existieren im Bereich der sog. gemeinsamen Angelegenheiten gesetzliche oder vertragliche Regelungen, in denen Fragen wie Religionsunterricht, Kirchensteuer, Militärseelsorge, Theologische Fakultäten oder Besetzung von Universitätslehrstühlen außerhalb der Theologischen Fakultäten geregelt sind.

III. Religion und Weltanschauung als Rechtsbegriffe

Kern der Religionsfreiheit ist die Glaubensfreiheit. Der Glaube entfaltet sich auf der Grundlage einer Religion oder Weltanschauung.[54] „Glaube" ist nach Kant die als verpflichtend empfundene Annehmung der Grundsätze einer Religion.[55] Religionen und Weltanschauungen treffen häufig Aussagen zum Weltganzen sowie zur Herkunft und zum Ziel menschlichen Lebens.

Die Abgrenzung der Begriffe Religion und Weltanschauung gegen allgemeine Überzeugungen und Tendenzen, die nicht den weitreichenden Schutz des Art. 4 GG genießen, ist schwierig. Z.B. verneinen deutsche[56] und englische Gerichte, dass Scientology eine Religion wäre, US-amerikanische und französische bejahen es.[57]

Religionen sind Weltanschauungen, die häufig den Gedanken an einen Gott in ihre Daseinsgewissheiten integriert haben.[58] Einigkeit besteht darüber, dass der Religionsbegriff nicht aus einem christlichen Blickwinkel bestimmt werden darf. Er verlangt eine Interpretation nach nicht konfessionell oder weltan-

---

54 *Kummer,* Umsetzungsanforderungen, S. 72.

55 BK/*Zippelius,* GG, Art. 4 Rn. 32.

56 BAG 22.3.1995 – 5 AZB 21/94, AP ArbGG 1979 § 5 Nr. 21; OLG Düsseldorf 12.8.1983 – 3 W 268/82, NJW 1983, 2574; a.A. BGH 25.9.1980 – III ZR 74/78, BGHZ 78, 278.

57 Vgl. *Thüsing,* ZfA 2001, 405.

58 Ähnlich *Schieder,* S. 30.

schaulich gebundenen Gesichtspunkten.[59] Entscheidend ist also nicht, was für eine Religion verkündet wird, sondern dass sie verkündet wird.

Eine allzu enge, an objektiven Merkmalen orientierte Auslegung würde in Kauf nehmen, dass Überzeugungen, die für den Einzelnen existenzielle Bedeutung haben, schutzlos bleiben. Eine allein auf das Selbstverständnis der Betroffenen abstellende Auslegung würde bedeuten, dass die Religions- bzw. Weltanschauungsfreiheit letztlich alles erfassen könnte.[60]

Religion ist getragen von dem Glauben an eine umgreifende Wirklichkeit, die häufig einen transzendenten Bezug aufweist.[61] Sie beruht auf der Vorstellung, der Einzelne sei in einen Zusammenhang eingegliedert, der nicht mit menschlichen Maßstäben zu beurteilen und durch wissenschaftliche Erkenntnisquellen nicht erschöpfend zu klären sei. Verbreiteter Weise ist Bezugspunkt eine überweltliche Macht, mit der Gläubige durch Gebete, Meditationen oder religiöse Übungen verbunden sein können.[62]

Glaube und religiöse Überzeugung dürfen jedoch nicht von einer Gottesvorstellung oder von Jenseitsbezügen abhängig gemacht werden. Das wäre eine unzulässige Einengung z.B. auf den jüdisch-christlichen Glaubenskanon.[63] Der Glaube an einen Gott, der das Judentum, den Islam und das Christentum miteinander verbindet, ist als Definition unzulänglich, weil einige Religionen (z.B. Hinduismus) polytheistisch sind. Definitionen, in denen von einem „Glauben an Gott oder an Götter" die Rede ist, würde in ähnlicher Weise den Buddhismus ausschließen, da dieser keinen Glauben an einen Gott umfasst.

Das AGG nimmt mit dem Begriff Religion den entsprechenden Begriff der RL 2000/78/EG auf. Zwar wird der Begriff dort nicht definiert. Im ersten Erwägungsgrund wird aber auf die Grundrechte Bezug genommen, wie sie in der EMRK gewährleistet sind. Damit ist auch Art. 9 EMRK in Bezug genommen, der bestimmt, dass jede Person das Recht auf Gedanken-, Gewissens- und Religionsfreiheit hat, wobei dieses Recht u.a. die Freiheit umfasst, seine Religion oder Weltanschauung einzeln oder gemeinsam mit anderen öffentlich oder privat durch Gottesdienst, Unterricht oder Praktizieren von Bräuchen und Riten zu bekennen. Der erste Erwägungsgrund der RL 2000/78/EG bezieht sich zudem auf die gemeinsamen Verfassungsüberlieferungen der Mitgliedstaaten als allgemeine Grundsätze des Unionsrechts. Dazu gehört das in Art. 10 Abs. 1

---

59 *Thüsing*, Diskriminierung, S. 13.
60 ErfK/*Schmidt*, GG, Art. 4 Rn. 6.
61 Zum Religionsbegriff umfassend *Borowski*, Glaubensfreiheit, S. 388ff., sowie *Scharf*, Glaube, S. 11ff.
62 Vgl. AK-GG/*Preuß*, GG, Art. 4 Rn. 14; Sachs/*Kokott*, GG, Art. 4 Rn. 22.
63 *Weber*, Diskussion, S. 246; verfehlt deshalb *Richardi*, NZA 2006, 885.

der GrCh verankerte Recht auf Gewissens- und Religionsfreiheit. Dieses Recht umfasst die Freiheit, seine Religion oder Weltanschauung einzeln oder gemeinsam mit anderen öffentlich oder privat durch Gottesdienst, Unterricht, Bräuche und Riten zu bekennen. Wie sich aus den Erläuterungen zur GrCh[64] ergibt, entspricht das in Art. 10 Abs. 1 der GrCh garantierte Recht dem durch Art. 9 EMRK garantierten; es hat nach Art. 52 Abs. 3 der GrCh die gleiche Bedeutung und die gleiche Tragweite wie dieses.[65]

Das BVerfG versteht Religion als eine mit der Person des Menschen verbundene Gewissheit über bestimmte Aussagen zum Weltganzen sowie zur Herkunft und zum Ziel des menschlichen Lebens, wobei die Religion eine den Menschen überschreitende und umgreifende („transzendente") Wirklichkeit zugrunde legt.[66] Das BVerfG berücksichtigt in erster Linie das Selbstverständnis der Betroffenen[67] bzw. der Religions- und Weltanschauungsgemeinschaft[68], fordert aber auf der anderen Seite, dass es sich dabei nach dem geistigen Gehalt und dem äußeren Erscheinungsbild um eine Religion oder Weltanschauung handeln kann. Dies im Streitfall zu entscheiden, obliegt letztlich den Gerichten.[69] Die bloße Behauptung eines Personenzusammenschlusses, eine Religion darzustellen, reicht nicht. Maßgebend sind nach der Rechtsprechung die aktuelle Lebenswirklichkeit, die Kulturtradition und das religionswissenschaftliche Verständnis.[70] Geschützt sind auch Minderheitenreligionen. So stand die religiöse Überzeugung eines Mitglieds der Glaubensgemeinschaft des „evangelischen Brüdervereins" einer Verurteilung gemäß damaligem § 330c StGB (heutiger § 323c StGB) entgegen.[71] Auch vereinzelt auftretende Glaubensüberzeugungen unterfallen dem Schutzbereich von Art. 4 GG, so etwa der evangelische Pfarrer, dessen Glaube einem Eid entgegensteht.[72] Das BVerfG bejahte, dass Bahá'í[73] eine Religion ist.[74]

---

64   ABl. EU Nr. C 303, S. 17.
65   EuGH 14.3.2017 – C-157/15 (Achbita), NZA 2017, 373; EuGH 14.3.2017 – C-188/15 (Bougnaoui), NZA 2017, 375; BAG 25.10.2018 – 8 AZR 501/14, BAGE 164, 117; BAG 27.8.2020 – 8 AZR 62/19, AuR 2020, 432.
66   BVerwG 27.3.1992 – 7 C 21/90, BVerwGE 90, 112.
67   ErfK/Schmidt, GG Art. 4 Rn. 6.
68   BVerfG 16.10.1968 – 1 BvR 241/66, BVerfGE 24, 247; vgl. BVerfG 5.2.1991 – 2 BvR 263/86, BVerfGE 83, 353.
69   Vgl. BVerfG 5.2.1991 – 2 BvR 263/86, BVerfGE 83, 353; BAG 22.3.1995 – 5 AZB 21/94, AP ArbGG § 5 Nr. 21.
70   BVerfG 5.2.1991 – 2 BvR 263/86, BVerfGE 83, 341.
71   BVerfG 19.10.1971 – 1 BvR 387/65, BVerfGE 32, 106.
72   BVerfG 11.4.1972 – 2 BvR 75/71, BVerfGE 33, 28f.
73   Das Bahaitum ist eine Religion mit rund fünf Millionen Anhängern, die sich auf die Lehren des Religionsstifters Baha'ullah (1817–1892) berufen und nach ihm als Bahai bezeichnet werden. Hauptverbreitungsgebiete heute sind Indien, Afrika, Süd- und Nordamerika.
74   BVerfG 5.2.1991 – 2 BvR 263/86, BVerfGE 83, 341, 353.

Nach der EMRK kommt die Ausübungsfreiheit nur bei einem typischen Zusammenhang der Handlung zur jeweiligen Religion oder Weltanschauung zum Tragen. Rein kommerzielle oder nur aus persönlichen Motiven erfolgte Handlungen scheiden damit aus.[75] Art. 9 EMRK schützt alle identifizierbaren Religionen.[76] Staatliche Restriktionen gegen die alevitische Glaubensgemeinschaft[77] wie die Weigerung, den religiösen Führern Beamtenstatus zu gewähren und die Vorenthaltung finanzieller Mittel, verstößt gegen das Diskriminierungsverbot aus Art. 14 i.V.m. Art. 9 EMRK.[78] Auch der Druidismus[79], das Divine-Light-Zentrum[80] sowie die Internationale Gesellschaft für Krishna-Bewusstsein[81] sind durch die EMRK geschützt. Die Religionsausübung kann allein und privat erfolgen.[82]

Auch der EuGH legt den Begriff der Religion in Art. 1 RL 2000/78/EG weit aus. Zur Begriffsbestimmung zieht er in wertender Rechtsvergleichung Art. 9 EMRK, die gemeinsamen Verfassungsüberlieferungen der Mitgliedstaaten sowie Art. 10 Abs. 1 GrCh heran. Religion i.S.v. Art. 1 RL 2000/78/EG umfasse sowohl den Umstand, religiöse Überzeugungen zu haben („forum internum"), als auch deren öffentliche Bekundung („forum externum").[83] Wie sich ihrem Titel, ihrer Präambel und ihrem Art. 1 entnehmen lässt, bezweckt die RL 2000/78/EG die Bekämpfung von Diskriminierungen in Beschäftigung und Beruf. Übergreifendes Ziel dieser Richtlinie ist es, ein diskriminierungsfreies Arbeitsumfeld zu schaffen.[84] Um dieses Ziel bestmöglich zu erreichen, darf der Geltungsbereich der Richtlinie nicht eng definiert werden.[85] Dies gilt umso mehr, als die RL 2000/78/EG den Gleichbehandlungsgrundsatz konkretisiert, der einer der tragenden Grundsätze des Unionsrechts mit Grundrechtscharakter ist und dem Art. 21 der GrCh an prominenter Stelle Ausdruck verleiht.[86]

---

75 *Villiger*, Handbuch, § 27 Rn. 585 mit Rechtsprechungshinweisen.

76 *Grabenwarter*, EMRK, § 22 Rn. 87.

77 Das Alevitentum stellt in der Türkei die zweitgrößte Religionsgemeinschaft dar.

78 EGMR 26.4.2016 – Nr. 62649/10 (*İzzettin Doğan*), DÖV 2016, 693.

79 *Chappel* vs. Vereinigtes Königreich (1988) 10 EHRR 510 (EKMR) – https://hudoc.echr.coe.int/eng?i=001-57459; *Pendragon* vs. Vereinigtes Königreich (1998) EHRR CD 179 – https://hudoc.echr.coe.int/eng?i=001-4459

80 *Swami Omkarananda* und das Divine-Light-Zentrum vs. Schweiz (1981) 25 D&R 105 (EKMR).

81 *ISKCON* vs. Vereinigtes Königreich (1994) 76A D&R 90 – https://hudoc.echr.coe.int/eng#{%22dmdocnumber%22:[%2266712%22],%22itemid%22:[%22001-2550%22]}.

82 EGMR 13.4.2006 – 55170/00 (*Kosteski*), NZA 2006, 1401.

83 EuGH 14.3.2017 – C-157/15 (*Achbita*), NZA 2017, 373.

84 EuGH 12.10.2010 – C-499/08 (*Ingeniørforeningen i Danmark*), AuR 2010, 489, Rn. 19; EuGH 13.9.2011 – C-447/09 (*Prigge*), AuR 2011, 418, Rn. 39; EuGH 13.11.2014 – C-416/13 (*Vital Pérez*), AuR 2015, 110.

85 EuGH 12.5.2001 – C-391/09 (*Runevič-Vardyn*), NJW 2011, 2034; EuGH 16.7.2015 – C-83/14 (*CHEZ Razpredelenie Bulgaria*), NZA 2015, 1247.

86 EuGH 19.1.2010 – C-555/07 (*Kücükdeveci*), AuR 2010, 264, Rn. 21; EuGH 13.9.2011 – C-447/09 (*Prigge*), AuR 2011, 418; EuGH 17.4.2018 – C-414/16 (*Egenberger*), AuR 2019, 586.

In ähnlicher Weise formuliert Art. 10 Abs. 1 Satz 2 der GrCh, dass die Religionsfreiheit auch die Freiheit jeder Person umfasst, ihre Religion öffentlich oder privat zu bekennen, und zwar u.a. durch Bräuche.

Das BAG versteht den in Art. 1 der RL 2000/78/EG gebrauchten Begriff Religion ebenfalls weit. Religion umfasst nicht nur den Glauben einer Person als solchen, sondern auch die Ausübung dieser Religion sowie das Bekenntnis zu ihr, und zwar auch im öffentlichen Raum.[87]

Die evangelischen Landeskirchen und römisch-katholischen Bistümer sind öffentlich-rechtliche Religionsgesellschaften. Daneben gibt es zahlreiche kleinere öffentlich-rechtlichen Religionsgemeinschaften wie die Altkatholische Kirche, die Selbständige Evangelisch-Lutherische Kirche, die Christengemeinschaft, zahlreiche evangelische Freikirchen, die Neuapostolische Kirche, die Zeugen Jehovas, die Israelitischen Kultusgemeinden und die Christian Science. Die Ahmadiyya Muslim Jamaat ist in Deutschland bislang die einzige muslimische öffentlich-rechtliche Religionsgesellschaft.

Öffentlich-rechtliche Religionsgesellschaften sollen eine effektive Form der gemeinsamen Religionsausübung bieten und dienen damit der Verwirklichung der Religionsfreiheit. Die öffentlich-rechtliche Rechtsform verdeutlicht, dass das Grundgesetz die von ihnen ausgeübte Religionspflege als eine öffentliche Aufgabe ansieht, ohne sie zum Teil des Staates zu machen. Religions- und Weltanschauungsgemeinschaften, die Körperschaft sind, haben einen öffentlich-rechtlichen Status eigener Art. Zu ihren besonderen Rechten zählen das Recht zum Steuereinzug (Kirchensteuer) bei ihren Mitgliedern, die Möglichkeit, die Rechtsstellung ihrer Bediensteten (Pfarrer, Kirchenbeamte) öffentlich-rechtlich auszugestalten und die Rechtssetzungsbefugnis für eigenes Binnenrecht.

Bei der in Art. 18 des IPBPR[88] garantierten Religionsfreiheit ist der Religionsbegriff ebenfalls weit zu verstehen. Art. 18 IPBPR ist in seiner Anwendung nicht auf traditionelle Religionen oder Glaubensrichtungen mit institutionellem Charakter beschränkt. Die Religions- und Glaubensfreiheit wird sogar für den Notstandsfall für unaufhebbar erklärt. Geschützt sind theistischer, nichttheistischer und atheistischer Glaube ebenso wie das Recht, keiner Religion anzugehören.[89] Die Staaten tragen besondere Verantwortung dafür, dass die Rechte der Angehörigen nationaler Minderheiten gemäß Art. 27 IPBPR ge-

---

87 BAG 30.1.2019 – 10 AZR 299/18 (A), BAGE 165, 233; BAG 27.8.2020 – 8 AZR 62/19, AuR 2020, 432.
88 BGBl. II 1973 S. 1534.
89 MR-Ausschuss, Allgemeine Bemerkung Nr. 22/48 zu Art. 18, Rn. 2, 1993, HRI/GEN/1/Rev. 1, 35.

wahrt werden, dass dem Aufkommen religiösen Hasses i.S.d. Art. 20 Abs. 2 IPBPR entgegengetreten wird und dass Diskriminierungen i.S.d. Art. 26 IPB-PR verhindert werden.[90] Schließlich ist ein ausdrücklicher Schutz der Religionsfreiheit von nationalen Minderheiten in Art. 5 Abs. 1, Art. 6 Abs. 2, Art. 7 und 8 des Rahmenübereinkommens zum Schutz nationaler Minderheiten vom 1.2.1995[91] vorgesehen.[92]

Da der europäische Normgeber zwischen Weltanschauung und Religion unterscheidet,[93] muss die Differenzierung im deutschen Recht nachvollzogen werden, obwohl beides dicht beieinander liegt[94] und diskriminierungsrechtlich nicht verschieden zu behandeln ist. Weltanschauung ist das weltliche Pendant zur Religion.[95] Der Begriff dient als Sammelbezeichnung für alle religiösen, ideologischen und politischen Leitauffassungen.[96]

IV. Die Rechtsquellen der Religionsfreiheit

Verfassungsrechtlich werden Religion und Weltanschauung durch Art. 3 Abs. 3 GG, Art. 4 GG und Art. 140 GG i.V.m. Art. 136ff. WRV geschützt.

1. Art. 4 Abs. 1, 2 GG

Art. 4 Abs. 1 und 2 GG enthalten ein umfassend zu verstehendes einheitliches Grundrecht.[97] Es erstreckt sich nicht nur auf die innere Freiheit, zu glauben oder nicht zu glauben, das heißt einen Glauben zu haben, zu verschweigen, sich vom bisherigen Glauben loszusagen und einem anderen Glauben zuzuwenden, sondern auch auf die äußere Freiheit, den Glauben zu bekunden und zu verbreiten, für seinen Glauben zu werben und andere von ihrem Glauben abzuwerben. Umfasst sind damit nicht allein kultische Handlungen und die Ausübung und Beachtung religiöser Gebräuche, sondern auch die religiöse Erziehung sowie andere Äußerungsformen des religiösen und weltanschaulichen Lebens. Dazu gehört auch das Recht der Einzelnen, ihr gesamtes Verhalten an den Lehren ihres Glaubens auszurichten und dieser Überzeugung gemäß zu

---

90 MR-Ausschuss, Allgemeine Bemerkung Nr. 22/48 zu Art. 18, Rn. 9, 1993, HRI/GEN/1/Rev. 1, 37.
91 BGBl. II 1997 S. 1406.
92 *Klebes*, EuGRZ 1995, 268.
93 Dazu Schlussanträge Generalanwältin *Medina* 28.4.2022 – C-344/20 (*SCRL*).
94 Dazu ausführlich BbgVerfG 15.12.2005 – 287/03, LKV 2006, 220.
95 *Kummer*, Umsetzungsanforderungen, S. 72.
96 *Rebhahn/Windisch-Graetz*, GlBG, § 17 Rn. 20; Einzelheiten *P. Stein*, SR 2021, 221.
97 BVerfG 18.10.2016 – 1 BvR 354/11, NZA 2016, 1522.

handeln, also glaubensgeleitet zu leben; dies betrifft nicht nur imperative Glaubenssätze.

Bei der Würdigung dessen, was im Einzelfall als Ausübung von Religion und Weltanschauung zu betrachten ist, darf das Selbstverständnis der jeweils betroffenen Religions- und Weltanschauungsgemeinschaften und des einzelnen Grundrechtsträgers nicht außer Betracht bleiben. Die Musliminnen z.B., die ein in der für ihren Glauben typischen Weise gebundenes Kopftuch tragen, können sich dafür auch bei der Ausübung ihres Berufs in einer öffentlichen Kindertagesstätte auf den Schutz der Glaubens- und Bekenntnisfreiheit aus Art. 4 Abs. 1 und 2 GG berufen. Darauf, dass im Islam unterschiedliche Auffassungen zum sogenannten Bedeckungsgebot vertreten werden, kommt es nicht an, wenn die religiöse Fundierung der Bekleidungswahl nach geistigem Gehalt und äußerer Erscheinung plausibel ist.

Für die grundrechtliche Zuordnung ist nicht das handelnde Subjekt, sondern die von ihm objektiv ausgeübte Handlung maßgebend. Die bloße religiöse Motivation einer wirtschaftlichen Tätigkeit führt nicht zu einem gesteigerten Grundrechtsschutz nach Art. 4 Abs. 2 GG.[98]

Aus der Glaubensfreiheit ergibt sich im Zusammenspiel mit Art. 136 und Art. 137 WRV die religiös-weltanschauliche Neutralität des Staates. Art. 4 GG schützt wohlgemerkt nicht landestypisch-kulturelle Besitzstände. Jeder Versuch, geistige Hegemonie zu dekreditieren, ist unzulässig.

Im säkularen Staat haben Atheisten und Gläubige dieselben Rechte. Aber die Religions- und Weltanschauungsgemeinschaften genießen von Verfassungs wegen Privilegien, z.B. in den meisten Bundesländern das Recht auf Religionsunterricht als ordentliches Lehrfach, in allen Ländern das Recht auf Anstaltsseelsorge, auf die Qualifizierung als Körperschaft des öffentlichen Rechts und bei Qualifizierung auf die Erhebung von Steuern.

2.   Art. 3 Abs. 3 GG

Das verfassungsrechtliche Verbot der Diskriminierung in Anknüpfung an die Religionszugehörigkeit ist in dem speziellen Gleichheitsrecht des Art. 3 Abs. 3 Satz 1 GG geregelt. Niemand darf danach wegen seines Glaubens und seiner religiösen Anschauungen unterschiedlich behandelt werden. Art. 3 Abs. 3 Satz 1 GG enthält sowohl ein Grundrecht als auch eine objektive Wertentscheidung, die im Bereich der religiösen Anschauungen durch das in Art. 4

---

98   BK-*Mückl*, Art. 4, Rn. 153.

Abs. 1 und Abs. 2 GG normierte Grundrecht der Glaubensfreiheit verstärkt wird.[99]

3.   Inkorporierte Normen der Weimarer Reichsverfassung

Nach Art. 136 Abs. 3 Satz 1 WRV ist niemand verpflichtet, seine religiöse Überzeugung zu offenbaren. Bürgerliche Rechte – wie der durch Art. 12 GG gebotene Schutz eines Arbeitsverhältnisses – dürfen durch die Ausübung der Religionsfreiheit weder bedingt noch beschränkt werden. Art. 136 WRV verbietet eine Minderung der staatlich gewährten Rechtsposition.[100] Staatlicher Glaubenszwang ist untersagt. Auf den Einzelnen soll kein Zwang ausgeübt werden, eine bestimmte oder überhaupt eine religiöse Überzeugung zu gewinnen. Ein solcher Zwang kann unmittelbar ausgeübt werden, indem der Staat dem Einzelnen die Zugehörigkeit zu einer Religionsgemeinschaft verpflichtend auferlegt oder ihn auf andere Weise zwingt, ein religiöses Bekenntnis abzulegen. Dies ist Regelungsthema der Abs. 3 und 4. Der Zwang kann aber auch mittelbarer Natur sein, indem der Staat an ein bestimmtes religiöses Bekenntnis Vor- oder Nachteile knüpft. Das sollen die Abs. 1 und 2 verhindern.[101] Es ist anerkannt, dass Art. 136 WRV Auswirkungen auf private Rechtsverhältnisse haben kann.[102]

Art. 137 WRV gewährleistet die Freiheit der Religionsgesellschaften vor staatlicher Bevormundung, Aufsicht und Einschränkung. Die durch Art. 140 GG inkorporierten Artikel der WRV sind vollgültiges Verfassungsrecht und von gleicher Normqualität wie die sonstigen Verfassungsbestimmungen.[103]

4.   Unionsrecht

Auf unionsrechtlicher Ebene ist der Schutz der Religions- und Weltanschauungsfreiheit in Art. 10, 20 und 21 der GrCh sowie in Art. 10 und 19 AEUV verankert.[104] Darüber hinaus schützt vor allem die auf Art. 13 EGV und jetzt auf Art. 19 AEUV gestützte RL 2000/78/EG, die durch das Inkrafttreten des AGG in nationales Recht umgesetzt wurde, die Religions- und Weltanschauungsfreiheit.

99   Zum Verhältnis von Art. 3 GG zu Art. 4 GG vgl. *Laskowski*, KJ 2003, 425ff.

100   Sachs/*Ehlers*, Art. 140 GG/Art. 136 WRV Rn. 3.

101   Dürig/Herzog/Scholz-*Korioth* WRV Art. 136 Rn. 1.

102   Dürig/Herzog/Scholz-*Korioth* WRV Art. 136 Rn. 112; AK-GG-*Preuß*, Art. 140 Rn. 40.

103   A.A. Dreier/*Morlok*, GG, Art. 137 WRV Rn. 44: Das Selbstbestimmungsrecht der Religionsgesellschaften hat keine Grundrechtsqualität.

104   Durch den Vertrag von Lissabon wurden der den EWGV von 1957 ergänzende Vertrag von Maastricht von 1991 und dessen Änderungsverträge von Amsterdam und Nizza, die in Art. 13 ein Diskriminierungsverbot aufgrund der Religion oder Weltanschauung vorsahen, von Art. 19 AEUV abgelöst.

5. Völkerrecht

Völkerrechtlich wird ein Schutz vor Benachteiligung wegen der Religion oder der Weltanschauung zum einen in Art. 18 des IPBPR gewährleistet. Zur Konkretisierung des Schutzes dienen die Allgemeinen Bemerkungen Nr. 13, 22, 23 und 32 zum IPBPR. Deutschland hat auch die den Berichtszyklus abschließenden „concluding comments" des UN IPBPR Ausschusses zu berücksichtigen. Ein weiteres Instrument für die Sicherstellung des völkerrechtlichen Schutzes der Religions- und Weltanschauungsfreiheit sind die merkmalsbezogenen Beiträge des UN-Sonderberichterstatters. Art. 9 der EMRK bietet einen zwingenden und umfassenden Schutz der Gedanken-, Gewissens- und Religionsfreiheit. Auch Art. 1 der ILO-Konvention Nr. 111 ist einschlägig.

Bei der Auslegung der Grundrechte ist die EMRK vom 1.11.1950 von Bedeutung. Ihr kommt zwar kein Verfassungsrang zu, sie ist aber nach der Rechtsprechung des BVerfG bei der Auslegung des Grundgesetzes zu beachten.[105] Die Rechtsprechung des EGMR zu Konflikten zwischen abhängig Beschäftigten und der Kirche kreisen um die Art. 8, 9, 10, 11 und 14 EMRK.[106]

---

[105] BVerfG 29.5.1990 – 2 BvR 254/88, BVerfGE 82, 115.
[106] Dazu ausführlich *Fremuth*, EuZW 2018, 723, 725.

C. Das kirchliche Selbstverwaltungsrecht

I. Die verfassungsrechtliche Stellung der Kirchen

1. Neutralität, Säkularität

In Europa existieren mindestens 15 verschiedene Varianten der Zusammenarbeit von Kirche und Staat.[107] In Deutschland ist Religion zwar nicht Sache des Staates, wohl aber obliegt diesem der Schutz der in der Verfassung grundrechtlich und institutionell gewährleisteten Religionsfreiheit und Freiheit der Religionsgemeinschaften.

Mit dem Übergang von der Monarchie zur Republik wurden in Deutschland Staat und Kirche getrennt und das bis dahin bestehende Staatskirchentum aufgelöst.[108] Entgegen Art. 138 WRV, der gemäß Art. 140 GG Bestandteil des Grundgesetzes ist, erbringen die Bundesländer[109] gegenüber den Kirchen noch immer Jahr für Jahr sog. Staatsleistungen.[110]

Das Grundgesetz verlangt vom Staat weltanschaulich-religiöse Neutralität.[111] Er darf keine gezielte Beeinflussung im Dienste einer bestimmten politischen, ideologischen oder weltanschaulichen Richtung betreiben oder sich ausdrücklich oder konkludent mit einem bestimmten Glauben oder einer bestimmten Weltanschauung identifizieren.[112] Ebenso verwehrt es der Grundsatz weltanschaulich-religiöser Neutralität dem Staat, Glauben und Lehre einer Religionsgemeinschaft als solche zu bewerten.[113]

---

107 *Reichold*, NZA 2001, 1057.
108 Art. 137 Abs. 1 WRV.
109 Ausgenommen Hamburg und Bremen, die keine entsprechenden Verträge mit den Kirchen vereinbart haben, vgl. *Haupt*, Vorgänge 2020, S. 105.
110 2020 rund 565 Millionen Euro, vgl. *Haupt*, Staatsleistungen ablösen: Was schert uns die Verfassung, in: Grundrechte-Report 2020, S. 199; Grüne, FDP und die Linke haben im März 2020 den Entwurf eines *Grundsätzegesetzes zur Ablösung der Staatsleistungen* vorgelegt (BT-Ds. 19/19273). Dazu kritisch *Fleischmann*, Blätter für deutsche und internationale Politik 2020, 115 ff.
111 BVerfG 27.1.2015 – 1 BvR 471/10, NJW 2015, 1359; BVerfG 12.5.2009 – 2 BvR 890/06, BVerfGE 123, 148; praktische Beispiele s. *Deiseroth, in: Deiseroth,* Schriftenreihe 2013, S. 61 ff.
112 BVerfG 24.9.2003 – 2 BvR 1436/02, BVerfGE 108, 282.
113 BVerfG 22.10.2014 – 2 BvR 661/12, NZA 2014, 1387.

Deutschland verfolgt eine kooperative Trennung von Staat und Kirche. Die Wahrnehmung von Staatsaufgaben durch kirchliche Amtsträger ist an sich ebenso ausgeschlossen wie die Wahrnehmung kirchlicher Aufgaben durch staatliche Amtsträger. Die Säkularität des Staates hinkt[114] allerdings. Die in Deutschland praktizierte Trennung von Kirche und Staat wird jedoch durch verfassungsrechtlich legitimierte Ausnahmen durchbrochen.[115]

Da eine Privilegierung bestimmter Bekenntnisse unzulässig ist,[116] hat das VG Stuttgart bereits 2006 zutreffend beanstandet, Nonnen in Ordenstracht unterrichten zu lassen, einer muslimischen Lehrerin hingegen das Tragen eines Kopftuchs zu verbieten.[117] Auch die Privilegierungsbestimmung zugunsten der Darstellung christlicher und abendländischer Bildungs- und Kulturwerte oder Traditionen in § 57 Abs. 4 Satz 3 SchulG NRW[118] stellt eine gleichheitswidrige Benachteiligung aus Gründen des Glaubens und der religiösen Anschauungen dar.[119]

Die Feiertagsgesetze der deutschen Bundesländer erklären zum Schutz der christlichen Religionen unabhängig von Religionszugehörigkeit bestimmte Tage zu Feiertagen. Hierin liegt eine mittelbare Diskriminierung der Angehörigen anderer Religionen.[120] Vorbildlich hingegen ist der Vertrag zwischen der Freien und Hansestadt Hamburg, dem DITIB-Landesverband Hamburg, SCHURA – Rat der Islamischen Gemeinschaften in Hamburg und dem Verband der Islamischen Kulturzentren vom 13.6.2013[121], der in Art. 3 bestimmt, dass die islamischen Feiertage Opferfest, Ramadanfest und Aschura sowie die alevitischen Feiertage Asure, Hizir-Lokmasi und Nevruz kirchliche Feiertage im Sinne von § 3 des Hamburger Feiertagsgesetzes sind.[122]

Art. 4 Abs. 1 und 2 GG ist nicht durch Art. 139 WRV in der Weise eingeschränkt, dass lediglich die Sonntage und sonstige staatlich anerkannte Feiertage den Schutz dieses Grundrechts genießen und deshalb andere religiöse – auch nichtchristliche – Feiertage aus dem Schutzbereich des Art. 4 Abs. 1 und 2 GG ausgeschlossen sind. Die Erbringung der Arbeitsleistung an einem religiösen (also nicht notwendig gesetzlichen) Feiertag kann nur verlangt werden,

---

114 BVerfG 21.9.1976 – 2 BvR 350/75, BVerfGE 42, 312.
115 Z.B. Art. 7 Abs. 3, 5 GG, Art. 140 GG i.V.m. Art. 137 Abs. 5, 6 WRV und Art. 141 WRV.
116 BVerfG 11.4.1972 – 2 BvR 75/71, BVerfGE 33, 28; verfehlt daher BayVerfGH 15.1.2007, Vf. 11-VII-05, der das Neutralitätsgebot nur am Maßstab der bayerischen Verfassung prüft.
117 VG Stuttgart 7.7.2006 – 18 K 3562/05, NVwZ 2006, 1444.
118 GV.NRW. 30.6.2006 S. 102.
119 BVerfG 27.1.2015 – 1 BvR 471/10, NJW 2015, 1359.
120 Rebhahn/Windisch-Graetz, GlBG, § 17 Rn. 27, 34.
121 GVBl. 20/26 2.7.2013, S. 304.
122 Demzufolge ist – soweit unabweisliche betriebliche Notwendigkeiten nicht entgegenstehen – Beamten und sowie Arbeitnehmerinnen und Arbeitnehmern dieses Glaubens Gelegenheit zum Besuch des Gottesdienstes ihrer Religionsgemeinschaft zu geben.

wenn ein sachlicher betrieblicher Grund besteht, alternative Gestaltungen nicht möglich sind und sich das Verlangen auf der Grundlage einer einzelfallbezogenen Abwägung als angemessen erweist.[123]

2. Die Inkorporation der WRV über Art. 140 GG

Zentrale Verfassungsnorm für die Stellung der Kirchen ist Art. 140 GG. Denn das Grundrecht der Glaubensfreiheit[124] ist im Zusammenhang mit den durch Art. 140 GG einbezogenen Vorschriften der WRV (Art. 136 ff. WRV) zu verstehen. Sie enthalten Bestimmungen zum Grundverhältnis von Staat und Religionsgesellschaften bzw. Weltanschauungsgemeinschaften (Art. 137f. WRV) sowie zur individuellen Glaubensfreiheit (Art. 136 WRV). Diese Artikel der WRV sind Bestandteil des Grundgesetzes. Sie lauten:

Art. 140 GG [Geltung von Artikeln der Weimarer Verfassung]
Die Bestimmungen der Artikel 136, 137, 138, 139 und 141 der deutschen Verfassung vom 11. August 1919 sind Bestandteil dieses Grundgesetzes.

Art. 136 WRV [Religionsunabhängigkeit von Rechten und Pflichten]
(1) Die bürgerlichen und staatsbürgerlichen Rechte und Pflichten werden durch die Ausübung der Religionsfreiheit weder bedingt noch beschränkt.

(2) Der Genuss bürgerlicher und staatsbürgerlicher Rechte sowie die Zulassung zu öffentlichen Ämtern sind unabhängig von dem religiösen Bekenntnis.

(3) Niemand ist verpflichtet, seine religiöse Überzeugung zu offenbaren. Die Behörden haben nur soweit das Recht, nach der Zugehörigkeit zu einer Religionsgesellschaft zu fragen, als davon Rechte und Pflichten abhängen oder eine gesetzlich angeordnete statistische Erhebung dies erfordert.

(4) Niemand darf zu einer kirchlichen Handlung oder Feierlichkeit oder zur Teilnahme an religiösen Übungen oder zur Benutzung einer religiösen Eidesform gezwungen werden.

---

123 BSG 10.12.1980 – 7 RAr 93/79, NJW 1981, 1526; *Frings*, Diskriminierung 2010, S. 74.
124 Zur Glaubensfreiheit s. ErfK/*Schmidt*, Art. 4 GG Rn. 1–59.

Art. 137 WRV [Religionsgesellschaften]
(1) Es besteht keine Staatskirche.

(2) Die Freiheit der Vereinigung zu Religionsgesellschaften wird gewährleistet. Der Zusammenschluss von Religionsgesellschaften innerhalb des Reichsgebiets unterliegt keinen Beschränkungen.

(3) Jede Religionsgesellschaft ordnet und verwaltet ihre Angelegenheiten selbständig innerhalb der Schranken des für alle geltenden Gesetzes. Sie verleiht ihre Ämter ohne Mitwirkung des Staates oder der bürgerlichen Gemeinde.

(7) Den Religionsgesellschaften werden die Vereinigungen gleichgestellt, die sich gemeinschaftliche Pflege einer Weltanschauung zur Aufgabe machen.

3. Art. 137 WRV

Das Jahr 1918 markiert eine Zäsur für die preußische Staatskirche, deren Oberhaupt der König Preußens war. Mit der Abdankung Kaiser Wilhelms II. fand die Allianz von Thron und Altar ein Ende.

Mit Art. 137 WRV wurden die Kirchen in die gesellschaftliche Freiheit entlassen. Art. 137 WRV wurde seinerzeit nicht als Kirchenprivileg verstanden. Für die Kirchen sollten gerade die gleichen Gesetze wie für alle gelten. Staatsgesetz geht vor Religionsgebot.[125] Die Religionsfreiheit ist durch die allgemeinen Gesetze beschränkt, nicht umgekehrt.[126]

Der Schrankenvorbehalt des Art. 137 WRV soll die Koexistenz von Staat und Kirche ermöglichen. Art. 137 Abs. 3 WRV respektiert das selbständige Ordnen und Verwalten der eigenen Angelegenheiten durch die Kirchen, schafft aber zugleich dem Staat Gestaltungsfreiraum zum Schutz der für das Gemeinwesen bedeutsamen Rechtsgüter.[127]

---

125 *Anschütz,* WRV, Art. 135 Anm. 6.
126 *Anschütz,* WRV, Art. 136 Anm. 1.
127 BVerfG 25.3.1980 – 2 BvR 208/76, BVerfGE 53, 366.

4. Die Verankerung des Verhältnisses von Kirchen und Staat im Grundgesetz

Die Beratungen im Parlamentarischen Rat 1949 waren von einer Polarisierung zwischen Befürwortern einer weitgehenden Trennung von Staat und Kirche auf der einen und Vertretern einer freundlichen Nähe von Staat und Kirche andererseits geprägt. Als die Verhandlungen von diesen Auseinandersetzungen gelähmt zu werden drohten, war der Rückgriff auf die kirchenrechtlichen Klauseln der WRV der Ausweg. Die Verabschiedung der Formulierung von Art. 140 GG stand nicht am Ende einer gründlichen rechtspolitischen Debatte, sie stellte vielmehr eine Verlegenheitslösung dar, die als Formelkompromiss gewählt wurde. Das Weimarer Verhältnis von Staat und Kirche wurde damit fortgeschrieben.

Obwohl die staatskirchenrechtlichen Artikel der WRV vom Grundgesetz en bloc rezipiert wurden, kam es unter dem Einfluss naturrechtlichen Denkens[128] schnell zu einer Umdeutung in Richtung Verkirchlichung.[129] An die Stelle von Grundrechten und verfassungsrechtlicher Dogmatik trat die „sittliche Ordnung".[130] Der BGH erkannte als für die Kirchenautonomie schrankensetzend nur diejenigen Normen an, die sich als Regelungen rechtsstaatlich unabdingbarer Postulate darstellten, nämlich solche, die staatliches und kirchliches Recht notwendig enthalten und solche, die vom kirchlichen Recht ausdrücklich oder stillschweigend bejaht werden.[131] Unter dem BVerfG mutierte Art. 137 WRV zu einer Schutznorm des kirchlichen Selbstbestimmungsrechts gegen den Staat. Laut BVerfG geht das Selbstordnungs- und Selbstverwaltungsrecht der Kirchen weiter als das Recht zur kollektiven Religionsausübung. Es beinhalte das Recht, „alle eigenen Angelegenheiten, gemäß den spezifischen kirchlichen Ordnungsgesichtspunkten, d.h. auf der Grundlage des kirchlichen Selbstverständnisses, rechtlich gestalten zu können".[132] Maßgebend für den Schutzbereich ist laut BVerfG das Selbstverständnis der Religionsgesellschaft. Das BVerfG hat 1981 ausgeführt, dass in der durch Art. 140 GG i.V.m. Art. 137 Abs. 3 WRV gewährleisteten freien Ordnung und Verwaltung der eigenen Angelegenheiten eine Gewährleistung liegt, die einem vom Verfassungsgeber anerkannten unantastbaren Freiheitsraum, der nicht etwa vom Staat zur Verfügung gestellt oder von ihm abgeleitet ist, entstammt.[133]

---

128 Nachweise s. *Czermak*, S. 29 Fn. 22.
129 *Czermak*, S. 29 f.
130 BGH 17.2.1954 – GSSt 3/53, BGHSt. 6, 46.
131 BGH 17.12.1956 – III ZR 89/55, BGHZ 22, 387 f.
132 BVerfG 4.6.1985 – 2 BvR 1703/83, BVerfGE 70, 165.
133 BVerfG 17.2.1981 – 2 BvR 384/78, BVerfGE 57, 220.

Demgegenüber ist mit *Rottmann*[134] zu betonen, dass die Inkorporation der Weimarer Kirchenartikel in das Grundgesetz durch Art. 140 GG das Ergebnis eines Verfassungskompromisses ist, der darauf beruht, dass die aus der Mitte des Parlamentarischen Rates gemachten Vorschläge für eine Neuregelung des Verhältnisses von Staat und Kirche keine Mehrheit fanden. Das Verhältnis von Staat und Kirche wurde also gerade nicht neu geordnet. Art. 140 GG i.V.m. Art. 137 Abs. 3 WRV verleiht den Religionsgesellschaften das Recht der Selbstbestimmung innerhalb der Schranken des für alle geltenden Gesetzes. Damit wird einerseits die Unabhängigkeit der Religionsgesellschaften vom Staat anerkannt, andererseits aber auch hervorgehoben, dass diese keine souveräne Gewalt ausüben, kein „Staat im Staate" sind, sondern der allgemeinen Hoheitsgewalt des staatlichen Gesetzgebers untergeordnet bleiben.[135]

Hieran hat das Grundgesetz nichts geändert. Dies folgt nicht nur aus Wortlaut und Entstehungsgeschichte des Art. 140 GG, sondern auch aus dem systematischen Zusammenhang des kirchlichen Selbstbestimmungsrechts mit der Ausübung der Religionsfreiheit (Art. 4 Abs. 2 GG), die gemäß Art. 140 GG i.V.m. Art. 136 Abs. 1 WRV die bürgerlichen und staatsbürgerlichen Rechte und Pflichten weder bedingt noch beschränkt, also ihrerseits im Kollisionsfalle prinzipiell – vorbehaltlich einer Güterabwägung im Lichte der Wertentscheidung des Art. 4 GG – durch die allgemeinen Staatsgesetze und die auf ihnen beruhenden Pflichten beschränkt wird.[136]

Art. 137 Abs. 3 WRV schützt die Freiheit von Religionsgesellschaften hinsichtlich des religiösen Inhalts, der Organisation und des Personals. Zum Bereich der eigenen Angelegenheiten gehören nicht nur Kultus und Liturgie, sondern der gesamte Bereich der eigenen Organisation, des Mitgliedschaftsrechts sowie der Wohlfahrttätigkeit der Kirchen und ihre Vermögensverwaltung.[137]

Träger des Selbstbestimmungsrechts sind nur Religions- und Weltanschauungsgemeinschaften, nicht auch religiös oder weltanschaulich motivierte Vereine und Gesellschaften.

---

134 Abw. Meinung zu BVerfG 25.3.1980 – 2 BvR 208/76, BVerfGE 53, 366.
135 Vgl. *Anschütz*, WRV, Art. 137 Anm. 4; BK-*Obermayer*, Art. 140 GG Rn. 85f.
136 *Anschütz*, WRV, Art. 136 Anm. 1.
137 Dreier/*Morlok*, GG, Art. 137 WRV Rn. 50.

II. Die Ausgestaltung des kirchlichen Nebenarbeitsrechts durch das BVerfG

Das BVerfG hat das kirchliche Selbstbestimmungsrecht extrem ausgeweitet.[138] Dies zeigt sich z.b. bei der Frage, welche Loyalitätsobliegenheiten Kirchen statuieren können.

1. Beschluss vom 22.10.2014

Bei arbeitsrechtlichen Streitigkeiten über Loyalitätsobliegenheiten kirchlicher Arbeitnehmerinnen und Arbeitnehmer haben die staatlichen Gerichte den Zusammenhang von Statusrecht (Art. 140 GG i.V.m. Art. 137 Abs. 3 WRV) und Grundrecht (Art. 4 Abs. 1 und 2 GG) nach der Rechtsprechung des BVerfG im Rahmen einer zweistufigen Prüfung zu beachten und umzusetzen.[139]

Ob eine Organisation oder Einrichtung an der Verwirklichung des kirchlichen Grundauftrags teilhat, ob eine bestimmte Loyalitätsobliegenheit Ausdruck eines kirchlichen Glaubenssatzes ist und welches Gewicht dieser Loyalitätsobliegenheit und einem Verstoß hiergegen nach dem kirchlichen Selbstverständnis zukommt, müssen die staatlichen Gerichte auf einer ersten Prüfungsstufe einer Plausibilitätskontrolle auf der Grundlage des glaubensdefinierten Selbstverständnisses der Kirche unterziehen. Dabei dürfen sie die Eigenart des kirchlichen Dienstes – das kirchliche Proprium – nicht außer Acht lassen.

Auf einer zweiten Prüfungsstufe haben die Gerichte sodann die Selbstbestimmung der Kirchen den Interessen und Grundrechten der Arbeitnehmerinnen und Arbeitnehmer in einer offenen Gesamtabwägung gegenüberzustellen. Zu betrachten ist der Einzelfall.[140]

Das setzt die Feststellung voraus, dass Arbeitnehmerinnen und Arbeitnehmer sich der ihnen vertraglich auferlegten Loyalitätsanforderungen und der Möglichkeit arbeitsrechtlicher Sanktionierung von Verstößen bewusst waren oder hätten bewusst sein müssen. Diese Voraussetzung ist nicht mehr erfüllt, wenn sich etwa Inhalt und Reichweite der einzuhaltenden Verhaltensregeln nur mithilfe detaillierter Kenntnisse des Kirchenrechts und der Glaubens- und Sittenlehre feststellen lassen, die von Arbeitnehmerinnen und Arbeitnehmern auch

---

138 Vgl. *Schlink*, JZ 2013, 209.
139 BVerfG 22.10.2014 – 2 BvR 661/12, NZA 2014, 1387.
140 *Reichold*, EuZA 2011, 328.

bei gesteigerten Erwartungen wegen der Konfession oder der konkreten Stellung nicht verlangt werden können.

Im Rahmen des sich hieran anschließenden Abwägungsvorgangs sind die kollidierenden Rechtspositionen – dem Grundsatz der praktischen Konkordanz entsprechend – in möglichst hohem Maße in ihrer Wirksamkeit zu entfalten. Sie sind einander im Sinne einer Wechselwirkung verhältnismäßig zuzuordnen, das heißt, das einschränkende arbeitsrechtliche Gesetz muss im Lichte der Bedeutung des Art. 140 GG i.V.m. Art. 137 Abs. 3 WRV und Art. 4 Abs. 1 und 2 GG betrachtet werden, wie umgekehrt die Bedeutung kollidierender Rechte der Arbeitnehmerinnen und Arbeitnehmer im Verhältnis zum kirchlichen Selbstbestimmungsrecht gewichtet werden muss. Dem Selbstverständnis der Kirche ist dabei ein besonderes Gewicht beizumessen, ohne dass die Interessen der Kirche die Belange der Arbeitnehmerinnen und Arbeitnehmer dabei prinzipiell überwögen.

Das staatliche Arbeitsrecht lässt – wie das BVerfG betont – absolute Kündigungsgründe nicht zu. Entsprechend entbindet selbst ein erkennbar schwerwiegender Loyalitätsverstoß die staatlichen Arbeitsgerichte nicht von der Pflicht zur Abwägung der kirchlichen Interessen mit den Belangen der Arbeitnehmerinnen und Arbeitnehmer. Die Arbeitsgerichte haben jedoch auch bei der Abwägung die vorgegebenen kirchlichen Maßstäbe für die Gewichtung vertraglicher Loyalitätsobliegenheiten zugrunde zu legen.

Der konkreten Stellung der Arbeitnehmerinnen und Arbeitnehmer innerhalb der religiösen Organisation oder einer ihrer selbständigen Einrichtungen und dem Inhalt der ihm übertragenen Aufgaben kommt bei Beurteilung des zulässigen Umfangs der Loyalitätsobliegenheiten und der Vereinbarkeit von Sanktionsmaßnahmen aufgrund von Loyalitätsverstößen im Rahmen der Abwägungsentscheidung besonderes Gewicht zu.

Die Gerichte haben den Standpunkt der Kirchen vom Inhalt einer Loyalitätsanforderung und dem Gewicht eines Verstoßes nicht gänzlich ungeprüft zugrunde legen. Sie haben sicherzustellen, dass die kirchlichen Arbeitgeber im Einzelfall keine unannehmbaren Anforderungen an ihre Arbeitnehmerinnen und Arbeitnehmer richten. Dies ist jedenfalls dann der Fall, wenn die Loyalitätsobliegenheit oder deren Gewichtung im Kündigungsfall gegen Grundprinzipien der Rechtsordnung verstößt oder auf willkürlichen Erwägungen beruht.

Das BVerfG sieht diese Konzeption in Übereinstimmung mit der Rechtsprechung des EGMR zur EMRK. Die Loyalitätsanforderungen der Kirchen seien maßgebend, solange dies nicht zu einer offensichtlichen Verletzung eines Konventionsrechts in seinem Kerngehalt führt. Der *Schüth*-Entscheidung[141] des EGMR sei nicht zu folgen, da diese den Umständen des Einzelfalls geschuldet und mit dem Grundgesetz nicht vereinbar sei. Insoweit bestehe ein verfassungsrechtliches Rezeptionshindernis.

2. Kritik

Das BVerfG hebt ein Urteil des BAG vom 8.9.2011 auf. Im Ausgangsfall, den das BAG als Revisionsgericht zu beurteilen hatte, ging es um die erneute Heirat eines geschiedenen katholischen Chefarztes in einem katholischen Krankenhaus. Das BAG hat den Loyalitätsverstoß zutreffend am Maßstab von § 1 KSchG und § 9 Abs. 2 GG geprüft.[142] Das BVerfG geht auf § 1 KSchG und auf § 9 Abs. 2 AGG nicht ein. Beanstandet wird lediglich die vom BAG vorgenommene Interessenabwägung. Das kann nur so verstanden werden, dass das BVerfG davon ausgeht, dass es mit § 1 KSchG und § 9 AGG möglich ist, den Kirchen den verfassungsrechtlich gebotenen Freiraum zur Selbstbestimmung zur Verfügung zu stellen.

Die Begründung des BVerfG dafür, dass die staatlichen Gerichte sich über die Loyalitätsvorgaben der Kirchen nicht hinwegsetzen dürfen, überzeugt in dieser Pauschalität nicht.[143] Das BVerfG argumentiert, dass die Formulierung des kirchlichen Propriums ausschließlich den Kirchen obliege und dass für die Frage, welche kirchlichen Grundverpflichtungen für das Arbeitsverhältnis bedeutsam sein können, allein die von der verfassten Kirche anerkannten Maßstäbe von Bedeutung seien. Wenn es aber um das kirchliche Proprium und kirchliche Grundverpflichtungen geht, erschließen sich über § 241 Abs. 2 BGB hinausgehende Loyalitätsanforderungen für verkündigungsferne Randbereiche nicht.

Der mit auffallend großen sprachlichen Aufwand unternommene Versuch des BVerfG darzulegen, seine Position stünde mit den Maßstäben des EGMR zu Art. 11 Abs. 1 i.V.m. Art. 9 Abs. 1 EMRK in Einklang, überzeugt nicht. Insbesondere ist die Behauptung des BVerfG, das die Entscheidung in der Rechtssache *Schüth*[144] eine reine Einzelfallentscheidung sei, recht rabulistisch.[145] Tatsächlich hatte der EGMR eine umfassende Interessenabwägung verlangt. Nach Auffassung des EGMR ist eine Berücksichtigung der Interessen des gekündig-

---

141 EGMR 23.9.2010 – 1620/03 (*Schüth*), AuR 2011, 307.

142 BAG 8.9.2011 – 2 AZR 543/10, AP Nr. 92 zu § 1 KSchG 1969; andere bewerten die Kündigung als treuwidrig, s. *Wagenitz*, FS Höland, 578ff.

143 So auch *Müller-Heidelberg*, Grundrechte-Report 2015, 58 und Vorgänge 2015, 126.

144 EGMR 23.9.2010 – 1620/03 (*Schüth*), AuR 2011, 307.

145 Vgl. *Edenharter*, NZA 2014, 1380; S.a. *Müller*, S. 24.

ten Arbeitnehmers nur denkbar, wenn dessen Stellung im Kontext des Verkündigungsauftrags der Kirche berücksichtigt wird.

Das Argument des BVerfG, dass – wie vom EGMR gefordert – eine Prüfung der Verkündigungsnähe das kirchliche Selbstbestimmungsrecht „in seinem Kernbestand" entwerten würde, so dass ein Rezeptionshindernis bestehe, verwirrt.[146] Ein antizipiertes Rezeptionshindernis ist unvereinbar mit dem Kooperationsverhältnis[147] der Gerichte im europäischen Mehrebenensystem, das das BVerfG zu Recht postuliert. Bei Licht besehen, riskiert das BVerfG einen offenen Konflikt mit dem EGMR.[148]

Laut BVerfG dürfen staatliche Gerichte auf der ersten Prüfungsstufe lediglich eine Plausibilitätskontrolle durchführen. Das aber ist ein bloßer Nachvollzug des Selbstverständnisses der Kirche, das zudem formalistisch an kirchenbehördliche Auskünfte geknüpft wird. Mit einer eigenständigen Kontrolle durch die Rechtspflegeorgane der „säkularisierten Gesellschafts- und Staatsordnung"[149] hat das nichts zu tun. Mit der Maxime: „Plausibel ist, was die Kirche für plausibel hält", installiert das BVerfG einen kontrollimmunen Interpretationsprimat der Kirchen. Es ist nicht neutral, sondern parteilich, wenn der Staat seine ansonsten geltenden Maßstäbe zurücknimmt und einer Seite punktuell einen unkontrollierbaren Vorrang seines Selbstverständnisses einräumt. Wo der Rechtsstaat uneingeschränkt im Glauben wurzelnde Wertungen der Kirchen akzeptiert, indem er die staatlichen Gerichte an diese Wertungen bindet, identifiziert er sich mich ihnen und gibt seine Neutralität auf.[150]

Schwer nachzuvollziehen ist auch die These des BVerfG, dass die Religionsausübung die Freiheit zur Entfaltung des christlichen Sendungsauftrags „in Staat und Gesellschaft" umfasse. Genau so überraschend ist die Feststellung, dass die Sendung der Kirche den Menschen idealiter „in all seinen Bezügen" umfasse. Deutlicher kann man einer unbegrenzten Klerikalisierung nicht das Wort reden. Überdies räumt das Prüfungsschema des BVerfG den Kirchen auf allen Ebenen besonderes Gewicht ein und vernachlässigt Grundrechte der Arbeitnehmerinnen und Arbeitnehmer, so dass eine ergebnisoffene Gesamtabwägung gerade nicht entstehen kann.

Die auf den ersten Blick naheliegende Vorstellung, dass mit dem Beschluss des BVerfG vom 22.10.2014 die Unterscheidung zwischen verkündigungsnah und

---

146 „Bereitschaft zum Konventionsbruch", *Sagan*, EuZW 2018, 386.
147 Vgl. *Voßkuhle*, NJW 2013, 1336; *Kirchhof*, EuR 2014, 274.
148 *Edenharter*, NZA 2014, 1380.
149 BVerfG 9.6.2002 – 1 BvR 636/02, BVerfGE 111, 51.
150 *Rixen*, JZ 2015, 203.

verkündigungsfern vom Tisch sei, geht fehl. Indirekt, quasi durch die Hintertür, kommt dieser Gesichtspunkt wieder ins Spiel. Denn bei der Beurteilung des zulässigen Umfangs der Loyalitätsobliegenheiten kommt es nach der Rechtsprechung zur EMRK gerade auch auf die konkrete Stellung der Arbeitnehmerinnen und Arbeitnehmer innerhalb der religiösen Organisation an.[151] Ferner ist der Inhalt der den Arbeitnehmerinnen und Arbeitnehmern übertragenen Aufgaben zu berücksichtigen.[152] Schließlich sind die öffentlichen Auswirkungen der Loyalitätspflichtverletzung, die natürlich von der Nähe zum Verkündigungsauftrag beeinflusst werden, in die Abwägung einzustellen.[153]

Auch im Übrigen wirft der Beschluss des BVerfG Fragen auf. Das BVerfG würdigt ausführlich die Belange der Kirchen, von Arbeitnehmerinnen und Arbeitnehmern ist hingegen nur marginal die Rede. Art. 12 GG wird nicht einmal erwähnt. Diese einseitige Sichtweise kann kaum befriedigen.

Nicht recht nachvollziehbar stellt sich die Vorstellung des BVerfG von der herzustellenden praktischen Konkordanz dar. Praktische Konkordanz setzt die Gleichwertigkeit der gegeneinander abzuwägenden Grundrechte voraus. Das ist nicht vereinbar mit dem vom BVerfG postulierten Vorrang der Kirchenautonomie.

Hinzu kommt, dass eine Abwägung zwischen konfligierenden Grundrechtspositionen die Gewichtung aller Positionen nach objektiven Kriterien erfordert. Wenn ein Beteiligter über das Gewicht seiner Position verbindlich entscheidet, können die Rechtsanwenderinnen und Rechtsanwender nichts abwägen. Wenn die Gerichte nur noch befugt wären, soziale Randkorrekturen am ansonsten verbindlichen Kirchenrecht anzubringen, wäre die Frage nach der Verbindlichkeit der staatlichen Rechtsordnung und damit nach der Souveränität des Staates gestellt.

Undeutlich ist das Verhältnis der vom BVerfG geforderten Gesamtabwägung in der zweiten Prüfungsstufe zu der Interessabwägung im Rahmen von § 1 KSchG. Während in die Interessenabwägung alle fallbezogenen Umstände einfließen, verlangt das BVerfG für die Gesamtabwägung die verhältnismäßige Zuordnung von Grundrechten. Ein Widerspruch würde nicht bestehen, wenn man die Interessabwägung als Bestandteil der praktischen Konkordanz begreift.

Der Beschluss der BVerfG ist im Übrigen schwer verständlich und liefert für die Praxis nur schwer zu handhabende Hinweise. Z.T. ist der Beschluss in sich auch

---

151 EGMR 6.9.1989 – 12242/86 (*Rommelfanger*), https://hudoc.echr.coe.int/eng?i=001-1010; EGMR 3.2.2011 – 18136/02 (*Siebenhaar*), AuR 2011, 131.

152 EGMR 12.6.2014 – 56030/07 (*Martínez*), AuR 2014, 429 m. Anm. *Lörcher*.

153 EGMR 23.9.10 – 425/03 (*Obst*), AuR 2010, 447.

widersprüchlich:[154] Einerseits hat ein staatliches Gericht nicht die von Kirchen definierten Loyalitätspflichten zu bewerten, andererseits dürfen die Loyalitätspflichten nicht unangemessen sein. Es ist unklar, wie das zusammenpasst. Das BVerfG sagt nicht und nennt kein Beispiel, was eine unangemessene Pflicht wäre. Einerseits steht es den staatlichen Gerichten nicht zu, zwischen verkündigungsnahen und verkündigungsfernen Tätigkeiten zu unterscheiden, andererseits soll es auf die Stellung der Arbeitnehmerinnen und Arbeitnehmer im Betrieb ankommen.

Sollte sich das BVerfG der neuen EuGH-Rechtsprechung zu Art. 4 der RL 2000/78/EG[155] widersetzen, würden sich für die Praxis auf Basis der BVerfG-Entscheidung abgesehen von einem erneuten Vorabentscheidungsverfahren folgende Möglichkeiten eröffnen: Im Rahmen der vom BVerfG vorgesehenen offenen Gesamtabwägung ergeben sich durch die Berücksichtigung derjenigen Gesichtspunkte, deren Beachtlichkeit auch das BVerfG konzediert, Wertungsspielräume: Das Bewusstsein der Arbeitnehmerinnen und Arbeitnehmer für die begangene Loyalitätspflichtverletzung[156], die Freiwilligkeit der Bindung an höhere Loyalitätsobliegenheiten[157], die öffentlichen Auswirkungen der Loyalitätspflichtverletzung[158], das Interesse des kirchlichen Arbeitgebers an der Wahrung seiner Glaubwürdigkeit[159], die Position der Arbeitnehmerinnen und Arbeitnehmer in der Einrichtung, die Schwere des Loyalitätspflichtverstoßes in den Augen der Kirche sowie die zeitliche Dimension des Loyalitätsverstoßes[160], das Interesse der Arbeitnehmerinnen und Arbeitnehmer an der Wahrung ihres Arbeitsplatzes[161], ihr Alter, ihre Beschäftigungsdauer[162] und die Aussichten auf eine neue Beschäftigung.[163]

Hinzu kämen Gesichtspunkte, die das BVerfG vernachlässigt hat: Der Arbeitgeber kann sich nicht auf seinen verfassungsrechtlichen Sonderstatus berufen, wenn er allein auf die formelle Mitgliedschaft in einer Religionsgemeinschaft abstellt. Nach ihren eigenen Vorgaben in Art. 3 Abs. 2 der Grundordnung des kirchlichen Dienstes (GrO) z.B. darf die katholische Kirche nur bei der Besetzung von Stellen

---

154 Zur Kritik s.a. *Müller*, S. 16ff.

155 EuGH 17.4.2018 – C-414/16 (*Egenberger*), AuR 2019, 586 Rn. 58.

156 EGMR 23.9.2010 – 1620/03 (*Schüth*), AuR 2011, 307; EGMR 3.2.2011 – 18136/02 (*Siebenhaar*), AuR 2011, 131; EGMR 12.6.2014 – 56030/07 (*Martínez*), AuR 2014, 429 m. Anm. *Lörcher*.

157 EGMR 12.6.2014 – 56030/07 (*Martínez*), AuR 2014, 429 m. Anm. *Lörcher*.

158 EGMR 23.9.10 – 425/03 (*Obst*), AuR 2010, 447; EGMR 23.9.2010 – 1620/03 (*Schüth*), AuR 2011, 307.

159 EGMR 3.2.2011 – 18136/02 (*Siebenhaar*), AuR 2011, 131; EGMR 12.6.2014 – 56030/07 (*Martínez*), AuR 2014, 429 m. Anm. *Lörcher*.

160 EGMR 23.9.10 – 425/03 (*Obst*), AuR 2010, 447.

161 EGMR 23.9.2010 – 1620/03 (*Schüth*), AuR 2011, 307.

162 EGMR 23.9.10 – 425/03 (*Obst*), AuR 2010, 447; EGMR 3.2.2011 – 18136/02 (*Siebenhaar*), AuR 2011, 131.

163 EGMR 23.9.2010 – 1620/03 (*Schüth*), AuR 2011, 307; EGMR 12.6.2014 – 56030/07 (*Martínez*), AuR 2014, 429 m. Anm. *Lörcher*.

im pastoralen, katechetischen sowie in der Regel im erzieherischen Bereich und bei leitenden Aufgaben die Mitgliedschaft in der katholischen Kirche verlangen. Bei allen übrigen Stellen reicht es aus, dass die Bewerberinnen und Bewerber sicherstellen, den besonderen Auftrag glaubwürdig zu erfüllen.

Der Umstand, dass die Arbeitnehmerinnen und Arbeitnehmer im Wege der Privatautonomie freiwillig das Arbeitsverhältnis mitsamt den Loyalitätsobliegenheiten eingegangen sind, verliert dann an Bedeutung, wenn sie bei Licht besehen keine andere Wahl hatten. Überall dort, wo ausschließlich eine Kirche als Arbeitgeber in Frage kommt, ist die Vertragsparität gestört.

Nach der Rechtsprechung des EGMR folgt aus dem Autonomierecht der Kirchen und Religionsgemeinschaften auch deren Befugnis, ihren Arbeitnehmerinnen und Arbeitnehmern ein gewisses Maß an Loyalität abzuverlangen. Voraussetzung ist allerdings u.a., dass von einer Verletzung der konkreten Loyalitätsanforderung nach Einschätzung der Kirche oder Religionsgemeinschaft eine substanzielle Gefahr für den Zusammenhalt, die Glaubwürdigkeit oder die Einheit der Gemeinschaft ausgeht, die mit der Loyalitätsanforderung verbundene Beschränkung nicht über das erforderliche Maß hinausreicht und keinen sachfremden Zwecken dient, die nicht in der Wahrnehmung des religiösen Auftrags begründet liegen.[164]

III. Die „Kompetenz-Kompetenz" zur Festlegung des eigenen Verantwortungsbereichs

Die Begriffe „Ordnen" und „Verwalten" des Art. 137 WRV verweisen auf „ihre Angelegenheiten". Dass das Arbeitsrecht dazu überhaupt zählt, ist nicht selbstverständlich. Sogar Arbeitnehmer und Arbeitnehmerinnen, die Mitglied der Kirche sind, treten ihr nicht als Verbandsmitglieder, sondern in ihrer Rolle als Arbeitnehmerin und Arbeitnehmer gegenüber.[165] Jenseits ihrer Angelegenheiten sind die Religionsgemeinschaften dem Staat und dem staatlichen Recht genauso eingeordnet wie jeder weltliche Verband.[166]

---

164   EGMR 12.6.2014 – 56030/07 (*Martínez*), AuR 2014, 429 m. Anm. *Lörcher*.
165   AK-GG-*Preuß*, Art. 140 Rn. 48.
166   HSKR/Korioth, § 16 Rn. 47.

Das BVerfG hat sich die von den verfassten Kirchen seit Ende der 60er Jahre vorgenommene Interpretation ihres Selbstbestimmungsrechts zu eigen gemacht. Mit der Zuweisung der rechtlichen Ausgestaltung der Arbeitsverhältnisse kirchlicher Mitarbeiter in das Selbstbestimmungsrecht der Kirchen wird das Selbstbestimmungsrecht in ein Fremdbestimmungsrecht über die Person der Arbeitnehmerin und des Arbeitnehmers innerhalb und außerhalb des Arbeitsverhältnisses verkehrt.[167]

Laut BVerfG bestimmen die Religionsgemeinschaften selbst, was zum privilegierten Rechtsbereich des Art. 137 Abs. 3 WRV zählt. Dieser das Selbstverständnis der Religionsgemeinschaften besonders betonende Standpunkt ist zweifelhaft und durchaus nicht alternativlos. Früher wurde darauf abgestellt, „was materiell, der Natur der Sache oder Zweckbestimmung nach als eigene Angelegenheit der Kirchen anzusehen ist".[168] Ähnliches vertritt die – schon in Weimar – verbreitete Auffassung, allein die staatskirchenrechtlichen Vorschriften könnten bestimmen, worauf sich die in ihrem Normtext enthaltenen eigenen Angelegenheiten bezögen. Diese seien objektiv vorgegeben.[169] Mit Art. 137 WRV war 1919 klar, dass die Kirche ordnet und verwaltet, was zu ihrem Kompetenzbereich gehört. Das Selbstverwaltungsrecht ist auf „ihre Angelegenheiten", also ihre eigenen Angelegenheiten beschränkt. Was das im Einzelfall bedeutet, ist nicht von Kirche, sondern den staatlichen Gerichten zu entscheiden.[170]

Dem Staat sind nicht bestimmte Lebensbereiche unzugänglich, sondern bestimmte Aspekte derselben, nämlich alle religiösen Fragen und Maßstäbe. Den Religionsgemeinschaften steht nicht das Recht zu, im Wege der Selbstdefinition mit weltlich verbindlicher Wirkung darüber zu befinden, was religionsgemeinschaftliche Angelegenheiten i.S.d. Art. 137 Abs. 3 WRV sind.[171] „Was die Staatsgesetze als staatsgefährlich, sicherheits- oder sittenwidrig, ordnungswidrig oder aus sonst einem Grund verbieten, wird nicht dadurch erlaubt, dass es in Ausübung einer religiösen Überzeugung geschieht."[172]

Schlechte Arbeitsbedingungen werden nicht dadurch besser, dass sich der Arbeitgeber auf die Dienstgemeinschaft, den Glauben an Jesus Christus und Werte wie Nächstenliebe beruft. Es wäre auch kontraproduktiv, den Kirchen eine Kompetenz-Kompetenz zuzusprechen. Das Gefahrenpotential wird deutlich,

---

167 *Klimpe-Auerbach*, AuR 1995, 170, 174.
168 So noch BVerfG 21.9.1976 - 2 BvR 350/75, NJW 1976, 2123.
169 *Anschütz*, WRV, Art. 137 Anm. 4 (S. 645 f.); *Wieland*, Der Staat 251986, 321, 346; Sachs/*Ehlers*, Art. 140 GG/Art. 137 WRV Rn. 6.
170 *Anschütz*, WRV, Art. 137 Anm. 4; *Czermak*, Grundfragen, S. 94.
171 Sachs/*Ehlers*, Art. 140 Rn. 6f.
172 *Anschütz*, WRV, Art. 135, Anm. 6, Art. 136, Anm. 1.

wenn man sich vor Augen führt, dass z.B. die Aufarbeitung des Missbrauchsskandals in der katholischen Kirche bisher größtenteils ihr selbst überlassen wurde. Die Aufklärung erfolgt zwar unter Einbezug externer und neutraler Sachverständiger, aber innerhalb des Kirchenstrafrechts und nach selbstgesetzten Vorgaben. Die Strafverfolgung nach kirchlichem Recht entzieht die Täter zwar nicht einer Strafverfolgung vor weltlichen Gerichten, dennoch bleibt diese und damit eine vom Staat durchgesetzte, konsequente Strafe eine Ausnahme. Diese Kompetenzzuordnung führt ferner zu Intransparenz, unvollständiger und schleppender Aufarbeitung. Kontraproduktiv ist ein solches Konzept auch, weil Inhalt und Reichweite des z.B. Diskriminierungsverbots von jeweils aktuellen theologischen Strömungen abhängig wären.

Für Art. 137 Abs. 3 Satz 1 WRV hat sich die Kategorie Selbstbestimmungsrecht eingebürgert. Das Grundgesetz bietet den Kirchen gemäß Art. 137 Abs. 3 Satz 1 WRV aber nur eine Selbstordnungs- und Selbstverwaltungsgarantie. Eine Umdeutung und Überdehnung in ein kirchliches Selbstbestimmungsrecht[173] erstaunt. Durch die Umdeutung der „Selbstverwaltung" in „Selbstbestimmung" entscheiden die Kirchen nicht nur, was in ihrem Kompetenzbereich geschieht, sondern auch, wo die Grenzen des kirchlichen Bereichs verlaufen. Diese Kompetenz-Kompetenz widerspricht dem Grundsatz, dass es im Staat des Grundgesetzes keinen rechtsfreien Raum gibt. Allerdings betont inzwischen auch der EGMR das Selbstbestimmungsrecht als Bestandteil einer korporativen Dimension der Religionsfreiheit.[174]

Festzuhalten ist: Die Kirchen können ihren Freiraum nach eigenen Maßstäben ausfüllen. Über die Reichweite dieses Freiraums können sie nicht bestimmen. Die Kirchenautonomie erfasst nicht die Befugnis, den Anwendungsbereich der Autonomie selbst festzulegen. Grundsätze besonderer Pflichtenbindung in der christlichen Dienstgemeinschaft können für die Beschäftigten nur gelten, soweit es sich um „eigene Angelegenheiten" im Rechtssinn handelt. Diese erfassen nicht die Arbeitsverträge von verkündigungsfern beschäftigten Arbeitnehmerinnen und Arbeitnehmern.[175]

Kirchliche Arbeitgeber können Arbeitsverträge nicht diktieren, es bedarf dazu der Vereinbarung eines Vertrags. Die vertragliche Ausgestaltung des Arbeitsverhältnisses kann keine alleinige Angelegenheit der Kirchen sein. Die Erstreckung des Selbstordnungsrechts der Kirchen auf die Regelung aller Arbeitsver-

---

173 Ohne nähere Begründung erstmals BVerfG 17.2.1965 – 1 BvR 732/64, NJW 1965, 961.
174 EGMR 26.10.2000 – 30985/96 (*Hasan* und *Chaush*), https://hudoc.echr.coe.int/eng?i=001-58921.
175 *Kocher*, NZA 2014, 880.

hältnisse bzw. die Behauptung, es handele sich insoweit um ihre eigene Angelegenheit, usurpiert die Grundrechte von Arbeitnehmern.[176]

IV. Eigene Angelegenheiten

1965 grenzte das BVerfG die „eigenen Angelegenheiten" objektiv ab. Die Frage,
ob eine kirchliche Maßnahme dem innerkirchlichen Bereich zuzurechnen ist
oder sich auf vom Staat verliehene Befugnisse gründet oder den staatlichen Bereich berührt, entschied sich danach, was materiell, der Natur der Sache nach, als
eigene Angelegenheit der Kirche anzusehen ist.[177] Dieselbe Linie verfolgte das
BVerfG 2007. Entscheidend war, ob es sich um eine rein innerkirchliche Angelegenheit handelt. Das betreffe vornehmlich Fragen der richtigen Glaubenslehre,
aber auch das kirchliche Organisationsrecht, wenn und soweit es allein um die
innere Organisation geht, die den bürgerlichen Rechtskreis nicht berührt.[178]

Die h.M. geht heute demgegenüber pauschal davon aus, dass zu den verfassungsrechtlich garantierten eigenen Angelegenheiten das Recht gehört, darüber zu befinden, welche Aufgaben in ihren Einrichtungen verfolgt werden sollen und in welchen Rechtsformen sie wahrzunehmen sind. Dazu gehöre auch
die Ausgestaltung der Dienstverhältnisse. Dies ermögliche es den Religionsgemeinschaften, den „kirchlichen Dienst" nach ihrem Selbstverständnis zu regeln und die spezifischen Obliegenheiten kirchlicher Dienstnehmerinnen und
Dienstnehmer verbindlich zu machen.[179] Dass die durch Arbeitsvertrag begründeten Beschäftigungsverhältnisse nicht im codex juris canonici geregelt
sind und deshalb nicht ohne weiteres zu den inneren Angelegenheiten der Kirche gehören,[180] spielt für die h.M. keine Rolle.

V. Allgemeine Schranken des kirchlichen Selbstbestimmungsrechts

Die Religionsgemeinschaften ordnen und verwalten ihre Angelegenheiten nur
innerhalb der Schranken des für alle geltenden Gesetzes. Art. 137 Abs. 3 WRV
sichert die Eigenständigkeit der kirchlichen Dienstverfassung. Allerdings sind

---

176 *Schlink*, JZ 2013, 209; *J. Schubert/Wolter*, AuR 2013, 286.
177 BVerfG 17.2.1965 – 1 BvR 732/64, BVerfGE 18, 385.
178 BVerfG 17.10.2007 – 2 BvR 1095/05, DVBl. 2007, 1555.
179 Sachs/*Ehlers*, GG, Art. 140 GG/Art. 137 WRV Rn. 1; a.A. ausführlich *Kocher*, NZA 2014, 880.
180 *V. Nell-Breuning*, AuR 1979, 1, 3.

die Kirchen nicht befugt, ihr Nebenarbeitsrecht frei zu setzen. Sie sind an die für alle geltenden Gesetze gebunden.[181]

Was der Gesetzesvorbehalt im Einzelnen bedeutet, ist umstritten. Gesichert ist, dass z.b. das KSchG, § 626 BGB und das AGG zu den für alle geltenden Gesetzen zählen.[182] Auch das Mindestlohngesetz gilt für kirchliche Arbeitgeber.[183] Bedienen sich die Kirchen der Privatautonomie zur Begründung von Arbeitsverhältnissen, so findet auf diese das staatliche Arbeitsrecht Anwendung. Das ist die schlichte Folge einer Rechtswahl. Die Einbeziehung der kirchlichen Arbeitsverhältnisse in das staatliche Arbeitsrecht hebt indessen nach der Rechtsprechung des BVerfG deren Zugehörigkeit zu den „eigenen Angelegenheiten" der Kirche nicht auf. Sie darf deshalb die verfassungsrechtlich geschützte Eigenart des kirchlichen Dienstes, das spezifisch Kirchliche, das kirchliche Proprium, nicht in Frage stellen.

Dass das Grundgesetz die Religionsfreiheit ohne jede Einschränkung schlechthin für unverletzlich erklärt und sie also im Gegensatz zur WRV nicht unter den Vorbehalt der Gesetze stellt, bedeutet natürlich nicht, dass die Religionsfreiheit keine Grundrechtsschranken kennt.[184] Die Autonomie der Religionsgemeinschaften ist nicht absolut. Die korporative Religionsfreiheit, das Selbstbestimmungsrecht der Religionsgemeinschaften, kann und muss eingeschränkt werden, wenn Grundrechte Dritter anderenfalls unverhältnismäßig beschnitten würden.

Menschenrechte sind unteilbar und stehen in einem wechselseitigen Beziehungsgefüge: *„All human rights are universal, indivisible and interdependent and interrelated"*.[185] Die internationale Menschenrechtsordnung kennt nur einige wenige absolute Rechte, die keinerlei Einschränkungen unterliegen. Folter und Sklaverei sind immer und unbedingt verboten. Diesen Rang kann die Religionsfreiheit nicht beanspruchen. Das Selbstbestimmungsrecht der Religionsgemeinschaften kann vielmehr im Wege einer umfassenden Abwägung aller betroffenen Grund- und Menschenrechte eingeschränkt werden.[186] Das BVerfG erkennt dies ausdrücklich an, es fordert eine ergebnisoffene Abwägung.[187]

---

181 BVerfG 21.9.1976 – 2 BvR 254/88, BVerfGE 42, 334.
182 BVerfG 4.6.1985 – 2 BvR 1703/83, BVerfGE 70, 138; *Gleich*, Privilegien, S. 21; *Pallasch*, RdA 2014, 103, 105.
183 *Lakies*, AuR 2014, 360.
184 Die Schranke des Art. 136 Abs. 1 WRV wird vom BVerfG ignoriert.
185 UN-World Conference on Human Rights (1993), Vienna Declaration and Programme of Action, Nr. 5.
186 *Müller*, S. 17 f.
187 BVerfG 22.10.2014 – 2 BvR 661/12, AuR 2014, 487.

VI. Verhältnis zu Art. 4 Abs. 1, 2 GG

Nach der Rechtsprechung des BVerfG sind die durch Art. 140 GG inkorporierten Artikel der WRV vollgültiges Verfassungsrecht und von gleicher Normqualität wie die sonstigen Verfassungsbestimmungen. Das Grundrecht der Religionsfreiheit wurde ohne Gesetzesvorbehalt in den Katalog der Grundrechte übernommen und so gegenüber der WRV gestärkt. Art. 4 GG und Art. 137 WRV bilden ein organisches Ganzes, wobei Art. 4 Abs. 1 und 2 GG den leitenden Bezugspunkt darstellt. Zwischen der Glaubensfreiheit und den inkorporierten Normen der WRV besteht eine interpretatorische Wechselwirkung. Die Weimarer Kirchenartikel sind einerseits funktional auf die Inanspruchnahme und Verwirklichung des Grundrechts der Religionsfreiheit angelegt und in dessen Lichte auszulegen, da sie das Grundverhältnis zwischen Staat und Kirche regeln (Art. 137 Abs. 1 WRV). Andererseits wird der Gewährleistungsgehalt des Art. 4 Abs. 1 und 2 GG durch Art. 140 GG in Verbindung mit den inkorporierten Artikeln der WRV institutionell konkretisiert und ergänzt. Die Weimarer Kirchenartikel sind also auch ein Mittel zur Entfaltung der Religionsfreiheit der korporierten Religionsgesellschaften. Soweit sich die Schutzbereiche der Artikel der WRV und der korporativen Religionsfreiheit des Art. 4 Abs. 1 und 2 GG überlagern, geht Art. 137 Abs. 3 WRV als speziellere Norm Art. 4 Abs. 1 und 2 GG insoweit vor, als er das Selbstbestimmungsrecht der Religionsgesellschaften der Schranke des für alle geltenden Gesetzes unterwirft (Schrankenspezialität). Bei dem Ausgleich der gegenläufigen Interessen ist dem Umstand Rechnung zu tragen, dass Art. 4 Abs. 1 und 2 GG die korporative Religionsfreiheit vorbehaltlos gewährleistet und insofern dem Selbstbestimmungsrecht und dem Selbstverständnis der Religionsgesellschaften besonderes Gewicht zuzumessen ist.[188] Das ist auch bei der Interpretation des Individualarbeitsrechts zu beachten.[189]

Art. 4 Abs. 1 und 2 GG wird vom BVerfG in den Fällen des Art. 137 Abs. 3 WRV herangezogen, um den Kirchen den Weg der Verfassungsbeschwerde zu ermöglichen.[190] Wenn man Art. 137 Abs. 3 WRV als mit Art. 4 Abs. 1 und 2 GG verbunden ansieht, muss wohl auch der Vorbehalt des für alle geltenden Gesetzes in den korporativen Teil des Art. 4 GG hineinwirken.[191]

Religionsgemeinschaften und Weltanschauungsvereinigungen können ebenso wie andere juristische Personen, deren Zweck die Pflege oder Förderung eines

---

188 BVerfG 22.10.2014 – 2 BvR 661/12, AuR 2014, 487.
189 BVerfG 4.6.1985 – 2 BvR 1703/83, BVerfGE 70, 138.
190 Kempen/Zachert/*J. Schubert*, TVG, Grundlagen Rn. 244.
191 Kempen/Zachert/*J. Schubert*, TVG, Grundlagen Rn. 244.

religiösen Bekenntnisses oder die Verkündigung des Glaubens ihrer Mitglieder ist, Träger des Grundrechts aus Art. 4 GG sein.[192]

Ob das kirchliche Selbstbestimmungsrecht von den Grundrechten beschränkt wird, ist umstritten. Dass – als erste Kontrollschranke für das Selbstbestimmungsrecht – die Maßstäbe der Kirchen jedenfalls nicht den Grundprinzipien der Rechtsordnung (allgemeines Willkürverbot, gute Sitten, ordre public[193]) widersprechen dürfen, ist selbstverständlich. Das BVerfG verfolgt darüber hinaus eine zweite Kollisionsregel: Gerät das kirchliche Selbstbestimmungsrecht in Konflikt mit Normen staatlichen Rechts, so muss eine Güterabwägung stattfinden und praktische Konkordanz hergestellt werden. Soweit das Eigenverständnis der Kirche im Bereich der Glaubensfreiheit wurzelt und sich in der Religionsausübung verwirklicht, ist ihm besonderes Gewicht beizumessen.[194]

Art. 136 WRV konkretisiert bestimmte Aspekte der individuellen Religionsfreiheit.[195]

Das Selbstbestimmungsrecht der Religionsgesellschaften erlaubt es den Kirchen, die Mitarbeiterinnen und Mitarbeiter je nach Stellung in der Hierarchie abgestuften[196] besonderen Loyalitätspflichten zu unterwerfen und damit dem Arbeitsverhältnis eine Tendenzprägung zu geben. Eben diese Tendenzprägung ist wesentlicher Teil des von der Selbstbestimmungsgarantie der Religionsgesellschaften gesicherten Rechts.

Nicht haltbar ist die Vorstellung, dass das korporative Recht der Kirchen grundsätzlich über den Grundrechten des Einzelnen stehen würde.[197] Vom Ansatz her gleichrangig sind die Rechte der Arbeitnehmerinnen und Arbeitnehmer anzusehen. Die Vorschriften des Arbeitsrechts sind allgemeine Gesetze zum Schutz dieser Rechte, die die kirchliche Selbstbestimmungsmacht einschränken, so dass beide Rechtspositionen zur weitestmöglichen Entfaltung kommen sollen.[198]

Die Rechtsprechung des BVerfG hat bisher hier tendenziell die Rechte der Mitarbeiterinnen und Mitarbeiter vernachlässigt, weil dem Selbstverständnis der betroffenen Kirche ein besonderes Gewicht beigemessen wurde. Ein bei-

---

192 Vgl. BVerfG 4.10.1965 – 1 BvR 112/63, BVerfGE 19, 135.
193 BK/*Kästner*, Art. 140 Rn. 345.
194 Vgl. *Kühling*, AuR 2001, 243.
195 Einzelheiten s. BK/*Kästner*, Art. 140 Rn. 155.
196 Sachs/*Ehlers*, Art. 140 GG/Art. 137 WRV Rn. 14.
197 Dazu *Budde*, AuR 2005, 354, Fn. 21.
198 Dreier/*Morlok*, GG, Art. 137 WRV Rn. 65.

den Seiten gerecht werdender Ausgleich zwischen Selbstbestimmungsrecht der Religionsgesellschaft und Rechten der Arbeitnehmerinnen und Arbeitnehmer muss eine Abstufung der Tendenztreuepflichten nach den bekleideten Positionen und der diesen anhaftenden Tendenznähe treffen.[199] Eine übermäßige Einschränkung konkurrierender Grundrechte verbietet sich. Arbeitsverhältnisse kirchlicher Arbeitnehmerinnen und Arbeitnehmer dürfen keine säkulare Ersatzform für kirchliche Ordensgemeinschaften sein, indem eine Art kirchliches Statusverhältnis entsteht, das die Person total ergreift und auch ihre private Lebensführung voll umfasst.[200]

Die Vorstellung, der Staat habe eine kirchliche Ordnung, die nicht nach seinem, sondern nach eigenem Recht lebe, vorgefunden und als solche anerkannt,[201] ist abzulehnen. Die Kirchen sind keine souveränen Staaten, sondern inländische autonome Einrichtungen zum Schutz ungestörter gemeinsamer Religionsausübung vor staatlicher Reglementierung.[202]

Während der Privatbereich der Arbeitnehmerinnen und Arbeitnehmer für den weltlichen Arbeitgeber Tabu ist, haben die Kirchen nach der Rechtsprechung des BVerfG zur Wahrung ihres Propriums[203] und zum Schutz ihrer Glaubwürdigkeit das Recht, von ihren Arbeitnehmerinnen und Arbeitnehmer zu verlangen, dass diese sich im beruflichen wie privaten Bereich in ihrem Verhalten nicht in Widerspruch zu den Lehren der Kirche setzen.[204]

Die Kirchen können spezifische Obliegenheiten schaffen und die Arbeitsverhältnisse am Leitbild einer christlichen Dienstgemeinschaft[205] ausrichten. Sie dürfen ihren Arbeitnehmerinnen und Arbeitnehmern „jedenfalls die tragenden Grundsätze der kirchlichen Glaubens- und Sittenlehre" auferlegen.[206]

Dies gilt insoweit, als das das Arbeitsverhältnis betroffen ist. Jenseits dessen dürfen Kirchen und ihre Einrichtungen ihren Arbeitnehmerinnen und Arbeitnehmern keine Vorschriften für die private Lebensführung machen. Im Rah-

---

199 Sachs/*Ehlers*, Art. 140 GG/Art.137 WRV Rn. 10; Dreier/*Morlok*, GG, Art. 137 WRV Rn. 66 m.w.N.

200 BVerfG 4.6.1985 – 2 BvR 1703/83, BVerfGE 70, 166.

201 *Thüsing*, Arbeitsrecht, S. 3.

202 *Hammer*, AuR 2011, 280.

203 Elemente des Gottesdienstes.

204 Das BVerfG misst der Glaubwürdigkeit einer Kirchengemeinde in der Öffentlichkeit besonderes Gewicht bei und leitet daraus im Vergleich zu Betrieben der gewerblichen Wirtschaft erhöhte Anforderungen an eine harmonische Zusammenarbeit unter den Mitarbeiterinnen und Mitarbeitern ab (BVerfG 9.2.1990 – 1 BvR 717/87, NJW 1990, 2053).

205 Zu Begriff und Wesen der „Dienstgemeinschaft" vgl. *Joussen*, RdA, 2007, 328 sowie *Thiel*, in: Bleistein/Thiel, Präambel, Rn. 21. Kritik an diesem Konzept referiert *Grzeszick*, NZA 2013, 1377.

206 BVerfG 4.6.1985 – 2 BvR 1703/83, BVerfGE 70, 165 f. Kritisch zu einem expansiven und usurpatorischen Verständnis der eigenen Angelegenheit *Schlink*, JZ 2013, 209.

men der durch ihr Selbstverständnis geprägten Ziele dürfen Religions- und Weltanschauungsgemeinschaften festlegen, dass exponierte Positionen nur mit ihren Mitgliedern und Gefolgsleuten besetzt werden dürfen. Im kirchlichen Bereich gehören dazu z.b. Kultus und Lehre. Entscheidend ist, ob ein echter Anteil an der Gestaltung des religiösen oder weltanschaulichen Lebens vorliegt.[207]

Aber selbst wenn dies anders wäre: Auch *Thüsing* geht davon aus, dass die Kirchen sich nicht in Widerspruch zu den Grundprinzipien der Rechtsordnung stellen dürfen und den ordre public wahren müssen.[208] Art. 6 Satz 2 EGBGB bezieht sich nun aber gerade auf die Grundrechte, und insbesondere ist allgemein anerkannt, dass Art. 3 GG zum ordre public gehört.[209] Schlussendlich ergibt sich also auch so gesehen die Aufgabe zur Verfassungsinterpretation im Sinne einer praktischen Konkordanz zwischen den Grundrechten der betroffenen Arbeitnehmerinnen und Arbeitnehmern und dem kirchlichen Selbstbestimmungsrecht.[210]

Das BVerfG hat mehrfach entschieden, dass bei der vorzunehmenden Güterabwägung zwischen Kirchenautonomie und Grundrechten der Arbeitnehmerinnen und Arbeitnehmern keiner der beiden Verfassungspositionen von vornherein der Vorrang einzuräumen ist.[211] Auch der EGMR schließt einen Vorrang der Kirchenautonomie im Rahmen der Güterabwägung aus.[212] Eine bedingungslose Unterordnung von Beschäftigteninteressen unter kirchliche Vorgaben verbietet sich demnach ebenso wie eine bedingungslose Säkularisierung der Kirchen durch Unterordnung ihrer Glaubensgrundsätze unter staatliches Recht.[213] Mit § 118 BetrVG gestaltet der Gesetzgeber die Freiheitsrechte der Art. 4, 5 und 9 Abs. 3 GG aus,[214] ohne dass die Norm verfassungsrechtlich zwingend wäre.[215]

---

207 *Von Roetteken*, § 9 Rn. 68.
208 *Thüsing,* Arbeitsrecht, 15; s.a. BVerfG 4.6.1985 – 2 BvR 1703/83, BVerfGE 70, 168.
209 Vgl. MüKo-BGB/*Sonnenberger*, EGBGB, § 6 Rn. 50.
210 *Däubler*, RdA 2003, 207. In diesem Sinn auch BVerfG 5.6.1981 – 2 BvR 288/81, NJW 1983, 2570; BVerfG 31.1.2001 – 1 BvR 619/92, NZA 2001, 717 sowie BVerfG 7.3.2002 – 1 BvR 1962/01, EzA BGB § 611 Kirchliche Arbeitnehmer Nr. 47a.
211 BVerfG 31.1.2001 – 1 BvR 619/92, NZA 2001,723; BVerfG 7.3.2002 – 1 BvR 1962/01, NZA 2002, 609. A.A. *Belling*, ZevKR 2003, 407; *Thüsing*, Arbeitsrecht, S. 17.
212 EGMR 23.9.10 – 425/03 (*Obst*), AuR 2010, 447; EGMR 23.9.2010 – 1620/03 (*Schüth*), AuR 2011, 307 – ein Anspruch auf Wiedereinstellung wurde verneint, LAG Düsseldorf 5.6.2014 – 11 Sa 1484/13, NZA 2014, VI; EGMR 12.6.2014 – 56030/07 (*Martínez*), AuR 2014, 429 m. Anm. *Lörcher*.
213 Ausführlich *Hammer*, AuR 2011, 283f.
214 BAG 20.4.2010 – 1 ABR 78/08, NZA 2010, 902; BVerfG 30.4.2015 – 1 BvR 2274/12, NZA 2015, 820.
215 Ebenso DKW/*Wedde*, § 118 BetrVG Rn. 3 m.w.N.

VII. Arbeit auf verbandsrechtlicher Grundlage

Die Kirchen agieren in der Rechtsform einer Körperschaft des öffentlichen Rechts eigener Art (Art. 140 GG i.V.m. Art. 137 Abs. 5 WRV).

Körperschaften des öffentlichen Rechts sind nicht grundrechtsberechtigt, sondern grundrechtsverpflichtet. Eine Ausnahme gilt jedoch, wenn die öffentlich-rechtlichen Körperschaften von Verfassungs wegen dazu gebildet sind, individuelle Freiheiten zu stützen und gemeinsam auszuüben (Kirchen, öffentliche Rundfunkanstalten, Universitäten). Die Kirchen sind kein Teil des Staates und nicht Träger öffentlicher Gewalt i.S.d. Art. 1 Abs. 3 GG. Es gibt keine staatliche Rechtsaufsicht. Die verfassten Kirchen entscheiden selbst, welche Dienste es in ihren Einrichtungen geben soll und in welchen Rechtsformen sie wahrzunehmen sind. Die damit begründete Sonderstellung geht über die jeder Religionsgemeinschaft gewährte Verfassungsgarantie hinaus.

Es ist Ausdruck dieser Sonderstellung, dass Religionsgemeinschaften Arbeit auf verbandsrechtlicher Grundlage vorsehen können. Soweit Mitglieder ausschließlich von ihrem religiösen Bekenntnis geprägten Dienst verrichten, sind sie keine Arbeitnehmerinnen oder Arbeitnehmer. Dies ist z.B. bei Ordensangehörigen der katholischen Kirche oder evangelischen Diakonissinnen der Fall, wenn sie in Einrichtungen ihrer Schwesternschaft beschäftigt werden. Erwerbsgründe sollen keine Rolle spielen, da ihre Versorgung durch ihre religiöse Gemeinschaft sichergestellt sei. Treten Mönche, Ordensschwestern oder Diakonissinnen außerhalb ihrer Gemeinschaft auf dem Arbeitsmarkt auf und schließen sie Arbeitsverträge, so sind sie Arbeitnehmerinnen und Arbeitnehmer.[216] Die Begründung verbandsrechtlicher Arbeitspflichten darf allerdings nicht zur Umgehung zwingender arbeitsrechtlicher Schutzbestimmungen führen (z.B. Arbeitszeit, Mutterschutz).

Bei Gestellungsverhältnissen ist zu prüfen, ob ein so intensives Weisungsverhältnis zwischen Betriebsinhaber und bei ihm beschäftigter Person besteht, dass der Schutzzweck des BetrVG es gebietet, sie als Arbeitnehmerin und Arbeitnehmer zu zählen.[217] Krankenschwestern z.B. sind grundsätzlich Arbeitnehmerinnen i.S.d. allgemeinen Arbeitsrechts wie auch des Betriebsverfassungsrechts. Insbesondere gilt § 5 Abs. 2 Nr. 3 BetrVG für sie nicht. Auch bei denjenigen Krankenschwestern, die Organisationen wie Caritas-Verband, Diakonisches Werk, Deutsches Rotes Kreuz, Bund freier Schwestern oder Arbei-

---

216 DKW/*Trümner*, BetrVG, § 5 Rn. 180.
217 Richardi/*Maschmann*, BetrVG, § 5 Rn. 124; ausführlich DKW/*Trümner*, BetrVG, § 5 Rn. 181.

terwohlfahrt angehören, sind religiös-sittliche und karitative Gesichtspunkte wesentlicher Bestandteil ihrer Tätigkeit. Gleichwohl gehen sie einer Erwerbsarbeit nach und werden entsprechend vergütet.[218] Ein Arbeitsverhältnis und ein verbandsrechtliches Mitgliedschaftsverhältnis können nebeneinander bestehen. So bricht sich die Erkenntnis Bahn, dass z.b. DRK-Schwestern in Gestellungsverhältnissen Arbeitnehmerinnen sind.[219]

Europarechtlich stellen sich die Dinge ohnehin anders dar. Der EuGH stellt lediglich darauf ab, ob abhängige Beschäftigung gegen Entgelt vorliegt. Für die Anwendbarkeit der RL 2000/78/EG ist eine Arbeitnehmereigenschaft i.S.d. Art. 45 AEUV nicht erforderlich. Erfasst werden nach Art. 3 Abs. 1 Buchst. a der Rahmenrichtlinie ausdrücklich sowohl unselbständige als auch selbständige Erwerbstätigkeiten. Sinn und Zweck der Rahmenrichtlinie liegen in der Beseitigung aller auf Diskriminierungsgründe gestützten Hindernisse für den Zugang zu Mitteln zur Sicherung des Lebensunterhalts und in der Ermöglichung, durch Arbeit, egal in welcher Rechtsform, einen gesellschaftlichen Beitrag zu leisten. Der Schutz der Arbeitnehmerinnen und Arbeitnehmer als schwächere Partei eines Arbeitsverhältnisses ist nicht Ziel der RL 2000/78/EG.[220] Dass die Kirchen bei ihren Leistungen gegenüber Ordensangehörigen und Diakonissinnen nicht von Entgelt, sondern von Versorgung sprechen, ist irrelevant. Da nach Unionsrecht Arbeitsverhältnisse bestehen, gilt Art. 4 Abs. 2 der Rahmenrichtlinie auch in diesem Bereich, sodass all die Abstufungen zu beachten sind.

Europarechtlich ist auch der Schutz des kirchlichen Selbstbestimmungsrechts anders gefasst. Ein Selbstbestimmungsrecht ist in der EMRK als Ausfluss der kollektiven Religionsfreiheit anerkannt,[221] aber umfasst ist allein die spezifische Betätigung der Religionsfreiheit in ihrem kollektiven Gehalt. Geschützt sind danach die Entscheidung über die eigene Leitungsstruktur,[222] die Einräumung eigener Rechtspersönlichkeit und der Rechtsschutz gegen staatliche Eingriffe.[223] Eine derart prominente Rechtsstellung der Kirchen, wie sie sich aus Art. 140 GG i.V.m. Art. 137 Abs. 3 WRV ergibt, kann aus Art. 9 Abs. 1 EMRK nicht hergeleitet werden.[224]

---

218 H.M. in der Literatur, vgl. *Fitting*, BetrVG, § 5 Rn. 333; DKW/*Trümner*, BetrVG, § 5 Rn. 144 jeweils m.w.N.; a.A. BAG 6.7.1995 – 5 AZB 9/93, NZA 1996, 33; BVerwG 29.4.1966 – VII P 16.64, AP BPers-VG BW § 3 Nr. 1; BSG 28.8.1968 – 3 RK 70/65, AP BGB § 611 Rotes Kreuz Nr. 7.

219 BAG 21.2.2017 – 1 ABR 62/12, AuR 2017,181; richtungsweisend *Mestwerdt*, NZA 2014, 281; a. A. *Groeger*, ZTR 2014, 379.

220 EuGH 2.6.2022 – C-587/20 (*HK/Danmark und HK/Privat*), https://curia.europa.eu/juris/document/document.jsf?text=&docid=260182&pageIndex=0&doclang=DE&mode=lst&dir=&occ=first&part=1&cid=2714995, Rn. 34.

221 Art. 9 Abs. 1 EMRK.

222 EGMR 13.12.2001 – 45701/99 (*Metropolitan Church of Bessarabia*), ECHR 2001-XII, 83.

223 EGMR 16.12.1997 – 25528/94 (*Canea*), ECHR 1997-VIII, 2844.

224 *Pötters/Kalf*, ZESAR 2012, 217.

D. Der Sonderstatus der Kirchen im Arbeitsrecht

I. Bedeutung des kirchlichen Sonderstatus

Die Bedeutung des kirchlichen Sonderstatus ist nicht zu unterschätzen. Ca. 1,3 Millionen Menschen arbeiten bei Caritas und Diakonie. In Teilen Deutschlands haben die Kirchen in Krankenhäusern, Altersheimen, Sozialdiensten und Kindergärten ein Monopol. Arbeitnehmerinnen und Arbeitnehmer können dort nicht zwischen einem kirchlichen und nichtkirchlichen Arbeitgeber wählen.

In den fünfziger Jahren waren noch ca. 60 % der Beschäftigten in den Einrichtungen von Kirche, Caritas und Diakonie Ordensangehörige, Nonnen, Mönche, Diakonissinnen und Diakone. In der Folgezeit standen nicht mehr genügend Mitarbeiterinnen und Mitarbeiter in kirchlichen Statusverhältnissen zur Verfügung. Bei dem Großteil der kirchlichen Mitarbeiterinnen und Mitarbeiter handelt es sich heute um regulär vergütete Arbeitnehmerinnen und Arbeitnehmer.[225] Die Kirchen reagierten auf die schleichende Säkularisierung mit kircheneigenen Regelungen, durch die sie ihre Beschäftigten an ihr glaubens- und bekenntnismäßiges Selbstverständnis zu binden suchen.

Die Vorstellung, der kirchliche Sonderstatus sei nur die Kehrseite enormer finanzieller Leistungen der Kirchen im sozialen Bereich, ist nicht haltbar. Lediglich ca. 5 % der kirchlichen Steuereinnahmen fließen in den sozialen Bereich.[226] Die (öffentlich-rechtlich) verfasste Kirche zahlt ihren Arbeitnehmerinnen und Arbeitnehmern das Arbeitsentgelt zu annähernd 100 % aus eigenen Mitteln, bei den Wohlfahrtsunternehmen von Caritas und Diakonie ist das Verhältnis andersherum: Dort werden die Mitarbeiterinnen und Mitarbeiter wohl höchstens zu 16 % von den Kirchen selbst bezahlt.[227] Gleichzeitig beanspruchen die Kirchen sowohl im Individual- als auch im Kollektivarbeitsrecht eine Berücksichtigung ihrer Eigenart.[228]

---

225 Zu Umsatz, Vermögen und Anzahl der Beschäftigten siehe *Frerk,* Caritas, S. 331.
226 *Matthäus-Maier,* S. 339.
227 Vgl. *Frerk,* Finanzen, S. 398; zu den Leistungen des Staates an die Kirchen s. *Czermak,* DÖV 2004, 110ff.
228 Zu dem Widerspruch, einerseits individualrechtlich Arbeitnehmerinnen und Arbeitnehmer im Lohnverhältnis einzustellen, andererseits aber kollektivrechtlich einen Sonderstatus zu beanspruchen, vgl. *Nell-Breuning,* AuR 1979, 3ff.

II. Grundsätze des kirchlichen Selbstbestimmungsrechts im Arbeitsrecht

Ein besonderes Arbeitsrecht der Kirchen existiert – insbesondere im Hinblick auf das Kündigungsrecht – nicht. Kirchen können kein in das weltliche Rechtsgefüge hineinreichendes originär kirchliches Arbeits- oder Kündigungsrecht schaffen, weil sich ihre Rechtssetzungsbefugnis auf den kirchlichen Rahmen beschränkt. Das von den verfassten Kirchen eigens gesetzte Recht bindet nur die Mitglieder der Körperschaft, wirkt aber nicht in die staatliche Rechtsordnung hinein. Um im weltlichen Recht Beachtung zu finden, bedarf es eines Anerkenntnisses der weltlichen Rechtsordnung. Der Begriff „Kirchliches Arbeitsrecht" ist daher unpräzise,[229] der Einfachheit halber wird im Folgenden gleichwohl der Begriff „kirchliches Nebenarbeitsrecht" verwandt.

Der kirchliche Sonderstatus liegt im Überschneidungsbereich von satzungsautonomem Kirchenrecht und staatlichem Arbeitsrecht. Die kirchlichen Besonderheiten beruhen auf soziologischen und politischen Konstellationen der Nachkriegszeit, die im Zeichen religiöser und weltanschauliche Pluralisierung heute nicht mehr gegeben sind.[230] Die Bindungen durch traditionelle Weltbilder und Glaubensgefolgschaften zerfallen. Die Gesellschaft wird zunehmend säkularer.

Wenn von kirchlichem Arbeitsrecht gesprochen wird, sind regelmäßig die Regularien der beiden großen Amtskirchen gemeint. Dort sind Pfarrerinnen und Pfarrer, Priester und Bischöfinnen und Bischöfe Kirchenbeamte – vergütet werden sie aus Kirchenmitteln bzw. im Wesentlichen durch staatliche Steuern. Maßgebend sind kirchliche Beamtengesetze. Vereinbaren kirchliche Wohlfahrtsorganisationen Arbeitsverträge mit Altenpflegerinnen und Altenpflegern, Krankenpflegerinnen und Krankenpflegern, Sozialarbeiterinnen und Sozialarbeitern etc., gilt das staatliche Arbeitsrecht (ArbGG, KSchG, ArbZG, BUrlG, TzBfG, Gesundheitsschutz, Grundrechte, EU-Richtlinien, GrCh etc.). Die Vergütungen ihrer Beschäftigten bringen die Kirchen fast vollständig nicht aus eigenen Mitteln auf, es erfolgt eine Refinanzierung durch Sozialversicherungsträger. Rechtlich bestehen in diesem Sektor Ausnahmen und Besonderheiten: Es gibt Gesetze, die Kirchen ausnehmen (§ 118 BetrVG), und es gibt wegen des Selbstverwaltungsrechts der Kirchen mit dem Mitbestimmungs- und Arbeitskampfrecht Bereiche, die sie autonom regeln können. Schließlich

---

229 *Morgenbrodt*, S. 56.
230 *Kreß*, Sonderstellung, S. 148.

gibt es auch individualrechtlich gesetzliche Regelungen, die Kirchen privilegieren (§ 9 AGG).

Die Reichweite des Selbstbestimmungsrechts anderer Religionen liegt im Dunkeln. Auch islamische Organisationen könnten ein Binnenarbeitsrecht entwickeln. Geschähe dies, würde die Verpflichtung des Staates, dafür zu sorgen, dass die Grundrechte der Arbeitnehmerinnen und Arbeitnehmer davor geschützt werden, dass die korporative Selbstbestimmung der Kirchen in moralische Fremdbestimmung über ihre Beschäftigten umschlägt, vermutlich stärker fokussiert werden.[231]

Das kirchliche Nebenarbeitsrecht befindet sich im Umbruch. Der EGMR und der EuGH beförderten einen Perspektivwechsel und leiteten eine Zeitenwende ein. Die deutsche arbeitsgerichtliche Rechtsprechung der letzten Jahrzehnte, die sich einer Überbetonung kirchlicher Sichtweisen befleißigte, ist nach den Urteilen in Sachen *Schüth*[232], *Fernandez*[233], *Egenberger*[234] und *IR*[235] nicht mehr haltbar. Auch kollektiv-rechtlich ist Bewegung entstanden: Nach den Entscheidungen des BAG vom 20.11.2012[236] können sich Kirchen Arbeitskämpfen nur noch unter engen, bisher nicht eingelösten Voraussetzungen entziehen.

Die Einrichtungen der christlichen Kirchen nutzen arbeitsvertragliche Beschäftigungsformen, die gesteigerte persönliche Abhängigkeiten begründen. Gleichzeitig berufen sie sich darauf, dass ihr Leitbild der Dienstgemeinschaft ein konfliktfreies Gemeinschaftsverhältnis darstelle. Sowohl die evangelische als auch die katholische Kirche in Deutschland integrieren damit ein theologisches Prinzip in das staatliche Arbeitsrecht. Sie verlangen von Beschäftigten mehr als die von jeder Arbeitnehmerin und Arbeitnehmer geschuldete Loyalität, nämlich auch eine nach außen in Erscheinung tretende positive Einstellung zum Auftrag der Kirchen. Von Mitarbeiterinnen und Mitarbeitern in gehobenen Positionen (Leitung und Glaubensvermittlung) wird erwartet, dass sie sich auch persönlich mit dem Auftrag der Kirche identifizieren.

---

231 Vgl. *Kreß/Gerhardt*, ZRP 2013, 124.
232 EGMR 23.9.2010 – 1620/03 (*Schüth*), AuR 2011, 307. Die katholische Kirche hatte einem Organisten und Chorleiter wegen einer außerehelichen Beziehung gekündigt. Der EGMR stellte fest, dass die Abweisung der Kündigungsschutzklage das Recht des Arbeitnehmers auf Achtung seines Privat- und Familienlebens aus Art. 8 EMRK verletzte.
233 EGMR 12.6.2014 – 56030/07 (*Martínez*), AuR 2014, 429 m. Anm. *Lörcher*.
234 EuGH 17.4.2018 – C-414/16 (*Egenberger*), AuR 2019, 586.
235 EuGH 11.9.2018 – C-68/17 (*IR*), AuR 2018, 494.
236 BAG 20.11.2012 – 1 AZR 179/11, AP Nr. 179 zu Art. 9 GG Arbeitskampf; BAG 20.11.2012 – 1 AZR 611/11, AP Nr. 180 zu Art. 9 GG Arbeitskampf.

Der Staat überlässt zahlreiche Aufgaben öffentlicher Daseinsvorsorge kirchlichen Trägern. Diese finanzieren sich weitgehend durch öffentliche Gelder. Dass den kirchlichen Trägern gleichwohl brisante Sonderrechte eingeräumt werden, ist alles andere als unproblematisch.

Die beiden großen Kirchen verfolgen den Gedanken, dass alle Mitarbeiterinnen und Mitarbeiter und Arbeitgeber gemeinsam einer christlichen Dienstgemeinschaft angehören. Der Kirchengerichtshof der EKD geht davon aus, dass mit diesem Institut einer allein an wirtschaftlichen Interessen der Dienstgeberseite orientierte Festsetzung der Arbeitsbedingungen entgegengewirkt werden soll.[237] In der Praxis erweist sich die Dienstgemeinschaft allerdings als ökonomisch variabel: Um Personalkosten zu senken, wird von der Grundordnung abgewichen. Die Dienstgemeinschaft berücksichtigt auch nicht den Interessengegensatz von Arbeit und Kapital: Das Versprechen der Kirchen von 1952, ein Mitbestimmungsrecht in ebenbürtiger Weise zum BetrVG zu schaffen, ist nicht verwirklicht worden.[238]

Für die katholischen Träger sowie die Caritas sind die Grundsätze in der Grundordnung des kirchlichen Dienstes niedergeschrieben. Für die evangelischen Träger ergeben sich die Kriterien aus der Grundordnung über die Anforderungen der privatrechtlichen beruflichen Mitarbeit in der Evangelischen Kirche in Deutschland und des Diakonischen Werkes. Wer – in welcher Form auch immer – in einer Einrichtung einer christlichen Kirche tätig ist, werde zum Angehörigen dieser Dienstgemeinschaft. Begründet wird die Dienstgemeinschaft aus der Tradition der Tauflehre vom Priestertum aller Gläubigen.[239] Danach ist jeder, der getauft ist, auch zum Dienst berufen. Die Kirche diene sowohl durch ihre Botschaft als auch durch ihre Ordnung der Verkündigung des Evangeliums. Die Ordnung sei dadurch gekennzeichnet, dass nicht einer über den anderen herrscht, sondern alle gemeinsam zum Dienst berufen sind. Die kirchlichen Dienste umfassten die Verkündigung des Evangeliums, den Gottesdienst und den aus dem Glauben erwachsenden Dienst am Mitmenschen. Unabhängig von ihrer Stellung würden alle Mitarbeiterinnen und Mitarbeiter an der Weitergabe des Evangeliums mitwirken.[240]

Der Begriff der Dienstgemeinschaft, auf den die Kirchen ihre Ansprüche stützen, war in der Weimarer Republik noch nicht geläufig. Er entstammt dem Arbeitsrecht des NS-Staats der 1930er Jahre. In den 1950er Jahren wurde er kirchlich umfunktioniert. Erst nochmals mehrere Jahrzehnte später, d.h. nachträg-

---

237 KGH-EKD 10.12.2012 – II-0124/U 5-12; BAG 20.11.2012 – 1 AZR 179/11, AuR 2013, 317 Rn. 101.
238 Einzelheiten s. *J. Schubert*, EuZA 2020, 320, 327f.
239 1. Petr. 2,9.
240 *Dill*, ZRP 2003, 319.

lich, zögerlich und „ausgesprochen zurückhaltend",[241] ist er zu einem theologischen Begriff „aufgestiegen".[242]

Die Kirchen betonen, dass sie Diskriminierungen ablehnen. Für die evangelische Kirche stellt die Realisierung des Diskriminierungsverbots eine grundlegende Menschenrechtsgewährleistung dar.[243] Im „Gemeinsamen Wort des Rates der EKG und der Deutschen Bischofskonferenz zur wirtschaftlichen und sozialen Lage in Deutschland, 1977" heißt es z.B.: „Angesichts real unterschiedlicher Ausgangsvoraussetzungen ist es ein Gebot der Gerechtigkeit, bestehende Diskriminierungen aufgrund von Ungleichheiten abzubauen und allen Gliedern der Gesellschaft gleiche Chancen und gleichwertige Lebensbedingungen zu ermöglichen" (Ziffer 111).[244] Die Kirchen beanspruchen, selbst zu entscheiden, wie sie dies realisieren.

Das kirchliche Selbstbestimmungsrecht steht nach Art. 140 GG i.V.m. Art. 137 Abs. 3 WRV unter dem Vorbehalt des für alle geltenden Gesetzes. In Arbeitsverhältnissen kann sich das Selbstbestimmungsrecht der Religionsgemeinschaften gegen die Rechte der Arbeitnehmerinnen und Arbeitnehmer nur durchsetzen, wenn die Einrichtung des Arbeitgebers an der Verwirklichung des kirchlichen Auftrags teilhat und wenn eine bestimmte geforderte Loyalitätsobliegenheit Ausdruck eines kirchlichen Glaubenssatzes ist. Nach dem Gesichtspunkt der Schranken des „für alle geltenden Gesetzes" ist eine Gesamtabwägung vorzunehmen. Eine entsprechende – allerdings strengere – Begrenzung des kirchlichen Selbstbestimmungsrechts ergibt sich aus den europäischen Grundrechten; die gestellten Anforderungen an das Verhalten des Arbeitnehmers müssen im Hinblick auf den kirchlichen Auftrag im konkreten Zusammenhang unverzichtbar sein (Art. 17 AEUV).[245] Inhalt und Schranken der Rechte eines Arbeitnehmers werden dadurch bestimmt, ob seine Arbeitsaufgabe überhaupt und ggf. mit welchem Gewicht das wesensbestimmende Ethos der Religionsgemeinschaften berührt.[246]

Die Verfassungsgarantie des Selbstbestimmungsrechts sichert die Freiheit der Kirchen innerhalb der staatlich geordneten Arbeits- und Sozialverfassung.

---

241 *Heinig*, Kirchenrechtliche Herausforderungen in: Albrecht (Hrsg.), Pluralität, S. 46.

242 Dass eine terminologische Wurzel der Dienstgemeinschaft im Nationalsozialismus liegt, wird heute auch in weiten Teilen der kirchenrechtlichen Rechtswissenschaft anerkannt. Unterschiedliche Auffassungen bestehen darüber, ob daraus eine nicht hinzunehmende inhaltliche Kontinuität abgeleitet werden kann, vgl. *Joussen*, RdA 2007, 328, 331f.; *Reichold*, in: Münchener Handbuch, Bd. 2, § 158 Rn. 56ff. m.w.N. sowie *Lührs*, KuR 2006, 220, insbes. 227ff.

243 *Lüke*, Anliegen, S. 235.

244 Zitiert nach *Lüke*, Anliegen, S. 236.

245 HSKR/*Badura*, § 8 Rn. 27.

246 HSKR/*Badura*, § 8 Rn. 59.

Schließen Religionsgesellschaften Arbeitsverträge ab, nehmen sie die allgemeine Vertragsfreiheit für sich in Anspruch und machen zugleich von ihrem verfassungsrechtlichen Selbstbestimmungsrecht Gebrauch. Die Anwendbarkeit des staatlichen Arbeitsrechts ist eine Folge der Rechtswahl.[247] „Die Einbeziehung der kirchlichen Arbeitsverhältnisse in das staatliche Arbeitsrecht hebt ... deren Zugehörigkeit zu den ‚eigenen Angelegenheiten' der Kirche nicht auf".[248]

Entscheiden sich die Kirchen für eine privatrechtliche Ausgestaltung ihrer Rechtsverhältnisse, so haben sie auch nur die Möglichkeiten des Privatrechts, um die ihre kirchenarbeitsrechtlichen Sonderbestimmungen im einzelnen Arbeitsverhältnis zur Geltung zu bringen.[249] Die Anordnung einer normativen Geltung kirchlicher Arbeitsrechtsregelungen gegenüber Arbeitnehmern, die nur aufgrund eines privatrechtlichen Vertrags mit der Kirche oder einer ihrer Einrichtungen verbunden sind, ist mittels Kirchenrechts nicht möglich.[250] Eine arbeitsvertragliche Bezugnahme auf kirchliches Arbeitsrecht ist erforderlich.[251]

Durch den Wechsel von einem nicht-kirchlichen zu einem kirchlichen Arbeitgeber werden keine kirchlichen Loyalitätsanforderungen begründet.[252] (Beispiel: Das Alfried-Krupp-Krankenhaus in Essen teilte seinen 1250 Beschäftigten am 3.1.2006 mit, dass es schon seit dem 1.1.2006 nicht mehr zum Paritätischen Wohlfahrtsverband, sondern zur Diakonie gehöre.)

Die Kirchen haben für ihre Arbeitsverträge Leitlinien entwickelt. Die evangelische Kirche hat arbeitsrechtliche Kommissionen gebildet, während die katholische Kirche Kommissionen zur Ordnung des Arbeitsvertragsrechts errichtete. Die Gremien erstellen Arbeitsvertragsrichtlinien.

Die Diakonischen Werke bzw. die jeweiligen Landeskirchen haben eigene, dem Grunde nach alle vergleichbare Arbeitsrechtsregelungsgesetze oder -ordnungen (ARRG oder ARRO). Dies basiert auf dem Arbeitsrechtsregelungsgrundsätzegesetz der EKD[253] (ARGG.EKD) von 2013. Das ARGG.EKD reagiert auf das BAG-Urteil 2012, demzufolge der Dritte Weg unter Streikausschluss möglich ist, wenn eine „verbindliche Schlichtung" und Streikverzicht geregelt sind.

---

247 BVerfG 4.6.1985 – 2 BvR 1703/83, BVerfGE 70, 165; BAG 10.12.1992 – 2 AZR 271/92, AP GG Art. 140 Nr. 41.
248 BVerfG 4.6.1985 – 2 BvR 1703/83, BVerfGE 70, 165.
249 Die in Deutschland praktizierte Extension des religionsgesellschaftlichen Tendenzschutzes gilt als ziemlich einmalig.
250 BAG 8.6.2005 – 4 AZR 412/04, NZA 2006, 616.
251 BAG 21.10.2009 – 10 AZR 786/08, NZA 2010, 528.
252 Vgl. *Joussen*, NJW 2006, 1850.
253 ABl. EKD 2013, S. 420

Während nach dem BetrVG zur Beilegung von Meinungsverschiedenheiten zwischen Arbeitgeber und Betriebsrat eine Einigungsstelle zu bilden ist,[254] soll nach den ARRG/ARRO eine Schlichtung helfen. Bei Nichteinigung in der Arbeitsrechtlichen Kommission über den Vorsitz des Schlichtungsausschusses und dessen Stellvertretung entscheidet z.b. die Präsidentin oder der Präsident des Kirchengerichtshofs der Evangelischen Kirche in Deutschland.[255] Mit der Gewähr von Neutralität und Unabhängigkeit, die das arbeitsgerichtliche Verfahren bei der Einsetzung eines Einigungsstellenvorsitzenden bietet,[256] ist das kaum vergleichbar. Gewerkschaften sind nicht eingebunden. Wie man eine Zwangsschlichtung als mit Art. 9 Abs. 3 GG vereinbar ansehen kann, wäre darzulegen.

Trotz der Arbeitsvertrags Richtlinien (AVR) ist die Landschaft vielfältig. Das Interesse, wirtschaftlich attraktiv zu sein, kann stärker als „Linientreue" sein. Es gibt Bereiche, die mit dynamischen Verweisungsklauseln auf den TVöD und seine Ergänzungstarifverträge verweisen[257] oder eine Tarifautomatik zur Anwendung des TVöD aufweisen.[258] Andere Bereiche vollziehen den TVöD nach. Dies erfolgt innerhalb von Tarifrunden des öffentlichen Dienstes nachgelagerten, eigenen Verhandlungen.[259]

Kirchlichen Angaben zufolge existiert eine flächendeckende Wirkung der AVR. Der Dritte Weg erfasse in kirchlichen Bereichen mehr als 90 % der Beschäftigten. Weil niemand weiß, was im Individualvertrag vereinbart ist, sind derartige Angaben nicht überprüfbar. Im Einzelfall stellen manche Beschäftigten zu ihrer Überraschung fest, dass sie sich auf die für sie vorgesehene AVR nicht berufen können, weil arbeitsvertraglich etwas anderes vereinbart ist. Ohnehin heißt es § 1a AVR Diakonie Deutschland, dass dann, wenn für den Bereich eines gliedkirchlich-diakonischen Werkes eine Kommission gebildet ist, die AVR nach Maßgabe der gliedkirchlich-diakonischen Arbeitsrechtsregelung gelten. In der Praxis besteht dann das Problem, dass für die Beschäftigen nicht transparent ist, ob der Arbeitgeber eine gliedkirchliche AVR anwendet.

Kirchengesetzliche Regelungen binden den kirchlichen Arbeitgeber als Normadressaten im kirchlichen Rechtskreis. Der kirchliche Arbeitgeber muss bei ei-

---

254 § 76 BetrVG.
255 § 4 Abs. 4. Satz 4 ARRG-EKD.
256 § 100 ArbGG.
257 Die Entgelttabellen und Eingruppierungsregelungen der Erzieherinnen und Erzieher der Evangelischen Kirche in Baden.
258 Entgeltregelungen in der Diakonie Württemberg.
259 AVR Caritas mit Abweichungen in Details und in einigen Regionen für rund 693.000 Beschäftigte, die Bistümer in Bayern, die Evangelische Kirche Deutschlands, Evangelisches Werk für Diakonie und Entwicklung.

ner Nichtbeachtung ggf. kirchenrechtliche Konsequenzen befürchten und mit einer Zustimmungsverweigerung der Mitarbeitendenvertretung zur Eingruppierung rechnen. Eine Verletzung kirchengesetzlicher Vorgaben berührt per se nicht die Wirksamkeit einer anderslautenden vertraglichen Vereinbarung. Die von einem kirchlichen Arbeitgeber abgeschlossenen Arbeitsverträge sind nicht unwirksam, auch wenn sie die Vorgabe der Inbezugnahme kirchlicher Arbeitsrechtsregelungen missachten und eigenständige Regelungen vorsehen.[260]

AVR sind keine Tarifverträge. Ihnen fehlt die unmittelbare und zwingende Wirkung. Sie sind auch nicht erstreikbar. Sie können – ganz, teilweise oder auch gar nicht – einzelvertraglich vereinbart werden.[261] Die AVR gelten nur für Einrichtungen, die ihre Anwendung mit ihren Mitarbeiterinnen und Mitarbeitern dienstvertraglich vereinbaren.[262] Abweichungen nach unten sind möglich.

Vor Inkrafttreten des AGB-Gesetzes war umstritten, ob die inhaltliche Kontrolle von kirchlichen Arbeitsrechtsregelungen als Billigkeitskontrolle nach §§ 317, 319 BGB vorzunehmen ist[263] oder ob sie sich auf eine reine Rechtskontrolle zu beschränken hat.[264] Heute ist unstreitig, dass im Verfahren des Dritten Wegs zustande gekommene kirchliche Arbeitsrechtsregelungen AGB sind,[265] die der Inhaltskontrolle nach §§ 305 ff. BGB unterliegen.[266] Das BAG stellt dabei gem. § 307 Abs. 1 S. 2 BGB auf eine im Arbeitsrecht geltende Besonderheit ab: Bei im Verfahren des Dritten Weges mit paritätischer Besetzung der Arbeitsrechtlichen Kommission zustande gekommenen Regelungen sei gewährleistet, dass die Arbeitgeberseite nicht einseitig ihre Interessen durchsetzen könne.[267] Aus der daraus folgenden Richtigkeitsgewähr folge eine nur eingeschränkte Rechtskontrolle. Damit seien AVR wie Tarifverträge nur daraufhin zu untersuchen, ob sie gegen die Verfassung, gegen anderes höherrangiges zwingendes Recht oder die guten Sitten verstoßen. Dies gelte nicht, wenn ein kirchlicher Arbeitgeber die kirchlichen Arbeitsrechtsregelungen nur teilweise vertraglich in Bezug nimmt oder sich gänzlich von ihnen löst. Es handele sich dann um außerhalb des Dritten Wegs zustande gekommene AGB, die uneingeschränkt nach den §§ 305 ff.

---

260 BAG 24.5.2018 – 6 AZR 308/17, AuR 2018, 486.

261 Werden sie nicht oder nicht vollständig vereinbart, verstößt dies gegen Kirchen- und Satzungsrecht, ist aber gleichwohl individualrechtlich wirksam.

262 § 1a Arbeitsvertragsrichtlinien für Einrichtungen, die der Diakonie Deutschland angeschlossen sind, beschlossen von der Arbeitsrechtlichen Kommission der Diakonie Deutschland, Stand: 22. Juni 2021.

263 BAG 8.6.2005 – 4 AZR 412/04, NZA 2006, 611; BAG 17.4.1996 – 10 AZR 558/95, AuR 1996, 372.

264 *Schliemann*, in: FS Hanau, S. 577; *Thüsing*, Anm. AP BGB § 611 Kirchendienst Nr. 24.

265 BAG 17.11.2005 – 6 AZR 160/05, AuR 2006, 251; BAG 24.9.1997 – 4 AZR 452/96, AuR 1998, 122; BAG 20.3.2002 – 4 AZR 101/01, AuR 2002, 184.

266 BAG 17.11.2005 – 6 AZR 160/05, AuR 2006, 251.

267 BAG 22.7.2010 – 6 AZR 847/07, RdA 2011, 119.

BGB zu kontrollieren seien.[268] Das wäre überzeugend, wenn in den Arbeitsrechtlichen Kommissionen und den Kommissionen zur Ordnung des Arbeitsvertragsrechts für den Fall der Nichteinigung Konfliktlösungsmechanismen zur Verfügung stünden, die nicht eine Seite bevorzugen und die praktikabel sind.

III. Verhältnis zur individuellen Glaubensfreiheit

Die Glaubens- und Bekenntnisfreiheit[269] ist bei der Auslegung und Anwendung des Arbeitsrechts zu beachten.[270] Inwieweit innerhalb eines Arbeitsverhältnisses die Freiheit der Arbeitnehmerinnen und Arbeitnehmer unbeschränkt fortbesteht, ihr Verhalten an den Lehren einer Religion auszurichten und ihrer Glaubensüberzeugung gemäß zu handeln, beantwortet sich nicht unmittelbar aus Art. 4 GG, sondern aus dem Vertragsrecht, das im Licht des Art. 4 GG auszulegen ist. Mit dem Abschluss des Arbeitsvertrags begründen die Vertragsparteien neben den Hauptleistungspflichten auch die Pflicht zu gegenseitiger Rücksichtnahme. Der verfassungsrechtliche Leitgedanke religiöser und weltanschaulicher Toleranz muss so weit als möglich Geltung erlangen. Das gilt für die positive wie die negative Glaubensfreiheit gleichermaßen.[271] Normalerweise können weder der Arbeitgeber noch die Arbeitnehmerinnen und Arbeitnehmer für ihren Glauben oder ihr Bekenntnis Vorrang beanspruchen.

Nach § 138 BGB sind Vereinbarungen sittenwidrig, die die Einstellung der Arbeitnehmerinnen und Arbeitnehmer von der Mitgliedschaft bei bzw. dem Austritt aus einer Glaubensgemeinschaft oder dem Verzicht auf religiöse Betätigung abhängig machen. Deshalb verbieten sich für nichtkirchliche Arbeitgeber grundsätzlich Fragen nach der Religionszugehörigkeit im Rahmen von Vorstellungsgesprächen. Die Bekenntnisfreiheit ist zumindest beeinträchtigt, wenn Arbeitnehmerinnen und Arbeitnehmer sich vertraglich verpflichten müssen, die Zurschaustellung religiöser Bekenntnisse durch Kleidung, Haartracht oder Anstecksymbole zu unterlassen. Ob eine derartige Verpflichtung einer richterlichen Inhaltskontrolle Stand hält, ist im Einzelfall vor dem Hintergrund der geschuldeten Tätigkeit abzuwägen. Die Komplexität der Kriteri-

---

268 BAG 30.10.2019 – 6 AZR 465/18, NZA 2020, 379.

269 Aktuelle Probleme religiöser Diskriminierung schildern *Scharf*, Glaube, 23 ff. sowie *Kriele*, ZRP 2001, 495.

270 Überraschend *Joussen*, RdA 2011, 173, der lediglich verlangt, dass verfassungsrechtlich verbürgte Positionen der Arbeitnehmerinnen und Arbeitnehmer nicht vollständig ausgeblendet bleiben dürfen.

271 Beispielhaft für die Verkennung der negativen Religionsfreiheit LSG Rheinland-Pfalz 30.3.2006 – L 1 AL 162/05, NZA-RR 2006, 387; Auch Art. 9 Abs. 1 EMRK wurde übersehen.

en zeigt sich bei den Konflikten um muslimische Kopftücher[272] und muslimische Lehrer.[273]

Die in Art. 4 GG gewährleistete Glaubens- und Bekenntnisfreiheit begrenzt auch die Ausübung des Direktionsrechts, die analog § 315 BGB billigem Ermessen entsprechen muss. Die Rechtsordnung muss gewährleisten, dass der Arbeitgeber seine Arbeitnehmerinnen und Arbeitnehmer bei der Zuweisung von Arbeiten nicht in vermeidbare Gewissenskonflikte bringt.[274] Stehen dem Arbeitgeber weniger belastende Alternativen problemlos zur Verfügung, ist es geboten, diese zu nutzen und den Arbeitnehmerinnen und Arbeitnehmern andere Arbeiten zuzuweisen.[275] Der Arbeitgeber ist verpflichtet, alle sachgerechten Maßnahmen zu treffen, um religiöse Konflikte seiner Mitarbeiterinnen und Mitarbeiter zu vermeiden.[276] Naheliegend ist, dass dies Arbeitszeiten, Speisepläne und Kleidungsvorschriften betrifft.[277]

Die Erfüllung religiöser Pflichten kann zu einem subjektiven Leistungshindernis i.S.d. § 616 BGB führen.[278] Ob Arbeitnehmerinnen und Arbeitnehmer im Einzelfall unter Berufung auf ihren Glauben die Erfüllung arbeitsvertraglicher Pflichten verweigern können, ist unter Einbeziehung der Umstände des Vertrages sowie des unverzichtbaren Schutzminimums der Glaubens- und Bekenntnisfreiheit festzustellen. Als Mittellösung kann die Arbeitsbefreiung ohne Lohnanspruch in Betracht kommen, z.B. bei hohen religiösen Feiertagen[279] oder bei Gebetspausen.

Schwierig ist die Abwägung der individuellen Glaubens- und Bekenntnisfreiheit der Arbeitnehmerinnen und Arbeitnehmer mit der kollektiven Glaubensfreiheit des Arbeitgebers. Durch die in Art. 4 Abs. 1 und Abs. 2 i.V.m. Art. 140 GG, Art. 137 WRV geschützte Selbstbestimmung ist Religionsgemeinschaften ein weiter Tendenzschutz eingeräumt. Zumindest bei tendenznah beschäftig-

---

272 Vgl. dazu BAG 10.10.2002 – 2 AZR 472/01, AP KSchG 1969 § 1 Verhaltensbedingte Kündigung Nr. 44 bestätigt durch BVerfG-Kammer 30.7.2003 – 1 BvR 792/03, BVerfGK 1, 308.

273 Dazu *Böckenförde*, NJW 2001, 723; *Morlok/Krüper*, NJW 2003, 1020. Die gegenteilige Entscheidung des BVerwG 4.7.2002 (NJW 2002, 3344) hat das BVerfG aufgehoben (BVerfG 24.9.2003 – 2 BvR 1436/02, BVerfGE 108, 282); kritisch: *Adam*, ZTR 2004, 450; *Dübbers/Dovlani*, AuR 2004, 6.; zum EG-Recht u. zur EMRK vgl. *Laskowski*, KJ 2003, 420.

274 BAG 20.12.1984 – 2 AZR 436/83, AP BGB § 611 Direktionsrecht Nr. 27.; grundlegend verkannt von *Wisskirchen*, DB 2006, 1495, die in der Rücksichtnahme auf religiöse Bräuche eine nicht gebotene Besserstellung der Beschäftigten sieht.

275 Vgl. Sachs/*Kokott*, GG, Art. 4 Rn. 42; *Gamillscheg*, Grundrechte, S. 53.

276 EuGH 27.10.1976 – C-130/75 (*Prais*), EuGRZ 76, 426.

277 Rebhahn/Windisch-Graetz, GlBG, § 17 Rn. 34.

278 *Adam*, NZA 2003, 1375; zur kirchlichen Eheschließung BAG 27.4.1983 – 4 AZR 506/80, AP BGB § 616 Nr. 61; zur Gebetspause der Moslems LAG Hamm 26.2.2002 – 5 Sa 1582/01, AuR 2003, 72.

279 LAG Düsseldorf 14.2.1963 – 7 Sa 581/62, JZ 1964, 258; kritisch dazu *Canaris*, AcP 184 [1984], 239 Fn. 120.

ten Arbeitnehmerinnen und Arbeitnehmern kann ein Verhalten verlangt werden, das der Religion oder Weltanschauung ihres Arbeitgebers Rechnung trägt. Genau dies soll § 9 Abs. 2 AGG gewährleisten.

Europarechtlich ist zu beachten, dass die Religionsfreiheit nur aus den in Art. 9 Abs. 2 EMRK genannten Gründen eingeschränkt werden darf. Derartige Beschränkungen müssen zudem den Maßstäben des Verhältnismäßigkeitsgrundsatzes standhalten.[280] Unter diesem Gesichtspunkt hat der EGMR festgestellt, dass die strafrechtliche Sanktionierung eines Zeugen Jehovas, der mit der Frau eines griechisch-orthodoxen Priesters religiöse Fragen diskutiert hatte, die EMRK verletzt.[281]

IV. Kollektive Glaubensfreiheit als verfassungsrechtliche Grundlage des kirchlichen Sonderstatus

Die kollektive Glaubensfreiheit wird mit einer Verweisungstechnik konkretisiert: Art. 140 GG verweist auf die Art. 136 bis 139 und 141 der WRV, die damit als Teil des Grundgesetzes weiterleben. Sie sind als Ausformung der Religionsfreiheit der Art. 4 Abs. 1 und 2 GG zu verstehen, haben also keinen weiterreichenden Schutzbereich.[282]

1. Träger der kollektiven Glaubensfreiheit

Träger der kollektiven Glaubensfreiheit sind juristische Personen und sonstige Vereinigungen, deren Zweck die Pflege oder Förderung eines religiösen oder weltanschaulichen Bekenntnisses oder die Verkündigung des Glaubens ihrer Mitglieder ist. Art. 137ff. WRV sprechen von religiösen oder weltanschaulichen Vereinigungen. Nicht entscheidend ist, ob sie öffentlich-rechtlich oder privatrechtlich organisiert sind.

Geschützt sind auch Gruppierungen, die nur einen Ausschnitt des religiösen oder weltanschaulichen Lebens pflegen,[283] sowie selbständige Einrichtungen, die der Kirche in bestimmter Weise zugeordnet sind. Auf die Rechtsform

---

280   *Meyer-Ladewig*, EMRK, Art. 9 Rn. 22; *Peukert*, in: Frowein-Peukert, EMRK, Art. 14 Rn. 12.
281   EGMR 25.5.1993 – A/260-A (*Kokkinakis*), Ziff. 13, 45.
282   *Jarass*, in: Jarass/Pieroth, GG, Art. 140 Rn. 5; a.A. Richardi, Arbeitsrecht, § 1 Rn. 9; *Thüsing*, RdA 2003, 211.
283   BVerfG 15.1.2002 – 1 BvR 1783/99, BVerfGE 104, 354.

kommt es nicht an. Es soll einzige Voraussetzung sein, dass sie nach kirchlichem Selbstverständnis ihrem Zweck oder ihrer Aufgabe entsprechend berufen sind, ein Stück des Auftrags der Kirche wahrzunehmen und zu erfüllen.[284]

Auch europarechtlich ist es so, dass die Religionsfreiheit für Kirchen und Religionsgemeinschaften gilt.[285] Nach Auffassung des EGMR kann sich ein einzelner Pfarrer jedoch nicht gegenüber seiner Kirche auf seine Religionsfreiheit berufen.[286]

Eine Vereinigung verliert ihre Eigenschaft als Religionsgemeinschaft nicht schon dadurch, dass sie auch politisch oder erwerbswirtschaftlich tätig ist.[287] Die Mitglieder oder Anhänger einer religiösen oder weltanschaulichen Vereinigung müssen auf der Grundlage gemeinsamer religiöser oder weltanschaulicher Überzeugungen eine unter ihnen bestehende Übereinstimmung über Sinn und Bewältigung des menschlichen Lebens bezeugen.[288] Dienen die religiösen oder weltanschaulichen Lehren nur als Vorwand für die Verfolgung ausschließlich wirtschaftlicher Ziele, kann von einer Religions- oder Weltanschauungsgemeinschaft i.S.d. Art. 4, 140 GG, 137 WRV nicht mehr gesprochen werden.[289] Das gilt z.B. für die „Scientology Kirche HH e.V.".[290] Einem Mechaniker, der Mitglied von Scientology ist, darf der Zugang zu Verschlusssachen verweigert werden.[291]

2.   Vertragsrecht

Bedienen sich die Religionsgemeinschaften der Privatautonomie, so unterwerfen sie sich damit der für alle geltenden Privatrechtsordnung. Bei der Auslegung und Anwendung zivil- und arbeitsrechtlicher Vorschriften sind nicht nur die Grundrechte der Arbeitnehmerinnen und Arbeitnehmer (Art. 4, Art. 5, Art. 9 Abs. 3, Art. 12 GG), sondern auch die verfassungsrechtlich garantierte Selbstbestimmung der Religionsgemeinschaft zu beachten.[292] Der Schutzzweck der für alle geltenden Gesetze darf nicht verfehlt werden.

---

284 BVerfG 4.6.1985 – 2 BvR 1703/83, BVerfGE 70, 162; BAG 30.4.1997 – 7 ABR 60/95, AP BetrVG § 118 Nr. 60.
285 *Seidel*, Handbuch, S. 156; *Villiger*, Handbuch, S. 341, 343.
286 KOM, EuGRZ, 1986, 648.
287 BVerwG 27.3.1992 – 7 C 21/90, BVerwGE 90, 116.
288 BAG 22.3.1995 – 5 AZB 21/94, AP ArbGG § 5 Nr. 21.
289 BVerwG 27.3.1992 – 7 C 21/90, BVerwGE 90, 116.
290 BAG 22.3.1995 – 5 AZB 21/94, AP ArbGG § 5 Nr. 21; a.A. BGH 25.9.1980 – III ZR 74/78, BGHZ 78, 278; offen gelassen BVerwG 14.11.1980 – 8 C 12/79, BVerwGE 61, 162 f.
291 VG Berlin 31.5.2016 – VG 4 K 295.14, https://www.berlin.de/gerichte/verwaltungsgericht/presse/pressemitteilungen/2016/pressemitteilung.496806.php.
292 BVerfG 7.3.2002 – 1 BvR 1962/01, NZA 2002, 609; BAG 23.3.1984 – 7 AZR 249/81, AP GG Art. 140 Nr. 16.

Nach der Rechtsprechung des BVerfG[293] können Kirchen Loyalitätspflichten autonom festlegen. Sie regeln verbindlich die spezifischen Obliegenheiten ihrer Arbeitnehmerinnen und Arbeitnehmer nach ihrem Selbstverständnis.[294] Sie bestimmen allein, welche kirchlichen Grundverpflichtungen die Rechtsbeziehungen prägen sollen, also auch, was „die Glaubwürdigkeit der Kirche und ihrer Verkündigung erfordert", was „spezifisch kirchliche Aufgaben" sind, was „Nähe" zu ihnen bedeutet und was als schwerer Verstoß gegen „wesentliche Grundsätze der Glaubens- und Sittenlehre" anzusehen ist.

Kirchliche oder weltanschauliche Vorgaben sind nach der Rechtsprechung des BVerfG nur dann unverbindlich, wenn sie auf eine Klerikalisierung hinauslaufen, also die Person der Arbeitnehmerin oder des Arbeitnehmers total ergreifen und ihr bzw. sein Privatleben voll umfassen. Als weitere Grenze gilt eine Schrankentrias: Grundprinzipien der Rechtsordnung, etwa gegen das allgemeine Willkürverbot (Art. 3 Abs. 1 GG), die „guten Sitten" (§ 138 Abs. 1 BGB) oder den ordre public (Art. 6 EGBGB, der auf die Grundrechte verweist).[295] Die Arbeitsgerichte müssen ferner sicherstellen, dass die kirchlichen Einrichtungen nicht im Einzelfall unzumutbare Anforderungen an die Loyalität ihrer Mitarbeiterinnen und Mitarbeiter stellen.[296] Die Grundrechte der Arbeitnehmerinnen und Arbeitnehmer (z.B. Art. 4, Art. 5, Art. 9 Abs. 3, Art. 12 GG) sind zu beachten. Soweit keine unzumutbaren Anforderungen gestellt werden, sind die kirchlichen Vorgaben arbeitsgerichtlicher Kontrolle entzogen. Dies gilt insbesondere für die Vertragsinhaltskontrolle (§§ 242, 305ff. BGB), die Vertragsausübungskontrolle (§ 315 BGB) sowie die Beendigungskontrolle (§ 626 BGB, § 1 KSchG). Die vorgegebenen Maßstäbe müssen im Zweifel durch Rückfragen bei den zuständigen Kirchenbehörden aufgeklärt werden. Die Besonderheit des kirchlichen Dienstes wird nur von den generellen und anerkannten Maßstäben der verfassten Kirchen bestimmt. Hingegen sind die speziellen Interessen des konkreten kirchlichen Arbeitgebers als Partei des Arbeitsvertrags nicht maßgebend.[297]

Diese Rechtsprechung ist überholt.[298]

---

293 BVerfG 4.6.1985 – 2 BvR 1703/83, BVerfGE 70, 166, 168; BVerfG 22.10.2014 – 2 BvR 661/12, NZA 2014, 1387.

294 Eigenartigerweise verwenden das BVerfG und das BAG Loyalitätsobliegenheiten gleichbedeutend mit Nebenpflichten (BVerfG 22.10.2014 – 2 BvR 661/12, AuR 2014, 487; BAG 16.9.1999 – 2 AZR 712/98, AuR 2000, 35). Im Allgemeinen sind Obliegenheiten aber gerade keine Verbindlichkeiten im herkömmlichen Sinn, deren Verletzung z.B. Schadensersatzansprüche auslösen kann. Obliegenheiten begründen keine einklagbaren Pflichten. Dem Vertragspartner, den eine Obliegenheit trifft, steht es frei, sie einzuhalten. Die Nichteinhaltung führt aber zu Rechtsnachteilen (zur Rügeobliegenheit nach § 377 Abs. 3 HGB s. BGH 24.2.2016 – VIII ZR 38/15, NJW 2016, 2645).

295 Dazu *Budde*, AuR 2005, 357.

296 Vgl. BVerfG 4.6.1985 – 2 BvR 1703/83, BVerfGE 70, 166, 168.

297 Vgl. BVerfG 4.6.1985 – 2 BvR 1703/83, BVerfGE 70, 166, 168.

298 S. unten G.31 Mitbestimmung.

3. Kollektives Arbeitsrecht

So wichtig für Beschäftigte im Einzelfall Loyalitätsobliegenheiten sind, die ihr Privatleben betreffen – die grundlegenden Arbeitsbedingungen werden von kollektiven Strukturen bestimmt. Das kollektive Arbeitsrecht ist im Organisationsbereich der Glaubensgemeinschaften nur mit Einschränkungen anwendbar. Ihr Selbstverwaltungsrecht erstreckt sich auch auf die Verfahren und Instrumente des kollektiven Interessenausgleichs. Die gilt allerdings nur insoweit, als „die verfassungsrechtlich geschützte Eigenart des kirchlichen Dienstes in Frage gestellt wird".[299] Der Staat muss ihnen bei der Gestaltung ihrer sozialen Ordnung eigene Wege offen halten, damit sie von der Freiheit Gebrauch machen können, die zur Wahrung ihrer Aufgaben unerlässliche Organisation zu schaffen.[300] Diese partielle Freistellung von staatlichem Recht betrifft zum einen die kollektivrechtliche Gestaltung der Arbeitsbedingungen; sie bezieht sich ferner auf die Formen der Mitbestimmung.[301]

a) Tarifrecht

Der Arbeitskampf ist als notwendiger Bestandteil des Tarifvertragssystems allgemein anerkannt. Diesem Konsens haben sich die christlichen Kirchen bislang weitgehend verweigert.[302]

Die kirchlichen Konzepte kreisen um den „Ersten", den „Zweiten" und den „Dritten Weg". Der sogenannte Erste Weg bezeichnet die einseitige Festlegung des Arbeitsrechts durch den kirchlichen Arbeitgeber. Er wurde noch in den 1970er Jahren praktiziert. Dabei beschließt allein die Synode über das für die kirchlichen Mitarbeiterinnen und Mitarbeiter geltende Arbeitsrecht.

Der Zweite Weg ist das Modell des Tarifvertrags. Zwischen zwei autonomen und voneinander unabhängigen Tarifparteien wird ein Tarifvertrag abgeschlossen, der unmittelbar und zwingend für den vereinbarten Geltungsbereich gilt. Hauptstreitpunkt beim Zweiten Weg ist das Streikrecht. Gewerkschaften und Arbeitnehmerinnen und Arbeitnehmer können aus ihrem Selbstverständnis heraus darauf nicht verzichten. Umgekehrt tut sich die Kirche mit der Anerkennung des Rechts auf Arbeitskampf für ihren Bereich schwer.

Der Dritte Weg ist die Arbeitsrechtssetzung durch Arbeitsrechtliche Kommissionen (ARK), die paritätisch besetzt sind. Im Falle einer Nichteinigung ist

---

299 BAG 1.12.1993 – 7 AZR 428/93, AP SGB VI § 41 Nr. 4.

300 BVerfG 17.2.1981 – 2 BvR 384/78, BVerfGE 57, 224.

301 Zu Umfang und Praxis des kollektiven Arbeitsrechts kirchlicher Arbeitnehmerinnen und Arbeitnehmer s. Däubler/*Nitsche*, § 18.

302 S.u. G.5 Arbeitskampf.

eine Schlichtung bindend. Die Gewerkschaften kritisieren den Dritten Weg als ungeeignet, um Tarifverträge zu ersetzen.

Vor allem die Nordelbische Evangelische Kirche, die Evangelische Kirche Berlin-Brandenburg, die Diakonie Niedersachsen und die Stadtmission Heidelberg waren bereit, mit der Gewerkschaft ver.di Tarifverträge abzuschließen (Zweiter Weg). Dies erfolgte mit der Einschränkung, dass die Gewerkschaften zuvor eine Vereinbarung abschließen, die vor möglichen Arbeitskampfmaßnahmen verbindlich ein Schlichtungsverfahren vorschreibt. Derzeit gelten folgende Tarifverträge: Kirchlicher Arbeitnehmerinnentarifvertrag in der Nordkirche;[303] Kirchlicher Tarifvertrag Diakonie (KTD) für etliche diakonische Unternehmen der Nordkirche;[304] Tarifvertrag Evangelische Kirche Berlin-Brandenburg-schlesische Oberlausitz (TV EKBO);[305] Tarifvertrag für den Verband kirchlicher Krankenhausdienstgeber Hamburg (TV-VKKH);[306] Tarifvertrag Evangelische Krankenhausstiftung Oldenburg (TV EKO);[307] Tarifvertrag Diakonie Niedersachsen (TV DN);[308] Tarifvertrag Evangelische Stadtmission Heidelberg;[309] Diakoniestation Burgdorf e.V.;[310] Tarifvertrag für die Diakonische Altenpflege Hessen.[311]

Die Kirchen binden ihre Arbeitnehmerinnen und Arbeitnehmer in eine Dienstgemeinschaft ein, die es verbiete, den Konflikt um Arbeitsbedingungen mit Formen des Arbeitskampfes auszutragen. Das war nicht immer so. In Lehre und Rechtsprechung der Weimarer Zeit bestand Einigkeit darüber, dass die Staatsgesetze zwar nicht in die innere Selbstverwaltung der Kirchen eingreifen dürfen, dass aber die Kirchen da, wo sie den Bereich staatlicher Interessen tangieren, den allgemein geltenden staatlichen Rechtsnormen unterworfen sind. Die prinzipielle Geltung staatlichen Arbeitsrechts im kirchlichen Bereich unter Berücksichtigung des Tendenzcharakters der Kirchen und ihrer Einrichtungen war nicht umstritten.[312] Das Betriebsrätegesetz von 1920 galt auch für die Kirchen. Tarifverträge mit der Kirche waren zwar die Ausnahme, es gab sie aber, ohne dass die Rechtslehre für kirchliche Arbeitnehmerinnen und Arbeitnehmer einen Sonderstatus reklamiert hätte.[313] In der Weimarer Republik

---

303 Seit 1979.
304 Seit 2002.
305 Seit 2008.
306 Seit 2012.
307 Seit 2012.
308 Seit 2014.
309 Seit 2015.
310 Seit 2018.
311 Seit 2022.
312 *Keßler*, S. 242ff.
313 *Jänichen*, S. 21ff.

streikten Beschäftigte in der Friedhofs- und Büroarbeit. Kirchen schlossen Tarifverträge mit der Gewerkschaft ab. Gegen Streiks und Tarifverträge hatten die damaligen Kirchenleitungen keine verfassungsrechtlichen Bedenken.

Der Begriff der Dienstgemeinschaft taucht in der deutschen Rechtsgeschichte zum ersten Mal im Gesetz zur Ordnung der Arbeit in öffentlichen Verwaltungen und Betrieben auf, das im März 1934 erlassen wurde. Die Innere Mission hat diesen Begriff übernommen und ihn als eine der christlichen Ethik im Grundsatz entsprechende Auffassung verstanden.[314] Nach 1945 hat sich der Bedeutungsgehalt des Begriffs gewandelt, er wird nunmehr ausschließlich durch den religiös geprägten Sendungsauftrag der Kirchen bestimmt.[315]

Die Befugnis der Kirchen, Arbeitsbedingungen autonom innerkirchlich zu gestalten, wurde bis vor einigen Jahren in der juristischen Diskussion nur von einer Minderheit juristischer Autorinnen und Autoren infrage gestellt.[316] Die h.M. vollzog mit unterschiedlicher Begründung den faktisch bestehenden Zustand nach.[317] Das Tarifvertragssystem beruhe auf dem Antagonismus von Arbeitgeber- und Arbeitnehmendenseite, der in der kirchlichen Dienstgemeinschaft fehle.[318] Ein marktwirtschaftlich organisiertes Arbeitsleben existiere in der Kirche nicht.

Der Arbeitskampf wird von den Kirchen demnach als unvereinbar mit ihrem kirchlichen Selbstverständnis abgelehnt, weil er als Ausdruck eines antagonistischen Interessenkonflikts dem Leitbild einer kirchlichen Dienstgemeinschaft widerspreche.[319]

Entscheiden sich die Kirchen freiwillig zum Abschluss von Tarifverträgen, wie z.B. die Nordelbische Kirche[320] sowie die Kirche von Berlin-Brandenburg,[321] findet das TVG Anwendung. Der Abschluss eigener Tarifverträge (sogenannter

---

314 *Jähnichen*, S. 27.
315 *Richardi*, Arbeitsrecht in der Kirche, 7. Aufl., § 4 Rn. 19.
316 S. etwa *Bieback*, 2. Aufl., Rn. 506 m.w.N; *Kühling*, AuR 2001, 241ff., und *Kühling*, Arbeitskampf in der Diakonie.
317 *Thüsing*, Arbeitsrecht, S. 98ff.; *Robbers*, Streikrecht in der Kirche, S. 63ff.; *Wiedemann/Thüsing*, § 1 TVG Anm. 121; *Löwisch/Rieble*, 170.1 Anm. 31.
318 *Thüsing*, Arbeitsrecht, S. 115; *Robbers*, Streikrecht in der Kirche, S. 66ff; *Richardi*, Arbeitsrecht, § 10 Rn. 14.
319 *Richardi*, Arbeitsrecht, § 10 Rn. 7ff.; *Thüsing*, ZTR 1999, 298; kritisch: *Bieback*, in: Däubler, Arbeitskampfrecht, Rn. 498ff.; *Däubler*, RdA 2003, 209; *Kühling*, AuR 2001, 241; MünchArbR/*Otto*, § 285 Rn. 211ff.; *Zeuner*, ZfA 1985, 137.
320 ARRG vom 9.6.1979, GVBl. 1979, S. 193.
321 Tarifvertragsordnung vom 18.11.1979, KABl. 1979, S. 139.

Zweiter Weg), ist aber in der evangelischen Kirche umstritten[322] und wird in der katholischen Kirche abgelehnt.[323]

Sozialpolitisch ist die Weigerung der Kirchen, Tarifverträge abzuschließen, bedauerlich. Die Blockade der Kirchen führt dazu, dass die sozialstaatlichen Mechanismen zum Schutz von Arbeitnehmerinnen und Arbeitnehmern gegen Lohndumping nicht greifen. Die Kirchen hätten es in der Hand, ihre Tarifverträge für allgemeinverbindlich erklären zu lassen. Auf diese Weise wäre dem Unterbietungswettbewerb, der bei den sozialen Diensten zu beklagen ist, ein Riegel vorgeschoben.

Bei dem ursprünglich sowohl von der evangelischen wie auch der katholischen Kirche verfolgten Ersten Weg legten die Kirchen den Inhalt der Arbeitsverhältnisse einseitig fest. Dabei verwiesen sie auf das Tarifrecht des öffentlichen Dienstes. Das öffentliche Dienstrecht nimmt aber auf das bekenntnismäßige Verständnis der Kirchen keine Rücksicht.

Den Kirchen wird daher im Hinblick auf die notwendige Konkordanz von kirchlichem Selbstbestimmungsrecht und Betätigungsrecht der Koalitionen ein sogenannter Dritter Weg eingeräumt.[324] Hier werden Kollektivvereinbarungen besonderer Art geschlossen.[325] Die allgemeinen Bedingungen für die Vertragsverhältnisse („Dienstvertragsordnungen") werden durch paritätisch zusammengesetzte Kommissionen festgelegt. Arbeitskämpfe sollen dadurch entbehrlich werden.[326]

Wenn sich die Kirchen entschließen, die Ausgestaltung der Arbeitsbedingungen in dem von ihnen selbst zu beschreibenden Bereich eigener Aufgabenerfüllung und die zugehörige Regelungsfindung am Leitbild der Dienstgemeinschaft zu orientieren, soll dazu auch die Möglichkeit gehören, ein kooperatives Konfliktlösungsmodell ohne das Mittel des Arbeitskampfes, das dazu im Widerspruch steht, zu installieren. Demgegenüber steht die gleichgewichtige Koalitionsfreiheit der Gewerkschaften aus Art. 9 Abs. 3 GG, die das Recht, Tarifverträge auszuhandeln und hierfür Arbeitskämpfe zu führen, umfasst. Es gibt verfassungsrechtlich keinen Vorrang der hier einander gegenüberstehenden Individualgrundrechte aus Art. 9 Abs. 3 GG und Art. 4 GG sowie der daraus fließenden Gewährleistungen autonomer kollektiver Rechtsausübung in Art. 9 Abs. 3 GG und in dem durch Art. 140 in das Grundgesetz inkorporierten

---

322 MünchArbR/*Richardi*, § 195 Rn. 7.
323 Vgl. Erklärung der deutschen Bischofskonferenz vom 27.6.1983, RdA 1984, 180f.
324 *Richardi*, Arbeitsrecht, § 10 Rn. 26ff.; *Grethlein*, NZA 1986, Beil. 1, S. 1.
325 Vgl. *Klostermann*, ZevKR 2006, 169ff.
326 Für eine Entdämonisierung von Arbeitskämpfen im kirchlichen Bereich *Bepler*, ZMV 2010, 32.

Art. 137 WRV. Nach der von beiden BAG-Entscheidungen vom 20.11.2012[327] festgestellten Rechtslage waren aber bis auf die von kirchlichen Tarifverträgen erfassten Einrichtungen der Nordelbischen und der Kirche Berlin-Brandenburgisch-schlesische Oberlausitz alle evangelischen Kirchen und deren Einrichtungen sowie die katholische Kirche und ihre Einrichtungen bestreikbar, weil die Bedingungen, unter denen das Streikrecht der Gewerkschaften zurückzutreten hat, nicht erfüllt waren.[328] Um mit Art. 9 Abs. 3 GG noch vereinbar zu sein, müssen die Gewerkschaften in dem Regelungsverfahren angemessen beteiligt sein. An die Stelle des Arbeitskampfes muss ein neutrales Schlichtungsverfahren treten, das auf ähnliche Weise Dynamik und Einigungsdruck erzeugt. Die kirchlichen Regelungen müssen zu verbindlichen Mindestbedingungen führen. Es muss strukturell gewährleistet sein, dass frei gebildete Arbeitnehmerkoalitionen mit Gewerkschaftsqualität in dem Regelungsverfahren des Dritten Weges Einfluss nehmen können.

Die beiden großen Kirchen haben sich bemüht, die kirchengesetzlichen Voraussetzungen für einen tariffesten bzw. arbeitskampfsicheren Dritten Weg zu schaffen. Das ist bisher nicht gelungen.

Die Entscheidungen des BAG vom 20.11.2012 stellen klar, dass der Erste Weg Arbeitskämpfe nicht wirksam ausschließen kann, wohl aber der Zweite Weg in der bislang praktizierten Form einzelner evangelischer Kirchen. Komplizierter ist die Rechtslage für den Dritten Weg. Bei der Prüfung, ob eine kirchliche Einrichtung berechtigt ist, die Geltung staatlichen Rechts durch Anwendung des kollektiven Arbeitsrechts der Kirchen zurückzudrängen, ist zunächst darauf abzustellen, ob sie überhaupt von den kirchengesetzlichen Regelungen erfasst wird. Nicht unter dem Schutzschirm des Selbstbestimmungsrechts der Kirchen stehen im Bereich der katholischen Kirche nach Art. 2 Abs. 4 der Grundordnung solche Einrichtungen, die mit Gewinnerzielungsabsicht arbeiten. Im Bereich der evangelischen Kirche gibt es kein Ausschlusskriterium Gewinnerzielungsabsicht. Zu prüfen ist, ob der Gesellschaftsvertrag oder die Satzung einer Einrichtung eine wirksame Bindung an den kirchlichen Auftrag enthält und ob personell und institutionell eine ausreichende Einflussmöglichkeit der Kirche besteht.

Des Weiteren muss das Konzept der Dienstgemeinschaft tatsächlich praktiziert werden. Wird z.B. über den üblichen Bedarf an Vertretung hinaus Leiharbeit genutzt, ist dies unvereinbar. Dem Konzept der Dienstgemeinschaft widerspricht es auch, wenn in einer Einrichtung der Kerngedanke des Auftrags der

---

327 BAG 20.11.2012 – 1 AZR 179/11; BAG 20.11.2012 – 1 AZR 611/11.
328 So auch *Joussen*, Anm. zu AP Nr. 179 zu Art. 9 GG Arbeitskampf.

Dienstgemeinschaft – die fürsorgliche Hinwendung zum leidenden Nächsten – durch eine ausschließlich an Effizienzgesichtspunkten ausgerichtete Arbeitsorganisation verdrängt wird.[329]

Das BAG verlangt sodann, dass die Ergebnisse des Verfahrens in die Arbeitsverträge kirchlicher Mitarbeiterinnen und Mitarbeiter einfließen und praktisch umgesetzt werden. Arbeitsgerichte dürfen den Ausschluss von Arbeitskämpfen durch die Kirche nur dann akzeptieren, wenn sich die Kirche dem Wunsch nach Abschluss einer Regelung nicht verweigern kann.

Die unterschiedlichen Verfahrensregelungen der Kirchen schließen ein „Verhandeln auf Augenhöhe" aus. Sie ermöglichen lediglich ein durch bürokratische Verfahren verkompliziertes „kollektives Betteln".[330] Der Dritte Weg in der aktuellen Ausgestaltung verleiht der Arbeitnehmendenseite trotz paritätischer Besetzung in der Kommission und vorgeschriebenem Schlichtungsverfahren weder Verhandlungsstärke noch Durchsetzungskraft. Das Fehlen eines ausschließlichen Vorschlagsrechts der jeweiligen Gruppe für den von ihr zu stellenden Vorsitzenden in fast allen ARK-Ordnungen erschwert die autonome Entscheidung der jeweiligen Gruppen darüber, wem sie ihr Vertrauen schenken. Die kirchenrechtlich vorgesehene Beteiligung von Gewerkschaften ist begrenzt. Sie rangieren gleichrangig mit Mitarbeitendenverbänden, die nach eigenem Selbstverständnis keine Gewerkschaft sind.

Auch die Art und Weise der organisatorischen Einbeziehung der Gewerkschaften genügt den Anforderungen des BAG nicht. Die Regelungen im Bereich der katholischen Kirche marginalisieren die Repräsentanz der Gewerkschaften in den ARK.[331] In den evangelischen ARK müssen sich die Gewerkschaften mit den kirchlichen Mitarbeiterverbänden arrangieren. Auch hier ist nicht sichergestellt, dass die Gewerkschaften in den Schlichtungsausschüssen vertreten sind.[332]

Ein Streikaufruf innerhalb der katholischen Einrichtungen wäre derzeit nicht rechtswidrig. Mit Ausnahme der Kirchen und Einrichtungen, die sich für den Zweiten Weg entschieden haben, bleiben bei Zugrundelegung der Entscheidungen des BAG vom 20.7.2012 zum gegenwärtigen Zeitpunkt alle Kirchen und ihre Einrichtungen ein geeigneter Tarifpartner nach § 2 Abs. 1 TVG. Die kirchengesetzlichen Regelungen entfalten deshalb so lange, bis eine Anpassung der Verfahrensregelungen im Dritten Weg geglückt ist, keine Außenwirkung.

---

329   Vgl. *Däubler*, RdA 2003, 204, 205ff.
330   BAG 10.6.1980 – 1 AZR 168/79, NJW 1980, 1653.
331   So auch *Joussen*, Neues zu Mitwirkungsrecht der Koalitionen, 2015, 4ff.
332   Dazu kritisch ErfK/*Schmidt*, Art. 4 GG Rn. 55.

Das BVerfG hat durch Beschluss vom 15.7.2015[333] die gegen die Entscheidung des BAG zum Dritten Weg eingelegte Verfassungsbeschwerde für unzulässig erklärt. Die beschwerdeführende Gewerkschaft sei durch den Tenor der Entscheidung des BAG nicht betroffen, da sie das Verfahren vor dem BAG gewann. Das Risiko, im Falle künftiger Streiks oder Streikaufrufe auf Unterlassung oder Schadensersatz in Anspruch genommen zu werden, begründe keine gegenwärtige Beschwer. Es fehle die unmittelbare Betroffenheit auch deshalb, weil besondere Umsetzungs- und Vollzugsakte seitens der Kirche erforderlich sind. Der Gewerkschaft sei hiergegen die Inanspruchnahme fachgerichtlichen Rechtsschutzes zumutbar.

Ein Tarifvertrag ist auch dann ein Tarifvertrag im Rechtssinne (z.B. § 4 Abs. 1, Abs. 5, § 5 TVG), wenn er für den kirchlichen Bereich und unter einem der Gewährleistung kirchlicher Selbstbestimmung entsprechendem Ausschluss des gewerkschaftlichen Streikrechts zustande gekommen ist.

Entgegen der Ansicht des BVerfG[334] ist ein Zutrittsverbot auch betriebsfremder Gewerkschaftsmitglieder mit Art. 9 Abs. 3 GG i.V.m. Art. 11 EMRK nicht vereinbar.[335]

Die wachsende Bedeutung der tarifrechtlichen Fragen des kirchlichen Arbeitsrechts zeigt sich in der Praxis. Im November 2020 wurde erstmals eine katholische Altenpflegeeinrichtung bestreikt: Die Stiftung Liebenau ist eine kirchliche Stiftung privaten Rechts und hat fast 350 Einrichtungen mit rund 7.500 Beschäftigten. Der Umsatz lag 2019 bei 395 Millionen Euro. Für zahlreiche gemeinnützige Tochtergesellschaften (gGmbH) in Deutschland fungiert sie als Holding.[336]

---

333 BVerfG 15.7.2015 – 2 BvR 2292/13, BVerfGE 140, 42ff.

334 BVerfG 17.2.1981 – 2 BvR 384/78, BVerfGE 57, 220.

335 Sachs/*Ehlers*, Art. 140 GG/Art. 137 WRV Rn. 14 m.w.N.

336 Liebenau Teilhabe gemeinnützige GmbH; Liebenau Dienste für Menschen gemeinnützige GmbH; Liebenau Kliniken gemeinnützige GmbH; Liebenau Therapeutische Einrichtungen gemeinnützige GmbH; Liebenau Lebenswert Alter gemeinnützige GmbH; Liebenau Leben im Alter gemeinnützige GmbH; Liebenau Berufsbildungswerk gemeinnützige GmbH. Für folgende ausländische gemeinnützige Tochtergesellschaften fungiert die Stiftung Liebenau als Holding: Liebenau Österreich gemeinnützige GmbH; Liebenau Österreich Service gemeinnützige GmbH; Liebenau Österreich Sozialzentren gemeinnützige GmbH; Liebenau Schweiz gemeinnützige AG; Liebenau Italien gemeinnützige GmbH; Liebenau Bulgaria EOOD. Dienstleister und Stiftungsbetriebe der Stiftung Liebenau: Liebenau Service GmbH; Liebenau Gebäude- und Anlagenservice GmbH; Liebenau Beratung und Unternehmendienste GmbH; Liebenau Objektservice GmbH; Forstbetriebe; Liebenauer Landleben. Die Stiftung Liebenau ist unter anderem an folgenden sozialen Einrichtungen beteiligt: Institut für soziale Berufe gGmbH; CSW – Christliches Sozialwerk gGmbH im Bistum Dresden-Meißen; Franz von Assisi gGmbH; Gesellschaft für Entwicklungspsychiatrie und Integration gGmbH; Casa Leben im Alter gGmbH; Bulgarisch-Deutsches Sozialwerk St. Andreas e.V.; Fondazione S. Elisabetta; SMO Reha GmbH.

In der Stiftung Liebenau wurde weltliches Recht angewendet, die Richtlinien für Arbeitsverträge in den Einrichtungen des Deutschen Caritasverbandes (AVR Caritas) galten nicht.[337] Die „Liebenau Leben im Alter" gGmbH ist eine Tochtergesellschaft der Stiftung Liebenau. Sie zählt u.a. 21 Altenhilfeeinrichtungen im Süden Deutschlands, in der rund 850 Beschäftigte arbeiten. Die Vergütung war schlechter als im öffentlichen Dienst und in anderen Caritas-Einrichtungen Baden-Württembergs. Der Arbeitgeber verweigerte sich sowohl den kirchlichen Regelungen und als auch dem Abschluss eines Tarifvertrags. Nach zehn Verhandlungsrunden über einen Tarifvertrag auf dem Niveau des öffentlichen Dienstes brach er die Verhandlungen ab. Als die Beschäftigten streikten, wurde der Arbeitgeber im Dezember 2021 plötzlich Mitglied in der Caritas. Die Betriebsräte wurden über Nacht Mitarbeitervertretungen (MAV) nach Mitarbeitervertretungsordnung (MAVO), für die Beschäftigten gelten jetzt die AVR Caritas.

b) Mitbestimmungsrecht

Das Betriebsrätegesetz, von 1920 bis 1934 in Deutschland gültig, galt auch für Kirchen. Sie waren lediglich von dem in § 67 BRG geregelten Tendenzschutz erfasst. Das Kontrollratsgesetz der Alliierten von 1946 sah keine Ausnahmen für Kirchen und ihre Einrichtungen vor. In einigen Gliedkirchen gab es noch nach Ende des Zweiten Weltkrieges Betriebsräte. In den ersten Entwürfen zum BetrVG war ebenfalls noch keine Ausnahmeregelung für die Kirchen formuliert.

Im Nationalsozialismus hatte es in beiden Kirchen ein breites Holocaustwissen, im Vergleich dazu aber wenig öffentlichen Widerspruch gegeben. 1933 war von konservativen Christen, Deutschnationalen und Nationalsozialisten vielfach als religiöses Erweckungserlebnis empfunden worden, das das Ende der „Gottlosenrepublik"[338] von Weimar darstellt.[339] Unter der Adenauer-Regierung betrieben die beiden großen Kirchen intensive Lobbyarbeit. Obwohl viele Protestantinnen und Protestanten große Sympathien für die Ideen des Nationalsozialismus hatten, trug die EKD vor, dass nach den Erfahrungen der nationalsozialistischen Zeit die Kirche darauf bestehen muss, den kirchlichen Dienst in freier ihren Wesensgesetzen entsprechender Selbstverantwortung regeln zu können.[340] Außerdem sei die Freistellung der Religionsgemeinschaften vom BetrVG mit Rücksicht auf die Lage der Kirchen in der sowjetischen Besatzungszone gefordert. In Gesprächen mit der Regierung sicherten die Kirchen

---

337 Dispens des Bischofs.
338 Tagesspiegel v. 13.10.2021, Kirchen und Nationalsozialismus: Vom Kreuz zum Hakenkreuz.
339 Dazu ausführlich *Gailus*, Gläubige Zeiten.
340 Schreiben des Rates der EKD an Bundeskanzler Adenauer vom 12.6.1951. Einzelheiten s. *Frerk*, Kirchenrepublik, S. 9ff.

zu, dass sie mit dieser Ausnahmeregelung keinesfalls auf schlechtere Bedingungen für ihre Beschäftigten abziele. Die Kirchenkanzlei der EKD erklärte, dass die Kirche hierbei allen berechtigten sozialen Anforderungen gegenüber den bei ihr Beschäftigten in vollem Umfang nachkommt. Der Rat der EKD machte im selben Schreiben an den Bundeskanzler konkrete Formulierungsvorschläge für eine Ausnahmeregelung für die Kirchen im BetrVG, die anschließend – nur redaktionell verändert – vom Bundestag so beschlossen wurden.

An den Herrn Bundeskanzler

An den Herrn Bundesminister für Arbeit

Betr.: Entwurf zum Betriebsverfassungsgesetz

Aufgrund einer gemeinsamen Beratung von Vertretern des Bundesministeriums für Arbeit unter Beteiligung des Bundesministerium des Innern, der Justiz und für gesamtdeutsche Fragen mit Vertretern der Kirchen bitten wir Sie, Herr Bundeskanzler – Bundesminister –, sich in den bevorstehenden Beratungen über den Entwurf des Betriebsverfassungsgesetzes dafür einzusetzen, dass in dem Regierungsentwurf dieses Gesetzes in § 106 hinter Absatz 1 folgender Absatz eingefügt wird: „Das Gesetz findet ferner keine Anwendung auf die Beteiligung und Mitbestimmung der Arbeitnehmer der Religionsgesellschaften und ihrer Einrichtungen, die kirchlichen, gemeinnützigen oder mildtätigen Zwecken dienen, unbeschadet ihrer Rechtsform."

Der Vorsitzende der Fuldaer Bischofskonferenz formulierte ein ähnliches Schreiben mit wortgleichem Änderungsvorschlag. Die Initiativen waren erfolgreich: Das BetrVG vom 11.10.1952 galt nicht für Kirchen (§ 81 Abs. 2 BetrVG). Aktuell sind die Kirchen und ihre karitativen und erzieherischen Einrichtungen aus dem Geltungsbereich der Betriebsverfassung durch § 118 Abs. 2 BetrVG und § 1 Abs. 2 BPersVG ausgenommen. Gleiches gilt für die Unternehmensmitbestimmung nach § 1 Abs. 4 MitbestG und § 1 Abs. 2 Ziff. 2a DrittelbG.[341] Für katholische Unternehmen gibt es keinerlei Unternehmensmitbestimmung. Im Bereich der Diakonie existiert eine Verbandsempfehlung der Diakonie Deutschland, die von den einzelnen Diakonischen Werken umgesetzt werden kann, aber nicht muss. In einigen Aufsichtsgremien sind einzelne Plätze für Arbeitnehmerinnen und Arbeitnehmer vorgesehen, es gibt jedoch auch hier keine vergleichbaren Aufsichtsräte oder eine paritätische Besetzung wie im weltlichen Bereich. Gewerkschaften sind außen vor. § 1 Abs. 3 Nr. 2

---

341 Zu Recht dazu kritisch *Bischoff/Hammer*, AuR 1995, 161, 168.

SprAuG nimmt Kirchen vom Anwendungsbereich des Sprecherausschussgesetzes aus. § 118 Abs. 1 BetrVG enthält außerdem zugunsten von Religionsgemeinschaften und ihrer karitativen und erzieherischen Einrichtungen eine Ausnahmebestimmung („Tendenzschutz"), mit der dem Grundrecht freier Religionsausübung und der Verfassungsgarantie kirchlicher Selbstbestimmung genügt werden soll.

Die Religionsgemeinschaften und ihre karitativen und erzieherischen Einrichtungen haben sich für ihren Bereich ein Mitarbeitervertretungsrecht[342] geschaffen, um eine Mitwirkung und Mitbestimmung der im kirchlichen Dienst Beschäftigten zu verwirklichen. Es ist ein Mitbestimmungsrecht zweiter Klasse. Die Mitbestimmungsordnungen werden von den Kirchen als Teil der Organisation verstanden, die ihrem Sendungsauftrag dient. Die MAV sei nicht nur als Interessenvertretung, sondern auch als kirchliches Amt anzusehen.[343] Zugrunde liegt die Vorstellung einer Dienstgemeinschaft.

Die Dienstgemeinschaft ist ein zentraler Begriff des Arbeitsrechtes in den Kirchen und ihren Wohlfahrtsverbänden Caritas und Diakonie. Auch den kirchlichen MVG liegt das Modell der Dienstgemeinschaft zugrunde. In Verbindung mit der Volksgemeinschaft handelt es sich ursprünglich um einen propagandistischen Leitbegriff des Nationalsozialismus.[344] Der Begriff Dienstgemeinschaft stammt aus dem Gesetz zur Ordnung der Arbeit in Öffentlichen Verwaltungen und Betrieben vom 23.3.1934, der Begriff Betriebsgemeinschaft aus dem Gesetz zur Ordnung der nationalen Arbeit vom 20.1.1934. Mit dem Konstrukt der Dienstgemeinschaft wurden das Führerprinzip und die Ausschaltung unabhängiger gewerkschaftlicher Interessenvertretung auf die öffentliche Verwaltung übertragen.

Ab 1936 wurde in den Kirchen und ihren Wohlfahrtsverbänden Caritas und Innere Mission, dem Vorläufer der Diakonie, auf die Dienstgemeinschaft verwiesen. In der Tarifordnung für die dem Deutschen Caritasverband angeschlossenen Anstalten der Gesundheitsfürsorge vom 1.7.1936 und in der entsprechenden Ordnung für die Einrichtungen der Gesundheitspflege der Inneren Mission vom 1.1.1937 heißt es in § 1: „Betriebsleitung und Gefolgschaft bilden eine Dienstgemeinschaft im Sinne des § 2 des Gesetzes zur Ordnung der Arbeit in öffentlichen Verwaltungen und Betrieben vom 23. März 1934."

---

342 Kirchlichen Angaben zufolge gibt es in 90% der kirchlichen Einrichtungen und Dienststellen von Diakonie und Caritas MAV, vgl. *Berroth* ZMV 2022, 1.
343 BAG 11.3.1986 – 1 ABR 26/84, AP GG Art. 140 Nr. 25.
344 Siehe zu den Wurzeln des Begriffs und der Debatte darüber auch oben D.II.

Anfang der 1950er Jahre griffen Kirchen auf den Begriff der Dienstgemeinschaft zurück und luden ihn theologisch auf. In den Richtlinien für Arbeitsverträge in Anstalten der Erziehungs- und Wirtschaftsfürsorge des Deutschen Caritasverbandes von 1950 hieß es in §1: „Die Caritas ist eine Lebensäußerung der Katholischen Kirche. Alle in ihr tätigen Mitarbeiter dienen dem gemeinsamen Werk christlicher Nächstenliebe. Sie bilden ohne Rücksicht auf ihre arbeitsrechtliche Stellung eine Dienstgemeinschaft. Für die Regelung des sich aus der Dienstgemeinschaft ergebenden besonderen Verhältnisses zwischen Dienstgeber und Mitarbeiter gelten diese Richtlinien." Eine ähnliche Formulierung wurde ab 1951 vom Central-Ausschuss der Inneren Mission für die dort geltenden Richtlinien für Arbeitsverträge aufgenommen: „Die innere Mission ist eine Lebens- und Wesensäußerung der Evangelischen Kirche. Alle in ihr tätigen Mitarbeiter dienen dem gemeinsamen Werk christlicher Nächstenliebe. Sie bilden ohne Rücksicht auf ihre arbeitsrechtliche Stellung eine Dienstgemeinschaft."[345]

aa) Evangelische Kirche

Trotz zunehmender Fusionen und Konzernbildungen mit mehreren Zehntausend Mitarbeiterinnen und Mitarbeiter ist eine Unternehmensmitbestimmung nicht vorgesehen.

Wenn auch gemäß Mitarbeitervertretungsgesetz der EKD[346] (MVG-EKD) die ordentliche Kündigung an die Zustimmung der MAV gebunden ist (§§ 42, 41, 38 MVG), bestehen mitbestimmungsrechtlich erhebliche strukturelle Defizite. Für Betriebsänderungen besteht lediglich ein Mitberatungsrecht (§ 46 MVG), Interessenausgleich und Sozialplan anlog zum BetrVG fehlen.

Hinzu kommt, dass eine Zwangsvollstreckung nur dann stattfindet, wenn der Arbeitgeber zu einer Leistung oder Unterlassung verpflichtet ist (§ 63a MVG). In den Fällen der Mitberatung und Mitbestimmung sind derartige Entscheidungen ausgeschlossen (§ 60 Abs. 4 bis 7 MVG). Die MAV ist darauf angewiesen, dass der Arbeitgeber sich trotz fehlender Vollstreckbarkeit an die gerichtliche Entscheidung hält. Im einstweiligen Verfügungsverfahren entfällt die Bindung an die in § 60 MVG aufgeführten Entscheidungsformen. Wegen des Zeitablaufs ist dies aber häufig kein praktikabler Weg. Auch eine § 23 BetrVG entsprechende Regelung fehlt.

---

345 Zur Mitbestimmung s.a. G. 31.
346 in der Bekanntmachung der Neufassung vom 1.1.2019 (ABl. EKD, S. 2) zuletzt geändert am 11.9.2020 (ABl. EKD, S. 199).

Art. 9 Abs. 3 GG schützt das Recht der Gewerkschaften, die Arbeits- und Wirtschaftsbedingungen zu fördern. Deshalb verpflichtet § 2 BetrVG Arbeitgeber und Betriebsrat, im Zusammenwirken mit den im Betrieb vertretenen Gewerkschaften zusammenzuarbeiten. Der die Grundsätze der Zusammenarbeit regelnde § 33 MVG erwähnt Gewerkschaften nicht. Die problematische Distanz und das gestörte Verhältnis zu Gewerkschaften kommt auch darin zum Ausdruck, dass das MVG anders als § 2 Abs. 2 BetrVG ein Zugangsrecht der Gewerkschaften zum Betrieb nicht vorsieht.[347] Mit dem kirchlichen Selbstbestimmungsrecht kann das nicht legitimiert werden.

Das MVG-EKD statuiert in § 10, dass wählbar ist, wer zum Zeitpunkt der Wahl mindestens sechs Monate in der Dienststelle beschäftigt ist und das 18. Lebensjahr vollendet hat. Bis Ende 2018 galt zudem, dass wählbar nur Beschäftigte sind, die Mitglied einer christlichen Kirche sind (ACK-Klausel – Arbeitsgemeinschaft Christlicher Kirchen). Dies ist 2019 gestrichen worden. Allerdings haben die evangelischen Gliedkirchen die Möglichkeit, abweichende Regelungen vorzunehmen. Die ACK-Regelung ist hochproblematisch, da sie die Beschäftigten in zwei Klassen einteilt. Stellt ein kirchlicher Arbeitgeber eine konfessionslose Arbeitnehmerin oder einen konfessionslosen Arbeitnehmer ein, darf er ihnen kaum dieselben Rechte vorenthalten, die seine konfessionsgebundenen Mitarbeiterinnen und Mitarbeiter haben.

Die Arbeitsmarktlage erlaubt es kirchlichen Arbeitgebern vielfach nicht, die ACK-Klausel anzuwenden. Gleichwohl wird vereinzelt an ihr noch festgehalten.[348]

bb) Katholische Kirche

Die MAVO der katholischen Kirche verfolgt dieselbe Linie, kennt allerdings noch weniger Mitbestimmung. Der Schwerpunkt der Beteiligungsrechte der MAV liegt auf Anhörung und Mitberatung (§ 29 MAVO). Das Letztentscheidungsrecht liegt beim Arbeitgeber. Die MAV kann Vorschläge machen (§ 32 MAVO) und Anträge stellen (§ 37 MAVO). Soweit ihre Zustimmung erforderlich ist (§§ 34–36 MAVO), entscheidet im Fall der Nichteinigung eine Eini-

---

347 Allerdings heißt es in § 33 Abs. 1 S. 3 MVG-EKD jetzt: „… achten darauf, dass alle Mitarbeiter und Mitarbeiterinnen nach Recht und Billigkeit behandelt werden, die Vereinigungsfreiheit nicht beeinträchtigt wird …“.

348 So z.B. Soll-Regelung für die Evangelische Kirche Mecklenburg-Vorpommern: MAV-Vorsitz soll Kirchenmitglied sein; Evangelisch-lutherische Landeskirche Schaumburg-Lippe; Diakonie Evangelische Kirche Berlin-Brandenburg-schlesische Oberlausitz mit Ausnahmemöglichkeiten; Evangelisch-lutherische Landeskirche Sachsens: MAV-Mitglieder sollen Kirchenmitglieder sein; Evangelische Kirche von Kurhessen-Waldeck: Für die Wahl in den Gesamtausschuss besteht die Pflicht zur Kirchenmitgliedschaft; Diakonie und Evangelische Landeskirche Baden; Diakonie und Evangelische Landeskirche in Württemberg (vgl. Joussen/Mestwerdt/Nause/Spelge/*Mestwerdt*, § 10 MVG Rn. 10; *Baumann-Czichon/Feuerhahn* S. 198 ff; *Baumann-Czichon* § 18 Rn. 5).

gungsstelle. Scheitert die einvernehmliche Benennung des Vorsitzenden, entscheidet der Diözesanbischof (§ 44 Abs. 1 MAVO).[349]

cc) Pflegebranche

Das AEntG ermöglicht es, auf gemeinsamen Antrag der Tarifvertragsparteien durch Rechtsverordnung den Geltungsbereich von Tarifverträgen in der Pflegebranche auf alle unter den Geltungsbereich fallenden und nicht daran gebundene Arbeitgeber sowie Arbeitnehmerinnen und Arbeitnehmer zu erstrecken. Für Religionsgesellschaften, in deren Bereichen paritätisch besetzte Kommissionen zur Festlegung von Arbeitsbedingungen auf der Grundlage kirchlichen Rechts gebildet sind, besteht eine Ausnahmeregelung: Nach § 7a Abs. 1a Satz 4 AEntG ist vorausgesetzt, dass mindestens zwei Kommissionen repräsentativer Religionsgesellschaften zustimmen. Anfang 2021 standen die Chancen für einen von ver.di und der Bundesvereinigung Arbeitgeber in der Pflegebranche ausgehandelten flächendeckenden Tarifvertrag nicht schlecht. Dann scherte die Arbeitgeberseite der ARK der Caritas als einer der beiden wichtigen Kommissionen im konfessionellen Bereich aus. Die ARK der Diakonie Deutschland verhielt sich gar nicht erst dazu. Der Versuch einer Erstreckung des Pflegetarifvertrags scheiterte.

Nach dem Gesetz zur Weiterentwicklung der Gesundheitsversorgung[350] dürfen ab dem 1.9.2022 die Pflegekassen Versorgungsverträge nur noch mit tarifgebundenen bzw. mindestens auf Tarifniveau vergütenden Pflegeeinrichtungen abschließen.[351] Kirchliche Arbeitsrechtsregelungen sind nach diesem Gesetz Tarifverträgen gleichgestellt. Kirchliche Pflegeeinrichtungen werden nicht unter einen aus ihrer Sicht systemfremden Tarifvertrag gezwungen, ihre im Dritten Weg zustande gekommenen Regelungen werden als gleichberechtigter Maßstab anerkannt. Damit sind Gewerkschaften außen vor. Der Gesetzgeber adelt die ablehnende Haltung der Kirchen gegenüber Tarifverträgen. Zugleich werden kirchliche Arbeitgeber gegenüber anderen Tarifaußenseitern übermäßig privilegiert, so dass erhebliche verfassungsrechtliche Bedenken (Art. 3 Abs. 1 und 9 Abs. 3 GG) bestehen.[352]

---

349 Siehe unten G.31.
350 BGBl. 2021 Teil I Nr. 44 S. 2754.
351 § 72 Abs. 3a, 3b SGB XI.
352 ErfK-*Franzen*, § 7a AEntG Rn. 6.

V. Kirchengerichte

Das Selbstbestimmungsrecht der Religionsgemeinschaften umfasst die Kompetenz zur Kontrolle des selbst gesetzten Rechts durch kircheneigene Gerichte.[353] Die kirchliche Gerichtsbarkeit erstreckt sich auf Angelegenheiten der kirchlichen Selbstbestimmung. Unmittelbare Rechtswirkungen im staatlichen Zuständigkeitsbereich sind unzulässig. Streitfragen bezüglich des Status von kirchlichen Beamten, Geistlichen und Ordensangehörigen sind der Zuständigkeit der staatlichen Gerichte entzogen. Gemäß § 135 BRRG ist staatlicher Rechtsschutz möglich. Auch darüber hinaus lässt der BGH staatlichen Rechtsschutz über innerkirchliche Rechtsakte zu.[354]

Bedient sich die Kirche oder eine ihrer Einrichtungen der Privatautonomie zur Begründung von Arbeitsverhältnissen, findet das staatliche Arbeitsrecht Anwendung. Für Streitigkeiten aus dem Individualarbeitsrecht und damit auch aus Anlass einer Kündigung eines kirchlichen Arbeitsverhältnisses sind ausschließlich die weltlichen Arbeitsgerichte zuständig.[355] Arbeitsvertragliche Streitigkeiten kirchlicher Bediensteter unterliegen nach § 2 Abs. 1 Nr. 3 ArbGG der Arbeitsgerichtsbarkeit.[356]

Wird eine Kündigung wegen nicht ordnungsgemäßer MAV-Beteiligung vom kirchlichen Arbeitnehmer angegriffen, hat das Arbeitsgericht diese Rechtsfrage unter Anwendung kirchlichen MAV-Rechts zu entscheiden.[357] Soweit nach den kirchlichen Arbeitsvertragsordnungen Dienstgeber und Mitarbeiterinnen und Mitarbeiter verpflichtet sind, bei Meinungsverschiedenheiten aus dem Arbeitsverhältnis zunächst eine kirchliche Schlichtungsstelle anzurufen,[358] wird dadurch kein Prozesshindernis begründet, das den Zugang zur staatlichen Gerichtsbarkeit versperren könnte. Das gilt erst recht, wenn nur festgelegt wird, dass Dienstgeber und Mitarbeiterinnen und Mitarbeiter zunächst die Schlichtungsstelle anrufen können.[359]

Staatliche Gerichte dürfen in den innerkirchlichen Angelegenheiten nur prüfen, ob für alle geltende Gesetze verletzt worden sind (Bereichslehre). Nach der Abwägungslehre ist der Rechtsweg zu den staatlichen Gerichten gegeben,

---

353 v. Campenhausen, Staatskirchenrecht, 202f.; *Richardi*, Arbeitsrecht, §§ 20, 21; aktuelle Rechtsprechung bei *Berroth*, ZMV, 2022, 1.
354 BGH 11.2.2000 - V ZR 271/99, JZ 2000, 1111.
355 § 2 Abs. 1 Nr. 3 lit. b ArbGG.
356 BAG 7.2.1990 – 5 AZR 84/89, AP GG Art. 140 Nr. 37.
357 BAG 10.12.1992 – 2 AZR 271/92, NZA 1993, 593.
358 Z.B. § 22 Abs. 1 AVR Caritas.
359 Z.B. § 44 AVR Diakonie.

wenn sich eine Klägerin oder ein Kläger im Einzelfall auf eine Verletzung staatlich geschützter Rechtspositionen beruft.[360]

Anders als bei Streitigkeiten im Individualarbeitsrecht besteht im kollektiven kirchlichen Arbeitsrecht eine ausschließliche Zuständigkeit der Kirchengerichte. Soweit es um streitige Rechtsfragen insbesondere aus den MVG-EKD und ihrer Gliedkirchen geht, ist der Rechtsweg zu den staatlichen Gerichten nicht eröffnet, weil der Streitgegenstand ausschließlich kirchlichem Recht entspringt.[361]

Die katholische Kirche schuf mit der Kirchlichen Arbeitsgerichtsordnung (KAGO) eine Instanz für die Rechtskontrolle über das kircheneigene kirchliche Arbeitsrecht. Es gibt regionale Tatsacheninstanzen und ein gemeinsames Revisionsgericht in Bonn.[362]

Die Kirchengerichte der EKD (Dachverband) haben ihren Sitz allesamt im Kirchenamt der EKD in Hannover. Die Kirchengerichte der Landeskirchen haben ihren Sitz in ihrem Gebiet. Das Kirchengericht entscheidet in Verfahren nach dem Disziplinargesetz, dem MVG, dem Verwaltungsgerichtsgesetz, dem Pfarrerratgesetz, dem Arbeitsrechtsregelungsgrundsätzegesetz und zum kirchlichen Datenschutz. Der Kirchengerichtshof ist Kirchengericht zweiter Instanz. Der Verfassungsgerichtshof entscheidet über die Auslegung der Grundordnung der EKD und über die Vereinbarkeit von Kirchengesetzen und Verordnungen mit dieser Grundordnung. Es existiert ein eigenes Kirchengesetz. Ferner gibt es Einigungsstellen für mitarbeitervertretungsrechtliche Regelungsstreitigkeiten, Schlichtungsausschüsse im Bereich der Arbeitsrechtsregelung und teilweise individualarbeitsrechtliche Schlichtungsstellen.

---

360 Sachs/*Ehlers*, Art. 140 GG/Art. 137 WRV Rn. 17 m.w.N.
361 BAG 11. 11. 2008 – 1 AZR 646/07, ZMV 2009, 168.
362 Einzelheiten s. *Eder*, ZTR 2021, 673.

E. Die Zulässigkeit arbeits- rechtlicher Sonderregelungen nach § 9 AGG

I. Überblick

Die Umsetzung des europäischen Primärrechts zur Gleichbehandlung in Beschäftigung realisiert sich durch die RL 2000/78/EG. Die Diskriminierungsverbote des Art. 19 AEUV wurden unter Berücksichtigung des Status der Kirchen nach Art. 17 AEUV bezüglich der unterschiedlichen Beschäftigtengruppen in Kirchen unter Beachtung des Verhältnismäßigkeitsprinzips differenziert umgesetzt. Den Mitgliedstaaten wurde eine erhebliche Möglichkeit eingeräumt, Sonderregelungen für Ungleichbehandlungen im Bereich der Kirchen und ihrer Einrichtungen zu schaffen. Der deutsche Gesetzgeber hat mit § 9 AGG davon Gebrauch gemacht. § 9 AGG ist nur im Kontext mit den EU-Richtlinien handhabbar. Die Norm ist europarechtskonform auszulegen.

Ziel des AGG ist es, Benachteiligungen u.a. wegen der Religion oder Weltanschauung zu verhindern oder zu beseitigen (§ 1 AGG). Grundsätzlich darf wegen der Religionszugehörigkeit nach §§ 1 und 7 Abs. 1 AGG keine unterschiedliche Behandlung der Beschäftigten erfolgen. § 9 AGG gestattet es Religionsgemeinschaften, einen Beschäftigten wegen der Religion oder der Weltanschauung unter bestimmten Voraussetzungen unterschiedlich zu behandeln. Die Vorschrift ist daher die zentrale Bestimmung für Sonderregelungen, die es Kirchen als Arbeitgeber ermöglicht, nach der Religionszugehörigkeit zu differenzieren und vom staatlichen Arbeitsrecht abweichende Bestimmungen vorzusehen.

Die Reichweite der Norm ist umstritten. Aber nicht nur die Auslegung bereitet Schwierigkeiten. Die Regelung als solche wird kritisch gesehen. Sie ist vor dem zuständigen Menschenrechtsausschuss der Vereinten Nationen im Hinblick auf die Einhaltung des Übereinkommens der Vereinten Nationen zur Beseitigung jeder Form von Rassendiskriminierung kritisiert worden.[363] Ferner heißt es im „Zweite(n) Gemeinsame(n) Bericht der Antidiskriminierungsstelle des Bundes und der in ihrem Zuständigkeitsbereich betroffenen Beauftragten

---

363 CERD/C/DEU/C0/19-22, 30.6.2015, 86. Sitzung, Nr. 15.

der Bundesregierung und des Deutschen Bundestages" vom 13.8.2013 zur Diskriminierung im Bildungsbereich und Arbeitsleben:[364]

> „Politisch bleibt fraglich, inwieweit die Regelung des § 9 AGG noch zeitgemäß ist. Zu berücksichtigen ist, dass 1,3 Millionen Menschen im Gesundheit-, Sozial -und Bildungswesen bei der Diakonie, Caritas oder anderen kirchlichen Trägern angestellt sind, die einen nicht unwesentlichen Teil des Arbeitsmarktes ausmachen. … Die Regelungen des § 9 AGG haben daher weitreichende Auswirkungen für eine Vielzahl von Beschäftigten. Für viele muslimische und konfessionslose, aber auch homosexuelle Beschäftigte ist dieser Arbeitsmarkt weitgehend verschlossen."[365]

Das Land Berlin hat im November 2020 in den Bundesrat Vorschläge zur Novellierung des AGG eingebracht.[366] Der Koalitionsvertrag der Ampelkoalition von 2021 sieht eine Prüfung vor, inwiefern das kirchliche Arbeitsrecht dem staatlichen Arbeitsrecht angeglichen werden kann.[367] Gewerkschaftsnahe Juristinnen und Juristen haben einen Reformvorschlag zum BetrVG vorgelegt, der die Anwendbarkeit des Gesetzes auf Religionsgemeinschaften deutlich ausweitet.[368]

Das im AGG normierte Verbot der Benachteiligung aus Gründen der Religion oder Weltanschauung steht nicht allein. Es findet sich bereits an prominenter Stelle[369] in der Allgemeinen Erklärung der Menschenrechte der Vereinten Nationen von 1948. Der IIPBR garantiert in Art. 18 die Religionsfreiheit. Auch die UN-Menschenrechtskonvention betont den Diskriminierungsschutz.[370] Die Deklaration zur Beseitigung aller Formen der Intoleranz und Diskriminierung basierend auf Religion oder Glaube vom 25.11.1981[371] verpflichtet die Staaten, Gesetze zu erlassen, die jedwede Ungleichbehandlung wegen der Religion in allen Bereichen der Gesellschaft untersagen.[372] Das ILO-Übereinkommen 111 über die Diskriminierung in Beschäftigung und Beruf[373] von 1958 schreibt den Mitgliedstaaten vor, Regelungen im Bereich der Beschäftigung zur Verhinderung von Diskriminierung u.a. wegen des Glaubensbekenntnis-

---

364 BT-Drucks. 17/14400.
365 S. 238.
366 BR-Drucks. 713/20.
367 S. 71.
368 *Allgaier u.a.*, AuR Sonderausgabe April 2022, 6ff.
369 Art. 2 Abs. 1.
370 Art. 1 Abs. 3 und Art. 13 Abs. 2.
371 UN Doc. A/36/51 (1982).
372 Art. 4.
373 BGBL. 1961 II, S. 97ff., in Deutschland in Kraft seit dem 15.6.1962.

ses zu treffen. Die EMRK des Europarats vom 4.11.1950 gilt heute in 47 europäischen Staaten für über 800 Millionen Menschen. Sie ist unmittelbar geltendes Recht in Deutschland.[374] Sie garantiert in Art. 9 die Gedanken-, Gewissens- und Religionsfreiheit.

§ 75 BetrVG verpflichtet Arbeitgeber und Betriebsrat, darüber zu wachen, dass jede Benachteiligung aus Gründen ihrer Religion oder Weltanschauung unterbleibt. Auch das Sozialrecht enthält Diskriminierungsverbote wegen Religion und Weltanschauung: § 19a SGB IV, § 2 Abs. 3 SGB V, § 2 Abs. 3 SGB XI, § 8 Abs. 1 SGB IX.

Im Arbeitsverhältnis mit einer Religionsgemeinschaft können besondere Pflichten der Arbeitnehmerinnen und Arbeitnehmer zu tendenzgemäßem Verhalten bestehen. Dies gilt u.U. sogar für den außerdienstlichen Bereich.[375]

Die betriebsverfassungsrechtliche Sonderstellung für Betriebe mit konfessioneller oder karitativer Bestimmung sowie für Religionsgemeinschaften und ihre karitativen und erzieherischen Einrichtungen war bisher in § 118 BetrVG geregelt.[376] Nachdem Art. 1 RL 2000/78/EG (im Folgenden: Rahmenrichtlinie) eine Diskriminierung wegen der Religion oder der Weltanschauung verbot, schien es Deutschland im Interesse des Erhalts eines Tendenzschutzes notwendig, von der Ermächtigung in Art. 4 Abs. 2 Rahmenrichtlinie Gebrauch zu machen und die bestehenden deutschen Gepflogenheiten zu sichern.

§ 9 AGG ergänzt mit seinen Sonderbestimmungen für Religionsgemeinschaften § 8 AGG um einen zusätzlichen Rechtfertigungsgrund. Die Vorschrift will von den Rechtfertigungsgründen aus Art. 4 Abs. 2 der RL 2000/78/EG Gebrach machen.

Art. 4 Abs. 2 RL 2000/78/EG ermöglicht es den Mitgliedstaaten, bereits geltende Rechtsvorschriften und Gepflogenheiten beizubehalten, wonach eine Ungleichbehandlung wegen der Religion oder Weltanschauung keine Benachteiligung darstellt, wenn die Religion oder Weltanschauung einer Person nach der Art der Tätigkeit oder der Umstände ihrer Ausübung angesichts des Ethos der Organisation eine wesentliche und gerechtfertigte berufliche Anforderung darstellt. Von dieser Möglichkeit wird mit § 9 Abs. 1 AGG Gebrauch gemacht. Abs. 2 trifft eine ergänzende Regelung dazu, welche Verhaltensanforderungen eine Religions- oder Weltanschauungsgemeinschaft an ihre Mitarbeiter stellen darf.

---

374 In Kraft getreten 3.9.1953, heute gültig in der Fassung vom 15.5.2002.
375 BVerfG 4.6.1985 – 2 BvR 1703/83, BVerfGE 70, 141.
376 Weitere Kirchenklauseln finden sich im SprAuG, im BPersVG und im MitbestG.

Die Übernahme der Kriterien des Art. 4 Abs. 2 RL 2000/78/EG in das AGG bot sich an, da Art. 140 GG i.V.m. Art. 137 WRV zwar das Selbstbestimmungsrecht der Kirchen regeln, nicht jedoch eine Differenzierung der Loyalitätsanforderungen nach Art der geschuldeten Tätigkeit.[377]

II.   Der Unionsrechtliche Hintergrund

1.   Entwicklung

Bis 1997 tauchten die Begriffe „Religion" und „Kirche" im Europarecht nicht auf. Seit der Entscheidung der Europäischen Kommission für Menschenrechte im Fall *Rommelfanger* im Jahr 1989[378] war in europäischer Hinsicht aber geklärt, dass sich Kirchen und andere Religionsgesellschaften kraft eigener Grundrechte um ihrer Glaubwürdigkeit willen in ihrer besonderen Werthaltung durch die Vereinbarung von Verhaltenspflichten mit ihren Arbeitnehmerinnen und Arbeitnehmer schützen dürfen. Der EGMR entschied, dass die Kündigung eines in einem katholischen Krankenhaus angestellten Arztes wegen medialer kirchenwidriger Äußerungen zum Thema Schwangerschaftsabbruch mit der in Art. 10 EMRK verankerten Meinungsfreiheit zu vereinbaren sei.

Die deutschen Kirchen versuchten vergeblich, im Amsterdamer Vertrag folgende Formulierung zu verankern: „Die Europäische Union achtet die verfassungsrechtliche Stellung der Religionsgemeinschaften in den Mitgliedstaaten als Ausdruck der Identität der Mitgliedstaaten und ihrer Kulturen sowie als Teil des gemeinsamen kulturellen Erbes."

Auf Drängen Deutschlands fanden die Kirchen gleichwohl erstmals Erwähnung. Dies geschah in der Erklärung Nr. 11 zum Status der Kirchen und weltanschaulichen Gemeinschaften zur Schlussakte des Amsterdamer Vertrags: „Die Europäische Union achtet den Status, den Kirchen und religiöse Vereinigungen oder Gemeinschaften in den Mitgliedstaaten nach deren Rechtsvorschriften genießen, und beeinträchtigt ihn nicht. Die Europäische Union achtet den Status von Weltanschauungsgemeinschaften in gleicher Weise". Bei der Erklärung handelt es sich nicht um ein Protokoll i.S.d. Art. 311 EG. Als schwaches soft law hat sie keine unmittelbare europarechtliche Relevanz. Ob sie als

---

377 *Schliemann*, NZA 2003, 412.
378 EGMR 6.9.1989 – 12242/86 (*Rommelfanger*), https://hudoc.echr.coe.int/eng?i=001-1010; zuvor BVerfG 4.6.1985 – 2 BvR 1703/83, BVerfGE 70, 138.

Auslegungshilfe dienen kann, ist umstritten.[379] Die Erklärung findet sich in Nr. 24 der Erwägungsgründe der RL 2000/78/EG wieder.

2. Der Unionsrechtliche Status der Kirchen nach Art. 17 AEUV

In Art. I-52 Abs. 1 und 2 des von den Staats- und Regierungschefs der EU am 29.10.2004 in Rom unterzeichneten, aber nicht in Kraft getretenen „Vertrags über eine Verfassung für Europa" hieß es zum Status der Kirchen und weltanschaulichen Gemeinschaften:

> (1) Die Union achtet den Status, den Kirchen und religiöse Vereinigungen oder Gemeinschaften in den Mitgliedstaaten nach deren Rechtsvorschriften genießen, und beeinträchtigt ihn nicht.

> (2) Die Union achtet in gleicher Weise den Status, den weltanschauliche Gemeinschaften nach den einzelstaatlichen Rechtsvorschriften genießen.

Am 1.12.2009 trat der Vertrag von Lissabon (EU-Grundlagenvertrag) in Kraft. Seitdem ist die GrCh Teil des Primärrechts. Art. 21 GRC verbietet Diskriminierungen u.a. wegen der Religion. EU-Richtlinien sind so weit wie möglich im Lichte der GrCh auszulegen. Es gilt das Prinzip der Einheit der Unionsrechtsordnung.[380]

Nach dem Inkrafttreten des Vertrags über die Arbeitsweise der Europäischen Union ist der Streit um die Bedeutung der Erklärung Nr. 11 zur Schlussakte des Amsterdamer Vertrags[381] obsolet, da ihr Wortlaut in Art. 17 AEUV wiederholt wird.[382] Neu ist der dritte Absatz, in dem die Identität der Kirchen anerkannt wird.

Art. 17 AEUV

> (1) Die Union achtet den Status, den Kirchen und religiöse Vereinigungen oder Gemeinschaften in den Mitgliedstaaten nach deren Rechtsvorschriften genießen, und beeinträchtigt ihn nicht.

---

379 Dafür: *Reichold*, NZA 2001, 1055; dagegen *Schliemann*, NZA 2003, 410.
380 ErfK/*Wißmann*, AEUV Rn. 5.
381 S. z.B. *Mohr/von Fürstenberg*, BB 2008, 2125.
382 Kritisch zur EU-Kompetenz *Weber*, NVwZ, 2011, 1491.

(2) Die Union achtet in gleicher Weise den Status, den weltanschauliche Gemeinschaften nach den einzelstaatlichen Rechtsvorschriften genießen.

(3) Die Union pflegt mit diesen Kirchen und Gemeinschaften in Anerkennung ihrer Identität und ihres besonderen Beitrags einen offenen, transparenten und regelmäßigen Dialog.

Der Begriff des Status i.S.d. Art. 17 AEUV steht als Platzhalter für das gesamte institutionelle Arrangement zwischen Staat und Kirchen.[383] Geschützt sind die wesentlichen Elemente der institutionellen Verfasstheit der betroffenen Gemeinschaften.[384] Art. 17 Abs. 1 AEUV ist als Gebot der Rücksichtnahme zu lesen.[385]

Art. 17 Abs. 1 AEUV begründet keine subjektiven Rechte der Religionsgemeinschaften, sondern vielmehr eine objektiv-rechtliche Verpflichtung der Union. Diese zerfällt in zwei Teilaspekte: Art. 17 Abs. 1 AEUV ist Kompetenzbegrenzung und Kompetenzausübungsschranke zugleich. Ersteres, weil Art. 17 Abs. 1 AEUV die Vielzahl an Regelungssystemen anerkennt und damit von einer unionsrechtlichen Vorgabe zum Verhältnis von Staat und Kirche Abstand nimmt. Letzteres, weil im Rahmen unionsrechtlicher Aktivität der durch nationales Recht ausgestaltete Status in den Blick zu nehmen ist und daraus gegebenenfalls die Pflicht erwächst, Differenzierungen zugunsten der Religionsgemeinschaften vorzunehmen. Unmittelbares Produkt der Funktion als Kompetenzausübungsschranke sind sekundärrechtliche Bestimmungen wie Art. 4 Abs. 2 RL 2000/78/EG, die das spezifisch kirchliche Wirken der Religionsgemeinschaften dort schützen, wo die unionsrechtliche Materie mit der Prägung dieses Handelns kollidiert.[386] Hingegen kann Art. 17 AEUV nicht bewirken, dass die Einhaltung der in Art. 4 Abs. 2 der RL 2000/78/EG genannten Kriterien einer wirksamen gerichtlichen Kontrolle entzogen wird.[387]

Das Unionsrecht verpflichtet die EU, den Status der Religionsgemeinschaften zu achten.[388] Trotzdem wirkt sich das europäische Recht auf das Staatskirchenrecht aus. Mit der Anerkennung des bestehenden Verhältnisses von Staat und Kirche durch die Erklärung Nr. 11 der Regierungskonferenz von Amsterdam

---

383 *Waldhoff*, in: Calliess/Ruffert, EUV/AEUV, Art. 17 AEUV Rn. 12; *Klein*, EuR 2019, 347.
384 Schwarze-*Schmidt*, Art. 17 AEUV Rn. 19.
385 *Waldhoff*, in: Calliess/Ruffert, EUV/AEUV, Art. 17 AEUV Rn. 13; *Streinz*, in: Streinz, Art. 17 AEUV Rn. 8, 10ff.; *Unruh*, NVwZ 2011, 1487; *Klein*, EuR 2019, 348 f.; a.A. *Classen*, in: Grabitz/Hilf/Nettesheim, Art. 17 AEUV Rn. 35; Schwarze-*Schmidt*, Art. 17 AEUV Rn. 20.
386 *Morgenbrodt* S. 298.
387 EuGH 17.4.2018 – C-414/16 Rn. 58 (*Egenberger*), AuR 2019, 586.
388 Art. 17 II, III AEUV.

geht kein rechtlich verbindlicher Schutz des nationalen Staatskirchenrechts vor mittelbaren Folgewirkungen des Unionsrechts einher.[389] Diskriminierungen wegen der Religion sind verboten.[390] Die EU darf bei der Wahrnehmung ihrer begrenzten Einzelkompetenzen auch auf das Beziehungsgefüge zwischen Staat und Religionsgemeinschaft einwirken. Das gilt z.B. im Zuge der Bekämpfung von Diskriminierungen.[391] Maßnahmen der Union zur Verhinderung von Diskriminierungen wegen der Religion sind gemäß Art. 19 AEUV zulässig. In den Grenzen des Art. 23 Abs. 1 Satz 1 GG geht das europäische Unionsrecht dem deutschen Staatskirchenrecht vor. Das deutsche Staatskirchenrecht ist damit nicht europafest.[392]

Art. 17 AEUV begründet ein Abwägungsgebot, das den Unionsgesetzgeber dazu verpflichtet, dem Status der Kirchen beim Erlass von Sekundärrechtsakten in besonderer Weise Rechnung zu tragen, das aber den Bereich des staatlichen Rechts der Religionsgemeinschaften nicht als solchen vom Anwendungsbereich des Unionsrechts ausnimmt.[393] Die Kollision unterschiedlicher primärrechtlicher Vorgaben (Art. 17 und 19 AEUV) muss durch Abwägung gelöst werden, nicht durch eine hierarchische Vorrangregel.[394] Bei der gebotenen funktionalen Betrachtungsweise schützt Art. 17 AEUV mit Blick auf das Ziel der Vorschrift, den Kernbereich des bestehenden Gefüges zwischen Staat und Kirche in den Mitgliedstaaten unangetastet zu lassen.

Soll der Begriff „Status" nicht überflüssig sein, ist jedenfalls davon auszugehen, dass nicht alle Vorschriften, die Kirchen betreffen, gemeint sind. Status ist nicht gleich Tätigkeit.[395] Geschützt sind vielmehr die wesentlichen Elemente der institutionellen Verfasstheit der Kirchen.[396] Geht es um Arbeitsbedingungen, ist der Status der Kirchen i.S.v. Art. 17 AEUV nicht betroffen.[397] Wenngleich es Überschneidungen gibt, sind Status und Betätigung zu trennen.[398] Art. 17 AEUV gebietet keine Einschränkung von Art. 4 Rahmenrichtlinie.

389 Dreier/*Morlok*, Art. 140 Rn. 20.
390 Art. 21 GrCh.
391 Sachs/*Ehlers*, Art. 140 GG Rn. 12.
392 Maunz/Dürig/*Korioth*, Art. 140 Rn. 37.
393 *J. Joussen*, § 9 Abs. 1 AGG – Der EuGH und die Kirchenzugehörigkeit der Beschäftigten, EuZA 2018, 421 (434f.); *Waldhoff*, in: Calliess/Ruffert, EUV/AEUV, Art. 17 AEUV Rn. 13; *C. Walter*, Religionsverfassungsrecht, 2006, 415ff.
394 GA *Tanchev*, Schlussanträge C-414/16 Rn. 100 (*Egenberger*),
395 *Classen* in: Grabitz/Hilf/Nettesheim, Art. 17 AEUV Rn. 28.
396 Schwarz-*Schmidt*, EU-Kommentar, Art. 17 AEUV Rn. 19.
397 EuGH 13.1.2022 – C-282/19 (*MIUR*), CELEX 62019CJ0282 = BeckRS 2022, 87.
398 *Klein/Bustami*, ZESAR 2019, 20.

In dem System der begrenzten Einzelermächtigung besitzt die Union keine Kompetenz im Bereich des Religionsverfassungs- bzw. Staatskirchenrechts. Gleichwohl ist das EU-Recht nicht kirchenblind.[399]

Art. 17 AEUV schützt Kirchen, religiöse Vereinigungen und weltanschauliche Gemeinschaften nicht vor jedweden europarechtlichen Regelungen. Art. 17 AEUV kennt keine prinzipielle Bereichsausnahme des Unionsrechts für religionsrelevante Sachverhalte.[400] Eine Bereichsausnahme ist für einige Bereiche der RL 2000/78/EG geschaffen worden,[401] für die Kirchen und ihre Einrichtungen jedoch nicht.[402] Der EuGH bekräftigt dies Verständnis von Art. 17 AEUV: „Diese Feststellung wird nicht durch den Grundsatz der organisatorischen Autonomie der Religionsgemeinschaften in Frage gestellt, der sich aus Art. 17 AEUV ergibt. Die für jedermann geltende Pflicht, die Vorschriften des Unionsrechts über den Schutz personenbezogener Daten einzuhalten, kann nämlich nicht als Eingriff in die organisatorische Autonomie der Religionsgemeinschaften angesehen werden.[403]

Für eine generelle Bereichsausnahme für kirchliche Sachverhalte sprechen weder Entstehungsgeschichte noch der Wortlaut von Art. 17 AEUV.[404] Kirchliches Handeln kann unionsrechtsrelevant sein.[405] Eine prinzipielle Unionsfestigkeit des deutschen Staatskirchenrechts ist nicht zu begründen.[406] Das Unionsrecht und speziell das EU-Antidiskriminierungsrecht sind Querschnittsmaterien,[407] die grundsätzlich sämtliche Bereiche des mitgliedstaatlichen Rechts, einschließlich des Religionsverfassungsrechts, erfassen können.[408] Das Unionsrecht hat immer Einfluss auf die unterschiedlichsten Teilgebiete des in-

---

399 *Reichold*, in: Kiel/Lunk/Oetker (Hrsg.), Münchener Handbuch zum Arbeitsrecht, Bd. 2, 4. Aufl. 2018, § 158 Rn. 10.

400 HSKR/*Germann*, § 7 Rn. 34; *Malorny*, EuZA 2019, 441,443; *Morgenbrodt* S.252, 299; *Streinz*, in: Streinz, Art. 17 AEUV Rn. 10; *Heinig*, Öffentlich-rechtliche Religionsgesellschaften, 2003, S. 390 ff.; *Klein*, EuR 2019, 338. A.A. *Unruh*, Zur Dekonstruktion des Religionsverfassungsrechts durch den EuGH im Kontext des kirchlichen Arbeitsrechts, ZevKR 2019, (211 ff.); *Greiner*, jM 2018, 233; *ders.*, NZA 2018, 1291; *Classen* in: Grabitz/Hilf/Nettesheim, Art. 17 AEUV Rn. 3; ders., EuR 2018, 752; *Waldhoff*, in: Callies/Ruffert, EUV/AEUV, Art. 17 AEUV, Rn. 13; *Classen*, in: Grabitz/Hilf/Nettesheim, Art. 17 AEUV, Rn. 28.

401 Nämlich die Bereiche Altersdiskriminierung und betriebliche Altersversorgung, Art. 6 Abs. 2 RL 2000/78/EG.

402 HSKR/*Classen*, § 11 Rn. 29; *Waldhoff*, in: Callies/Ruffert, EUV/AEUV, Art. 17 AEUV Rn. 10; Kreß/*Heinig*, S. 181; *Pötters/Kalf*, ZESAR 2012, 221ff.

403 EuGH 10.7.2018 – C-25/17 Rn. 74 (*Finnland Datenschutz*), NJW 2019, 285.

404 *Muckel*, DÖV 2005, 191 (199); *Walter*, Religionsverfassungsrecht, 2006, 415ff.

405 *Waldhoff*, in: Calliess/Ruffert, EUV/AEUV, Art. 17 AEUV Rn. 10.

406 *Korioth*, in: Maunz/Dürig (Hrsg.), GG, Art. 140 (Mai 2015), Rn. 40.

407 Mit Blick auf Art. 19 AEUV *Epiney*, in: Calliess/Ruffert, EUV/AEUV, Art. 19 AEUV Rn. 4ff.; Schwarze-Holoubek, Art. 19 AEUV Rn. 10.

408 Zutreffend *Walter*, Das Selbstbestimmungsrecht der Religionen in die Zeit stellen, https://www.faz.net/-irf-9onor.

nerstaatlichen Rechts. Selbst in dem offensichtlich nicht in die Zuständigkeit der Union fallenden Bereich der Streitkräfte der Mitgliedstaaten hat der EuGH den unionsrechtlichen Gleichbehandlungsgrundsatz durchgesetzt.[409]

Es wäre wenig überzeugend, das gesamte kirchliche Arbeitsrecht dem von Art. 17 AEUV geschützten Status von Religionsgemeinschaften nach innerstaatlichem Recht zuzuordnen.[410] Schon vom Wortlaut her legt der Begriff Status eine Beschränkung auf Grundfragen der Rechtsstellung im staatlichen Recht nahe. Es geht um die grundlegenden Organisationsmodelle der Zuordnung von Staat und Religionsgemeinschaften (Trennung, Kooperation, Staatskirche).

Es wird teilweise vertreten,[411] dass Art. 4 Abs. 2 der RL seinerseits im Lichte von Art. 17 AEUV primärrechtskonform dahin auszulegen sei, dass das kirchliche Selbstbestimmungsrecht des Art. 140 GG i.V.m. Art. 137 Abs. 3 Satz 1 WRV in seiner Ausprägung durch die Rechtsprechung des BVerfG vollständig gewahrt werde. Diese Auslegung präge dann auch die Auslegung von § 9 Abs. 1 AGG. Zur Begründung wird angeführt, mit dem Erlass der Richtlinie habe nicht das im deutschen Verfassungsverständnis verankerte Selbstbestimmungsrecht der Kirche verändert werden sollen; vielmehr habe dieses – wie es auch im Erwägungsgrund 24 der RL 2000/78/EG zum Ausdruck komme – unangetastet bleiben sollen. Darüber hinaus wird vertreten, soweit Art. 4 Abs. 2 der RL eine weitergehende Prüfungskompetenz staatlicher Gerichte enthalte, sei dies mit Art. 17 AEUV nicht vereinbar und damit primärrechtswidrig.[412]

Richtig ist demgegenüber Folgendes: Titel II des AEUV mit den Artikeln 7 bis 17 enthält lediglich die „Allgemeinen Bestimmungen". Art. 10 AEUV z.B. bietet keine Rechtsgrundlage für Maßnahmen zur Diskriminierungsbekämpfung. Die Norm wirkt, einer Staatszielbestimmung vergleichbar, als Orientierungsrahmen für das Handeln der Union.[413] Art. 17 AEUV ist als objektiv-rechtliche Grundsatzbestimmung zu sehen, die Kirchen keinen justiziablen Anspruch verleiht.

Art. 345 AEUV („Die Verträge lassen die Eigentumsordnung in den verschiedenen Mitgliedstaaten unberührt.") gleicht Art. 17 AEUV. Es handelt sich um das allgemeine Prinzip der Neutralität gegenüber der Eigentumsordnung der Mitgliedstaaten. Gesichert wird die Möglichkeit, wirtschaftspolitische Ziele zu

---

409   EuGH 11.1.2000 – C-285/98 (*Tanja Kreil*), Slg. I69.
410   So aber *Unruh*, Zur Dekonstruktion des Religionsverfassungsrechts durch den EuGH im Kontext des kirchlichen Arbeitsrechts, ZevKR 2019, 212.
411   *Fischermeier*, ZMV-Sonderheft Tagung 2009, 7, 10f.; *Steinmeyer*, FS Wank 2014 S. 587, 591; *Schoenauer*, KuR 2012, 30, 35; *Joussen*, NZA 2008, 675, 677ff.; *Thüsing/Fink-Jamann/von Hoff*, ZfA 2009, 153, 178ff.
412   *Schliemann*, FS Richardi 2007 S. 959ff.
413   Geiger/Khan/Kotzur/*Geiger*, EUV AEUV, Art. 10 Rn. 1.

setzen, die sich von dem eine private Tätigkeit kennzeichnenden Streben nach maximalem Gewinn unterscheiden.

„Achtung" und „unterbleibende Beeinträchtigung" bedeuten eine vorrangige Berücksichtigung religiöser bzw. kirchlicher Belange bei der Regelung und Anwendung allgemeinen Unionsrechts auf religions- bzw. kirchenspezifische Sachverhalte. Im Konfliktfall ist eine Güterabwägung im Sinne praktischer Konkordanz durchzuführen, welche die religiösen bzw. weltanschaulichen Belange der Integration gleichrangig gegenüberstellt.[414]

Art. 17 AEUV bietet also nicht etwa ein Kirchengrundrecht. Kirchen, religiöse Vereinigungen und weltanschauliche Gemeinschaften werden vielmehr vor ungerechtfertigten Eingriffen geschützt.[415]

Sollte man entgegen der hier vertretenen Auffassung meinen, dass Art. 17 AEUV die Rahmenrichtlinie in Art. 4 beschränke, so wäre der Begriff „Kirche" jedenfalls eng auszulegen. Die Bestandsgarantie des Art. 17 AEUV wäre auf den Bereich der Verkündigung zu beziehen, nicht aber auf Tätigkeiten zu erstrecken, die eine kirchliche Einrichtung genauso wie ein weltlicher Anderer vornimmt.[416]

3. Kompetenz der EU

Das Fehlen unionsrechtlicher Kompetenzen für das Religionsrecht schließt es nicht aus, dass Unionsregelungen innerhalb der bestehenden Ermächtigung Auswirkungen auf das Selbstbestimmungsrecht der Religionsgemeinschaften nach deutschem Recht haben. Das Unionsrecht betrifft die Tätigkeiten beliebiger Rechtssubjekte, sofern sie für die Integrationsziele von Bedeutung sind. Handeln Religionsgemeinschaften in diesen Bereichen, sind sie – etwa im Arbeitsrecht oder bei Antidiskriminierungsvorschriften – an Unionsrecht oder mitgliedstaatliche Umsetzungsakte gebunden.[417]

Die RL 2000/78/EG ist mit dem europäischem Primärrecht, speziell Art. 17 AEUV,[418] vereinbar. Sie wurde durch den Rat beschlossen unter Wahrnehmung der Kompetenz aus Art. 19 Abs. 1 AEUV, welche Einstimmigkeit voraussetzt. Sie stützt sich auf Art. 13 EG mit den Änderungen durch den Amsterdamer Vertrag vom 2.10.1997. Art. 13 EGV ermächtigte den Rat, im Rahmen

---

414 *Waldhoff*, in: *Callies/Ruffert*, EUV-AEUV, Art. 17 AEUV Rn. 13.
415 Schwarze-*Kraus*, Art. 17 AEUV Rn. 20.
416 *Classen*, in: Grabitz/Hilf/Netteshein/, Art. 17 AEUV, Rn. 31.
417 HSKR/*Korioth*, § 16 Rn. 59.
418 *Malorny*, EuZA 2019, 441, 446.

der auf die Gemeinschaft übertragenen Zuständigkeiten Vorkehrungen zu treffen, um Diskriminierungen u.a. aus Gründen der Religion oder der Weltanschauung zu bekämpfen. Im Übrigen verbietet auch Art. 21 Abs. 1 der am 7.12.2000 in Nizza verkündeten GrCh[419] Diskriminierungen wegen der Religion oder der Weltanschauung.

Art. 13 EG enthielt zunächst nur eine Kompetenzzuweisung an den Rat, legte aber zugleich die zu bekämpfenden Diskriminierungsmerkmale verbindlich fest. Eine Bereichsausnahme zugunsten von Kirchen und ihren Einrichtungen enthielt der EG-Vertrag nicht.[420] Art. 13 EG hinderte indessen nicht, beim „Wie" der betrieblichen Implementation der Diskriminierungsverbote das kirchliche Selbstverständnis in Glaubens- und Gewissensfragen sowie das kirchliche Selbstbestimmungsrecht als mitgliedstaatliche Besonderheiten kirchlicher Einrichtungen zum Tragen kommen zu lassen. Dies galt sowohl für den Rat, der mit der RL 2000/78/EG das konkretisierende sekundäre Gemeinschaftsrecht schuf, als auch für den deutschen Gesetzgeber.

In dem Erwägungsgrund 24 der Rahmenrichtlinie wird auf die Erklärung Nr. 11 zum Amsterdamer Vertrag Bezug genommen:

> „Die Europäische Union hat in ihrer der Schlussakte zum Vertrag von Amsterdam beigefügten Erklärung Nr. 11 zum Status der Kirchen und weltanschaulichen Gemeinschaften ausdrücklich anerkannt, dass sie den Status, den Kirchen und religiöse Vereinigungen oder Gemeinschaften in den Mitgliedstaaten nach deren Rechtsvorschriften genießen, achtet und ihn nicht beeinträchtigt und dass dies in gleicher Weise für den Status von weltanschaulichen Gemeinschaften gilt. Die Mitgliedstaaten können in dieser Hinsicht spezifische Bestimmungen über die wesentlichen, rechtmäßigen und gerechtfertigten beruflichen Anforderungen beibehalten oder vorsehen, die Voraussetzung für die Ausübung einer diesbezüglichen beruflichen Tätigkeit sein können."

Art. 4 Abs. 2 der Rahmenrichtlinie eröffnet den nationalen Gesetzgebern Optionen zur Ausgestaltung des Diskriminierungsverbots in kirchlichen Einrichtungen und Weltanschauungsgemeinschaften. In welcher Form und mit welchen Mitteln der nationale Gesetzgeber die Richtlinie umsetzt und ob er von diesen Optionen Gebrauch macht, entscheidet er frei. Hingegen muss das na-

---

419 ABl. EG Nr. C 364, S. 1.
420 Dass sich die Kompetenz der EG auch auf kirchliche Arbeitsverhältnisse erstreckt, ist anerkannt, vgl. *Thüsing*, Arbeitsrecht, 218f. m.w.N.

tionale Recht die praktische Wirksamkeit des Gemeinschaftsrechts gewährleisten („effet utile").[421]

4. Unionsrechtliche Vorgaben für die Auslegung des AGG[422]

In der deutschen Gesetzgebung und der Rechtsprechung des BVerfG hatte sich eine Überbetonung des kirchlichen Selbstbestimmungsrechts etabliert. Nach der ersten Entscheidung des EuGH zu Art. 4 RL 2000/78/EG[423] und damit einer verbindlichen Auslegung kommt in Deutschland niemand an einer Neubestimmung vorbei.

Die RL 2000/78/EG konkretisiert das primärrechtliche Diskriminierungsverbot aus Art. 21 GrCh und steht in Wechselwirkung mit der Religionsfreiheit aus Art. 10 GrCh, dessen Garantiegehalt gemäß Art. 52 GrCh mindestens dem des Art. 9 EMRK entsprechen muss.

a) Anwendungsvorrang des EU-Rechts

Die evangelische und die katholische Kirche sind zwar öffentlich-rechtlich verfasst. Gleichwohl sind sie nicht Teil des Staates und damit auch nicht Adressaten von EU-Richtlinien. Indessen müssen sie sich an das für alle geltende Gesetz halten.[424] Dabei ist der Anwendungsvorrang des EU-Rechts zu beachten.[425]

Der Anwendungsvorrang des Unionsrechts gilt sowohl gegenüber einfachgesetzlichem innerstaatlichen Recht als auch gegenüber dem Verfassungsrecht der Mitgliedstaaten.[426] Grundlegend ist die verfassungsrechtliche Ermächtigung des Art. 23 Abs. 1 Satz 2 GG.[427] Demzufolge ist der „Herrschaftsanspruch der Bundesrepublik Deutschland im Geltungsbereich des Grundgesetzes zurückgenommen und der unmittelbaren Geltung und Anwendung eines Rechts

---

421 *Hammer*, Bereichsausnahmen, S. 183f.

422 Die folgenden Ausführungen beruhen auf der Veröffentlichung des Autors: Rust/Falke/*Stein*, § 9 AGG Rn. 14ff.

423 EuGH 17.4.2018 – C-414/16 (*Egenberger*), AuR 2019, 586; BAG 25.10.2018 – 8 AZR 501/14, AuR 2019, 239; dazu *Classen*, Europarecht 2018,752; *Edenharter*, DVBl. 2018, 867; *Friedemann*, NZA 2018, 894; *Fuhlrott*, NZA 2018, 573; *Klein/Bustam*i, EuZA 2019, 18; *M. Klein*, Europarecht 2019, 338; *Klocke/Wolters*, BB 2018,1460; *Heuschmid*, AuR 2018, 586; *Joussen*, EuZA 2018, 421; *Joussen*, ZMV 2018,16; *Pieroth/Barczak*, NZV 2019, 1803; *Reichold/Beer*, NZA 2018, 681; *Sagan*, EuZW 2018, 386; *P. Stein*, ZESAR 2018, 277; *P. Stein*, AuR 2018, 545; *Thüsing/Mathy*, RIW 2018, 559; *Wiese*, Grundrechte-Report 2015.

424 Von muslimischer Seite ist bisher nur die *Ahmadiyya Muslim Jamaat* in Hessen als Körperschaft des öffentlichen Rechts anerkannt worden.

425 BVerfG 5.5.2020 – 2 BvR 859/15, 2 BvR 1651/15, 2 BvR 2006/15, 2 BvR 980/16 Rn. 111 (*PSPP*), AuR 2020, 286; BAG 20.2.2019 – 2 AZR 746/14 Rn. 47 (*Chefarzt*), AuR 2019, 193.

426 EuGH 17.12.1970 – 11/70 (*Internationale Handelsgesellschaft*), NJW 1971, 343.

427 BVerfG 30.6.2009 – 2 BvE 2/08, 2 BvE 5/08, 2 BvR 1010/08, 2 BvR 1022/08, 2 BvR 1259/08, 2 BvR 182/09 (*Lissabon*), BVerfGE 123, 267; BVerfG 22.10.1986 – 2 BvR197/83 (*Solange II*), BVerfGE 73, 339.

aus anderer Rechtsquelle innerhalb des staatlichen Herrschaftsbereichs Raum gelassen".[428]

Der EuGH hat die Aufgabe, die Verträge auszulegen und die Einheit und Kohärenz des Unionsrechts zu wahren.[429] Soweit Kompetenzen auf die EU übertragen worden sind, geht das EU-Recht in den Grenzen des Art. 23 Abs. 1 Satz 3 GG und Art. 79 Abs. 3 GG dem nationalen Recht einschließlich des Verfassungsrechts und damit auch dem Religionsrecht vor.[430] Der Anwendungsvorrang des EU-Rechts vor dem mitgliedstaatlichen Recht ist, soweit es sich um die gleiche Regelungsmaterie handelt, universell.[431] Für die Interpretation des für alle geltenden Rechts müssen auch bei Arbeitsverhältnissen mit kirchlichen Arbeitgebern der Vorrang des EU-Rechts und eine EU-rechtskonforme Auslegung Platz greifen, soweit die betreffenden Vorschriften gemeinschaftsrechtliche Vorgaben in das nationale Recht umsetzen. Die kirchenrechtlichen arbeitsrechtlichen Gesetze und Regelungen müssen genauso wie die allgemeinen Gesetze europarechts- und verfassungskonform ausgelegt werden.[432] Die religionsrechtlichen Normen des Grundgesetzes und des einfachen Rechts müssen auch völkerrechtsfreundlich ausgelegt werden.[433] Der EGMR überlässt den Konventionsstaaten einen erheblichen Beurteilungsspielraum, wenn gemeinsame Wertvorstellungen fehlen.[434]

Nach den nun ergangenen Entscheidungen des EuGH zu Art. 4 RL 2000/78/EG ist der Anfang vom Ende des deutschen Sonderwegs zum kirchlichen Arbeitsrecht eingeleitet. Die kirchliche Nebenrechtsordnung in der bisherigen Form ist nicht länger haltbar. Es geht um nicht weniger als um einen Paradigmenwechsel.[435]

Ausgangspunkt für das Verständnis davon, welche Folgen sich aus dem Unionsrecht für das deutsche kirchliche Arbeitsrecht ergeben, ist die Analyse von Art. 4 RL 2000/78/EG.

---

428 BVerfG 29.5.1974 – 2 BvL 52/71 (*Solange I*), BVerfGE 37, 271, 280.
429 Vgl. Art. 19 Abs. 1 UAbs. 1 Satz 2 EUV, Art. 267 AEUV.
430 Sachs/*Ehlers*, Art. 140 GG Rn. 12.
431 *Kreft*, RdA, Sonderbeil. Heft 6/2006, 38.
432 *Schliemann*, NZA 2003, 412.
433 Sachs/*Ehlers*, Art. 140 GG Rn. 11.
434 EGMR 21.3.2011 – 30814/06 (*Lautsi*), EuGRZ 2011, 677.
435 *Fremuth*, EuZW 2018, 723,728.

b) Art. 4 der RL 2000/78/EG

aa) Überblick

Artikel 4 Berufliche Anforderungen

(1) Ungeachtet des Artikels 2 Absätze 1 und 2 können die Mitgliedstaaten vorsehen, dass eine Ungleichbehandlung wegen eines Merkmals, das im Zusammenhang mit einem der in Artikel 1 genannten Diskriminierungsgründe steht, keine Diskriminierung darstellt, wenn das betreffende Merkmal aufgrund der Art einer bestimmten beruflichen Tätigkeit oder der Bedingungen ihrer Ausübung eine wesentliche und entscheidende berufliche Anforderung darstellt, sofern es sich um einen rechtmäßigen Zweck und eine angemessene Anforderung handelt.

(2) Die Mitgliedstaaten können in Bezug auf berufliche Tätigkeiten innerhalb von Kirchen und anderen öffentlichen oder privaten Organisationen, deren Ethos auf religiösen Grundsätzen oder Weltanschauungen beruht, Bestimmungen in ihren zum Zeitpunkt der Annahme dieser Richtlinie geltenden Rechtsvorschriften beibehalten oder in künftigen Rechtsvorschriften Bestimmungen vorsehen, die zum Zeitpunkt der Annahme dieser Richtlinie bestehende einzelstaatliche Gepflogenheiten widerspiegeln und wonach eine Ungleichbehandlung wegen der Religion oder Weltanschauung einer Person keine Diskriminierung darstellt, wenn die Religion oder die Weltanschauung dieser Person nach der Art dieser Tätigkeiten oder der Umstände ihrer Ausübung eine wesentliche, rechtmäßige und gerechtfertigte berufliche Anforderung angesichts des Ethos der Organisation darstellt. Eine solche Ungleichbehandlung muss die verfassungsrechtlichen Bestimmungen und Grundsätze der Mitgliedstaaten sowie die allgemeinen Grundsätze des Gemeinschaftsrechts beachten und rechtfertigt keine Diskriminierung aus einem anderen Grund.

Sofern die Bestimmungen dieser Richtlinie im übrigen eingehalten werden, können die Kirchen und anderen öffentlichen oder privaten Organisationen, deren Ethos auf religiösen Grundsätzen oder Weltanschauungen beruht, im Einklang mit den einzelstaatlichen verfassungsrechtlichen Bestimmungen und Rechtsvorschriften von den für sie arbeitenden Personen verlangen, dass sie sich loyal und aufrichtig im Sinne des Ethos der Organisation verhalten.

Die Norm ist schwer verständlich und sprachlich missglückt.

Sowohl Abs. 1 als auch Abs. 2 sind entsprechend Art. 1 der ILO-Konvention „Discrimination (Employment and Occupation) Convention, 1958 (No. 111)[436] auf Art und Umstände der beruflichen Tätigkeit bezogen. Die Ausnahmeregelung des Art. 4 Abs. 2 der Rahmenrichtlinie stellt sich als Sonderregelung zu der allgemeinen Regel des Art. 4 Abs. 1 dar. Während die RL 2000/78/EG einerseits Diskriminierungen wegen der Religion verbietet, lässt sie unter Berücksichtigung des Status der Kirchen in den Mitgliedstaaten bestimmte Ausnahmen von diesem Verbot zu. Der dazu einschlägige Erwägungsgrund 24 lautet:

> „Die Europäische Union hat in ihrer der Schlussakte zum Vertrag von Amsterdam beigefügten Erklärung Nr. 11 zum Status der Kirchen und weltanschaulichen Gemeinschaften ausdrücklich anerkannt, dass sie den Status, den Kirchen und religiöse Vereinigungen oder Gemeinschaften in den Mitgliedstaaten nach deren Rechtsvorschriften genießen, achtet und ihn nicht beeinträchtigt und dass dies in gleicher Weise für den Status von weltanschaulichen Gemeinschaften gilt. Die Mitgliedstaaten können in dieser Hinsicht spezifische Bestimmungen über die wesentlichen, rechtmäßigen und gerechtfertigten beruflichen Anforderungen beibehalten oder vorsehen, die Voraussetzung für die Ausübung einer diesbezüglichen beruflichen Tätigkeit sein können.“

Die wenigsten Staaten haben wie Deutschland von der durch Art. 4 Abs. 2 RL 2000/78/EG eröffneten Möglichkeit Gebrauch gemacht, zugunsten der Kirchen Sonderregelungen zu schaffen.

Ausnahmen vom Diskriminierungsverbot sind im Unionsrecht nur zulässig, soweit sie konkret vorgesehen sind.[437] Art. 4 der RL 2000/78/EG enthält Ausnahmen vom Diskriminierungsverbot, die sich durch berufliche Anforderungen rechtfertigen lassen. Zu Art. 4 Abs. 1 hat der EuGH festgehalten, dass er als Ausnahme eng auszulegen ist.[438] Es liegt nahe, diesen Grundsatz der engen Auslegung auf Art. 4 Abs. 2 der Richtlinie zu übertragen. Dabei sind jedoch auf Unterschiede zwischen den beiden Absätzen zu beachten:

---

436 Dazu ausführlich *Colneric*, SR 2018, 48.

437 Vgl. Schlussanträge der Generalanwältin *Sharpston* vom 13.7.2016, C-188/15 (*Bougnaoui*).

438 EuGH 13.11.2014 – C-416/13 (*Vital Pérez*), AuR 2015, 110 mit Verweisen auf frühere Rechtsprechung.

Während Art. 4 Abs. 1 der RL 2000/78/EG auf sämtliche Arbeitsverhältnisse und auf sämtliche Diskriminierungsgründe anwendbar ist, ist Abs. 2 auf berufliche Tätigkeiten innerhalb von Kirchen sowie außerdem auf Ungleichbehandlungen wegen der Religion oder Weltanschauung beschränkt. Dem weiteren Anwendungsbereich des Art. 4 Abs. 1 der RL 2000/78/EG steht eine enge Umschreibung der Zulässigkeit einer Ungleichbehandlung gegenüber. Nach Abs. 1 kann ein diskriminierendes Merkmal verlangt werden, sofern es eine „wesentliche und entscheidende" berufliche Anforderung ist und dabei ein rechtmäßiger Zweck in angemessener Weise verfolgt wird.

Dem engeren Anwendungsbereich des Art. 4 Abs. 2 der RL 2000/78/EG steht dagegen eine im Umfang verglichen mit Abs. 1 weitere Zulässigkeit der Ungleichbehandlung wegen der Religion gegenüber. Innerhalb der Unterabsätze des Abs. 2 wird eine weitere Unterscheidung getroffen. Im ersten Unterabs. des Art. 4 Abs. 2 der RL 2000/78/EG wird bei der Einstellung die Anforderung zugelassen, von Arbeitnehmern zu verlangen, dass sie einer bestimmten Religion angehören, aber nur wenn die Religion nach der Art der auszuübenden Tätigkeit oder der Umstände ihrer Ausübung eine „wesentliche, rechtmäßige und gerechtfertigte" berufliche Anforderung angesichts „des Ethos der Organisation" ist.

Der zweite Unterabsatz des Art. 4 Abs. 2 RL 2000/78/EG betrifft das Beschäftigungsverhältnis. Dort lässt er es zu, von Beschäftigten zu verlangen, sich loyal und aufrichtig im Sinne „des Ethos der Organisation", bei der sie beschäftigt sind, zu verhalten. Bereits der Unterschied zwischen den beiden Unterabsätzen zeigt, dass die Zugehörigkeit zu einer Religion nicht von allen Beschäftigten verlangt werden kann, die Einhaltung von Loyalität dagegen schon.

bb)   Art. 4 Abs. 1 RL 2000/78/EG

Art. 4 Abs. 1 der Rahmenrichtlinie liefert hinsichtlich der unmittelbaren Ungleichbehandlung eine allgemeine Ausnahmebestimmung. Außerhalb des Anwendungsbereichs der Spezialregelung des Abs. 2 findet sie stets Anwendung (lex generalis). Als Ausnahmeregelung vom allgemeinen Verbot der Diskriminierung ist sie eng auszulegen.[439] Eine Rechtfertigung ist nur in sehr engen Grenzen möglich.[440]

Die Mitgliedstaaten können aktiv Ausnahmen „vorsehen", also nicht nur bestehende Gepflogenheiten beibehalten.

---

439   *Triebel*, Religionsrecht, S. 116; a.A. *Schnabel*, ZfA 2008, 413.
440   So ausdrücklich auch der Erwägungsgrund Nr. 23 der Rahmenrichtlinie.

Die Prüfung der Rechtmäßigkeit einer von einer Kirche gestellten Anforderung, sich loyal und aufrichtig zu verhalten, ist nicht ausschließlich anhand des nationalen Rechts vorzunehmen, sondern muss auch die Bestimmungen von Art. 4 Abs. 2 der RL 2000/78/EG und die dort genannten Kriterien berücksichtigen, deren Einhaltung einer wirksamen gerichtlichen Kontrolle nicht entzogen sein darf.[441]

Art. 4 Abs. 1 der Rahmenrichtlinie erwähnt Kirchen nicht, sondern spricht nur – egal von wem gesetzt – von beruflichen Anforderungen. Gleichwohl kann Abs. 1 für Kirchen und ihre Einrichtungen in Betracht kommen. Dass die Religionszugehörigkeit für kirchliche Einrichtungen eine wesentliche und entscheidende berufliche Anforderung darstellen kann, springt ins Auge (z.B. Pastor, Krankenhausseelsorger).

Indem von beruflicher Tätigkeit die Rede ist, wird die entgeltliche Erbringung von Leistungen verlangt. Die Tätigkeit muss nach außen hin als Teilnahme am Wirtschaftsleben aufgefasst werden. Kirchliche Ämter kraft sakramentaler Weihe oder Ordination, also Berufe, deren Hauptaufgabenfeld in geistlicher Tätigkeit liegen, zählen nicht dazu. Handelt es sich hingegen um eine wirtschaftliche Tätigkeit, sind anders als nach deutschem Recht verbandsrechtliche Sonderbeziehungen nicht maßgebend. Kirchenbeamte, Mitglieder von Orden und Diakonissinnen stehen EU-rechtlich in einem Arbeitsverhältnis und werden von der Rahmenrichtlinie erfasst.[442]

Weil es auf die Art der Tätigkeit oder die Umstände ihrer Ausübung ankommt, hängt die Rechtmäßigkeit einer Ungleichbehandlung vom objektiv überprüfbaren Vorliegen eines direkten Zusammenhangs zwischen der vom Arbeitgeber aufgestellten beruflichen Anforderung und der fraglichen Tätigkeit ab. Ein solcher Zusammenhang kann sich entweder aus der Art dieser Tätigkeit ergeben – z.B. wenn sie mit der Mitwirkung an der Bestimmung des Ethos der betreffenden Kirche oder Organisation oder einem Beitrag zu deren Verkündigungsauftrag verbunden ist – oder aus den Umständen ihrer Ausübung, z.B. der Notwendigkeit, für eine glaubwürdige Vertretung der Kirche oder Organisation nach außen zu sorgen.[443]

Da die Ausnahme auf bestimmte Arten einer beruflichen Tätigkeit beschränkt ist, wäre es unzulässig, die Ungleichbehandlung über bestimmte Bereiche ei-

---

441 EuGH 11.9.2018 – C-68/17 Rn. 47 (*IR*), AuR 2018, 494.
442 *Triebel*, Religionsrecht, S. 136 f.
443 EuGH 17.4.2018 – C-414/16 Rn. 62 und 63 (*Egenberger*), AuR 2019, 586; EuGH 11.9.2018 – C-68/17 Rn. 50 (*IR*), AuR 2018, 494.

nes Betriebes hinaus pauschal auf alle Beschäftigten im kirchlichen Bereich auszudehnen.

Die beiden Merkmale „wesentlich" und „entscheidend" sind nicht deckungsgleich. „Wesentlich" ist schwächer als „entscheidend". Das Wesentlichkeitskriterium ist nach allgemeinen Auslegungsgrundsätzen eng auszulegen.[444] Das Merkmal muss nicht nur wesentlich, sondern auch entscheidend[445] sein. Die Kombination der Merkmale bedeutet Unabdingbarkeit.[446] Es wird also eine hohe Erheblichkeitsschwelle statuiert.

Dem entspricht die Rechtsprechung des EuGH. Der Gerichtshof hat mehrfach entschieden, dass der Begriff der wesentlichen und entscheidenden beruflichen Anforderung nach Art. 4 Abs. 1 RL 2000/78/EG eng auszulegen ist. Ein Diskriminierungsmerkmal kann nur unter sehr begrenzten Bedingungen eine solche berufliche Anforderung darstellen. Art. 4 Abs. 1 RL 2000/78/EG erfasst nur Anforderungen, die von der Art einer beruflichen Tätigkeit und den Bedingungen ihrer Ausübung objektiv vorgegeben sind.[447]

Welche beruflichen Anforderungen wesentlich sind, hängt von der auszuübenden Tätigkeit ab. Maßgebend sind die Anforderungen, die das Berufsbild prägen.[448] Der Aufgabenbereich, der ohne eine bestimmte Religion nicht ausgeübt werden kann, muss quantitativ einen erheblichen Teil des gesamten Aufgabenfeldes ausmachen.

Im Ausgangspunkt zutreffend ist die Vorstellung, dass auch dort, wo keine Nähe zum Verkündigungsauftrag der Kirche besteht, die Kirchen selbst zu entscheiden haben, welche beruflichen Anforderungen wesentlich sind. Daraus kann aber nicht abgeleitet werden, dass die Vorgaben des kirchlichen Arbeitgebers zur Loyalität nur einer Missbrauchskontrolle unterlägen. Die arbeitsrechtliche Beurteilung der Verletzung arbeitsvertraglicher Pflichten erfolgt nach den Maßstäben des staatlichen Arbeitsrechts.

Die materiellen Inhalte der beruflichen Anforderung sind dem Ethos der kirchlichen Organisation überlassen. Der Arbeitgeber darf vom Gleichbehandlungsgrundsatz nur abweichen, wenn seine berufliche Anforderung nicht nur recht-

---

444 Vgl. *Thüsing/Wege*, FA 2003, 298; *Triebel*, Religionsrecht, S. 131.
445 Anders Art. 4 Abs. 1 Satz 1 Rahmenrichtlinie.
446 *Triebel*, Religionsrecht, S. 147.
447 EuGH 14.3.2017 – C-188/15 (*Bougnaoui*), NZA 2017, 375 unter Bezug auf EuGH 12.1.2010 – C-229/08 (*Wolf*); 13.9.2011, C-447/09 (*Prigge*); EuGH 13.11.2014 – C-416/13 (*Vital Pérez*), AuR 2015, 110. EuGH 15.11.2016 - C-258/15 (*Salaberria Sorondo*), AuR 2017, 39.
448 *Thüsing*, Arbeitsrecht, S. 246.

mäßig, sondern auch verhältnismäßig ist. Aus dem Zusammenspiel der Merkmale „beruflich", „rechtmäßig" und „angemessen" folgt, dass die Diskriminierung wegen der Religion nur zulässig ist, wenn sie geeignet und sachlich notwendig ist (gemeinschaftsrechtliches Verhältnismäßigkeitsprinzip). Eine Ungleichbehandlung kann nur als Ultima ratio in Betracht kommen. Loyalitätsanforderungen z.B. sind daher nach konkreter Stellung und Aufgabe abzustufen.

cc)   Art. 4 Abs. 2 RL 2000/78/EG

Den staatlichen Gerichten steht es nicht zu, die Legitimität des Ethos einer Kirche zu beurteilen. Gleichwohl ist nach Art. 4 Abs. 2 zu prüfen, ob die von der Kirche aufgestellte berufliche Anforderung im Hinblick auf dieses Ethos aufgrund der Art der fraglichen Tätigkeiten oder der Umstände ihrer Ausübung wesentlich, rechtmäßig und gerechtfertigt ist.[449]

Die Rechtmäßigkeit einer Ungleichbehandlung hängt vom objektiv überprüfbaren Vorliegen eines direkten Zusammenhangs zwischen der vom Arbeitgeber aufgestellten beruflichen Anforderung und der fraglichen Tätigkeit ab. Ein solcher Zusammenhang kann sich entweder aus der Art dieser Tätigkeit ergeben – z.B. wenn sie mit der Mitwirkung an der Bestimmung des Ethos der betreffenden Kirche oder Organisation oder einem Beitrag zu deren Verkündigungsauftrag verbunden ist – oder aus den Umständen ihrer Ausübung, z. B. der Notwendigkeit, für eine glaubwürdige Vertretung der Kirche oder Organisation nach außen zu sorgen.[450]

Darüber hinaus muss diese berufliche Anforderung gemäß Art. 4 Abs. 2 der RL 2000/78/EG angesichts des Ethos der Kirche oder Organisation „wesentlich, rechtmäßig und gerechtfertigt" sein. Die staatlichen Gerichte haben zu prüfen, ob diese drei Kriterien in Anbetracht des betreffenden Ethos im Einzelfall erfüllt sind.[451]

Wesentlich bedeutet, dass die Zugehörigkeit zu der Religion aufgrund der Bedeutung der beruflichen Tätigkeit für die Bekundung des Ethos oder die Ausübung des in Art. 17 AEUV und in Art. 10 der Charta anerkannten Rechts der Kirche auf Autonomie notwendig erscheint.[452]

---

449   EuGH 17.4.2018 – C-414/16 (*Egenberger*), AuR 2019, 586; BAG 25.10.2018 – 8 AZR 501/14, AuR 2019, 239.

450   EuGH 17.4.2018 – C-414/16 (*Fgenberger*), AuR 2019, 586; BAG 25.10.2018 – 8 AZR 501/14, AuR 2019, 239.

451   EuGH 17.4.2018 – C-414/16 (*Egenberger*), AuR 2019, 586; BAG 25.10.2018 – 8 AZR 501/14, AuR 2019, 239.

452   EuGH 17.4.2018 – C-414/16 Rn. 50 und 65 (*Egenberger*), AuR 2019, 586; EuGH 11.9.2018 – C-68/17 Rn. 51 (*IR*), AuR 2018, 494.

Das Kriterium rechtmäßig soll sicherstellen, dass die betreffende Anforderung nicht zur Verfolgung eines sachfremden Ziels ohne Bezug zu dem Ethos oder zur Ausübung des Rechts dieser Kirche auf Autonomie dient.[453]

Das Merkmal gerechtfertigt impliziert nicht nur, dass die Einhaltung der in Art. 4 Abs. 2 der RL 2000/78/EG genannten Kriterien durch ein innerstaatliches Gericht überprüfbar sein muss, sondern auch, dass es der Kirche, die eine berufliche Anforderung aufgestellt hat, obliegt, im Licht der tatsächlichen Umstände des Einzelfalls darzutun, dass die geltend gemachte Gefahr einer Beeinträchtigung ihres Ethos oder ihres Rechts auf Autonomie wahrscheinlich und erheblich ist, so dass sich eine solche Anforderung als notwendig erweist.[454]

Die Anforderungen, um die es in Art. 4 Abs. 2 der RL 2000/78/EG geht, müssen mit dem Grundsatz der Verhältnismäßigkeit im Einklang stehen. Auch wenn im Gegensatz zu Art. 4 Abs. 1 der RL nicht ausdrücklich gesagt, dass die Anforderung „angemessen" sein muss, muss jede Ungleichbehandlung die „allgemeinen Grundsätze des Gemeinschaftsrechts" beachten.[455]

(1)   Unterabsatz 1

Art. 4 Abs. 2 UAbs. 1 S. 1 RL 2000/78/EG ermächtigt die Mitgliedstaaten, Normen zugunsten der Kirchen und Weltanschauungsvereinigungen beizubehalten oder in künftigen Rechtsvorschriften Bestimmungen vorzusehen, die zum Zeitpunkt der Annahme der Richtlinie bestehende einzelstaatliche Gepflogenheiten widerspiegeln.[456] Die Bestandsschutzklausel erklärt es für zulässig, das nationale Staatskirchenrecht bestehen zu lassen.

Art. 4 Abs. 2 Rahmenrichtlinie gestattet es nicht nur, bestehende Rechtsvorschriften beizubehalten. Der tatsächlich bestehende Status quo kann auch erst in künftigen Bestimmungen gesetzlich erfasst werden („vorsehen").

Was jedoch nach mitgliedstaatlichem Recht nicht zulässig ist oder war, wird auch nicht durch Art. 4 Abs. 2 RL 2000/78/EG erlaubt. Die mitgliedsstaatlichen Ausnahmen für die berufliche Tätigkeit in religiösen Organisationen dürfen nicht über das nach Art. 4 Abs. 2 zulässige Maximum hinausgehen. Eine rechtswidrige Rechtspraxis, und sei sie noch so verbreitet, wird nicht legitimiert. Der

---

453   EuGH 17.4.2018 – C-414/16 Rn. 67 (*Egenberger*), AuR 2019, 586; EuGH 11.9.2018 – C-68/17 Rn. 43 (*IR*), AuR 2018, 494.

454   EuGH 17.4.2018 – C-414/16 Rn. 67 (*Egenberger*), AuR 2019, 586; EuGH 11.9.2018 – C-68/17 Rn. 53 (*IR*), AuR 2018, 494.

455   EuGH 17.4.2018 – C-414/16 Rn. 68 (*Egenberger*), AuR 2019, 586; BAG 25.10.2018 – 8 AZR 501/14, AuR 2019, 239.

456   Der passive, bewahrende Charakter wird durch den diese Vorschrift erläuternden 24. Erwägungsgrund noch unterstrichen.

Status quo wird nicht unbesehen festgeschrieben. § 8 Abs. 1 AGG spricht vom „rechtmäßigen Zweck", § 9 Abs. 1 AGG von „gerechtfertigter Anforderung". Erwägungsgrund Nr. 24 Satz 2 der Rahmenrichtlinie bezieht sich auf „rechtmäßige Anforderungen". Und schließlich muss die Ungleichbehandlung die allgemeinen Grundsätze des Gemeinschaftsrechts beachten (Art. 4 Abs. 2 UAbs. 1 S. 2 Rahmenrichtlinie). Gemeint ist also nur nationales Recht, das nicht gegen höherrangiges Recht verstößt. Für diese Auslegung spricht auch die Entstehungsgeschichte der RL 2000/78/EG. Im ursprünglichen Vorschlag der Kommission vom 25.11.1999 war von einer „rechtmäßigen" Anforderung nicht die Rede. Das Merkmal „rechtmäßig" erscheint erst im geänderten Vorschlag vom 12.10.2000. Es handelt sich also um eine bewusste Präzisierung.

Das Erfordernis einer unionsrechtskonformen Auslegung umfasst die Verpflichtung der nationalen Gerichte, eine gefestigte Rechtsprechung gegebenenfalls abzuändern, wenn sie auf einer Auslegung des nationalen Rechts beruht, die mit den Zielen einer Richtlinie unvereinbar ist.[457]

Inhaltlich besteht der Kern des Status quo für Deutschland in der Kirchenautonomie und im kirchlichen Arbeitsrecht. Angesprochen sind speziell Kirchen, Parteien, Gewerkschaften und Arbeitgeberverbände als „andere öffentliche oder private Organisationen". Die Norm erfasst kirchliche Einrichtungen unabhängig von ihrer Rechtsform. Auch eine gGmbH oder ein e.V. kann eine kirchliche Einrichtung sein. Es geht allein um Tätigkeiten religiöser/weltanschaulicher Organisationen. Allgemeine Loyalitätspflichten in Dienst- und Werksvertragsverhältnissen sind davon zu unterscheiden und rechtfertigen keine Ungleichbehandlung. Da es sich sonst nicht um eine „berufliche" Anforderung handeln würde, muss aus der Art der Tätigkeit folgen, dass eine bestimmte Religion erforderlich ist.

(2) Ethos der Organisation

Die Ausnahme vom Verbot der Diskriminierung ist nur zulässig, wenn die Religion oder die Weltanschauung des Beschäftigten angesichts des Ethos der Organisation eine gerechtfertigte berufliche Anforderung darstellt. Damit bestimmt nicht die „Organisation", sondern letztlich das Arbeitsgericht, ob es sich um eine wesentliche, rechtmäßige und gerechtfertigte Anforderung handelt. Europarechtlich ist damit zugleich davon auszugehen, dass es in der Kirche Dienste geben kann, die nicht vom Ethos geprägt sind.[458]

---

457 EuGH 19.4.2016 – C-441/14, Rn. 33, AuR 2016, 254; EuGH 17.4.2018 – C-414/16 Rn. 72 (*Egenberger*), AuR 2019, 586; BAG 25.10.2018 – 8 AZR 501/14, AuR 2019, 239.

458 *Schliemann*, NZA 2003, 411; a.A. *Joussen*, RdA 2003, 37.

Mit dem Ethos, das in Art. 4 Abs. 2 Rahmenrichtlinie angesprochen ist, korrespondiert das „Selbstverständnis" in § 9 AGG. Der Bezug auf das Ethos der Organisation dient der Konkretisierung der Wesentlichkeit der beruflichen Anforderung. Zwischen dem Ethos und der Bezugnahme auf Art und Umstände der Tätigkeit besteht ein Spannungsverhältnis. *Joussen*[459] will den Vorstellungen der kirchlichen Einrichtungen Vorrang einräumen. Mit Wortlaut und Zielsetzung der Rahmenrichtlinie ist das nicht vereinbar.[460]

Dass überhaupt ein Ethos der Kirche, ihrer Einrichtung oder der Weltanschauungsvereinigung in Rede steht, genügt nicht automatisch, um eine Ungleichbehandlung zu rechtfertigen. Vielmehr ist auf den Grad der Verantwortung der Tätigkeit für die Organisation abzustellen. Für leitende Funktionen und Tätigkeiten in der direkten Ethosvermittlung ist eine solche Verantwortlichkeit zu bejahen (z.B. Erzieher und Erzieherinnen, nicht aber Chefärzte).

Was religiöses Ethos ist, können allein die Religion und die Weltanschauung sagen, nicht der Staat. Die religiöse bzw. weltanschauliche Organisation als Arbeitgeber haben die von Art. 4 Abs. 2 Rahmenrichtlinie erfassten Tätigkeiten entsprechend ihrem Ethos zu bestimmen (tätigkeitsbezogene Begründung der Wesentlichkeit). Die anschließende Prüfung durch staatliche Gerichte erfolgt auf der Grundlage („angesichts") dieser Bestimmung.

Das Interesse religiöser Organisationen an der Wahrung des Ethos ist mit den Rechten der Arbeitnehmer abzuwägen. Es muss so gewichtig sein, dass es die Ungleichbehandlung rechtfertigt. Insofern ergibt sich auch hier ein Letztentscheidungsrecht der staatlichen Gerichte.[461]

Das Ethos der Kirchen und ihrer Einrichtungen muss in der Realität der betrieblichen Arbeit konkrete Verhaltensgeltung besitzen, es muss m.a.W. zur rechtsverbindlichen Corporate Identity der Einrichtung gehören.[462] Die Organisation oder Einrichtung muss an der Verwirklichung des Auftrags der Kirche teilnehmen. Die religiöse Zielsetzung muss das bestimmende Moment sein. Einrichtungen, die sich wie andere Wirtschaftssubjekte wirtschaftlich betätigen oder vorwiegend gewinnorientiert arbeiten, kommt das kirchliche Selbstbestimmungsrecht nicht zu Gute.[463]

---

459 *Joussen*, RdA 2003, 36.
460 Einzelheiten bei *Triebel*, Religionsrecht, S. 167.
461 *Triebel*, Religionsrecht, S. 163.
462 *Hammer*, Bereichsausnahmen, S. 194
463 BVerfG 22.10.2014 – 2 BvR 661/12.

Die Verhaltensanforderung muss nicht nur kirchenrechtlich, sondern auch arbeitsrechtlich verbindlich sein und praktiziert werden.

Adressat der besonderen Verhaltensanforderungen sind die kirchlich Beschäftigten. Zu den für sie arbeitenden Personen zählen die Verfahrensbevollmächtigen der MAV nicht. Ein Rechtsanwalt, der in einer kirchlichen Schlichtungsstelle auftritt, ist nicht kirchlich Beschäftigter, sondern Organ der Rechtspflege.

(3) Keine Diskriminierung aus einem anderen Grund

Nur auf die beiden Merkmale Religion und Weltanschauung dürfen sich unterschiedliche Behandlungen beziehen. Zu beachten ist § 4 AGG: Danach können Mehrfachdiskriminierungen unter Berufung auf die §§ 8–10 und 20 AGG nur gerechtfertigt sein, wenn für alle Merkmale aus § 1 AGG, derentwegen die unterschiedliche Behandlung erfolgt, ein Rechtfertigungstatbestand greift. Würde eine christliche Religionsgemeinschaft einen muslimischen Bewerber aus dem Iran wegen seines Glaubens und seiner iranischen Herkunft ablehnen, wäre die Diskriminierung gemäß § 7 Abs. 1 AGG unzulässig. Trotz einer im verkündigungsnahen Tätigkeitsbereich gemäß § 9 AGG gerechtfertigten Ungleichbehandlung wegen der Religion wäre die Maßnahme wegen der gleichzeitig erfolgten, durch § 8 Abs. 1 AGG nicht gerechtfertigten Ungleichbehandlung wegen der ethnischen Herkunft insgesamt rechtswidrig.[464]

Bei Mehrfachdiskriminierungen[465] ist auf den Einzelfall abzustellen.[466] Wenn ein katholischer Arbeitgeber wegen seiner Religion einen homosexuellen Arbeitnehmer ungleich behandelt, fallen ein unbedingtes, starkes Diskriminierungsverbot (sexuelle Orientierung) und ein in die Option der Mitgliedstaaten gestelltes Diskriminierungsverbot zusammen. Das schwächere Element (hier die fakultativen Ausnahmetatbestände zugunsten der Kirche) entfällt nicht, darf aber nur unter engen Voraussetzungen zum Tragen kommen.[467]

Eine Ungleichbehandlung von Beschäftigten wegen ihrer sexuellen Orientierung (z.B. Homosexualität) durch religiöse oder weltanschauliche Arbeitgeber lässt sich im Rahmen von § 9 Abs. 1 AGG auch nicht in Gestalt einer aus der Religion abgeleiteten beruflichen Anforderung rechtfertigen. Die Berücksichtigung der unionsrechtlichen Vorgaben (Tätigkeitsbezug, Verhältnismäßigkeit) erfordern eine enge Auslegung des § 9 Abs. 2 AGG, so dass die sich aus dem Selbstverständnis der Religionsgemeinschaften ergebenden Loyalitätsanforderungen nur abgestuft durchgreifen und eine Ungleichbehandlung nur

---

464 HK-*Berg*, § 9 AGG Rn. 4
465 Dazu Antidiskriminierungsstelle des Bundes, BT-Drucks. 17/4325 S. 10ff.
466 Rust/Falke/*Raasch*, § 5 AGG Rn. 89.
467 A.A. ArbG Stuttgart 28.4.2010 – 14 Ca 1585/09, NZA-RR 2011, 407.

wegen der Merkmale Religion oder Weltanschauung (nicht aber etwa wegen der sexuellen Identität) rechtfertigen.[468]

(4) Wesentliche, rechtmäßige und gerechtfertigte Anforderung

Während das Postulat der Dienstgemeinschaft alle Mitarbeiter ohne funktionsspezifische Abstriche in die Pflicht nimmt, müssen die Anforderungen nach Art der Tätigkeit „angesichts des Ethos der Organisation" wesentlich, rechtmäßig und gerechtfertigt sein. Ein Bezug zum Ethos der Organisation ist weiterhin erforderlich, die Wahrung des Ethos braucht aber nicht das die Tätigkeit prägende Charakteristikum darzustellen.[469] Die Kriterien wesentlich, rechtmäßig und gerechtfertigt sind erfüllt, wenn die Anforderung angesichts des Ethos der Organisation eine nachvollziehbare und angemessene Voraussetzung für den jeweiligen Beruf darstellt und anderenfalls das Selbstbestimmungsrecht der Organisation nachhaltig gefährdet wäre.[470] Den Religions- und Weltanschauungsgemeinschaften ist damit jedoch keine Generalabsolution erteilt. Das Europäische Parlament hat schon im Lauf des Gesetzgebungsprozesses betont, dass eine Ausnahmemöglichkeit nur für solche Mitarbeiter gelten sollte, die unmittelbar im religiösen oder weltanschaulichen Bereich arbeiten.[471]

Art. 4 Abs. 1 und Abs. 2 der Rahmenrichtlinie sind hinsichtlich der Qualifizierung der beruflichen Anforderungen nicht deckungsgleich. Das Merkmal „entscheidend" fehlt in Abs. 2. Das Erfordernis der Wesentlichkeit in Abs. 2 ist weniger streng als das der Unabdingbarkeit in Abs. 1. Die Anforderung muss daher nicht unverzichtbar sein. Es genügt, dass sie für den Arbeitgeber besonders wichtig ist.[472]

Unter diesem Gesichtspunkt werden auch Arbeitnehmer von Abs. 2 erfasst, deren Tätigkeit überwiegend in der religiösen Erziehung und Glaubensvermittlung liegt.[473] Soweit dies unter dem Gesichtspunkt der „Auskunftsfähigkeit in religiösen Fragen" auch für nicht leitend tätige Arbeitnehmer in Kindergärten und Pflegeheimen bejaht wird[474], wird man die Einschränkung machen müssen, dass die Auskunftsfähigkeit keine nur untergeordnete Rolle spielen darf. Für diakonische und karitative Einrichtungen gilt die Faustregel, dass das religiöse Ethos für die Tätigkeit umso weniger prägend ist, desto höher der fremdfinanzierte Anteil ausfällt.[475]

---

468 *Kamanabrou*, RdA 2006, 321; a.A. *Thüsing*, Arbeitsrechtlicher Diskriminierungsschutz, Rn. 480.
469 *Triebel*, Religionsrecht, S. 165.
470 *Triebel*, Religionsrecht, S. 190.
471 *Gleich*, Privilegien, S. 15 m.w.N.
472 *Triebel*, Religionsrecht, S. 165.
473 *Kehlen*, Antidiskriminierung, S. 192.
474 *Kehlen*, Antidiskriminierung, 192; *Triebel*, Religionsrecht, S. 165.
475 *Triebel*, Religionsrecht, S. 166.

Art. 4 Abs. 2 UAbs. 1 Rahmenrichtlinie spricht im Gegensatz zu Abs. 1 nicht von einer „bestimmten" beruflichen Tätigkeit. Nach dem Wortlaut könnte sich die Ausnahme in Abs. 2 auf alle beruflichen Tätigkeiten innerhalb einer Organisation beziehen, deren Ethos auf religiösen Grundsätzen beruht. Dem ist jedoch nicht so.[476] Indem das Kriterium der Wesentlichkeit an Art oder Umstände der beruflichen Tätigkeit anknüpft, ist die Ausnahme des Art. 4 Abs. 2 UAbs. 1 Rahmenrichtlinie auf spezifische Tätigkeiten zu beschränken.

Als Beispiele für wesentliche, rechtmäßige und gerechtfertigte berufliche Anforderungen können genannt werden das Recht einer Fluggesellschaft, von ihren Piloten auf einem Flug nach Mekka zu verlangen, dass sie Moslems sind, weil das saudi-arabische Recht nur Moslems den Zutritt zur Heiligen Stadt erlaubt; ferner das Recht einer Schlachterei, die koscheres Fleisch zubereitet, von ihrem Schlachter zu verlangen, dass er Jude ist, da anderenfalls die Anerkennung des Fleisches als koscher fraglich wäre.

(5) Unterabsatz 2

Art. 4 Abs. 2 UAbs. 2 RL 2000/78/EG stellt die eigentliche Bereichsausnahme zugunsten der Kirchen und ihrer Einrichtungen dar. Zentral ist die Aussage, dass religiöse Einrichtungen loyales Verhalten verlangen können.

Hierfür ist erforderlich, dass die Bestimmungen der Richtlinie im Übrigen eingehalten werden. Damit ist klargestellt, dass es sich bei dem Ethos um eine wesentliche, rechtmäßige und gerechtfertigte berufliche Anforderung i.S.d. UAbs. 1 handeln muss. Der in Abs. 1 normierte Verhältnismäßigkeitsgrundsatz gilt auch hier.[477] Es kommt also auch hier auf die Art der Tätigkeit und die Umstände ihrer Ausführung an. Für die Auslegung dieser Begriffe kann auf die Rechtsprechung zu Art. 2 Abs. 2 der RL 76/207/EWG zurückgegriffen werden.[478]

Die Merkmale „loyal und aufrichtig" verbieten, dem Ethos der Einrichtung gezielt entgegenzuarbeiten. Geschuldet ist ein rücksichtsvolles Verhalten, nicht die Übernahme der Werte. Meinungsäußerungen sind deshalb nicht erfasst. Die Glaubwürdigkeit der Kirche kann jedoch beeinträchtigt werden, wenn die Meinung öffentlich vertreten wird. In diesem Fall aktualisiert sich die besondere Rücksichtnahmepflicht des Beschäftigten.

---

476 *Kehlen,* Antidiskriminierung, 192; *Triebel,* Religionsrecht, S. 158.
477 *Triebel,* Religionsrecht, S. 148.
478 Beispiele bei *Triebel,* Religionsrecht, S. 152.

Das Recht, Verhaltensanforderungen festzulegen, darf das Verbot der Diskriminierung nicht unterlaufen und insbesondere nicht zu Ungleichbehandlungen aus religiösen Gründen führen. Diese sind allein an der Ausnahmebestimmung des vorstehenden Unterabsatzes zu messen.[479]

Das Gebot, das religiöse Ethos des Arbeitgebers nicht zu diskreditieren, besteht für alle. Es ist bereits Ausfluss der arbeitsvertraglichen Rücksichtnahmepflicht.

c) Verhältnismäßigkeitsprinzip

Zu den allgemeinen Grundsätzen des Unionsrechts zählt insbesondere auch der Verhältnismäßigkeitsgrundsatz.[480] Die nationalen Gerichte haben zu prüfen, ob die fragliche Anforderung angemessen ist und nicht über das zur Erreichung des angestrebten Ziels Erforderliche hinausgeht. Bei der Gleichbehandlung von Männern und Frauen betont der EuGH seit langem, dass Ausnahmen von dem primärrechtlichen Diskriminierungsverbot proportional sein müssen.[481]

d) Horizontale Wirkung

Das Verbot der Diskriminierung wegen der Religion oder der Weltanschauung hat als allgemeiner Grundsatz des Unionsrechts zwingenden Charakter. Dieses in Art. 21 Abs. 1 der GRCh niedergelegte Verbot verleiht schon für sich allein dem Einzelnen ein Recht, das er in einem Rechtsstreit, der einen vom Unionsrecht erfassten Bereich betrifft, als solches geltend machen kann.[482] Diesen Grundsatz entwickelte der EuGH bereits 2005.

Zwar gilt für Rechtsstreitigkeiten zwischen Privatpersonen, dass eine Richtlinie nicht selbst Verpflichtungen für einen Einzelnen begründen kann, so dass dem Einzelnen eine Berufung auf die Richtlinie als solche nicht möglich ist.[483] Art. 21 GRCh gibt den Mitgliedstaaten jedoch den Grundsatz der „Nichtdiskriminierung" bei der Durchführung des Unionsrechts verpflichtend vor. Die Richtlinien konkretisieren die Rechte der GRCh und müssen entsprechend ausgelegt werden.[484] Art. 21 GRCh verleiht ein individuelles Recht, das der Einzelne auch in einem Rechtsstreit unter Privaten geltend machen kann. Das

---

479 *Kehlen*, Antidiskriminierung, S. 198; *Triebel*, Religionsrecht, S. 171.
480 EuGH 6.3.2014 – C-206/13 Rn. 34 (*Siragusa*), NVwZ 2014, 575; EuGH 9.7.2015 – C-153/14 (*K, A*), EuGRZ 2015, 470; Preis/Sagan/*Grünberger*, § 3 Rn. 202 m.w.N.
481 EuGH 15.5.1986 – C-22/84, Rn. 36 und 38 (*Johnston*), Slg. 1651; EuGH 17.4.2018 – C-414/16 Rn. 68 (*Egenberger*), AuR 2019, 586; EuGH 11.9.2018 – C-68/17 Rn. 54 (IR), AuR 2018, 494.
482 EuGH 17.4.2018 – C-414/16 (*Egenberger*), AuR 2019, 586; BAG 25.10.2018 – 8 AZR 501/14, AuR 2019, 239; EuGH 11.9.2018 – C-68/17 (*IR*), AP Richtlinie 2000/78/EG Nr. 43.
483 EuGH 26.2.1985 – C-152/84 (*Marshall*); EuGH 14.7.1994 – C91/92 (*Faccini Dori*); EuGH 6.10.2004 – C397/01 bis C 403/01 (*Pfeiffer* u.a.).
484 EuGH 21.12.2016 – C-539/15 (*Daniel Bowman*/Pensionsversicherungsanstalt), NZA 2017,109.

nationale Gericht muss eine dem entgegenstehende unionsrechtswidrige Norm des nationalen Rechts aufgrund des Vorrangs des Unionsrechts unangewendet lassen.[485] Nach Art. 51 Abs. 1 Satz 1 GRCh werden die Organe der EU und die Mitgliedstaaten bei der Durchführung von Unionsrecht an die GRCh unmittelbar gebunden.[486]

In der Entscheidung *Mangold*[487] stellte der EuGH fest, dass das Verbot der Diskriminierung wegen des Alters als allgemeiner Grundsatz des Gemeinschaftsrechts anzusehen ist. In der Entscheidung *Kücükdeveci*[488] hob er hervor, dass das Verbot der Diskriminierung wegen des Alters ein allgemeiner Grundsatz des Unionsrechts ist, da er eine spezifische Anwendung des allgemeinen Gleichbehandlungsgrundsatzes darstellt. Auch im Urteil *Association de médiation sociale*[489] stellte der EuGH fest, dass das Verbot der Diskriminierung wegen des Alters dem Einzelnen ein subjektives Recht verleiht. In der Rechtssache *Willmeroth* führte der EuGH[490] aus, dass Art. 51 Abs. 1 Satz 1 GRCh es nicht ausschließt, dass Private unmittelbar verpflichtet werden können, und „dass das Recht jeder Arbeitnehmerin und jedes Arbeitnehmers auf bezahlten Jahresurlaub schon seinem Wesen nach mit einer entsprechenden Pflicht des Arbeitgebers einhergeht, nämlich der Pflicht zur Gewährung bezahlten Jahresurlaubs." „Das Recht auf bezahlten Jahresurlaub wurde nicht mit Art. 7 der RL 93/104/EG und Art. 7 der RL 2003/88/EG selbst eingeführt. Es hat seinen Ursprung u.a. in verschiedenen völkerrechtlichen Verträgen"). In der Entscheidung *Max-Planck*[491] betont der EuGH, dass Art. 31 Abs. 2 der GrCh „schon für sich allein den Arbeitnehmern ein Recht verleiht, das sie in einem Rechtsstreit gegen ihren Arbeitgeber in einem vom Unionsrecht erfassten und daher in den Anwendungsbereich der GrCh fallenden Sachverhalt als solches geltend machen können." Für die unmittelbare Wirkung stellt der EuGH darauf ab, dass es sich bei dem Recht auf bezahlten Jahresurlaub um ein völkerrechtlich begründetes und wesentliches Grundsatzrecht im Sozialrecht der Union handelt. 2018 hat der EuGH mit der Entscheidung *Egenberger*[492] also nur den Weg fortgeführt, den er mit *Mangold*,[493]

---

485 EuGH 17.4.2018 – C-414/16 (*Egenberger*), AuR 2019, 586; BAG 25.10.2018 – 8 AZR 501/14, AuR 2019, 239; EuGH 22.1.2019 – C-193/17, NZA 2019, 297.

486 Einzelheiten s. *Kainer*, NZA 2018, 894.

487 EuGH 22.11.2005 – C-144/04, AP Nr. 1 zu Richtlinie 2000/78/EG.

488 EuGH 19.10.2010 – C-555/07, AP Richtlinie 2000/78/EG Nr. 14.

489 EuGH 15.1.2014, NZA 2014, 193.

490 EuGH 6.11.2018 – C-569/16 (*Bauer und Willmeroth*) NZA 2018, 1467.

491 EuGH 6.11.2018 – C-684/16 (*Max-Planck-Gesellschaft zur Förderung der Wissenschaften*), NZA 2018, 1474.

492 EuGH 17.4.2018 – C-414/16 (*Egenberger*), AuR 2019, 586; BAG 25.10.2018 – 8 AZR 501/14, AuR 2019, 239.

493 EuGH 22.11.2005 – C-144/04 (*Mangold*), NZA 2005,1345.

Kücükdeveci[494] und *Dansk Industrie*[495] einschlug: Die in Art. 21 GrCh niedergelegten Verbote haben im Bereich des Unionsrechts die gleiche horizontale Wirkung wie die Grundfreiheiten.[496]

Der EGMR leitet aus den Freiheitsrechten der EMRK eine Pflicht des Staates ab, diese Rechte auch im Verhältnis zwischen Privaten zu sichern und überprüft gegebenenfalls, ob bestehende staatliche Regelungen diesen Schutzpflichtanforderungen genügen.[497]

e)   Rechtschutz

Jede Person hat nach Art. 47 der GrCh das Recht auf wirksamen gerichtlichen Schutz der ihr aus dem Unionsrecht erwachsenden Rechte. Die Kontrolle der Einhaltung der Kriterien von § 4 Abs. 2 der RL 2000/78/EG ginge völlig ins Leere, wenn sie keiner unabhängigen Stelle wie einem staatlichen Gericht, sondern der Kirche obläge.[498] Macht eine Kirche geltend, die Religion sei nach der Art der betreffenden Tätigkeiten oder den vorgesehenen Umständen ihrer Ausübung angesichts ihres Ethos dieser Kirche oder Organisation, ein solches Vorbringen gegebenenfalls Gegenstand eine wesentliche, rechtmäßige und gerechtfertigte berufliche Anforderung, muss eine wirksame gerichtliche Kontrolle gewährleistet sein, damit sichergestellt wird, dass die in der Vorschrift genannten Kriterien im konkreten Fall erfüllt sind.[499] Aus dem Umstand, dass Art. 4 Abs. 2 Unterabs. 1 der RL 2000/78/EG auf die zum Zeitpunkt von deren Annahme geltenden nationalen Rechtsvorschriften sowie auf die zu diesem Zeitpunkt bestehenden einzelstaatlichen Gepflogenheiten Bezug nimmt, folgt nicht, dass den Mitgliedstaaten gestattet wäre, die Einhaltung der in dieser Bestimmung genannten Kriterien einer wirksamen gerichtlichen Kontrolle zu entziehen.[500] Art. 17 AEUV bringt zwar die Neutralität der Union demgegenüber, wie die Mitgliedstaaten ihre Beziehungen zu den Kirchen gestalten, zum Ausdruck, bewirkt jedoch nicht, dass die Einhaltung der in Art. 4 Abs. 2 der RL 2000/78/EG genannten Kriterien einer wirksamen gerichtlichen Kontrolle entzogen wird.[501]

---

494 EuGH 19.1.2010 – C-555/07 (*Kücükdeveci*), AP Nr. 14 zu Richtlinie 2000/78/EG.

495 EuGH 19.4.2016 – C-441/14 (*Dansk Industrie*), AP Nr. 33 zu Richtlinie 2000/78/EG.

496 *Heuschmid*, AuR 2018, 265.

497 EGMR 13.6.1979 – 6833/74 (*Marckx*), NJW 1979, 2449; EGMR 23.9.2010 – 1620/03 (*Schüth*), AuR 2011, 307; EGMR 21.7.2011 – 28274/08 (*Heinisch*) AuR 2011, 355.

498 EuGH 17.4.2018 – C-414/16 (*Egenberger*), AuR 2019, 586; BAG 25.10.2018 – 8 AZR 501/14, AuR 2019, 239.

499 EuGH 17.4.2018 – C-414/16 Rn. 59 (*Egenberger*), AuR 2019, 586; EuGH 11.9.2018 – C-68/17 Rn. 43 (*IR*), AuR 2018, 494.

500 EuGH 17.4.2018 – C-414/16 Rn. 54 (*Egenberger*), AuR 2019, 586; EuGH 11.9.2018 – C-68/17 Rn. 44 (*IR*), AuR 2018, 494.

501 EuGH 17.4.2018 – C-414/16 Rn. 56–58 (*Egenberger*), AuR 2019, 586; EuGH 11.9.2018 – C-68/17 Rn. 48 (*IR*), AuR 2018, 494.

f)   Beweislast[502]

Die Darlegungs- und Beweislast dafür, dass im Licht der Umstände des Einzelfalls tatsächlich die Gefahr einer Beeinträchtigung ihres Ethos oder ihres Rechts auf Autonomie besteht, obliegt der Kirche.[503]

Werden Tatsachen glaubhaft gemacht, die das Vorliegen einer unmittelbaren oder mittelbaren Diskriminierung vermuten lassen, muss derjenige, der eine Ungleichbehandlung vornimmt, beweisen, dass keine Verletzung dieses Grundsatzes vorgelegen hat.[504]

g)   Konformität mit dem Grundgesetz

Die Frage, ob diese unionsrechtlichen Vorgaben in Deutschland realisiert werden können, ist zu bejahen. Notwendige Anpassungen sind möglich und sinnvoll. Verfassungsrechtliche Bedenken greifen nicht durch.

Dabei muss etwa das Egenberger-Urteil auch theologisch nicht im Widerspruch zu Anliegen und Interessen der Kirche stehen. Es kann eine Chance sein.[505] Genauso hätte die Evangelische Kirche es als Anstoß für eine überfällige Reform ihrer Richtlinie des Rates der EKD über die Anforderungen der privatrechtlichen beruflichen Mitarbeit nehmen können. Während die katholische Kirche die Chefarzt-Entscheidung des BAG[506] akzeptierte, hat der Arbeitgeber der Klägerin Frau *Egenberger*, das „Evangelische Werk für Diakonie und Entwicklung e.V." Verfassungsbeschwerde[507] gegen das BAG-Urteil *Egenberger*[508] eingelegt. Das Verfahren eröffnet dem BVerfG die Chance, seine Rechtsprechung neu zu justieren und mit dem Recht der Union zu harmonisieren.[509] Weder eine Ultra-Vires- noch eine Identitätskontrolle lassen die Verfassungsbeschwerde begründet erscheinen.[510]

aa)   Ultra Vires

Die ultra vires-Rüge stützt sich auf das Recht zur demokratischen Teilhabe aus Art. 38 Abs. 1 GG. Als juristische Person kann sich der Beschwerdeführer aber auf dieses Recht nicht berufen. Träger des Rechts aus Art. 38 Abs. 1 GG sind

---

502   S. G.12 Beweislast.

503   EuGH 17.4.2018 – C-414/16 (*Egenberger*), AuR 2019, 586; BAG 25.10.2018 – 8 AZR 501/14, AuR 2019, 239.

504   EuGH 17.4.2018 – C-414/16 (*Egenberger*), AuR 2019, 586; BAG 25.10.2018 – 8 AZR 501/14, AuR 2019, 239.

505   Dazu *Reichold/Beer*, Eine „Abmahnung" des EuGH mit Folgen, NZA 2018, 681, 683 ff.

506   BAG 20.2.2019 – 2 AZR 746/14 (*Chefarzt*), AuR 2019, 193.

507   Verfassungsbeschwerde vom 16.3.2019 – 2 BvR 934/19.

508   BAG 25.10.2018 – 8 AZR 501/14, AuR 2019, 239.

509   MünchArbR/*Mestwerdt*, § 116 Rn. 26.

510   *Fremuth*, EuZW 2018, 723, 730; *Klocke/Wolters*, BB 2018, 1460, 1463; *J. Schubert*, EuZA 2020, 320, 349; *Sauer*, Verfassungsblog 3.5.2019; *Malorny*, EuZA 2019, 441, 453.

die wahlberechtigten deutschen Staatsangehörigen sowie die politischen Parteien.[511] Es fehlt des Weiteren an einer offensichtlichen Kompetenzüberschreitung[512] im Sinne einer nicht mehr vertretbaren und damit willkürlichen Auslegung des Unionsrechts durch den EuGH. Selbst wenn man eine offensichtliche Kompetenzüberschreitung bejahen wollte, würde das nicht zu der nach der Rechtsprechung des BVerfG zusätzlich erforderlichen substanziellen Kompetenzverschiebung zu Lasten der Mitgliedstaaten führen.

Gerügt wird, dass die Union keine Kompetenz für ein eigenes Religionsverfassungsrecht („EU-Kirchenrecht") habe. Der EuGH hat aber gerade nicht ein eigenes Religionsrecht mit Statusfragen und Institutsgarantien geschaffen. Er hat vielmehr im Bereich der in Art. 19 AEUV ausdrücklich zugewiesenen Kompetenz für den Bereich Diskriminierung entschieden.

Der Unionsgesetzgeber ist verpflichtet, dem Status der Kirchen beim Erlass von Sekundärrechtsakten in besonderer Weise Rechnung zu tragen. Genau das ist mit Art. 4 Abs. 2 RL 2000/78/EG geschehen.

Die horizontale Anwendung von Art. 21 GR-Charta betrifft einen – abgesehen vom Diskriminierungsgrund (nämlich Religion statt Alter) – vollständig mit den Urteilen *Mangold*[513] und *Kücükdeveci*[514] vergleichbaren Sachverhalt. Aufgrund des umfassenden Diskriminierungsverbots und der Vergleichbarkeit der Fallkonstellationen kann von objektiv willkürlicher Auslegung im Fall *Egenberger* nicht die Rede sein.

Es fehlt auch hier eine substanzielle Kompetenzverschiebung[515] zu Lasten der Mitgliedstaaten: Vertrauensschutz ist eine rechtsstaatliche und grundrechtliche Kategorie, keine der Kompetenzverteilung.

Der Staat legt schließlich auch keineswegs ohne Rücksicht auf das theologische Selbstverständnis der Kirchen fest, was für ihr Ethos erforderlich ist. Richtig ist vielmehr, dass die Religionsgemeinschaften ihr Ethos weiterhin selbst festlegen, dass sie aber bei der Durchsetzung ihres Ethos im Geltungsbereich der staatlichen Rechtsordnung den Grenzen des staatlichen Rechts unterliegen.

---

511 Dreier/*Morlok*, Art. 38 Rn. 59.
512 BVerfG 30.7.2019 – 2 BvR 1685/14; *Morgenbrodt* S. 678.
513 EuGH 22.11.2005 – C-144/04 (*Mangold*), NZA 2005,1345.
514 EuGH 19.1.2010 – C-555/07 Rn. 21 (*Kücükdeveci*), AuR 2010, 264.
515 BVerfG 30.7.2019 – 2 BvR 1685/14 Rn. 151, BVerfGE 151, 202.

bb) Identität

Auch die Identitätsrüge erscheint unzulässig. Die bisher anerkannten Fälle beschränken sich auf die elementaren Garantien der demokratischen Mitwirkung aus Art. 38 Abs. 1 GG und der Menschenwürde in Art. 1 Abs. 1 GG.[516] Auf diese Rechte kann sich der Beschwerdeführer als juristische Person nicht berufen. Inhaber der Würde ist ausschließlich der Mensch als natürliche Person.

Die Identitätsrüge kann sodann auch eher nicht als begründet erachtet werden. Der Identitätsschutz ist auf Art. 79 Abs. 3 GG und die verfassungsrechtlichen Grundstrukturen beschränkt.[517] Zu diesen Grundstrukturen kann man die prinzipielle Geltung des Selbstverwaltungsrechts der Religionsgemeinschaften rechnen, nicht aber seine konkrete Ausgestaltung im kirchlichen Arbeitsrecht mitsamt seinen Verästelungen.

Auch unter dem Grundgesetz hat sich für den Umgang mit dem Selbstbestimmungsrecht und der speziellen Schranke des „für alle geltenden Gesetzes" ein Abwägungsprogramm durchgesetzt.

Zur Verfassungsidentität des Grundgesetzes gehört zudem der Justizgewährungsanspruch.[518] Die Konzeption einer kirchlichen Dienstgemeinschaft als nicht justiziable Blankettformel macht die Gewährung effektiven staatlichen Rechtsschutzes aber faktisch unmöglich. Sie kann deshalb jedenfalls auf der zweiten Prüfungsstufe auch auf der Grundlage der Rechtsprechung des BVerfG[519] nicht uneingeschränkt akzeptiert werden.

Beim kirchlichen Arbeitsrecht stehen zwei verfassungsrechtliche Grundanforderungen von gleichrangig fundamentaler Bedeutung in einem Spannungsverhältnis: Das Selbstverwaltungsrecht der Religionsgemeinschaften verlangt eine Zurücknahme der staatlichen Kontrolle, der Justizgewährungsanspruch erfordert eine möglichst umfassende Kontrolle auch solcher Entscheidungen durch die staatlichen Gerichte. Die Ansätze von EGMR, BVerfG und EuGH tragen beiden Anliegen Rechnung. Der EGMR nimmt seine Kontrolldichte im Bereich des staatlichen Religionsrechts wegen der unterschiedlichen mitgliedstaatlichen Traditionen zurück. Das BVerfG hat den Positionen der Religionsgemeinschaften einen Vorrang vor den entgegenstehenden individuellen Grundrechtspositionen eingeräumt. Der EuGH setzt seine Antidiskriminierungsrechtsprechung fort. Die von den Gerichten herangezogene Abwägung folgt denselben Grundstrukturen, setzt allerdings bei der Kontrolldichte unter-

---

516 BVerfG 15.12.2015 – 2735/14, AuR 2016, 127; BVerfG 30.7.2019 – 2 BvR 1685/14, BVerfGE 151, 202.
517 HStR/*Kirchhof*, Bd. 2, § 21 Rn. 83ff.
518 BVerfG 30.4.1997 – 2 BvR 817/90, NJW 1997, 2163.
519 BVerfG 22.10.2014 – 2 BvR 661/12, AuR 2014, 487.

schiedliche Akzente. Über die Akzentsetzung kann man im Einzelfall streiten, aber die Annahme, hiermit würde die Grenze der Verfassungsidentität des Grundgesetzes überschritten, ist angesichts der Übereinstimmung in den Grundstrukturen eher fernliegend.

Zuständig ist allerdings der Zweite Senat des BVerfG, der in der Vergangenheit Europaskepsis und prononcierte Kirchenfreundlichkeit an den Tag legte.

5. Synoptischer Vergleich

Die synoptische Gegenüberstellung von Art. 4 RL 2000/78/EG und §§ 8, 9 AGG hilft zu erkennen, wo der deutsche Gesetzgeber die unionsrechtlichen Vorgaben umgesetzt hat und wo das nicht der Fall ist.

§ 8 AGG	Art. 4 RL 2000/78/EG
Zulässige unterschiedliche Behandlung wegen beruflicher Anforderungen	Berufliche Anforderungen
(1) Eine unterschiedliche Behandlung wegen eines in § 1 genannten Grundes ist zulässig, wenn dieser Grund wegen der Art der auszuübenden Tätigkeit oder der Bedingungen ihrer Ausübung eine wesentliche und entscheidende berufliche Anforderung darstellt, sofern der Zweck rechtmäßig und die Anforderung angemessen ist.	(1) Ungeachtet des Artikels 2 Absätze 1 und 2 können die Mitgliedstaaten vorsehen, dass eine Ungleichbehandlung wegen eines Merkmals, das im Zusammenhang mit einem der in Artikel 1 genannten Diskriminierungsgründe steht, keine Diskriminierung darstellt, wenn das betreffende Merkmal aufgrund der Art einer bestimmten beruflichen Tätigkeit oder der Bedingungen ihrer Ausübung eine wesentliche und entscheidende berufliche Anforderung darstellt, sofern es sich um einen rechtmäßigen Zweck und eine angemessene Anforderung handelt.
(2) Die Vereinbarung einer geringeren Vergütung für gleiche oder gleichwertige Arbeit wegen eines in § 1 genannten Grundes wird nicht dadurch gerechtfertigt, dass wegen eines in § 1 genannten Grundes besondere Schutzvorschriften gelten.	

§ 9 AGG

Zulässige unterschiedliche Behandlung wegen der Religion oder Weltanschauung

(1) Ungeachtet des § 8 ist eine unterschiedliche Behandlung wegen der Religion oder der Weltanschauung bei der Beschäftigung durch Religionsgemeinschaften, die ihnen zugeordneten Einrichtungen ohne Rücksicht auf ihre Rechtsform oder durch Vereinigungen, die sich die gemeinschaftliche Pflege einer Religion oder Weltanschauung zur Aufgabe machen, auch zulässig, wenn eine bestimmte Religion oder Weltanschauung unter Beachtung des Selbstverständnisses der jeweiligen Religionsgemeinschaft oder Vereinigung im Hinblick auf ihr Selbstbestimmungsrecht oder nach der Art der Tätigkeit eine gerechtfertigte berufliche Anforderung darstellt.

(2) Die Mitgliedstaaten können in Bezug auf berufliche Tätigkeiten innerhalb von Vereinigungen, die sich die gemeinschaftliche Pflege einer Religion oder Weltanschauung zur Aufgabe machen, Bestimmungen in ihren zum Zeitpunkt der Annahme dieser Richtlinie geltenden Rechtsvorschriften beibehalten oder in künftigen Rechtsvorschriften Bestimmungen vorsehen, die zum Zeitpunkt der Annahme dieser Richtlinie bestehende einzelstaatliche Gepflogenheiten widerspiegeln und wonach eine Ungleichbehandlung wegen der Religion oder Weltanschauung einer Person keine Diskriminierung darstellt, wenn die Religion oder die Weltanschauung dieser Person nach der Art dieser Tätigkeiten oder der Umstände ihrer Ausübung eine wesentliche, rechtmäßige und gerechtfertigte berufliche Anforderung angesichts des Ethos der Organisation darstellt. Eine solche Ungleichbehandlung muss die verfassungsrechtlichen Bestimmungen und Grundsätze der Mitgliedstaaten sowie die allgemeinen Grundsätze des Gemeinschaftsrechts beachten und rechtfertigt keine Diskriminierung aus einem anderen Grund.

(2) Das Verbot unterschiedlicher Behandlung wegen der Religion oder der Weltanschauung berührt nicht das Recht der in Absatz 1 genannten Religionsgemeinschaften, der ihnen zugeordneten Einrichtungen ohne Rücksicht auf ihre Rechtsform oder der Vereinigungen, die sich die gemeinschaftliche Pflege einer Religion oder Weltanschauung zur Aufgabe machen, von ihren Beschäftigten ein loyales und aufrichtiges Verhalten im Sinne ihres jeweiligen Selbstverständnisses verlangen zu können.

Sofern die Bestimmungen dieser Richtlinie im übrigen eingehalten werden, können die Kirchen und anderen öffentlichen oder privaten Organisationen, deren Ethos auf religiösen Grundsätzen oder Weltanschauungen beruht, im Einklang mit den einzelstaatlichen verfassungsrechtlichen Bestimmungen und Rechtsvorschriften von den für sie arbeitenden Personen verlangen, dass sie sich loyal und aufrichtig im Sinne des Ethos der Organisation verhalten.

6. Gesetzesbegründung

Der deutsche Gesetzgeber[520] geht bei § 9 AGG vom Selbstbestimmungsrecht der Kirchen und sonstigen Religions- und Weltanschauungsgemeinschaften aus.

§ 9 Abs. 1 entspricht der Fassung des Entwurfs der Bundesregierung.[521] Dieser geht maßgeblich auf die Fassung des Gesetzentwurfs zum ADG (Antidiskriminierungsgesetz) durch den Bundestagsausschuss für Familie, Senioren, Frauen und Familie in der 15. Legislaturperiode zurück.[522] Ziel der von ihm vorgenommenen Änderung des ADG-Entwurfs in seiner ursprünglichen Fassung[523] war die „Klarstellung", dass die Rechtsprechung des BVerfG zum kirchlichen Arbeitsrecht zur Differenzierung aufgrund der Religionszugehörigkeit durch das AGG nicht berührt werden soll.[524] Zu diesem Zweck wurde der Ausgangsentwurf dahin ergänzt, in den Anwendungsbereich des § 9 ausdrücklich auch die den Religions- und Weltanschauungsgemeinschaften zugeordneten Einrichtungen ohne Rücksicht auf ihre Rechtsform einzubeziehen.[525] Daneben wurde in § 9 das besondere Gewicht des Selbstverständnisses der Religions-

---

520 Die Gesetzgebungskompetenz des Bundes besteht nur Kraft Sachzusammenhangs, vgl. *von Roetteken*, § 9 Rn. 73, 81.
521 BT-Drucks. 16/1780 S. 8f.
522 BT-Drucks. 15/5717 S. 8, 36f.
523 BT-Drucks. 15/4538 S. 6.
524 BT-Drucks. 15/5717 S. 36.
525 BT-Drucks. a.a.O. S. 37.

oder Weltanschauungsgemeinschaft betont,[526] indem die Worte „unter Beachtung" anstelle des Wortes „angesichts" vor den Worten „des Selbstverständnisses" eingefügt wurden. Gleichzeitig entfiel das Abstellen auf die Bedingungen der Ausübung der beruflichen Tätigkeit. Zudem wurde die Trias der wesentlichen, rechtmäßigen und gerechtfertigten beruflichen Anforderung auf den Begriff der berechtigten Anforderung verkürzt. Die Bundesregierung hat die Ausschussbegründung der 15. Legislaturperiode für den Entwurf des AGG ausdrücklich aufgegriffen und sich zur Rechtfertigung der Regelung auf Art. 4 RL 2000/78/EG und den Erwägungsgrund Nr. 24 zu dieser RL bezogen.[527] Gleichzeitig wurde der Ausschussentwurf der 15. Legislaturperiode um die Worte „im Hinblick auf ihr Selbstbestimmungsrecht" erweitert.[528]

Die Gesetzesbegründung[529] betont, dass der Kirche die Regelungs- und Verwaltungsbefugnis nach Art. 137 Abs. 3 WRV auch hinsichtlich ihrer Vereinigungen zusteht, die sich nicht die allseitige, sondern nur die partielle Pflege des religiösen oder weltanschaulichen Lebens ihrer Mitglieder zum Ziel gesetzt haben. Voraussetzung dafür sei aber, dass der Zweck der Vereinigung gerade auf die Erreichung eines solchen Zieles gerichtet sei. Das gelte ohne weiteres für organisatorisch oder institutionell mit Kirchen verbundene Vereinigungen wie kirchliche Orden. Es gelte aber auch für andere selbstständige oder unselbstständige Vereinigungen, wenn und soweit ihr Zweck die Pflege oder Förderung eines religiösen Bekenntnisses oder die Verkündigung des Glaubens ihrer Mitglieder sei. Maßstab für das Vorliegen dieser Voraussetzungen könne das Ausmaß der institutionellen Verbindung mit einer Religionsgemeinschaft oder die Art der mit der Vereinigung verfolgten Ziele sein. Dieses Recht umfasse grundsätzlich auch die Berechtigung, die Religion oder Weltanschauung als berufliche Anforderung für die bei ihnen Beschäftigten zu bestimmen. Die Mitgliedstaaten dürften in dieser Hinsicht spezifische Bestimmungen über die wesentlichen, rechtmäßigen und gerechtfertigten beruflichen Anforderungen beibehalten oder vorsehen, die Voraussetzung für die Ausübung einer diesbezüglichen beruflichen Tätigkeit sein könnten. § 9 Abs. 1 AGG solle es Religionsgemeinschaften und den übrigen dort genannten Vereinigungen daher erlauben, bei der Beschäftigung wegen der Religion oder der Weltanschauung zu differenzieren, wenn eine bestimmte Religion oder Weltanschauung im Hinblick auf ihr Selbstbestimmungsrecht oder nach der Art der Tätigkeit eine gerechtfertigte berufliche Anforderung darstelle.

---

526 BT-Drucks. 15/5717 S. 36.
527 BT-Drucks. 16/1780 S. 35.
528 *Von Roetteken*, § 9 Rn. 3ff.
529 BT-Drucks. 16/1780 S. 35.

Nach § 9 Abs. 2 AGG könnten die Organisationen ein loyales und aufrichtiges Verhalten von den für sie arbeitenden Personen verlangen. Es obliege den Kirchen und Weltanschauungsgemeinschaften selbst, dementsprechend verbindliche innere Regelungen zu schaffen. Die Frage, welche arbeitsrechtlichen Folgen ein Verstoß gegen derartige Verhaltenspflichten haben könne, falle unter Berücksichtigung des Grundsatzes der Verhältnismäßigkeit in die Beurteilungskompetenz der Arbeitsgerichte.

7. Unvollständige Umsetzung der RL 2000/78/EG

Bei der Umsetzung des Art. 4 Abs. 2 der RL 2000/78/EG sah der deutsche Gesetzgeber im Selbstbestimmungsrecht der Kirchen eine gewichtige einzelstaatliche Gepflogenheit. Im Vertrauen darauf, dass diese nach der kirchenfreundlichen Rechtsprechung beibehalten werden dürfe, hat er die Vorgaben der Gleichbehandlungsrichtlinie modifiziert.[530]

§ 8 und § 9 AGG unterscheiden sich von Art. 4 der Rahmenrichtlinie in mehreren Punkten.[531] Zunächst wird der Schwerpunkt der Regelung verschoben, wenn nach § 9 Abs. 1 AGG die Ungleichbehandlung für zulässig erachtet wird, soweit eine bestimmte Region unter Beachtung des Selbstverständnisses der jeweiligen Religionsgemeinschaft eine gerechtfertigte berufliche Anforderung darstellt, während in Art. 4 Abs. 2 RL der Schwerpunkt auf die Art der Tätigkeiten (oder der Umstände ihrer Ausübung) und die wesentliche, rechtliche und gerechtfertigte berufliche Anforderung gelegt wird, wobei dann erst das Ethos der Organisation angeführt wird.

Sodann hat der deutsche Gesetzgeber mehrere Vorgaben der Richtlinie nicht umgesetzt: Art. 4 Abs. 2 RL verlangt einen Bezug zur Art der Tätigkeit, während § 9 Abs. 1 AGG als Alternative zum Bezug zur Tätigkeit eine allein auf das Selbstverständnis der Religionsgemeinschaft bezogene Rechtfertigung erlaubt,[532] wie es sich auch aus der Gesetzesbegründung zum AGG ergibt.[533] Das Wort „oder" macht deutlich, dass entweder auf das Selbstbestimmungsrecht abgestellt werden kann oder auf die „Art der Tätigkeit".

---

530 *Junker*, NJW 2018, 1850.
531 Preis/Sagan/*Grünberger*, § 3 Rn. 205.
532 BeckOK/*Roloff* § 9 AGG Rn. 2; *Deinert*, EuZA 2009, 334ff.
533 BT-Drucks. 16/1780 S. 35: „Entsprechend erlaubt § 9 Abs. 1 es Religionsgemeinschaften, bei der Beschäftigung wegen der Religion zu differenzieren, wenn eine bestimmte Region im Hinblick auf ihr Selbstbestimmungsrecht oder nach der Art der Tätigkeit eine gerechtfertigte berufliche Anforderung darstellt."

§ 9 Abs. 1 AGG nimmt nicht den Text der Richtlinie auf, sondern formuliert abweichend, dass die Ungleichbehandlung (schon dann) zulässig ist, „wenn eine bestimmte Religion unter Beachtung des Selbstverständnisses der jeweiligen Religionsgemeinschaft im Hinblick auf ihr Selbstbestimmungsrecht oder nach Art der Tätigkeit eine gerechtfertigte berufliche Anforderung darstellt." – Der Bezug auf ein Selbstbestimmungsrecht der Kirchen und ihrer Einrichtungen findet sich jedoch nur dort, nicht aber im Wortlaut der RL.[534]

Die RL stellt ab auf bei Annahme der Richtlinie bestehende einzelstaatliche Gepflogenheiten. Diese können in den Mitgliedstaaten bei Erfüllung gewisser Voraussetzungen beibehalten oder in künftigen Rechtsvorschriften aufgenommen werden. Diese Gepflogenheiten sind aber an die Bedingungen des Art. 4 Abs. 2 RL geknüpft.

§ 9 AGG lässt es ausreichen, dass sich die Einrichtung die gemeinschaftliche Pflege einer Religion oder Weltanschauung zur Aufgabe macht. Weitergehend verlangt Art. 4 Abs. 2 Rahmenrichtlinie, dass das Ethos der Einrichtung auf religiösen Grundsätzen oder Weltanschauungen beruht.

Weiterhin lässt § 9 Abs. 1 AGG die Vorgabe der Richtlinie weg, nach der es sich um eine rechtmäßige berufliche Anforderung handeln muss.

Art. 4 Abs. 1 RL stellt auf eine „bestimmte" berufliche Tätigkeit ab. § 9 AGG bildet diese Einschränkung weder in Abs. 1 noch in Abs. 2 ab. Ferner reicht es nach dem Wortlaut von § 9 Abs. 1 AGG, dass es sich lediglich um eine gerechtfertigte berufliche Anforderung[535] handelt. Bei der gebotenen unionsrechtskonformen Auslegung ist das nicht haltbar.[536] Art. 4 Abs. 2 der Richtlinie setzt voraus, dass die Religion „eine wesentliche, rechtmäßige und gerechtfertigte" Anforderung darstellt.

Das Merkmal „wesentlich" des Art. 4 Abs. 2 RL fehlt in § 9 Abs. 1 AGG. Mit dem Begriff der Wesentlichkeit ist vorgegeben, dass eine funktionsbezogene Differenzierung zu erfolgen hat und auf die Nähe zum Verkündigungsauftrag abzustellen ist,[537] da ansonsten ein Bezug zu der Art der Tätigkeiten oder der

---

534 Preis/Sagan/*Grünberger*, § 3 Rn. 205; Schleusener/*Plum*, 9 Rn. 25; wohl auch Däubler/Beck-*Wedde*, § 9 Rn. 7.

535 Zur Frage der Eignung eines Bewerbers BAG 19.8.2010 – 8 AZR 466/09, AP Nr. 5 zu § 3 AGG; *Kocher*, AuR 2009, 79.

536 ErfK/*Schlachter*, § 9 AGG Rn. 1; Däubler/Beck-*Wedde*, § 9 Rn. 6ff.; HK-ArbR/*Berg*, § 9 AGG Rn. 2; Rolfs/Giesen/Kreikebohm/Udschig/*Roloff*, § 9 Rn. 2; a.A. *Thüsing*, Arbeitsrechtlicher Diskriminierungsschutz, Rn. 470, 478.

537 So auch noch BAG 14.10.1980 – 1 AZR 1274/79, AP Nr. 7 zu Art 140 GG; anders aber die Rechtsprechung des BVerfG beginnend mit 4.6.1985 – 2 BvR 1703/83, AP GG Art. 140 Nr. 24.

Umstände ihrer Ausübung keinerlei Sinn hätte. Abzustellen ist also darauf, ob ein Arbeitnehmer seinen vertraglichen Aufgabenbereich erfüllen kann – dies ist abhängig von der Art der Tätigkeit.

Die RL verlangt, dass eine Anforderung bezogen auf die konkrete Tätigkeit wesentlich zu sein hat. Zielrichtung dessen ist auch, unverhältnismäßige Anforderungen in Bezug auf die konkrete berufliche Tätigkeit auszuschließen. Die Ungleichbehandlung ist nach der Art dieser Tätigkeiten nur zulässig, wenn sie eine wesentliche, rechtmäßige und gerechtfertigte berufliche Anforderung angesichts des Ethos der Organisation darstellt. Das bedeutet zugleich, dass nicht das Ethos der Organisation unbeschränkt und unüberprüfbar weit reichen kann, sondern die Wesentlichkeit der Anforderung in Bezug auf die konkrete berufliche Tätigkeit gerichtlich überprüfbar sein muss. § 9 Abs. 1 AGG erfüllt diese Anforderungen nicht, er entspricht deshalb nicht Art. 4 Abs. 2 RL.[538]

Unter Berücksichtigung von Art. 4 Abs. 2 der RL 2000/78/EG muss § 9 Abs. 1 AGG dahingehend eng ausgelegt werden, dass die an der Religion oder der Weltanschauung anknüpfende Anforderung nur dann rechtmäßig ist, wenn sie wesentlich, rechtmäßig und in Bezug auf die Tätigkeit[539] verhältnismäßig ist. Eine unterschiedslos auf alle Arbeitsplätze erstreckte Forderung nach Religionszugehörigkeit gestattet § 9 AGG nicht.[540]

§ 9 AGG gestattet eine Ungleichbehandlung aus religiösen Gründen nur bei einer Beschäftigung durch religiös bzw. weltanschaulich gebundene Arbeitgeber. Nach Art. 4 Abs. 1 Rahmenrichtlinie kommt es nicht darauf an, von wem die Ungleichbehandlung ausgeht. Das Problem löst sich auf, wenn man § 8 AGG mit ins Auge fasst. § 8 Abs. 1 AGG gestattet jedem Arbeitgeber, nach der Religion zu differenzieren, wenn es sich um eine wesentliche und entscheidende berufliche Anforderung handelt. § 8 AGG korrespondiert mit Art. 4 Abs. 1 Rahmenrichtlinie, § 9 AGG mit Art. 4 Abs. 2 Rahmenrichtlinie.

---

538 Däubler/Beck-Wedde, § 9 Rn. 6; ErfK/*Schlachter*, AGG § 9 Rn. 3; *v. Roetteken*, § 9 Rn. 44 und 45; *Bauer/Krieger*, § 9 Rn. 13–15a; Hey/Forst-*Lindemann*, § 9 Rn. 23; *Meinel*, § 9 Rn. 19ff.; „europarechtlich fragwürdig": Schleusener/*Plum*, AGG, § 9 Rn. 27.

539 BAG 25.4.2013 – 2 AZR 579/12, AP Nr. 243 zu § 626 BGB; LAG Hamm 14.6.2013 – 10 Sa 18/13, ZMV 2013, 334; ArbG Hamburg 4.12.2007 – 20 Ca 105/07, AuR 2008, 109 (mit anderer Begründung aufgehoben durch LAG Hamburg 29.10.2008 – 3 Sa 15/08, AuR 2009, 97); ErfK/*Schlachter*, § 9 AGG Rn. 1; Staudinger/*Preis*, § 626 BGB Rn. 198; Däubler/Beck-*Wedde*, § 9 AGG Rn. 54ff.; HK-ArbR-*Berg*, § 9 AGG Rn. 2; *Kocher/Krüger/Sudhoff*, NZA 2014, 880; *Krause*, JA 2013, 944; Preis/Sagan/*Grünberger*, § 3 Rn. 206; ausführlich *Deinert*, EuZA 2009, 339 sowie *Gleich*, Privilegien, S. 53ff., a.A: *Kamanabrou*, RdA 2006, 328; *Thüsing*, Diskriminierungsschutz Rn. 479; *Mohr/von Fürstenberg*, BB 2008, 2123f.; gegen eine Differenzierung zwischen und verkündigungsfern BVerfG 22.10.2014 – 2 BvR 661/12, NZA 2014, 1387; BAG 24.9.2014 – 5 AZR 611/12, NZA 2014, 1407; *Fahrig/Stenslik*, EuZA 2012, 200; *Schnabel*, ZfA 2008, 422, 426; *Melot de Beauregard*, NZA-RR 2012, 225.

540 A.A. *Joussen*, NZA 2008, 678.

Einrichtungen und Verbände, die nicht zur verfassten Kirche gehören und sich nicht die gemeinschaftliche Pflege einer Religion oder Weltanschauung zur Aufgabe machen, sind nicht nach § 9 AGG privilegiert. Art. 4 Abs. 2 Rahmenrichtlinie ist hingegen weiter gefasst. Dort ist die Rede von „Kirchen und anderen öffentlichen oder privaten Organisationen, deren Ethos auf religiösen Grundsätzen oder Weltanschauungen beruht." Unter den Voraussetzungen des § 8 AGG sind jedoch Differenzierungen, die an die Merkmale Religion oder Weltanschauung anknüpfen, sowohl Organisationen, die, ohne Einrichtung einer Kirche zu sein, religiös oder weltanschaulich geprägt sind (z.B. Christlicher Verein Junger Menschen, Heilsarmee) als auch anderen Tendenzbetrieben (§ 118 BetrVG) gestattet.

Soweit § 9 AGG die Vorgaben der Richtlinie nicht vollständig abbildet, ist eine unionsrechtskonforme Auslegung erforderlich. Z.B. ist das „oder" in § 9 Abs. 1 AGG zwischen Selbstbestimmungsrecht und beruflicher Anforderung ist als „und" zu lesen.[541] Die unionsrechtskonforme Auslegung hat jedoch Grenzen: § 9 Abs. 1 AGG regelt zwei Rechtfertigungsmöglichkeiten, wobei die erste Alternative keine Anknüpfung an die Tätigkeit, weder an deren Art noch an die Umstände ihrer Ausübung, enthält, sondern ausschließlich an das kirchliche Selbstbestimmungsrecht anknüpft, während die zweite Alternative die Rechtfertigung von der Art der Tätigkeit abhängig macht. Durch die Verwendung des Begriffs „oder" hat der Gesetzgeber zum Ausdruck gebracht, dass die beiden dort aufgeführten Voraussetzungen für eine Rechtfertigung einer Benachteiligung wegen der Religion oder Weltanschauung „im Hinblick auf ihr Selbstbestimmungsrecht" und „nach der Art der Tätigkeit" alternativ und damit unabhängig voneinander bestehen. § 9 Abs. 1 Alt. 1 AGG bestimmt also, dass es für die Rechtfertigung einer Benachteiligung weder auf die Art der Tätigkeit noch die Umstände ihrer Ausübung ankommt. Damit ist § 9 Abs. 1 Alt. 1 AGG mit den unionsrechtlichen Vorgaben nicht vereinbar.[542] Eine unionsrechtskonforme Auslegung des § 9 Abs. 1 Alt. 1 AGG scheidet aus.[543] Die Norm muss wegen der mit dem RL-Verstoß einhergehenden Verletzung von Art. 21 GrCh unangewendet bleiben.[544]

8.   Vertragsverletzungsverfahren

Mit Schreiben vom 31.1.2008 hat die europäische Kommission bei der Bundesregierung die unzureichende Umsetzung der europarechtlichen Vorgaben mo-

---

541   *Rolfs*/Giesen/*Kreikebohm*/*Udschig*/*Roloff*, § 9 Rn. 2.
542   BAG 25.10.2018 – 8 AZR 501/14, AuR 2019, 239 Rn. 32.
543   BAG 25.10.2018 – 8 AZR 501/14, AuR 2019, 239 Rn. 41.
544   BAG 25.10.2018 – 8 AZR 501/14, AuR 2019, 239 Rn. 38.

niert.[545] Die EG-Kommission rügte, dass § 9 Abs. 1 AGG gegen Art. 4 Abs. 2 der RL 2000/78/EG verstoße. Die Kommission führte aus, dass § 9 Abs. 1 AGG

> „eine Rechtfertigung für eine unterschiedliche Behandlung nicht nur nach der Art der Tätigkeit´ oder ´der Umstände ihrer Ausübung´" vorsah, „sondern auch dann, wenn die Religion … (ohne Ansehen der Art der Tätigkeit) ausschließlich aufgrund des Selbstverständnisses und des Selbstbestimmungsrechts eine gerechtfertigte berufliche Anforderung darstellt. Dies ist nicht vom Wortlaut der Richtlinie gedeckt. Es würde dazu führen, dass eine Religionsgemeinschaft eine bestimmte berufliche Anforderung allein aufgrund ihres Selbstbestimmungsrechts festlegen könnte, ohne dass diese bestimmte Anforderung in Bezug auf die konkrete Tätigkeit auch einer Verhältnismäßigkeitsprüfung unterworfen wäre. Diese Art der Umsetzung entspricht nicht den Vorgaben der Richtlinie. …
>
> Das Ethos einer Organisation spielt für die Festlegung einer beruflichen Anforderung gemäß Art. 4 Abs. 2 der RL eine Rolle, es kann aber nicht das alleinige Kriterium bleiben, sondern es muss außerdem nach der Art der Tätigkeit und deren Ausübung differenziert werden. Es besteht die Gefahr, dass die deutsche Regelung diese Differenzierung nicht sicherzustellen vermag. Es mag vielmehr sein, dass auch bei einfachen Hilfstätigkeiten besondere Anforderungen an die Religionszugehörigkeit gestellt würden. Nach Ansicht der Kommission entspricht dies nicht den Vorgaben der Richtlinie."[546]

Die Bundesregierung erwiderte wie folgt:

> „Die gewählte Formulierung hat keine Verkürzung der insoweit nach der Richtlinie bestehenden Anforderungen an eine Rechtfertigung zur Folge. Vielmehr ist eine berufliche Anforderung nur dann nach § 9 Abs. 1 AGG gerechtfertigt, wenn sie im konkreten Fall auch wesentlich, rechtmäßig und gerechtfertigt im Sinne von Art. 4 Abs. 2 der Richtlinie ist. Die Aufnahme dieses Zusatzes in wörtlicher Abbildung der Richtlinie erscheint nach dem deutschen Recht nicht erforderlich."[547]

---

545 Vertragsverletzungsverfahren 2007/2362.

546 Kommission der EG, Schreiben v. 31.1.2008 - 2007/2362 K(2008)0103, S. 5f.

547 Mitteilung der Regierung der Bundesrepublik Deutschland an die Kommission der Europäischen Gemeinschaften v. 30.5.2008 im Verfahren Nr. 2007/2362, S. 13 unten.

Das Vertragsverletzungsverfahren wurde am 28.10.2010 eingestellt. Soweit nicht § 9 Abs. 1 Alt. 1 AGG bestimmt, dass es für die Rechtfertigung einer Benachteiligung weder auf die Art der Tätigkeit noch die Umstände ihrer Ausübung ankommt,[548] ist nunmehr eine unionsrechtskonforme Auslegung im Sinne der Richtlinie und im Sinne der Erklärung der Bundesregierung geboten.[549]

III. Adressaten

Adressaten des § 9 AGG sind Religionsgemeinschaften, unter Umständen ihnen zugeordnete Einrichtungen, Vereinigungen zur gemeinschaftlichen Pflege einer Religion sowie einer Weltanschauung.

1. Religionsgemeinschaften

Der Begriff Religionsgemeinschaft stimmt mit dem der Religionsgesellschaft in Art. 137 WRV überein und ist weit auszulegen.[550]

2. Zugeordnete Einrichtungen

Der besondere Tendenzschutz gilt nicht nur für Kirchen, sondern ebenfalls für ihre ausgegliederten Teile, die in einer weltlichen Organisationsform geführt werden, wenn die Erfüllung ihrer Aufgaben Wesens- und Lebensäußerung der Kirche selbst ist und es sich um erzieherische oder karitative Einrichtungen handelt. „Es genügt, dass die Einrichtung teilhat an der Verwirklichung eines Stücks Auftrag der Kirche im Geist christlicher Religiosität".[551]

Schon 1968 überdehnte und entgrenzte das BVerfG die Religionsausübungsfreiheit extrem.[552] Seit dieser Entscheidung kann das Vorgehen eines kirchlichen Trabanten jenseits kultischer Handlung, religiösen Gebrauchs und religiöser Erziehung zum Schutz des Art. 4 Abs. 2 GG führen, wenn nur eine religiöse Motivierung erfolgreich behauptet wird.[553] Die Erweiterung des Religionsausübungsrechts wurde 1977 fortgesetzt: Das Selbstbestimmungsrecht des

---

548 Insoweit ist § 9 Abs. 1 AGG unanwendbar.

549 *Von Roetteken*, § 9 AGG Rn. 45ff., 54f., 86; a.A., weil Art. 4 Abs. 2 der RL 2000/78/EG im Sinne höherrangigen europäischen Verfassungsrechts auszulegen sei, *Mohr/von Fürstenberg*, BB 2008, 2125; s.a. *Joussen*, RdA 2003, 37; *Belling*, NZA 2004, 888.

550 *Däubler/Beck-Wedde*, § 9 Rn. 15.

551 BAG 9.2.1982 – 1 ABR 36/80, AP BetrVG 1972 § 118 Nr. 24.

552 BVerfG 16.10.1968 – 1 BvR 241/66, BVerfGE 24, 236.

553 Gegen diese Ausweitung des Art. 4 Abs. 2 GG s. *Czermak*, S. 38 Fn. 38.

Art. 137 Abs. 3 WRV lasse die Nichtanwendbarkeit des BetrVG auf karitative Einrichtungen der Religionsgemeinschaften nicht nur zu, sondern fordere sie sogar. [554]

Die vollständige Erstreckung des Selbstbestimmungsrechts auf gewerbliche Einrichtungen[555] ist verfassungsrechtlich nicht zwingend. Diese Weichenstellung der Rechtsprechung ist einer der Kardinalfehler, der Arbeitnehmerinnen und Arbeitnehmer den Moralvorstellungen der Kirchen aussetzt und ihnen die allen Bürgern durch Gesetz zugebilligten Entfaltungsmöglichkeiten – Mitbestimmung, Scheidung, Partnerschaftsbeziehung – nimmt.[556]

Nach aktueller Rechtsprechung gelten immerhin Einschränkungen. Nicht jede Organisation oder Einrichtung, die in Verbindung zur Kirche steht, unterfällt dem Privileg der Selbstbestimmung. Voraussetzung einer wirksamen Zuordnung ist, dass die Einrichtung teilnimmt an der Verwirklichung des Auftrages der Kirche, im Einklang mit dem Bekenntnis der verfassten Kirche steht und mit ihren Amtsträgern und Organwaltern in besonderer Weise verbunden ist.[557] Von daher ist für eine sich auf das kirchliche Selbstbestimmungsrecht (Art. 4 Abs. 1 und 2 i.V.m. Art. 140 GG und Art. 137 Abs. 3 WRV) berufende Organisation oder Einrichtung unabdingbar, dass die religiöse Zielsetzung das bestimmende Element ihrer Tätigkeit ist.[558]

Überwiegend der Gewinnerzielung dienende Organisationen und Einrichtungen können demgegenüber das Privileg der Selbstbestimmung nicht in Anspruch nehmen, da bei ihnen der enge Konnex zum glaubensdefinierten Selbstverständnis aufgehoben ist. Dies gilt vor allem für Einrichtungen, die wie andere Wirtschaftssubjekte auch am marktwirtschaftlichen Geschehen teilnehmen und bei welchen der durch Art. 4 Abs. 1 und 2 GG geschützte religiöse Auftrag der Kirche oder Religionsgemeinschaft in der Gesamtschau der Tätigkeiten gegenüber anderen – vorwiegend gewinnorientierten – Erwägungen erkennbar in den Hintergrund tritt.[559]

Geschützt sind auch Gruppierungen, die nur einen Ausschnitt des religiösen oder weltanschaulichen Lebens pflegen[560] sowie ferner selbständige Einrichtungen, die der Kirche in bestimmter Weise zugeordnet sind, und zwar ohne

---

554 BVerfG 11.10.1977 – 2 BvR 209/76, BVerfGE 46, 73.
555 Ebenso BVerfG 4.6.1985 – 2 BvR 1703/83, 2 BvR 1718/83, 2 BvR 856/84, BVerfGE 70, 138.
556 *Kühling*, Wieviel Religion, S. 104. Kritisch auch HSKR/*Korioth*, § 16, Rn. 11.
557 BVerfG 11.10.1977 – 2 BvR 209/76, BVerfGE 46, 73; BVerfG 4.6.1985 – 2 BvR 1703/83, BVerfGE 70, 138.
558 BVerfG 22.10.2014 – 2 BvR 661/12, BVerfGE 137, 273 Rn. 94.
559 BVerfG 22.10.2014 – 2BvR 661/12, NZA 2014, 1387.
560 BVerfG 15.1.2002 – 1 BvR 1783/99, BVerfGE 104, 354.

Rücksicht auf ihre Rechtsform. Einzige Voraussetzung soll nach Ansicht des BVerfG sein, dass sie nach kirchlichem Selbstverständnis ihrem Zweck oder ihrer Aufgabe entsprechend berufen sind, ein Stück des Auftrags der Kirche wahrzunehmen und zu erfüllen.[561]

Diese Formel geht zu weit. Zu beobachten ist eine wachsende Ökonomisierung mit der zwangsläufigen Folge einer Säkularisierung.[562] Es ist eine organisatorische Verbindung mit durchsetzbarer Verantwortung zwischen Einrichtung und Kirche zu verlangen.[563] Die Mitgliedschaft der Einrichtung in den Dachverbänden von Diakonie und Caritas allein reicht nicht aus, um das von der Rechtsprechung geforderte „Mindestmaß an Ordnungs- und Verwaltungstätigkeit" der Kirchen für ihre Einrichtung[564] zu bejahen. Nicht jedes mit einer Religionsgemeinschaft organisatorisch verbundene Institut ist automatisch und ohne weiteres eine Einrichtung einer Religionsgemeinschaft.[565] Es geht um den Schutz realer Religionsausübung, nicht um die Sicherung potenzieller Sphären. Maßgebend sind nicht Ursprung, Anspruch oder Motiv, entscheidend ist die Wirklichkeit.[566] Über die Möglichkeit kirchlicher Einflussnahme hinaus muss eine Bindung an den kirchlichen Sendungsauftrag vorliegen.[567] Eine Steuerungsmöglichkeit qua Satzung reicht nicht aus. Eine kirchliche Einrichtung, die Tendenzschutz verdient, muss eine tatsächliche Prägung im Sinne der Religionsgemeinschaft aufweisen. Diese Prägung muss sichtbar sein, sie muss sich tatsächlich niederschlagen. Die Privilegierung kirchlicher Einrichtungen rechtfertigt sich aus einem einzigen Grund: Den Kirchen soll es ermöglicht werden, ihr Ethos zu leben. Die Freistellung von der betrieblichen Mitbestimmung nach dem BetrVG soll es den Einrichtungen der Religionsgemeinschaften erleichtern, sich der partiellen Pflege des religiösen und weltanschaulichen Lebens ihrer Mitglieder zu widmen oder ihren Auftrag im Geiste ihrer spezifischen Religiosität zu erfüllen.[568] Nur durch diesen Zweck ist die Sonderstellung der kirchlichen Einrichtungen sachlich gerechtfertigt. Die Verbindlichkeit des Sendungsauftrags und die Bindung an ihn muss sich im Geist des Hauses, in der Rücksicht auf die religiös-sittlichen Verpflichtungen und Bedürfnisse der jeweils versorgten Menschen, im Angebot sakramentaler Hilfe

---

561 BVerfG 4.6.1985 – 2 BvR 1703/83, BVerfGE 70, 162; BAG 30.4.1997 – 7 ABR 60/95, AP BetrVG § 118 Nr. 60.

562 *Däubler*, RdA 2003, 206.

563 *Fitting*, BetrVG, § 118 Rn. 60; DKW/*Wedde*, BetrVG, § 118 Rn. 127.

564 BAG 30.4.1997 – 7 ABR 60/95, AP BetrVG § 118 Nr. 60.

565 Zutreffend LAG Hessen 8.7.2011 – 3 Sa 742/10, LAGE § 9 AGG Nr. 1; *Schwerdtner*, AuR 1979, Sonderheft Kirche, 27.

566 A.A. BAG 9.2.1982 – 1 ABR 36/80, AP BetrVG 1972 § 118 Nr. 24, wonach der Zweck des Trägers ausschlaggebend sein soll.

567 Vgl. *Dütz*, Anm. zu BAG AP BetrVG 1972 § 118 Nr. 72 m.w.N.

568 Vgl. BVerfG 11.10.1977 – 2 BvR 209/76, BVerfGE 46, 86f.

und damit notwendigerweise auch im Organisatorischen niederschlagen.[569] Demzufolge stellt auch das BAG in seinem Urteil vom 31. Juli 2002[570] darauf ab, dass der leitende Mitarbeiter des Krankenhauses sich ausdrücklich bereit erklären muss, die Leitungstätigkeit im Sinne kirchlicher Diakonie wahrzunehmen.

Diese Voraussetzungen werden nicht schon durch die rein formelle Bindung einer Einrichtung an eine Religionsgemeinschaft erfüllt. Maßgeblich ist vielmehr, ob die Einrichtung tatsächlich ein Mittel zur Verwirklichung der Glaubensüberzeugung ist.[571] Ihr besonderer, religiös geprägter Charakter muss sich in der Art und Weise der Erfüllung der Aufgabe oder anderer Eigentümlichkeiten der Einrichtung und ihrer Organisation niederschlagen. Das kirchliche Selbstverständnis kann nur ein Indiz sein.[572]

Im Zweifel muss die religiöse Prägung einer Einrichtung, die sich auf die Bereichsausnahme beruft, von dieser dargelegt und gegebenenfalls auch bewiesen werden. Ob diese tatsächliche Voraussetzung vorliegt, muss das staatliche Gericht eigenverantwortlich prüfen. Das Selbstbestimmungsrecht der Religionsgemeinschaft wird dadurch nicht beeinträchtigt. Mit der Darlegung von Glaubensbezügen und deren Aktualisierung in einer bestimmten Einrichtung begibt sich die Religionsgemeinschaft in keinerlei Hinsicht ihrer durch Art. 140 GG i.V.m. Art. 137 Abs. 3 Satz 1 WRV verliehenen Autonomie. Insofern ist sie an das für alle geltende (Prozess-)Recht gebunden. Die Religionsgemeinschaften können nicht selbstreferentiell festlegen, was eine Einrichtung i.S.d. § 118 Abs. 2 BetrVG ist.[573] Eine derartig extensive Auslegung wäre nicht überzeugend.[574] In diesem Sinn ist zu überprüfen, ob in der Einrichtung der von der Kirche definierte christliche Auftrag verwirklicht wird[575], oder ob die Einrichtung sich wie jeder andere nichtkirchliche Träger (z.B. unter ausschließlicher Verwendung öffentlicher Gelder) einer sozialen Aufgabe widmet.[576] Deshalb ist z.B. die Evangelische Zusatzversorgungskasse keine einer Religionsgemeinschaft zugehörige Einrichtung.[577]

---

569 BVerfG 11.10.1977 – 1 BvR 209/76, BVerfGE 46, 95.

570 BAG 31.7.2002 – 7 ABR 12/01, AP BetrVG 1972 § 118 Nr. 70.

571 Vgl. *Dütz*, Anm. zu BAG AP BetrVG 1972 § 118 Nr. 72, der eine tatsächliche Bindung an den kirchlichen Sendungsauftrag fordert.

572 Kohte, BlStSozArbR 1983, 152.

573 Vgl. *Otto*, AuR 1980, 299.

574 Vgl. *Herschel*, AuR 1978, 172; *Wieland*, DB 1987, 1633.

575 Vgl. BAG 31.7.2002 – 7 ABR 12/01, AP BetrVG 1972 § 118 Nr. 70; LAG Frankfurt 8.7.2011 – 3 Sa 742/10, LAGE § 9 AGG Nr. 1.

576 Z.B. Brauerei, Druckerei, Wohnungsbaugesellschaft, kommerziell betriebene Behindertentagesstätte, vgl. Däubler/Beck-*Wedde*, § 9 Rn. 25; HK-ArbR/*Berg*, § 9 AGG Rn.7.

577 LAG Hessen 8.7.2011 – 3 Sa 742/10, juris.

Überall dort, wo eine kirchliche Einrichtung mit kirchlichen Eigenmitteln oder gestützt auf freiwillige Mitarbeit tätig wird, ist offenkundig, dass sich ein christliches Motiv realisiert. Arbeitet die kirchliche Einrichtung hingegen mit staatlichen Mitteln, muss sie darlegen, warum das staatliche Arbeitsrecht für sie nicht (uneingeschränkt) geeignet ist.

3. Vereinigung zur gemeinschaftlichen Pflege einer Religion

Unter Vereinigungen zur gemeinschaftlichen Pflege einer Religion können religiös ausgerichtete Ordensgemeinschaften, Klöster, Schwesternschaften, Stiftungen, Trägervereine, kirchliche Krankenhäuser, Schulen und Pflegeheime fallen, wenn tatsächlich eine religiöse Prägung gelebt wird. Konkret ist an von der katholischen Kirche unabhängige Schwangerschaftsberatungsstellen wie Donum Vitae und an Koranschulen zu denken.

4. Vereinigung zur gemeinschaftlichen Pflege einer Weltanschauung

Die unter zuvor genannten Bedingungen gelten analog auch für Weltanschauungsgemeinschaften. Partei- und sozialpolitische Tendenzunternehmen (z.B. politische Parteien, Gewerkschaften, Arbeitgeberverbände, Presseunternehmen) werden vom Begriff der Vereinigung zur gemeinschaftlichen Pflege einer Weltanschauung nicht erfasst.[578]

IV. Berufliche Anforderung

Teilweise wird das Selbstverständnis der Kirchen für „unionsfest" erachtet. Demzufolge wird in der engeren Fassung von Art. 4 Abs. 2 RL 2000/8 kein Anlass gesehen, auf „wesentliche und entscheidende" berufliche Anforderungen abzustellen.[579] Das BAG folgt hingegen der Rechtsprechung des EuGH: Die Rechtmäßigkeit einer Ungleichbehandlung wegen der Religion hängt vom objektiv überprüfbaren Vorliegen eines direkten Zusammenhangs zwischen der vom Arbeitgeber aufgestellten beruflichen Anforderung und der Tätigkeit ab. Ein solcher Zusammenhang kann sich entweder dieser Tätigkeit ergeben – z.B. wenn sie mit der Mitwirkung an der Bestimmung des Ethos der betreffenden Kirche oder Organisation oder einem Beitrag zu deren Verkündigungsauftrag

---

578 HK-ArbR/*Berg*, § 9 Rn. 9.
579 *Richardi*, Arbeitsrecht in der Kirche, § 6 Rn. 5; *Schliemann*, FS Richardi S. 974; *Mohr/v. Fürstenberg*, BB 2008, 2122; *Joussen*, NZA 2008, 676; dagegen *Deinert*, EuZA 2009, 336.

verbunden ist – oder aus den Umständen ihrer Ausübung – z.B. der Notwendigkeit, für eine glaubwürdige Vertretung der Kirche oder Organisation nach außen zu sorgen.[580]

§ 9 AGG ist so auszulegen, dass eine am Merkmal Religion oder Weltanschauung anknüpfende berufliche Anforderung eine Ungleichbehandlung nur dann rechtfertigt, wenn diese in Bezug auf die Tätigkeit verhältnismäßig sowie wesentlich und rechtmäßig ist. Abstufungen ergeben sich je nachdem, ob die Tätigkeit religiös verkündigungsnah oder religiös verkündigungsfern erfolgt.[581] Im verkündigungsfernen Bereich ist der Arbeitnehmer nicht als Mitglied der Gemeinschaft, sondern als Jedermann betroffen.[582]

Die Entwicklung dahin war kurvenreich. Vor der Entscheidung des BVerfG von 1984[583] differenzierte das BAG nach der Nähe des Arbeitnehmers zum Verkündigungsauftrag der Kirche.[584] Dann galt, dass die Kirchen nach ihrem Selbstverständnis bestimmen, was eine wesentliche berufliche Anforderung ist.[585] Gerichtlich kontrollierbar war danach, ob die selbstaufgestellten Regeln eingehalten werden.[586] Es war den verfassten Kirchen überlassen, verbindlich zu bestimmen, was „die Glaubwürdigkeit der Kirche und ihrer Verkündigung erfordert", was „spezifisch kirchliche Aufgaben" sind, was „Nähe" zu ihnen bedeutet, welches die „wesentlichen Grundsätze der Glaubens- und Sittenlehre" sind und was als Verstoß gegen diese anzusehen ist. Die staatlichen Gerichte waren an die kirchliche Einschätzung arbeitsvertraglicher Loyalitätspflichten gebunden, es sei denn, die Kirchen begäben sich dadurch in Widerspruch zu Grundprinzipien der Rechtsordnung, wie sie im allgemeinen Willkürverbot (Art. 3 Abs. 1 GG), im Begriff der „guten Sitten" (§ 138 Abs. 1 BGB) und im or-

---

580   BAG 25.10.2018 – 8 AZR 501/14, AuR 2019, 239 Rn. 65.
581   LAG Hamm 14.6.2013 – 10 Sa 18/13, ZMV 2013, 334; ArbG Karlsruhe 18.9.2020 – 1 Ca 171/19, ZMV 2021, 55; ArbG Hamburg 4.12.2007 – 20 Ca 105/07, AuR 2008, 109; ArbG Berlin 18.12.2013 – 54 Ca 6322/13, BB 2014, 116 (aufgehoben durch LAG Berlin-Brandenburg 28.5.2014 – 4 Sa 157/14, BB 2014, 1460); HSKR/*Classen*, § 11 Rn. 42; ErfK/*Schlachter*, § 9 AGG Rn. 1; Staudinger/*Preis*, § 626 BGB Rn. 198; HK-*Berg* § 9 Rn. 11; *Bauer/Göpfert/Krieger*, § 9 Rn. 14f.; *Pötters/Kalf*, ZESAR 2012, 218; Preis/ Sagan/*Grünberger*, § 3 Rn. 206; *Kocher*, NZA 2014, 880; Wendeling-Schröder/*Stein* § 9 AGG Rn. 37ff.; *Morgenbrodt* S. 674; *Groh*, S. 52ff.; *Pallasch*, RdA 2014, 103, 107; *Schliemann*, NZA 2003, 413; a.A. BVerfG 22.10.2014 – 2 BvR 661/12, NZA 2014, 1387; *Melot de Beaurepaire/Baur*, NZA-RR 2014, 625; *Fahrig/Stenslik*, EuZA 2012, 200; *Thüsing*, Diskriminierungsschutz Rn. 480; *Thüsing/Fink-Jamann/von Hoff*, ZfA 2009, 153; *Fischermeier* FS Richardi, S. 883ff.; *Schnabel* ZfA 2008, 426; *Mohr/von Fürstenberg*, BB 2008, 2126; *Richardi*, ZfA 2008, 48; *Joussen*, NZA 2008, 677. Offen gelassen BVerfG Nichtannahmebeschluss vom 23.12.2013 – 1 BvR 512/11, juris; BAG 25.4.2013, NZA 2013, 1131.
582   *Gleich*, Privilegien, S. 42; *Schlink*, JZ, 2013, 210.
583   BVerfG 4.5.1984 – 2 BvR 1703/83, BVerfGE 70, 138.
584   BAG 14.10.1980 – 1 AZR 1274/79, AP Nr. 7 zu Art 140 GG; 31.10.1984 – 7 AZR 232/83, AP Nr. 20 zu Art 140 GG; 12.12.1984 – 7 AZR 418/83, AP Nr. 21 zu Art 140 GG; 23.3.1985 – 7 AZR 249/81, AP Nr. 16 zu Art 140 GG.
585   BVerfG 4.6.1985 – 2 BvR 1703/83, BVerfGE 70, 138; BAG 21.2.2001 – 2 AZR 139/00, NZA 2001, 1136.
586   So der Fall ArbG Aachen 13.12.2012 – 2 Ca 4226/11, PflR 2013, 358; *Reichold* NZA 2001, 1059.

dre public (Art. 30 EGBGB) ihren Niederschlag gefunden haben.[587] Die Loyalitätserwartung durfte auch den Schutzbereich eines abwägungsfesten Konventionsrechts[588] nicht berühren. Einer darüber hinaus gehenden Bewertung solcher Glaubensregeln hatte sich der Staat zu enthalten. Dies galt nach der Rechtsprechung des BVerfG in besonderem Maße im Hinblick auf Loyalitätserwartungen der Kirche und eine etwaige Abstufung von Loyalitätsobliegenheiten: Hat die Kirche oder Religionsgemeinschaft sich in Ausübung ihrer korporativen Religionsfreiheit dazu entschieden, ein bestimmtes Verhalten wegen des Verstoßes gegen tragende Glaubenssätze als Loyalitätsverstoß zu werten, ein anderes aber nicht, und hat sie diese Maßgabe zum Gegenstand eines Arbeitsvertrags gemacht, so ist es den staatlichen Gerichten grundsätzlich untersagt, diese autonom getroffene und von der Verfassung geschützte Entscheidung zu hinterfragen und zu bewerten. Gleiches gilt, soweit die Kirche oder Religionsgemeinschaft die Loyalitätsobliegenheiten auf Arbeitnehmer in bestimmten Aufgabenbereichen beschränkt oder nur auf solche kirchlichen Arbeitnehmer erstreckt hat, die ihrem Glauben angehören. Den staatlichen Gerichten ist es insoweit verwehrt, die eigene Einschätzung über die Nähe der von einem Arbeitnehmer bekleideten Stelle zum Heilsauftrag und die Notwendigkeit der auferlegten Loyalitätsobliegenheit im Hinblick auf Glaubwürdigkeit oder Vorbildfunktion innerhalb der Dienstgemeinschaft an die Stelle der durch die verfasste Kirche getroffenen Einschätzung zu stellen.[589] Es ist aber sicherzustellen, dass die kirchlichen Einrichtungen nicht in Einzelfällen unannehmbare Anforderungen an die Loyalität ihrer Arbeitnehmer stellen.[590] Dem Selbstverständnis der Kirche ist zwar ein besonderes Gewicht beizumessen, die Interessen der Kirche überwiegen die Belange des Arbeitnehmers jedoch nicht prinzipiell.

Den objektiven Schutzpflichten wird im Einzelfall nur Rechnung getragen, wenn eine eingehende und alle wesentlichen Umstände des Einzelfalls berücksichtigende Abwägung der tangierten Rechtspositionen von Arbeitgeber und Arbeitnehmer vorgenommen wird. Hierzu zählen sowohl die öffentlichen Auswirkungen der Loyalitätspflichtverletzung und das Interesse des kirchlichen Arbeitgebers an der Wahrung seiner Glaubwürdigkeit als auch die Position des Arbeitnehmers in der Einrichtung.[591] Nachdem der EuGH entschieden

---

587 BAG 24.9.2014 – 5 AZR 611/12, NZA 2014, 1407.
588 Vgl. Art. 15 EMRK.
589 BVerfG 22.10.2014 – 2 BvR 661/12, NZA 2014, 1387.
590 BVerfG 22.10.2014 – 2 BvR 661/12, NZA 2014, 1387; BVerfG 4.6.1985 – 2 BvR 1703/83, BVerfGE 70, 138; BAG 25.4.2013 – 2 AZR 579/12, BAGE 145, 90; BAG 24.9.2014 – 5 AZR 611/12, NZA 2014, 1407.
591 BVerfG 22.10.2014 – 2 BvR 661/12, NZA 2014, 1387.

hat, wie Art. 4 der Rahmenrichtlinie zu verstehen ist, kann an dieser Rechtsprechung nicht festgehalten werden.

Bei verkündigungsfernen Tätigkeiten sind die öffentlichen Auswirkungen der Loyalitätspflichtverletzung und das Interesse des kirchlichen Arbeitgebers an der Wahrung seiner Glaubwürdigkeit in der Regel ohnehin gering. Auch deshalb ist es geboten, unter Beachtung der Bewertung der Kirche hinsichtlich der Schwere des Loyalitätspflichtverstoßes zwischen religiös verkündigungsnahen und religiös verkündigungsfernen Tätigkeiten zu unterscheiden.

Für den verkündigungsnahen Bereich (Tätigkeiten als Pfarrer, Priester, Rabbi, Iman oder andere Lehr- und Leitungspersonen) wird regelmäßig zu bejahen sein, dass die Religion eine wesentliche und verhältnismäßige berufliche Anforderung darstellt. Bei verkündigungsfernen Tätigkeiten (Hausmeister, Köchin, Reinigungskraft, Buchhalter, Fahrer) darf hingegen nicht nach der Religion differenziert werden. Die Überlegung des ArbG Köln, die Möglichkeit eines technischen Administrators im Datenverarbeitungsbereich, Einblick in die innere Struktur der kirchlichen Verwaltung zu nehmen, wie eine verkündigungsnahe Position zu behandeln und die Religionszugehörigkeit zur Einstellungsvoraussetzung zu machen, kollidiert mit der gebotenen engen Auslegung.[592] Jede Ungleichbehandlung hat die allgemeinen Grundsätze des Gemeinschaftsrechts, zu denen der Grundsatz der Verhältnismäßigkeit gehört, zu beachten. Die Anforderung muss angemessen sein und darf nicht über das zur Erreichung des angestrebten Ziels Erforderliche hinausgehen.[593]

1. Selbstverständnis

Nach der Rechtsprechung des BVerfG kommt es für die Frage, was als Religionsausübung zu betrachten ist, gerade auch auf das Selbstverständnis der Religionsgemeinschaft an.[594] § 9 Abs. 1 AGG gestattet die unterschiedliche Behandlung von Beschäftigten ebenfalls nach Maßgabe des Selbstverständnisses der Religionsgemeinschaft. Im Selbstverständnis spiegeln sich die Ziele wider, die eine Religionsgemeinschaft bei der Ausübung ihres Glaubens verfolgt. Das Selbstverständnis der katholischen und evangelischen Kirche sieht als Religionsausübung nicht nur den Bereich des Glaubens und des Gottesdienstes, sondern auch die Freiheit zur Entfaltung und Wirksamkeit in der Welt, wie es ihrer religiösen und diakonischen Aufgabe entspricht.[595] Kirchen und ihnen zu-

---

592 ArbG Köln 22.2.2013 – 1 Ca 6290/12, ZMV 2013, 345.
593 BAG 25.10.2018 – 8 AZR 501/14, AuR 2019, 239 Rn. 70.
594 BVerfG 16.10.1968 – 1 BvR 241/66, BVerfGE 24, 236; BVerfG 4.6.1985 – 2 BvR 1703/83, 2 BvR 1718/83, 2 BvR 865/84, BVerfGE 70, 138.
595 BVerfG 16.10.1968 – 1 BvR 241/66, BVerfGE 24, 236.

geordnete Einrichtungen, zu deren Selbstverständnis gehört, dass ausnahmslos in allen Funktionen nur bekennende Mitglieder zu beschäftigen sind, könnten auf dieser Basis Arbeitnehmer mit besonderen Loyalitätsobliegenheiten belegen, für deren Tätigkeit die Kirchenzugehörigkeit keine wesentliche berufliche Anforderung darstellt.

Eine Auslegung von § 9 AGG, derzufolge die Kirchen als Arbeitgeber selbst bestimmen können, in welchen Fällen unterschiedliche Behandlungen zulässig sind, verbietet sich aber. Genauso, wie bei § 118 BetrVG danach differenziert wird,[596] ob ein Tendenzträger betroffen ist und Tendenzbezug in Rede steht oder nicht, dürfen Kirchen nicht im Wege der Selbstdefinition allen Arbeitnehmern ein Verhalten im Sinne ihrer Lehre als arbeitsvertragliche Pflicht auferlegen.[597] Der von der europäischen Ermächtigungsgrundlage vorgegebene Rahmen kann nur dann eingehalten werden, wenn die Regelungsalternative „Selbstbestimmungsrecht" im Wege der richtlinienkonformen restriktiven Auslegung ausschließlich auf exponierte Positionen der religiösen oder weltanschaulichen Gemeinschaft beschränkt wird.[598] Das Selbstverständnis einer Religions- oder Weltanschauungsgemeinschaft kann daher für die Bewertung der Zulässigkeit einer unterschiedlichen Behandlung kein absoluter Maßstab sein.

2. Selbstbestimmungsrecht

§ 9 Abs. 1 GG verknüpft die gerechtfertigte berufliche Anforderung mit dem Selbstverständnis der Religionsgemeinschaft oder Vereinigung im Hinblick auf ihr Selbstbestimmungsrecht. § 9 Abs. 1 1. Alternative AGG ist aber mit der RL 2000/78/EG unvereinbar, die Norm ist hinsichtlich der Worte „im Hinblick auf ihr Selbstbestimmungsrecht oder" nicht anzuwenden.[599]

3. Wesentlichkeit

Das Erfordernis der gerechtfertigten beruflichen Anforderung ist um das zusätzliche Merkmal „wesentlich" zu ergänzen.[600] Es kommt also darauf an, ob das Handeln einer zugeordneten Einrichtung unmittelbar und nachweislich den Zielen der Religion oder Weltanschauung dient und ob die Religionszugehörigkeit im Einzelfall eine wesentliche berufliche Anforderung an den Arbeitnehmer darstellt.[601] Das Adjektiv „wesentlich" bedeutet, dass die Zugehö-

---

596   *Fitting*, § 118 Rn. 59.
597   *Wank*, Beilage NZA Sonderbeilage zu Heft 22, 2004, 23.
598   *Gleich*, Privilegien, S. 50.
599   Siehe oben E.II.7.
600   *Gleich*, Privilegien, S. 51.
601   Däubler/Beck-*Wedde*, § 9 Rn. 79; *Reichold*, NZA 2001, 1059.

rigkeit zu der Religion aufgrund der Bedeutung der betreffenden beruflichen Tätigkeit für die Bekundung dieses Ethos oder die Ausübung des Rechts dieser Kirche oder Organisation auf Autonomie notwendig erscheinen muss.[602]

§ 9 Abs. 1 AGG setzt einen Zusammenhang zwischen der unmittelbaren Ausübung der Religion oder Weltanschauung und den Beschäftigungsinhalten voraus. Dieser ist gegeben bei der Verkündigung und Vermittlung einer Religion oder Weltanschauung. Kirchen dürfen für seelsorgerische Stellen eine aktive Glaubensausübung verlangen. Ebenso ist es zulässig, pastorale, katechetische und leitende Aufgaben nur Kirchenangehörigen zu übertragen.[603] Auch bei gewerblichen Tätigkeiten kann eine bestimmte Religion erforderlich sein. Der erforderliche Zusammenhang fehlt aber etwa bei Reinigungskräften.[604] Dasselbe gilt für Lehrer an kirchlichen Schulen, die in einem glaubensfernen Fach wie Sport unterrichten.[605]

Da Art. 4 Abs. 2 der Richtlinie nur für wesentliche Anforderungen Differenzierungen erlaubt, ist des Weiteren eine Außenwirkung erforderlich. Diese fehlt z.B. bei gewerblichen Mitarbeiten oder Beschäftigten in Technik und Verwaltung,[606] aber auch bei einem Arzt in einem kirchlichen Krankenhaus, weil der Schwerpunkt seiner Tätigkeit nicht in der Vertretung der Religion, sondern in der ärztlichen Betreuung liegt.[607] Die legitimen Interessen der Kirche sind durch ein loyales und aufrichtiges Verhalten i.S.v. § 9 Abs. 2 AGG ihrer Beschäftigten gewahrt.

V. Loyales Verhalten

§ 9 Abs. 1 AGG ist nicht einschlägig, soweit es um ein Verhalten von Beschäftigten außerhalb des Bereichs der Religion oder Weltanschauung geht (z.B. sexuelle Orientierung).[608] Ausnahmen sind denkbar, wenn eine unmittelbare und herausragende Vertretung der Gemeinschaft in Rede steht. Im Übrigen

---

602 BAG 25.10.2018 – 8 AZR 501/14, AuR 2019, 239 Rn. 67.

603 *Belling*, NZA 2004, 855; *Reichold*, NZA 2001, 1060.

604 *Reichold*, NZA 2001, 1060.

605 Ähnlich BAG 8.9.2011 – 2 AZR 543/10, AP Nr. 92 zu § 1 KSchG 1969 (aufgehoben durch BVerfG 22.10.2014 – 2 BvR 661/12, NZA 2014, 1387); a.A. BAG 4.3.1980 – AP Nr. 4 zu Art. 140 GG vor Inkrafttreten des AGG.

606 *Von Roetteken*, § 9 Rn. 45.

607 A.A. BAG 12.12.1984 – 7 AZR 418/83, BAGE 47, 292.

608 ArbG Lörrach 25.8.1992 – 1 Ca 125/92, AuR 1993, 151; LAG Baden-Württemberg 24.6.1993 – 11 Sa 39/93, NZA 1994, 416; *Adomeit/Mohr*, § 9 Rn. 17ff.; a.A. BAG 30.6.1983 – 2 AZR 524/81, NJW 1986, 1917.

sind die legitimen Interessen der Kirche auch hier durch ein loyales und aufrichtiges Verhalten i.S.v. § 9 Abs. 2 AGG ihrer Beschäftigten gewahrt.

Die Erfüllung kirchlicher Aufgaben lässt nicht überall eine scharfe Unterscheidung von dienstlicher Loyalität und außerdienstlichem Verhalten zu. Deshalb soll sich das Bestimmungsrecht der Kirchen auch auf außerdienstliches Verhalten erstrecken.

Kirchliche Loyalitätsobliegenheiten begründen keine vertraglichen Nebenpflichten. Ihnen fehlt regelmäßig die Qualität erzwingbarer Rechtspflichten.[609] Sie können sich gleichwohl auf den Bestand des Arbeitsverhältnisses auswirken. Die Missachtung von Loyalitätspflichten durch den Arbeitnehmer führt unter Umständen dazu, dass die Fortsetzung des Arbeitsverhältnisses mit dem illoyalen Mitarbeiter für den kirchlichen Arbeitgeber unzumutbar wird und ihn zur Kündigung berechtigt. Im Falle der Verletzung einer Loyalitätsobliegenheit kommt sowohl eine ordentliche (§ 1 Abs. 1 KSchG) als auch eine außerordentliche (§ 626 Abs. 1 BGB) Kündigung des Arbeitsverhältnisses in Betracht.

§ 9 Abs. 2 AGG gestattet es Religionsgemeinschaften, spezifische Verhaltensanforderungen an ihre Beschäftigten zu stellen. Es darf ein „loyales und aufrichtiges Verhalten im Sinne ihres jeweiligen Selbstverständnisses" verlangt werden. Die Reichweite der Befugnis der Kirchen, Loyalitätspflichten zu statuieren, ist umstritten. Vor allem wird vertreten, dass den Religions- und Weltanschauungsgemeinschaften eine uneingeschränkte Befugnis zur Bestimmung von Loyalitätsobligenheiten einzuräumen sei.[610] Den Inhalt der Anforderungen, nach denen sich die Beschäftigten zu richten haben, könnten die Religionsgemeinschaften selbst festlegen. So wurde lange angenommen, dass die Kirchen befugt seien, ihren Arbeitnehmern die Beachtung tragender Grundsätze der kirchlichen Glaubens- und Sittenlehre aufzuerlegen. Sie könnten verlangen, dass die bei ihnen Beschäftigten in ihrer Lebensgestaltung nicht gegen fundamentale Verpflichtungen verstoßen, die sich aus der Zugehörigkeit zur Kirche ergeben und jedem Kirchenmitglied obliegen.[611] Die Befugnis, eigene Angelegenheiten selbstständig zu ordnen, schließe die Berechtigung ein, festzulegen, was die Glaubwürdigkeit der Kirche erfordert, was spezifische kirchliche Aufgaben sind und welches die wesentlichen Grundätze der Glaubens- und Sittenlehre sind.[612] Ebenso sei es den Kirchen überlassen, festzulegen, welche Loyali-

---

609   BVerfG 4.6.1985 – 2 BvR 1703/83, 2 BvR 1718/83, 2 BvR 856/84 – BVerfGE 70, 138.

610   *Bauer/Göpfert/Krieger*, § 9 AGG, Rn. 17; *Kamanabrou*, RdA 2006, 321.

611   BVerfG 4.6.1985 – 2 BvR 1703/83 – 2 BvR 1703/83, BVerfGE 70,165; BAG 14.10.1980 – 1 AZR 1274/79, AP GG Art. 140 Nr. 7; MünchArbR/*Richardi*, § 193, Rn. 22ff.

612   *Fahrig/Stenslik*, EuZA 2012, 190.

tätsverstöße aus kirchenspezifischen Gründen als schwerwiegend anzusehen sind.[613] Auch die Entscheidung darüber, ob und wie innerhalb der im kirchlichen Dienst tätigen Mitarbeiter eine Abstufung der Loyalitätsanforderungen eingreifen soll, sei grundsätzlich eine dem kirchlichen Selbstbestimmungsrecht unterliegende Angelegenheit.[614]

1.   Katholische Kirche

Die römisch-katholische Kirche verabschiedete am 22.9.1993 eine Fortschreibung der „Erklärung der deutschen Bischöfe zum kirchlichen Dienst" (nachfolgend: Erklärung) sowie die „Grundordnung des kirchlichen Dienstes im Rahmen kirchlicher Arbeitsverhältnisse" (nachfolgend: Grundordnung, GrO). Die GrO wurde am 27.4.2015 von der Vollversammlung des Verbandes der Diözesen Deutschlands (VDD) modernisiert.

In Ausübung des kirchlichen Selbstbestimmungsrechts will die GrO die verfassungsgerichtlich anerkannten Freiräume durch eine eigene kirchenrechtliche Regelung in einer zugleich rechts- und sozialstaatlichen Anforderung genügenden Weise ausfüllen. Ausgehend vom Leitbild der christlichen Dienstgemeinschaft setzt die GrO die grundlegenden Aussagen der Erklärung zur Eigenart des kirchlichen Dienstes, zu den Anforderungen an Träger und Leitung kirchlicher Einrichtungen sowie an die Mitarbeiter, zur Koalitionsfreiheit und zum besonderen Regelungsverfahren zur Beteiligung der Mitarbeiter an der Gestaltung ihrer Arbeitsverhältnisse (sogenannter Dritter Weg) sowie zum gerichtlichen Rechtsschutz normativ um.

Im Bereich des individuellen Arbeitsrechts sind die kirchenspezifischen Anforderungen an die Mitarbeiterinnen und Mitarbeiter im kirchlichen Dienst zum Teil an Veränderungen in der Rechtsprechung, Gesetzgebung und Gesellschaft angepasst worden.

Die GrO in der Fassung vom 27.4.2015 modernisiert das katholische Individualarbeitsrecht erheblich. Das Verhältnismäßigkeitsprinzip und die Notwendigkeit einer Einzelfallprüfung werden anerkannt. Zwischen verkündigungsnahen und verkündigungsfernen wird unterschieden, vorgesehen ist eine Abstufung der Loyalitätspflichten. Auf dieser Basis wird sich die arbeitsgerichtliche Rechtsprechung im Zusammenhang mit der Verletzung von Loyalitätspflich-

---

613 BAG 8.9.2011 – 2 AZR 543/10, AP Nr. 92 zu § 1 KSchG 1969; Rolfs/Giesen/Kreikebohm/Udschig/*Roloff*, § 9 Rn. 3.

614 BAG 25.4.2013 – 2 AZR 579/12, BVerfG 4.6.985 – 2 BvR 1703/83, BVerfGE 70, 138; BAG 8.9.2011 – 2 AZR 543/10 – BAGE 139, 144; 21.2.2001 – 2 AZR 139/00; bestätigend EGMR 3.2.2011 – 18136/02 (*Siebenhaa*r), AuR 2011, 131.

ten neu zu orientieren haben. Unverändert bleibt das Grundproblem, dass die Kirche für sich in Anspruch nimmt, über einen gebotenen Tendenzschutz hinaus Loyalitätspflichten zu statuieren, wobei es den Arbeitsgerichten nach der Rechtsprechung des BVerfG verwehrt sein soll, eigene Bewertungen vorzunehmen.

Im Einzelnen: In der Fassung vom 27.4.2015 unterscheidet die GrO zwischen Kündigungsgründen, die alle Arbeitnehmer betreffen und solchen, die auf katholische Arbeitnehmer zielen. Die GrO regelt, dass der kirchliche Arbeitgeber den betroffenen Arbeitnehmer zunächst anhören muss, wenn er oder sie die Loyalitätsanforderungen nicht mehr erfüllt. Anschließend ist zu prüfen, wie dem Pflichtenverstoß wirksam begegnet werden kann (Art. 5 Abs. 1 GrO). Bei der Ahndung von Loyalitätsverstößen gilt das Ultima-Ratio-Prinzip. Demzufolge ist die Beendigungskündigung eines Arbeitsverhältnisses nur das allerletzte Mittel. Der Arbeitgeber ist verpflichtet, alle anderen denkbaren – aus Sicht des Arbeitnehmers – milderen Mittel (z.B. Ermahnung, Abmahnung[615], Versetzung, Änderungskündigung usw.) auszuschöpfen, bevor er vom schärfsten Instrument der Beendigungskündigung Gebrauch macht. Welche Verstöße gegen die Loyalitätsanforderungen im Einzelnen als schwerwiegend anzusehen sind, wird in der GrO beispielhaft, aber nicht abschließend aufgezählt.

Als Kündigungsgrund für alle Arbeitnehmer (auch für nichtkonfessionsgebundene) werden genannt: öffentliches Eintreten gegen tragende Grundsätze der katholischen Kirche (z.B. Abtreibung, Fremdenhass), schwerwiegende sittliche Verfehlung, Verunglimpfung oder Verhöhnung des katholischen Glaubens.

Für katholische Arbeitnehmer werden angeführt: Kirchenaustritt, Apostasie und Häresie, Abschluss einer kirchenrechtlich ungültigen Zivilehe, wenn dies ein erhebliches Ärgernis darstellt sowie das Eingehen einer eingetragenen Lebenspartnerschaft, wenn dies ein erhebliches Ärgernis darstellt. Die erneute standesamtliche Heirat nach einer zivilen Scheidung ist zukünftig grundsätzlich dann als schwerwiegender Loyalitätsverstoß zu werten, wenn dieses Verhalten nach den konkreten Umständen objektiv geeignet ist, ein erhebliches Ärgernis in der Dienstgemeinschaft oder im beruflichen Wirkungskreis zu erregen und die Glaubwürdigkeit der Kirche zu beeinträchtigen. Dasselbe gilt für das Eingehen einer eingetragenen Lebenspartnerschaft.

Diese Handlungen besitzen damit bei Vorliegen besonderer Umstände und damit nur in Ausnahmefällen Kündigungsrelevanz. Das ist z.B. der Fall, wenn

---

615 An einer fehlenden Abmahnung scheiterten bereits Kündigungen: ArbG Hamburg 29.6.2016 – 8 Ca 212/15; LAG Hamburg 19.12.2016 – 7 Sa 74/16.

objektive Gründe befürchten lassen, dass eine erneute standesamtliche Ehe oder eine eingetragene Lebenspartnerschaft sich störend auf die Zusammenarbeit in der Dienstgemeinschaft auswirkt. Bei einer Wiederverheiratung können sich solche Umstände z.B. ergeben aus der beruflichen Stellung des Mitarbeiters, aus der Art und Weise, wie der geschieden wiederverheiratete Partner mit dem Scheitern der Ehe bzw. Wiederheirat in der Öffentlichkeit umgeht oder wie er seine gesetzlichen Verpflichtungen aus seiner ersten Ehe erfüllt. Notwendig ist eine Gesamtbeurteilung.

Betont wird, dass das kirchliche Arbeitsrecht keine Kündigungsautomatismen kennt. Ob bei einem Verstoß gegen die arbeitsvertraglichen Pflichten eine Weiterbeschäftigung möglich ist, hängt immer von den Umständen des Einzelfalls ab.

Bei bestimmten Berufsgruppen bestehen erhöhte Loyalitätserwartungen. Hierzu zählen Mitarbeiterinnen und Mitarbeiter, die pastoral, katechetisch, aufgrund einer Missio canonica oder einer besonderen bischöflichen Beauftragung tätig sind. Ein schwerwiegender Loyalitätsverstoß ist bei diesen Personengruppen in jedem Fall geeignet, die Glaubwürdigkeit der Kirche zu beeinträchtigen. Insoweit bleibt es im Wesentlichen bei der bisherigen Rechtslage.

Um eine einheitliche Rechtsanwendung sicherzustellen, wird in Zukunft in jeder Diözese eine zentrale Stelle geschaffen, die vor Ausspruch einer Kündigung aufgrund eines Loyalitätsverstoßes konsultiert werden soll (Art. 5 Abs. 4 GrO).

Die wesentlichen Vorschriften der GrO betreffend die Auferlegung von Loyalitätsobliegenheiten und die arbeitsrechtliche Ahndung von Verstößen hiergegen lauten:

Artikel 1 Grundprinzipien des kirchlichen Dienstes

Alle in einer Einrichtung der katholischen Kirche Tätigen tragen durch ihre Arbeit ohne Rücksicht auf die arbeitsrechtliche Stellung gemeinsam dazu bei, dass die Einrichtung ihren Teil am Sendungsauftrag der Kirche erfüllen kann (Dienstgemeinschaft). Alle Beteiligten, Dienstgeber sowie leitende und ausführende Mitarbeiterinnen und Mitarbeiter müssen anerkennen und ihrem Handeln zugrunde legen, dass Zielsetzung und Tätigkeit, Organisationsstruktur und Leitung der Einrichtung, für die sie tätig sind, sich an der Glaubens- und Sittenlehre und an der Rechtsordnung der katholischen Kirche auszurichten haben.

Artikel 2 Geltungsbereich

(3) Unter diese Grundordnung fallen nicht Mitarbeiterinnen und Mitarbeiter, die aufgrund eines Klerikerdienstverhältnisses oder ihrer Ordenszugehörigkeit tätig sind; dessen ungeachtet sind sie Teil der Dienstgemeinschaft.

(4) Für vorwiegend gewinnorientierte kirchliche Einrichtungen findet diese Grundordnung keine Anwendung.

Artikel 3 Begründung des Arbeitsverhältnisses

(1) Der kirchliche Dienstgeber muss bei der Einstellung darauf achten, dass eine Mitarbeiterin und ein Mitarbeiter die Eigenart des kirchlichen Dienstes bejahen. Er muss auch prüfen, ob die Bewerberin und der Bewerber geeignet und befähigt sind, die vorgesehene Aufgabe so zu erfüllen, dass sie der Stellung der Einrichtung in der Kirche und der übertragenen Funktion gerecht werden.

(2) Der kirchliche Dienstgeber kann pastorale und katechetische sowie in der Regel erzieherische und leitende Aufgaben nur einer Person übertragen, die der katholischen Kirche angehört.

(3) Der kirchliche Dienstgeber muss bei allen Mitarbeiterinnen und Mitarbeitern durch Festlegung der entsprechenden Anforderungen sicherstellen, dass sie ihren besonderen Auftrag glaubwürdig erfüllen können. Dazu gehören fachliche Tüchtigkeit, gewissenhafte Erfüllung der übertragenen Aufgaben und eine Zustimmung zu den Zielen der Einrichtung.

(4) Für keinen Dienst in der Kirche geeignet ist, wer sich kirchenfeindlich betätigt oder aus der katholischen Kirche ausgetreten ist.

(5) Der kirchliche Dienstgeber hat vor Abschluss des Arbeitsvertrages über die geltenden Loyalitätsobliegenheiten (Art. 4) aufzuklären und sich zu vergewissern, dass die Bewerberinnen oder Bewerber diese Loyalitätsobliegenheiten erfüllen.

Artikel 4 Loyalitätsobliegenheiten

Von den katholischen Mitarbeiterinnen und Mitarbeitern wird erwartet, dass sie die Grundsatze der katholischen Glaubens- und Sittenlehre anerkennen und beachten. Im pastoralen und katechetischen Dienst sowie bei Mitarbeiterinnen und Mitarbeitern, die aufgrund einer Missio canonica oder einer sonstigen schriftlich erteilten bischöflichen Beauftragung tätig sind, ist das persönliche Lebenszeugnis im Sinne der Grundsätze der Glaubens- und Sittenlehre erforderlich; dies gilt in der Regel auch für leitende Mitarbeiterinnen und Mitarbeiter sowie für Mitarbeiterinnen und Mitarbeiter im erzieherischen Dienst.

(2) Von nicht katholischen christlichen Mitarbeiterinnen und Mitarbeitern wird erwartet, dass sie die Wahrheiten und Werte des Evangeliums achten und dazu beitragen, sie in der Einrichtung zur Geltung zu bringen.

(3) Nichtchristliche Mitarbeiterinnen und Mitarbeiter müssen bereit sein, die ihnen in einer kirchlichen Einrichtung zu übertragenden Aufgaben im Sinne der Kirche zu erfüllen.

(4) Alle Mitarbeiterinnen und Mitarbeiter haben kirchenfeindliches Verhalten zu unterlassen. Sie dürfen in ihrer persönlichen Lebensführung und in ihrem dienstlichen Verhalten die Glaubwürdigkeit der Kirche und der Einrichtung, in der sie beschäftigt sind, nicht gefährden.

Artikel 5 Verstöße gegen Loyalitätsobliegenheiten

Erfüllt eine Mitarbeiterin oder ein Mitarbeiter die Beschäftigungsanforderungen nicht mehr, so muss der Dienstgeber durch Beratung versuchen, dass die Mitarbeiterin oder der Mitarbeiter diesen Mangel auf Dauer beseitigt. Im konkreten Fall ist zu prüfen, ob schon ein solches klärendes Gespräch oder eine Abmahnung, ein formeller Verweis oder eine andere Maßnahme (z.B. Versetzung, Änderungskündigung) geeignet sind, dem Obliegenheitsverstoß zu begegnen. Als letzte Maßnahme kommt eine Kündigung in Betracht.

Für eine Kündigung aus kirchenspezifischen Gründen sieht die Kirche insbesondere folgende Verstöße gegen die Loyalitätsobliegenheiten im Sinn des Art. 4 als schwerwiegend an:

1. Bei allen Mitarbeiterinnen und Mitarbeitern:

a) das öffentliche Eintreten gegen tragende Grundsätze der katholischen Kirche (z.B. die Propagierung der Abtreibung oder von Fremdenhass),

b) schwerwiegende persönliche sittliche Verfehlungen, die nach den konkreten Umständen objektiv geeignet sind, ein erhebliches Ärgernis in der Dienstgemeinschaft oder im beruflichen Wirkungskreis zu erregen und die Glaubwürdigkeit der Kirche zu beeinträchtigen,

c) das Verunglimpfen oder Verhöhnen von katholischen Glaubensinhalten, Riten oder Gebräuchen; öffentliche Gotteslästerung und Hervorrufen von Hass und Verachtung gegen Religion und Kirche (vgl. c. 1369 CIC); Straftaten gegen die kirchlichen Autoritäten und die Freiheit der Kirche (vgl. cc. 1373, 1374 CIC),

d) die Propagierung von religiösen und weltanschaulichen Überzeugungen, die im Widerspruch zu katholischen Glaubensinhalten stehen, während der Arbeitszeit oder im dienstlichen Zusammenhang, insbesondere die Werbung für andere Religions- oder Weltanschauungsgemeinschaften.

2. Bei katholischen Mitarbeiterinnen und Mitarbeitern:

a) den Austritt aus der katholischen Kirche,

b) Handlungen, die kirchenrechtlich als eindeutige Distanzierung von der katholischen Kirche anzusehen sind, vor allem Abfall vom Glauben (Apostasie oder Häresie gemäß c. 1364 § 1 i.V.m. c. 751 CIC),

c) den kirchenrechtlich unzulässigen Abschluss einer Zivilehe, wenn diese Handlung nach den konkreten Umständen objektiv geeignet ist, ein erhebliches Ärgernis in der Dienstgemeinschaft oder im beruflichen Wirkungskreis zu erregen und die Glaubwürdigkeit der Kirche zu beeinträchtigen; eine solche Eignung wird bei pastoral oder katechetisch tätigen Mitarbeiterinnen und Mitarbeitern sowie bei Mitarbeiterinnen und Mitarbeitern, die aufgrund einer Missio canonica oder einer sonstigen schriftlich erteilten bischöflichen Beauftragung beschäftigt werden, unwiderlegbar vermutet,

d) das Eingehen einer eingetragenen Lebenspartnerschaft; bei diesem Loyalitätsverstoß findet Ziff. 2c) entsprechende Anwendung.

Liegt ein schwerwiegender Loyalitätsverstoß nach Absatz 2 vor, so hängt die Möglichkeit der Weiterbeschäftigung von der Abwägung der Einzelfallumstände ab. Dem Selbstverständnis der Kirche ist dabei ein besonderes Gewicht beizumessen, ohne dass die Interessen der

Kirche die Belange des Arbeitnehmers dabei prinzipiell überwiegen. Angemessen zu berücksichtigen sind unter anderem das Bewusstsein der Mitarbeiterin oder des Mitarbeiters für die begangene Loyalitätspflichtverletzung, das Interesse an der Wahrung des Arbeitsplatzes, das Alter, die Beschäftigungsdauer und die Aussichten auf eine neue Beschäftigung. Bei Mitarbeiterinnen und Mitarbeitern, die pastoral, katechetisch, aufgrund einer Missio canonica oder einer sonstigen schriftlich erteilten bischöflichen Beauftragung beschäftigt werden, schließt das Vorliegen eines schwerwiegenden Loyalitätsverstoßes nach Absatz 2 die Möglichkeit der Weiterbeschäftigung in der Regel aus. Von einer Kündigung kann in diesen Fällen ausnahmsweise abgesehen werden, wenn schwerwiegende Gründe des Einzelfalles diese als unangemessen erscheinen lassen. Gleiches gilt für den Austritt einer Mitarbeiterin oder eines Mitarbeiters aus der katholischen Kirche.

(4) Zur Sicherstellung einer einheitlichen Rechtsanwendung hinsichtlich dieser Ordnung wird in jeder (Erz-)Diözese oder (wahlweise) von mehreren (Erz-)Diözesen gemeinsam eine zentrale Stelle gebildet. Deren Aufgabe ist von einer Person wahrzunehmen, die der katholischen Kirche angehört, die Befähigung zum Richteramt besitzt und über fundierte Erfahrungen im kirchlichen und weltlichen Arbeitsrecht verfügt. Beabsichtigt ein kirchlicher Dienstgeber eine Kündigung wegen eines schwerwiegenden Verstoßes gegen eine Loyalitätsobliegenheit auszusprechen, soll er bei der zentralen Stelle eine Stellungnahme zur beabsichtigten Kündigung einholen. Die Einholung der Stellungnahme der zentralen Stelle ist keine Wirksamkeitsvoraussetzung für die Kündigung.

Auch auf Basis der GrO vom 27.4.2015 kommt es in der Praxis zu schwer nachvollziehbaren Diskriminierungen.[616]

Es ist zu erwarten, dass die katholische Kirche ihre GrO im Laufe des Jahres 2022 reformiert. Folgende Fassung wird erwartet:[617]

---

616 Eine Arbeitnehmerin war bis zu ihrem Umzug in ein evangelisch dominiertes Dorf Mitglied der Katholischen Kirche. Nach dem Umzug trat sie aus der katholischen Kirche aus und in die evangelische Kirche ein. Anfang 2018 bewarb sie sich als Sekretärin bei einem katholischen Bildungsträger. Nach einem erfolgreichen Bewerbungsgespräch wurde sie abgelehnt. Zur Abwendung eines Urteils zahlte der Arbeitgeber eine Abfindung von € 9.000 (ArbG Pforzheim 30.1.2019 – 5 Ca 283/18).
617 Vgl. Pressemitteilung der Deutschen Bischofskonferenz Nr. 86 v. 30.5.2022.

Artikel 2 Eigenart und Grundprinzipien des kirchlichen Dienstes

(1) [1]Der Dienst in der Kirche ist ausgerichtet an der Botschaft Jesu Christi. [2]Alle kirchlichen Einrichtungen sind sichtbare und erlebbare Orte der Kirche und dem Auftrag Christi verpflichtet. [3]Sie sind Ausdruck der christlichen Hoffnung auf die zeichenhafte Verwirklichung des Reiches Gottes in der Welt (Sendungsauftrag).

(2) Alle in den Einrichtungen der Kirche Tätigen, gleich ob sie haupt- oder ehrenamtlich, ob sie leitend oder ausführend beschäftigt sind und unbeschadet des Umstandes, ob es sich um Christen, andersgläubige oder religiös ungebundene Mitarbeitende handelt, arbeiten gemeinsam daran, dass die Einrichtung ihren Teil am Sendungsauftrag der Kirche erfüllen kann (Dienstgemeinschaft).

(3) Der Sendungsauftrag verbindet Dienstgeber und Mitarbeiterschaft und verpflichtet sie zur vertrauensvollen Zusammenarbeit.

...

Artikel 3 Ausprägungen katholischer Identität und Verantwortung für den Erhalt und die Stärkung des christlichen Profils

(1) [1]Katholische Einrichtungen sind geprägt durch das christliche Gottes- und Menschenbild. [2]Das Gebot der Nächstenliebe gehört gemeinsam mit der Gottesliebe zum Kern des christlichen Glaubens. [3]Das Leben ist ein Geschenk aus der Hand Gottes, das zu schützen und zu achten ist. [4]Auf dieser Grundlage arbeiten kirchliche Einrichtungen mit allen Menschen guten Willens zusammen, auch mit jenen, die nicht Katholiken oder Christen sind.

(2) [1]Vielfalt in kirchlichen Einrichtungen ist eine Bereicherung. [2]Alle Mitarbeitenden können unabhängig von ihren konkreten Aufgaben, ihrer Herkunft, ihrer Religion, ihrem Alter, ihrer Behinderung, ihres Geschlechts, ihrer sexuellen Orientierung und ihrer Lebensform Repräsentantinnen und Repräsentanten der unbedingten Liebe Gottes und damit einer den Menschen dienenden Kirche sein, solange sie eine positive Grundhaltung und Offenheit gegenüber der Botschaft des Evangeliums mitbringen, den christlichen Charakter der Einrichtung achten und dazu beitragen, ihn im eigenen Aufgabenfeld zur Geltung zu bringen.

(3) [1]Die Verantwortung für den Schutz und die Stärkung des kirchlichen Charakters der Ein-richtung kommt zuallererst dem Dienstgeber zu. [2]Er hat dafür Sorge zu tragen, dass alle Mitarbeitenden ihren besonderen Auftrag glaubwürdig erfüllen können. [3]Er ist insbesondere dafür verantwortlich, dass geeignete Mitarbeitende gewonnen werden, die bereit und in der Lage sind, den kirchlichen Charakter der Einrichtung zu erhalten und zu fördern.

(4) [1]Die Arbeit an der christlichen Identität der Einrichtung ist eine Pflicht und eine Gemeinschaftsaufgabe aller und ein permanenter, dynamischer Prozess. [2]Der Dienstgeber ist in Zusammenarbeit mit den Mitarbeitenden verpflichtet, das christliche Profil der Einrichtung fortwährend weiterzuentwickeln und zu schärfen. [3]Unerlässlich ist, dass das Profil nicht nur in Leitbildern und Konzepten verankert ist, sondern auch als christliche Kultur in den Einrichtungen von Leitung und Mitarbeiterschaft mitgestaltet, von allen mit Leben gefüllt und für die Menschen, die kirchliche Angebote wahrnehmen, erfahrbar wird.

Artikel 4 Handlungsaufträge und Ziele für die Dienstgeber

[1]Zu den wechselseitigen Pflichten von Dienstgeber und Mitarbeitenden gehört die Verwirklichung des Sendungsauftrags und die gemeinsame Sorge für alle in der Kirche Tätigen. [2]Dabei sind auch folgende Handlungsaufträge und Ziele zu beachten, für deren Umsetzung im Rahmen der vorhandenen personellen und materiellen Ressourcen in erster Linie der Dienstgeber verantwortlich ist:

a) [1]Die Förderung der Gleichstellung von Frauen und Männern im kirchlichen Dienst ist ein zentrales Anliegen, das bei allen Entscheidungen zu berücksichtigen ist. [2]Bestehende Benachteiligungen aufgrund des Geschlechts sind zu beseitigen, künftige Benachteiligungen zu verhindern. [3]Der Dienstgeber ist dafür verantwortlich, dass die Vereinbarkeit von Familie, Pflege und Beruf für Frauen und Männer gewährleistet ist.

b) [1]Die kirchlichen Dienstgeber setzen sich in besonderer Weise für den Schutz der Würde und Integrität aller Personen in ihren Einrichtungen, insbesondere von Minderjährigen und schutz- oder hilfebedürftigen Erwachsenen, ein. [2]Die Prävention gegen sexualisierte Gewalt ist integraler Bestandteil der kirchlichen Arbeit.

c) [1]Führung in der Kirche muss die fachlichen Qualifikationen und Charismen der Mitarbeitenden im Rahmen ihrer beruflichen Tätigkeit zur Entfaltung bringen. [2]Der Dienstgeber entwickelt Konzepte guter Mitarbeiterführung unter besonderer Berücksichtigung des christlichen Menschenbildes. [3]Führungskräfte in kirchlichen Einrichtungen sind einem kooperativen, wertschätzenden Führungsstil verpflichtet. [4]Eine transparente Kommunikation über Hierarchie- und Berufsgrenzen hinweg ist Grundbedingung einer vertrauensvollen und wertschätzenden Zusammenarbeit.

d) [1]Der Dienstgeber nimmt seine Verantwortung für die physische, psychische und seelische Gesundheit aller in der Einrichtung Beschäftigten während des Dienstes ernst. 2 Arbeitssicherheit und Gesundheitsschutz werden als wichtige Leitungsaufgabe verstanden.

e) [1]Die wirtschaftliche Betätigung kirchlicher Einrichtungen hat stets der Verwirklichung des kirchlichen Sendungsauftrages zu dienen. 2Die Standards einer an den kirchlichen Zwecken und christlichen Werten ausgerichteten Unternehmensführung sind einzuhalten. [3]Diese sind insbesondere durch die Beachtung der Grundsätze einer guten Finanzwirtschaft, eine wirksame und qualifizierte Aufsicht, Transparenz und den Aufbau von funktionsfähigen Kontroll- und Überwachungssystemen gekennzeichnet. [4]Kirchliche Einrichtungen übernehmen Verantwortung für ethisch-nachhaltiges Investieren kirchlichen Vermögens. [5]Der Dienstgeber verpflichtet sich, die eigene Organisation wirtschaftlich und ökologisch nachhaltig aufzustellen; dies gilt insbesondere für den Umgang mit Arbeitsplätzen.

f) Der Dienstgeber sorgt dafür, dass alle Positionen, die dem christlichen Menschenbild widersprechen, keinen Platz in kirchlichen Einrichtungen haben.

Artikel 6 Anforderungen bei der Begründung des Dienstverhältnisses

(1) [1]Der Dienstgeber muss bei der Einstellung darauf achten, dass Bewerberinnen und Bewerber fachlich und persönlich geeignet sind, um die vorgesehenen Aufgaben zu erfüllen. [2]In den Auswahlgesprächen sind die Bewerberinnen und Bewerber mit den christlichen Zielen und Werten der Einrichtung vertraut zu machen, damit sie ihr Handeln mit Rücksicht auf das katholische Profil ausrichten und den übertragenen Aufgaben gerecht werden können. [3]Mit der Vertragsunterzeichnung bringen die Bewerberinnen und Bewerber zum Ausdruck, dass sie die Ziele und Werte der kirchlichen Einrichtung ausdrücklich anerkennen.

(2) Von allen Mitarbeitenden wird die Identifikation mit den Zielen und Werten der katholischen Kirche erwartet.

(3) Pastorale und katechetische Tätigkeiten können nur Personen übertragen werden, die der katholischen Kirche angehören.

(4) [1]Personen, die das katholische Profil der Einrichtung inhaltlich prägen, mitverantworten und nach außen repräsentieren, kommt eine besondere Verantwortung für die katholische Identität der Einrichtung zu. [2]Sie sollen daher katholisch sein.

(5) [1]Wer sich kirchenfeindlich betätigt oder aus der katholischen Kirche ausgetreten ist, wird nicht angestellt. [2]Artikel 7 Abs. 3 und Abs. 4 gelten entsprechend.

Artikel 7 Anforderungen im laufenden Dienstverhältnis

(1) [1]Dienstgeber und Mitarbeitende übernehmen gemeinsam Verantwortung für die glaubwürdige Erfüllung des Sendungsauftrags in der Einrichtung.

(2) [1]Die Anforderungen erstrecken sich in erster Linie auf das Verhalten im Dienst. [2]Außerdienstliches Verhalten ist rechtlich nur bedeutsam, wenn es öffentlich wahrnehmbar ist, grundlegende Werte der katholischen Kirche verletzt und dadurch deren Glaubwürdigkeit beeinträchtigt wird. [3]Der Kernbereich privater Lebensgestaltung, insbesondere Beziehungsleben und Intimsphäre, bleibt rechtlichen Bewertungen entzogen. [4]Besondere kirchliche Anforderungen an Kleriker und Ordensangehörige bleiben hiervon unberührt.

(3) [1]Kirchenfeindliches Verhalten, das nach den konkreten Umständen objektiv geeignet ist, die Glaubwürdigkeit der Kirche zu beeinträchtigen, kann rechtlich geahndet werden. [2]Kirchenfeindliches Verhalten erfasst Handlungen, die öffentlich wahrnehmbar sind und sich gegen die Kirche oder deren Werteordnung richten. [3]Hierzu zählen insbesondere

– das öffentliche Eintreten gegen tragende Grundsätze der katholischen Kirche (z.B. die Propagierung der Abtreibung oder von Fremdenhass),

– das Verunglimpfen von katholischen Glaubensinhalten, Riten oder Gebräuchen,

– die Propagierung von religiösen und weltanschaulichen Überzeugungen, die im Widerspruch zu katholischen Glaubensinhalten stehen, während der Arbeitszeit oder im dienstlichen Zusammenhang, insbesondere die Werbung für andere Religions- oder Weltanschauungsgemeinschaften.

(4) [1]Bei katholischen Mitarbeitenden führt der Austritt aus der katholischen Kirche in der Regel zu einer Beendigung des der Beschäftigung zugrundeliegenden Rechtsverhältnisses. [2]Von einer Beendigung kann in diesen Fällen ausnahmsweise abgesehen werden, wenn schwerwiegende Gründe des Einzelfalles diese als unangemessen erscheinen lassen.

(5) [1]Erfüllt ein Mitarbeitender die Anforderungen nicht mehr, so muss der Dienstgeber zunächst durch Beratung und Aufklärung darauf hinwirken, dass der Mitarbeitende den Anforderungen wieder genügt. [2]Im konkreten Fall ist zu prüfen, ob schon ein solches klärendes Gespräch, eine Abmahnung oder eine andere Maßnahme (z.B. Versetzung, Änderungskündigung) geeignet sind, dem Verstoß gegen die Anforderungen zu begegnen. [3]Wenn alle milderen, weniger belastenden Mittel ausgeschöpft sind, kommt als äußerste, allerletzte Maßnahme („ultima ratio") eine Beendigung des der Beschäftigung zugrundeliegenden Rechtsverhältnisses in Betracht.

Artikel 8 Beteiligung der Mitarbeitenden an der Gestaltung ihrer Arbeitsbedingungen

(1) [1]Die zivilrechtlichen Arbeitsbedingungen im kirchlichen Dienst werden durch paritätisch von Vertreterinnen und Vertretern der Mitarbeitenden und der Dienstgeber besetzte Arbeitsrechtliche Kommissionen ausgehandelt und beschlossen (Dritter Weg).

(2) [1]Die Zusammenarbeit in den Arbeitsrechtlichen Kommissionen ist durch das Konsensprinzip geprägt; Beschlüsse bedürfen einer qualifizierten Mehrheit. [2]Die Vertreterinnen und Vertreter der Mitarbeitenden in den Arbeitsrechtlichen Kommissionen sind durch unmittelbare oder mittelbare demokratische Wahl legitimiert.

(3) [1]Interessengegensätze zwischen Dienstgebern und Mitarbeiterschaft bei der Festlegung kirchlicher Arbeitsvertragsbedingungen sollen durch Verhandlung und wechselseitiges Nachgeben gelöst werden. [2]Streik und Aussperrung widersprechen diesem Grunderfordernis und scheiden daher aus. [3]Kirchliche Dienstgeber schließen keine

Tarifverträge mit tariffähigen Arbeitnehmerkoalitionen (Gewerkschaften) ab. [4]Kommt ein Beschluss in der Arbeitsrechtlichen Kommission nicht zustande, können beide Seiten der Kommission ein verbindliches Vermittlungsverfahren unter neutralem Vorsitz einleiten.

(4) [1]Um Rechtswirksamkeit zu erlangen, bedürfen die Beschlüsse der Arbeitsrechtlichen Kommissionen der bischöflichen Inkraftsetzung für die jeweilige (Erz-)Diözese. [2]Für die kirchlichen Dienstgeber gelten die durch die Arbeitsrechtlichen Kommissionen beschlossenen und vom Diözesanbischof in Kraft gesetzten Beschlüsse unmittelbar und zwingend. [3]Der Dienstgeber hat sicherzustellen, dass diese Beschlüsse arbeitsvertraglich ordnungsgemäß in Bezug genommen werden. [4]Die Mitarbeitenden haben Anspruch auf eine Vergütung nach den jeweils geltenden einschlägigen kirchlichen Arbeitsvertragsordnungen.

(5) [1]Für Streitigkeiten über die Auslegung und ordnungsgemäße Einbeziehung der jeweils geltenden Arbeitsvertragsordnungen sind kirchliche Schlichtungsstellen zuständig. [2]Dies schließt die Anrufung staatlicher Gerichte bei Streitigkeiten im Zusammenhang mit dem Individualarbeitsverhältnis nicht aus.

(6) Die nähere Ausgestaltung des kirchlichen Arbeitsrechtsregelungsverfahrens erfolgt in den jeweiligen Ordnungen der Arbeitsrechtlichen Kommissionen.

Artikel 9 Koalitionsfreiheit

(1) Die Mitarbeitenden des kirchlichen Dienstes können sich in Ausübung ihrer Koalitionsfreiheit als kirchliche Arbeitnehmer zur Beeinflussung der Gestaltung ihrer Arbeits- und Wirtschaftsbedingungen in Koalitionen zusammenschließen, diesen beitreten und sich in ihnen betätigen.

(2) Die Koalitionen sind berechtigt, im Rahmen der verfassungsrechtlichen Grenzen innerhalb der kirchlichen Einrichtung für den Beitritt zu diesen Koalitionen zu werben, über deren Aufgabe zu informieren sowie Koalitionsmitglieder zu betreuen.

(3) Die organisatorische Einbindung von Gewerkschaften in die Arbeitsrechtlichen Kommissionen des Dritten Weges ist gewährleistet.

(4) Die Koalitionsfreiheit entbindet die Vertreter der Koalition nicht von der Pflicht, das verfassungsmäßige Selbstbestimmungsrecht der Kirche zur Gestaltung der sozialen Ordnung ihres Dienstes zu achten und die Eigenart des kirchlichen Dienstes zu respektieren.

(5) Das Nähere regeln die jeweiligen Ordnungen der Arbeitsrechtlichen Kommissionen.

Artikel 10 Mitarbeitervertretungsrecht als kirchliche Betriebsverfassung

(1) [1]Zur Sicherung ihrer Selbstbestimmung in der Arbeitsorganisation kirchlicher Einrichtungen wählen die Mitarbeitenden nach Maßgabe kirchengesetzlicher Regelung Mitarbeitervertretungen, die an Entscheidungen des Dienstgebers beteiligt werden. [2]Die Gremien der Mitarbeitervertretungsordnung sind an diese Grundordnung gebunden.

(2) Der Dienst in der Kirche verpflichtet Dienstgeber und Mitarbeitervertretung in besonderer Weise, vertrauensvoll zusammenzuarbeiten und sich bei der Erfüllung der Aufgaben gegenseitig zu unterstützen.

(3) Dienstvereinbarungen, die nach Maßgabe der jeweils geltenden Mitarbeitervertretungsordnung vereinbart werden, gelten unmittelbar und zwingend.

(4) [1]Bei jeder die Mindestgröße erfüllenden Einrichtung ist der Dienstgeber verpflichtet, darauf hinzuwirken, dass eine Mitarbeitervertretung gebildet wird. [2]Zur Förderung und Unterstützung ihrer Arbeit werden auf der Ebene der (Erz-)Diözesen und des Verbandes der Diözesen Deutschlands (Deutsche Bischofskonferenz) Arbeitsgemeinschaften der Mitarbeitervertretungen gebildet. [3]Die zur Wahrnehmung ihrer Aufgaben notwendigen Kosten tragen die jeweiligen (Erz-) Diözesen bzw. der Verband der Diözesen Deutschlands.

(5) Das Nähere regelt die jeweils geltende Mitarbeitervertretungsordnung (MAVO).

Artikel 11 Gerichtlicher Rechtsschutz

(1) Soweit die Arbeitsverhältnisse kirchlicher Mitarbeitender dem staatlichen Arbeitsrecht unterliegen, sind die staatlichen Arbeitsgerichte für den gerichtlichen Rechtsschutz zuständig.

(2) Für Rechtsstreitigkeiten auf den Gebieten der kirchlichen Ordnungen für ein Arbeitsvertrags- und des Mitarbeitervertretungsrechts werden für den gerichtlichen Rechtsschutz unabhängige kirchliche Gerichte gebildet.

(3) ¹Die Richter und Richterinnen sind von Weisungen unabhängig und nur an Gesetz und Recht gebunden. ²Zum Richter bzw. zur Richterin kann berufen werden, wer katholisch ist und in der Ausübung der allen Kirchenmitgliedern zustehenden Rechte nicht behindert ist sowie die Gewähr dafür bietet, jederzeit für das kirchliche Gemeinwohl einzutreten.

(4) Die Verhandlungen vor den kirchlichen Arbeitsgerichten einschließlich der Beweisaufnahme und Verkündung der Urteile sind öffentlich.

(5) Näheres regelt die Kirchliche Arbeitsgerichtsordnung (KAGO).

Individualrechtlich zeichnen sich hier bemerkenswerte Fortschritte ab. Gleichwohl erscheint die Neufassung zwiespältig und halbherzig. Die katholische Kirche bleibt dabei, Tarifverträge kategorisch auszuschließen und hält am Dritten Weg fest (Art. 8 Abs. 1, Abs. 3). Kirchenaustritt gilt weiterhin als Einstellungshindernis (Art. 6 Abs. 5) und bei katholischen Mitarbeitern als Kündigungsgrund (Art. 7 Abs. 4). Andererseits wird ein Zutrittsrecht für Gewerkschaften anerkannt (Art. 9 Abs. 2). Zusammenarbeit mit Nicht-Christen soll möglich sein (Art. 3 Abs. 1). Auf Religion, Geschlecht und sexuelle Orientierung und Lebensform wird nicht mehr abgestellt (Art. 3 Abs. 2). Das christliche Profil einer Einrichtung soll nicht nur in Leitbildern und Konzepten verankert, sondern real erfahrbar sein (Art. 4 Abs. 4). Dass die Bewerberinnen und Bewerber mit der Vertragsunterzeichnung zum Ausdruck bringen, dass sie die Ziele und Werte der kirchlichen Einrichtung ausdrücklich anerkennen, dass von allen Mitarbeitenden die Identifikation mit den Zielen und Werten der katholischen Kirche erwartet wird, dass pastorale und katechetische Tätigkeiten nur Personen übertragen werden können, die der katholischen Kirche angehören, dass Personen, die das katholische Profil der Einrichtung inhaltlich prägen, mitverantworten und nach außen repräsentieren, eine besondere Verantwortung für die katholische Identität der Einrichtung zu kommt und sie katholisch sein sollen, erscheint naheliegend und sachgerecht (Art. 6 Abs. 1–4). Auch die Aussage, dass außerdienstliches Verhalten nur dann rechtlich bedeutsam ist, wenn es öffentlich wahrnehmbar ist, grundlegende Werte der katholischen Kirche verletzt und dadurch deren Glaubwürdigkeit beeinträchtigt wird, erscheint vernünftig (Art. 7 Abs. 2).

2.   Evangelische Kirche

Für die Begründung von Arbeitsverhältnissen verlangt die evangelische Kirche grundsätzlich die Zugehörigkeit zu einer ihrer Gliedkirchen oder einer Kirche, mit der sie in Kirchengemeinschaft verbunden ist. Dies gilt uneingeschränkt für Mitarbeiterinnen und Mitarbeiter, denen Aufgaben der Verkündigung, der Seelsorge und der evangelischen Bildung übertragen sind. Sofern es nach Art der Aufgabe unter Beachtung der Größe der Dienststelle oder Einrichtung und ihrer sonstigen Mitarbeiterschaft sowie des jeweiligen Umfelds vertretbar und mit der Erfüllung des kirchlichen Auftrags vereinbar ist, können für Aufgaben unterhalb der Ebene Dienststellenleitung auch Personen eingestellt werden, die keiner christlichen Kirche angehören.[618]

Loyalitätsanforderungen und Sanktionen sind in den §§ 4 und 5 der Richtlinie vom 9.12.2016 geregelt:

§ 4 Kirchliche Anforderungen während des Arbeitsverhältnisses

(1) Alle Mitarbeiterinnen und Mitarbeiter übernehmen in ihrem Aufgabenbereich Mitverantwortung für die glaubwürdige Erfüllung kirchlicher und diakonischer Aufgaben. Sie haben sich daher gegenüber der evangelischen Kirche loyal zu verhalten. Christinnen und Christen haben für die evangelische Prägung der Dienststelle oder Einrichtung einzutreten. Nicht-Christinnen und Nicht-Christen haben die evangelische Prägung zu achten.

(2) Alle Mitarbeiterinnen und Mitarbeiter sind verpflichtet, sich innerhalb und außerhalb des Dienstes so zu verhalten, dass die glaubwürdige Ausübung ihres jeweiligen Dienstes nicht beeinträchtigt wird.

§ 5 Verstöße gegen kirchliche Anforderungen an Mitarbeiterinnen und Mitarbeiter

(1) Erfüllt eine Mitarbeiterin oder ein Mitarbeiter eine in dieser Richtlinie genannte Anforderung an die Mitarbeit im kirchlichen oder diakonischen Dienst nicht mehr, soll der Anstellungsträger durch Beratung und Gespräch auf die Beseitigung des Mangels hinwirken. Als

---

618 § 3 der Richtlinie des Rates der EKD über die Anforderungen der privatrechtlichen beruflichen Mitarbeit in der Evangelischen Kirche in Deutschland und des Diakonischen Werkes der EKD vom 9.12.2016.

letzte Maßnahme ist nach Abwägung der Umstände des Einzelfalles eine außerordentliche Kündigung aus wichtigem Grund möglich, wenn der Mangel nicht auf andere Weise (z.B. Versetzung, Abmahnung, ordentliche Kündigung) behoben werden kann.

(2) Für den weiteren Dienst in der evangelischen Kirche und ihrer Diakonie kommt nicht in Betracht, wer während des Arbeitsverhältnisses aus der evangelischen Kirche ausgetreten ist, ohne die Mitgliedschaft in einer anderen Kirche zu erwerben, die der Arbeitsgemeinschaft Christlicher Kirchen in Deutschland oder der Vereinigung Evangelischer Freikirchen angehört. Gleiches gilt für den Austritt aus einer Kirche der Arbeitsgemeinschaft Christlicher Kirchen in Deutschland oder der Vereinigung Evangelischer Freikirchen. Für den weiteren Dienst kommt daneben nicht in Betracht, wer in seinem Verhalten die evangelische Kirche und ihre Ordnungen grob missachtet oder sonst die Glaubwürdigkeit des kirchlichen Dienstes beeinträchtigt.

3. Frühere Rechtsprechung

Ab Mitte der 1970er Jahre entwickelte sich unter sukzessiver Aufgabe früherer Ansätze in der Rechtsprechung der Arbeitsgerichte[619] eine neue Rechtsprechung des BAG, nach der die Festlegung besonderer Loyalitätsobliegenheiten nur noch für solche kirchlichen Arbeitnehmer möglich sein sollte, deren Tätigkeit in unmittelbarem Zusammenhang mit dem kirchlichen Verkündigungsauftrag steht.[620] Die Feststellung, ob eine solche „kirchenspezifische" Tätigkeit im konkreten Einzelfall vorlag, sollte – in Anlehnung an die Rechtsprechung zur Kündigung von Tendenzträgern in Tendenzbetrieben – der Überprüfung durch die staatlichen Arbeitsgerichte unterliegen.[621]

4. Neuere Rechtsprechung

Das BVerfG hat 1985 demgegenüber festgestellt, dass dieses Verständnis gegen das kirchliche Selbstbestimmungsrecht (Art. 140 GG i.V.m. Art. 137 Abs. 3

---

619   Vgl. BAG 31.1.1956 – 3 AZR 67/54, BAGE 2, 279.
620   Vgl. BAG 25.4.1978 – 1 AZR 70/76, BAGE 30, 247; BAG 4.3.1980 – 1 AZR 125/78, BAGE 33, 14; BAG 14.10.1980 – 1 AZR 1274/79, BAGE 34, 195; BAG 21.10.1982 – 2 AZR 591/80, AP Nr. 14 zu Art. 140 WRV; 23.3.1984 – 7 AZR 249/81, BAGE 45, 250; BAG 31.10.1984 – 7 AZR 232/83, BAGE 47, 144.
621   BAG 14.10.1980 – 1 AZR 1274/79, BAGE 34, 195; BAG 21.10.1982 – 2 AZR 591/80, AP Nr. 14 zu Art. 140 WRV.

WRV) verstößt.[622] 2014 bekräftigte es seine Position.[623] Die Formulierung des kirchlichen Propriums obliege allein und ausschließlich den verfassten Kirchen und sei als elementarer Bestandteil der korporativen Religionsfreiheit durch Art. 4 Abs. 1 und 2 GG verfassungsrechtlich geschützt. Ebenso seien für die Frage, welche kirchlichen Grundverpflichtungen als Gegenstand des Arbeitsverhältnisses bedeutsam sein können, allein die von der verfassten Kirche anerkannten Maßstäbe von Belang. Im Rahmen ihres Selbstbestimmungsrechts könnten die verfassten Kirchen festlegen, was „die Glaubwürdigkeit der Kirche und ihrer Verkündigung erfordert", was „spezifisch kirchliche Aufgaben" sind, was „Nähe" zu ihnen bedeutet, welches die „wesentlichen Grundsätze der Glaubens- und Sittenlehre" sind, was als Verstoß gegen diese anzusehen ist und welches Gewicht diesem Verstoß aus kirchlicher Sicht zukommt. Auch die Entscheidung darüber, ob und wie innerhalb der im kirchlichen Dienst tätigen Mitarbeiter eine „Abstufung" der Loyalitätsobliegenheiten eingreifen soll, ist eine dem kirchlichen Selbstbestimmungsrecht unterliegende Angelegenheit.

An diese Einschätzung seien die Arbeitsgerichte gebunden, es sei denn, die Kirchen begäben sich dadurch in Widerspruch zu Grundprinzipien der Rechtsordnung.[624] Im Rahmen der allgemeinen Justizgewährungspflicht seien sie lediglich berechtigt, die Darlegungen des kirchlichen Arbeitgebers auf ihre Plausibilität hin zu überprüfen. In Zweifelsfällen hätten sie die einschlägigen Maßstäbe der verfassten Kirche durch Rückfragen bei den zuständigen Kirchenbehörden oder, falls dies ergebnislos bleibt, durch ein kirchenrechtliches oder theologisches Sachverständigengutachten aufzuklären.

Arbeits- und Kündigungsschutzgesetze seien einerseits im Lichte der verfassungsrechtlichen Wertentscheidung zugunsten der kirchlichen Selbstbestimmung auszulegen (Art. 4 Abs. 1 und 2 i.V.m. Art. 140 GG und Art. 137 Abs. 3 WRV). Das bedeute nicht nur, dass die Religionsgesellschaft Gestaltungsspielräume, die das dispositive Recht eröffnet, voll ausschöpfen dürfe. Auch bei der Handhabung zwingender Vorschriften seien Auslegungsspielräume, soweit erforderlich, zugunsten der Religionsgesellschaft zu nutzen, wobei dem Selbstverständnis der Kirchen ein besonderes Gewicht zuzumessen sei. Andererseits dürfe dies nicht dazu führen, dass Schutzpflichten des Staates gegenüber den Arbeitnehmern (Art. 12 Abs. 1 GG) vernachlässigt werden.[625]

---

622 BVerfG 4.6.1985 – 2 BvR 1703/83, BVerfGE 70, 138; vgl. auch BVerfG 31.1.2001 – 1 BvR 619/92, NZA 2001, 717; BVerfG 7.3.2002 – 1 BvR 1962/01, NZA 2002, 609.
623 BVerfG 22.10.2014 – 2 BvR 661/12, NZA 2014, 1387.
624 BVerfG 4.6.1985 – 2 BvR 1703/83, BVerfGE 70, 138; vgl. auch BVerfG 31.1.2001 – 1 BvR 619/92, NZA 2001, 717; BVerfG 7.3.2002 – 1 BvR 1962/01, NZA 2002, 609.
625 BVerfG 22.10.2014 – 2 BvR 661/12, NZA 2014, 1387.

Bei allem haben die Arbeitsgerichte bei Anwendung kirchlicher Vorgaben dafür Sorge zu tragen, dass kein Widerspruch zu den Grundprinzipien der Rechtsordnung entsteht und die Kirchen und Religionsgemeinschaften ihren Beschäftigten keine unannehmbaren Loyalitätspflichten auferlegen.[626] Die staatlichen Gerichte sind an kirchliche Vorgaben nicht gebunden, wenn sie sich dadurch in Widerspruch zu Grundprinzipien der Rechtsordnung begäben, wie sie im allgemeinen Willkürverbot (Art. 3 Abs. 1 GG), im Begriff der „guten Sitten" (§ 138 Abs. 1 BGB) und im ordre public (Art. 30 EGBGB) ihren Niederschlag gefunden haben.[627]

Loyalitätspflichtverletzungen wie der Kirchenaustritt,[628] der öffentliche Eintritt des Arztes eines katholischen Krankenhauses für Schwangerschaftsabbruch,[629] Verstöße gegen das kirchliche Eherecht[630] sowie die im außerdienstlichen Bereich ausgeübte homosexuelle Praxis eines Psychologen des Diakonischen Werks waren einer gerichtlichen Bewertung entzogen.[631] Das BVerfG legitimierte die Kirchen, den ihr angehörenden Arbeitnehmern die Beachtung jedenfalls der tragenden Grundsätze der kirchlichen Glaubens- und Sittenlehre aufzuerlegen. Diese von den Kirchen vorgegebenen Maßstäbe hatten die Arbeitsgerichte bei der Bewertung vertraglicher Loyalitätspflichten zu Grunde zu legen.[632]

Die Schwere des Glaubwürdigkeitsverlustes legt die Kirche selbstbestimmt und ohne arbeitsrichterliche Fremdeinwirkung definitiv fest, was in der Interessenabwägung nicht relativiert werden darf und doch einer offenen Gesamtabwägung zugänglich ist, die eine besondere Bedeutung eines Verfassungsgutes kennt, aber kein prinzipielles Übergewicht gegenüber den Arbeitnehmerrechten erzeugt. Wie ein solcher Abwägungsprozess in der arbeitsgerichtlichen Praxis vollzogen werden kann, bleibt nebulös.[633] Die Forderung

---

626 EGMR 3.2.2011 – 18136/02 (*Siebenhaar*), AuR 2011, 131; BVerfG 4.6.1985 – 2 BvR 1703/83, BVerfGE 70, 138.

627 *Fischermeier*, RdA 2014, 257.

628 BVerfG 4.6.1985 – 2 BvR 1703/83, BVerfGE 70, 165 ff.; ebenso MünchArbR/*Richardi,* § 193, Rn. 43; einschränkend BAG 12.12.1984 – 7 AZR 418/83, AP GG Art. 140 Nr. 21.

629 BVerfG 4.6.1985 – 2 BvR 1703/83, BVerfGE 70, 138.

630 BAG 4.3.1980 – 1 AZR 125/78, AP GG Art. 140 Nr. 3 Kindergartenleiterinnen; BAG 31.10.1984 – 7 AZR 232/83, 18.11.1986 – 7 AZR 274/85 und 25.5.1988 – 7 AZR 506/87, AP GG Art. 140 Nr. 20, 35 und 36: Lehrer an Schule mit kirchlicher Trägerschaft; BAG 14.10.1980 – 1 AZR 1274/79, AP GG Art. 140 Nr. 7: Caritas-Angestellte; BAG 24.4.1997 – 2 AZR 268/96, NZA 1998, 145: Mormonen-Priester.

631 BAG 30.6.1983 – 2 AZR 524/81, AP GG Art. 140 Nr. 15 – allerdings hat das BAG eine Abmahnung gefordert; ebenso für einen evangelischen Hilfspfarrer das Verfassungs- und Verwaltungsgericht der Vereinigten Ev. Luth. Kirche Deutschlands, BAG 7.9.1984 – RVG 3/83, AP Art. 140 GG Nr. 23; a.A. LAG Baden-Württemberg 24.6.1993 – 11 Sa 39/93, NZA 1994, 416.

632 BVerfG 4.6.1985 – 2 BvR 1703/83, BVerfGE 70, 167.

633 MünchArbR/*Mestwerdt*, § 116 Rn. 14.

des BVerfG nach einer Wechselwirkung von Freiheit und Schrankenzweck hat Potential zur Entrationalisierung.[634] Letztlich perpetuiert das BVerfG die chronische Unterschreitung des grundrechtlichen Schutzes durch ein im Ansatz schiefes und in seinem Zuschnitt den Arbeitnehmer strukturell benachteiligendes Abwägungsmodell.[635]

Die Rechtsprechung des EGMR setzt andere Akzente. Die deutsche Rechtsprechung steht vor der Notwendigkeit einer europarechtlichen Modernisierung. Der nationale Richter muss versuchen, zugleich den Vorgaben des nationalen Verfassungsrechts und der Rechtsprechung des EGMR gerecht zu werden. Normenhierarchisch steht die EMRK unterhalb der Verfassung.[636] Der Grundsatz der Völkerrechtsfreundlichkeit gebietet jedoch, die Interpretation des Grundgesetzes so weit wie möglich mit den Vorschriften der EMRK zu harmonisieren.[637] Die Rechtsprechung des EGMR dient daher als Auslegungshilfe für das Grundgesetz.[638] Die Pflicht zur Berücksichtigung der EMRK und der Rechtsprechung des EGMR folgt aus dem Rechtsstaatsprinzip.[639] Kollidierende Rechte und Interessen sind demnach abzuwägen;[640] Loyalitätspflichten müssen verhältnismäßig sein; dafür ist die Stellung der Betroffenen ein wichtiger Gesichtspunkt.[641]

5. Aktuelle Rechtslage

Als Prüfungsmaßstab für die Anwendung von § 9 AGG ist nicht die Auffassung der Kirche, sondern das deutsche sowie das europäische Recht heranzuziehen.

Nach Art. 4 Abs. 2 RL 2078/EG[642] ist eine Ungleichbehandlung zulässig, „wenn die Religion oder die Weltanschauung dieser Person nach der Art dieser Tätigkeiten oder der Umstände ihrer Ausübung eine wesentliche, rechtmäßige und gerechtfertigte berufliche Anforderung angesichts des Ethos der Organisation darstellt."

Nach § 9 Abs. 1 AGG ist eine Ungleichbehandlung zulässig, „wenn eine bestimmte Religion oder Weltanschauung unter Beachtung des Selbstverständ-

---

634 HSKR/*Korioth*, § 16 Rn. 44.
635 *Morgenbrodt* S. 672.
636 Art. 25 GG.
637 BVerfG 4.5.2011 – 2 BvR 2365/09, NJW 2011, 1931.
638 BVerfG 26.3.1987 – 2 BvR 589/79, BVerfGE 74, 370.
639 Art. 20 Abs. 3 GG, vgl. BVerfG 14.10.2004 – 2 BvR 1481/04, BVerfGE 111, 307.
640 EGMR 23.9.2010 – 1620/03 (*Schüth*), AuR 2011, 307.
641 EGMR 12.6.2014 – 56030/07 (*Martínez*), AuR 2014, 429 m. Anm. *Lörcher*.
642 Dazu *Howland*, S. 47.

nisses der jeweiligen Religionsgemeinschaft im Hinblick auf ihr Selbstbestimmungsrecht oder nach der Art der Tätigkeit eine gerechtfertigte berufliche Anforderung darstellt." Wäre, wie in Teilen der Literatur vertreten wird, die Richtlinie so auszulegen, dass es „den Kirchen überlassen (sei) zu bestimmen, für welche Berufe und Tätigkeiten sie eine Zugehörigkeit zu ihrer jeweiligen Region als Voraussetzung verlangen"[643], würde der Wortlaut von Art. 4 Abs. 2 RL sehr viel knapper sein können und müssen: „Eine Ungleichbehandlung ist zulässig, wenn die Religion oder die Weltanschauung dieser Person nach der eigenen Selbstbestimmung der Organisation eine berufliche Anforderung darstellt." Einen solchen Wortlaut hat die Richtlinie nicht. Grundvoraussetzung nach der Struktur der Richtlinie ist, dass es auch im kirchlichen Bereich Tätigkeiten gibt, die nicht von Ethos/Selbstverständnis geprägt sind.[644]

Dass ein Gericht die Interessen einer Kirche gegenüber den einem Arbeitnehmer zustehenden Grundrechten, wie jenem der Nichtdiskriminierung nach Art. 21 der GrCh, abzuwägen hat, steht auch in Einklang mit Art. 17 AEUV, der zur Achtung des Status von Kirchen verpflichtet. Art. 17 AEUV steht im gleichen rechtlichen Rang wie andere im Vertrag verankerte Rechte und Pflichten und, aufgrund von Art. 6 Abs. 1 EUV, auch wie Art. 21 der GrCh. Es ist im Sinne dieses Verhältnisses zwischen gleichrangigen Bestimmungen, dass Art. 4 Abs. 2 der RL 2000/78/EG vom Gericht verlangt, eine Abwägung jener widerstreitenden Rechte und Interessen vorzunehmen, die einerseits dem Einzelnen zustehen und andererseits den Status der Kirche zu beachten. Eine eingeschränkte Abwägung, die allein der Autonomie der Kirchen den Vorrang gibt, wäre mit dem Schutz des durch die RL 2000/78/EG umgesetzten Grundrechts des Art. 21 GrCh nicht in Einklang zu bringen.[645]

Das gilt insbesondere für die Frage, was das „Ethos der Organisation" sei. Hier müssen sich die Gerichte am Selbstverständnis der betroffenen Kirche orientieren. Zugleich fließt der Status ein, den die Kirche genießt. Dies kann jedoch nicht zur Folge haben, dass es einem Gericht verwehrt wäre, die in Rede stehenden Interessen abzuwägen.[646] Art. 17 AEUV berücksichtigt gerade eine gerichtliche Kontrolle einschließlich der dabei vorzunehmenden Abwägung. Soweit Art. 17 AEUV den Status von Kirchen schützt, stützt er eine Ausnahmeregelung, wie sie sich in Art. 4 Abs. 2 der RL 2000/78/EG findet, die über die normale Ausnahmeregelung, wie sie sich in Abs. 1 findet, hinausgeht. Schon Erwägungsgrund 24 der RL 2000/78/EG zeigt, dass die dem Art. 17 AEUV vorangegangene Erklärung den Unionsgesetzgeber dazu veranlasst hat, die Be-

---

643 *Joussen*, NZA 2008, 679.
644 *Schliemann*, NZA 2003, 411.
645 EGMR 23.9.2010 – 1620/03 (*Schüth*), AuR 2011, 307.
646 EGMR 9.7.2013 – 2330/09 (*Sindicatul „Păstorul cel bun"*), AuR 2014, 31 m. Anm. *Lörcher*.

stimmungen über das Verbot der religiösen Diskriminierung so auszugestalten, dass den Interessen der Kirchen Rechnung getragen wird und ihnen erlaubt wird, eine auf der Religion basierende Ungleichbehandlung vorzunehmen, die bis zu einem gewissen Grad eine Beschränkung des Nichtdiskriminierungsverbots darstellt. Art. 4 Abs. 2 der RL 2000/78/EG selbst ist Ausfluss des Art. 17 AEUV.

Eine Abwägung ist auch im Rahmen des Art. 4 Abs. 2 der RL 2000/78/EG unumgänglich. Hier ist zu prüfen, ob die „Art [der] Tätigkeiten oder der Umstände ihrer Ausübung" die Glaubenszugehörigkeit als eines mit dem „Ethos der Organisation" im Zusammenhang stehendes Merkmal erfordert, das sich zu einer „wesentliche[n], rechtmäßige[n] und gerechtfertigte[n]" beruflichen Anforderung verdichtet.[647] Ferner muss überprüfbar sein, die Art der Tätigkeit oder der Umstände ihrer Ausübung bezogen auf das „Ethos der Organisation" die Zugehörigkeit zur Religion erfordert. Bei einem Beschäftigungsverhältnis eines Lehrers mit einer kirchlichen Organisation, der Religion unterrichtet, kann verlangt werden, dass er der Religion angehört, deren Inhalt und Werte er näherbringen soll. Das Merkmal der Religionszugehörigkeit steht mit dem Auftrag der Kirche, ihre eigene Religion zu verbreiten, in Zusammenhang und ist dafür wesentlich und gerechtfertigt. Anders ist es bei einem Lehrer an einer von einer kirchlichen Organisation eingerichteten Schule bei Fächern, die in keinem Zusammenhang mit der Religion stehen.

Dabei ist darauf hinzuweisen, dass die kirchlichen Organisationen hinsichtlich solcher Tätigkeiten, für deren Einstellung sie zwar keine Ungleichbehandlung nach der Religionszugehörigkeit nach dem ersten UAbs. Art. 4 Abs. 2 der RL 2000/78/EG vornehmen dürfen, ihren Arbeitnehmern eine Loyalitätspflicht nach dem zweiten UAbs. auferlegen kann. Diese Loyalitätspflicht müssen nach dem klaren Wortlaut des zweiten UAbs. Art. 4 Abs. 2 nämlich nicht mehr mit der betroffenen „Art [der] Tätigkeiten oder der Umstände ihrer Ausübung" in Zusammenhang stehen. Auch die Anwendung des zweiten UAbs. Art. 4 Abs. 2 der RL 2000/78/EG erfordert eine Abwägung, nämlich danach, ob die geforderte Loyalitätspflicht im Verhältnis zur ausgeübten Tätigkeit steht.[648]

Ob eine Kündigung wegen der Verletzung von Loyalitätspflichten wirksam ist, richtet sich nach § 1 KSchG und § 626 BGB.[649] Die stets notwendige Abwägung der rechtlich geschützten Interessen der Parteien hat – eine wirksame Loyalitätsobliegenheit vorausgesetzt – bei Kündigungen aus kirchenspezifischen

---

647 Vgl. zu Art. 4 Abs. 1 der RL 2000/78/EG EuGH 13.11.2014 – C-416/13 (*Vital Pérez*), AuR 2015, 110.

648 EGMR 4.10.2016 – 75581/13 (*Travaš*), AuR 2017, 259.

649 BVerfG 4.6.1985 – 2 BvR 1703/83, BVerfGE 70, 168; BAG 8.9.2011 – 2 AZR 543/10, AP Nr. 92 zu § 1 KSchG 1969.

Gründen dem Selbstverständnis der Kirche ein besonderes Gewicht beizumessen.[650] Die Gerichte haben zwischen den Grundrechten der Arbeitnehmer, etwa dem Recht auf Glaubens- und Gewissensfreiheit, und dem Selbstbestimmungsrecht der Religionsgemeinschaft abzuwägen.[651] Dieses Abwägungsgebot folgt nicht zuletzt aus der Rechtsprechung des EGMR.[652]

Für katholische Arbeitgeber gilt, dass sie nach Art. 3 Abs. 5 der Grundordnung vor Abschluss des Arbeitsvertrages durch Befragung sicherzustellen haben, dass die Stellenbewerber die für sie nach dem Arbeitsvertrag geltenden Loyalitätsobliegenheiten erfüllen. Bei nichtkatholischen Christen sind dies Achtung und Umsetzung der Wahrheiten und Werte des Evangeliums, bei nichtchristlichen Mitarbeiterinnen und Mitarbeitern die Bereitschaft, die ihnen in einer kirchlichen Einrichtung zu übertragenden Aufgaben im Sinne der Kirche zu erfüllen. Für die abschließende Eignungsbeurteilung ist eine wertende Gesamtschau vorzunehmen. Die maßgebenden Grundwerte können auch bei Menschen anzutreffen sein, die – aus welchen Gründen auch immer – nicht Mitglied der Kirche sind. Weist z.B. ein Krankenhaus in kirchlicher Trägerschaft die Bewerbung eines Krankenpflegers allein mit der Begründung zurück, er sei nicht Mitglied ihrer Religionsgemeinschaft, so kann dies eine Diskriminierung wegen der Religion darstellen und eine Entschädigung nach § 15 Abs. 2 AGG auslösen.[653]

Auch bei schweren und eindeutigen Loyalitätsverletzungen ist eine Interessenabwägung durchzuführen.[654] Nach der Rechtsprechung des EGMR ist davon auszugehen, dass die Abwägung keinen Vorrang der kirchlichen Sichtweise vorauszusetzen hat, sondern sich die Parteien gleichrangig gegenüber stehen.[655] Absolute Kündigungsgründe (etwa bei Kirchenaustritt) gibt es nicht.[656] Insbesondere verlangen kollidierende Grundrechte der Arbeitnehmer Schutz gegen übermäßige Beschränkung.[657] Die deutsche Rechtsprechung beginnt, dies zu berücksichtigen.[658]

---

650 BAG 8.9.2011 – 2 AZR 543/10, AP Nr. 92 zu § 1 KSchG 1969.
651 BAG 25.4.2013 – 2 AZR 579/12; BAG 8.9.2011 – 2 AZR 543/10, AP Nr. 92 zu § 1 KSchG 1969.
652 EGMR 3.2.2011 – 18136/02 (*Siebenhaar*), AuR 2011, 131; EGMR 23.9.2010 – 425/03 (*Obst*), AuR 2010, 447; EGMR 23.9.2010 – 1620/03 (*Schüth*), AuR 2011, 307.
653 ArbG Aachen, 13.12.2012 – 2 Ca 4226/11, BB 2013, 52.
654 Vgl. BAG 8.9.2011 – 2 AZR 543/10, AP Nr. 92 zu § 1 KSchG 1969; LAG Hamm 14.6.2013 – 10 Sa 18/13, ZMV 2013, 334; *Fischermeier*, RdA 2014, 257.
655 EGMR 23.9.10 – 425/03 (*Obst*), AuR 2010, 447; EGMR 23.9.2010 – 1620/03 (*Schüth*), AuR 2011, 307.
656 BAG 16.9.1999 – 2 AZR 712/98, AP GG Art. 4 GrO kath. Kirche Nr. 1; Stahlhacke/Preis, Rn. 607; *Fi*-*schermeier*, RdA 2014, 257; a.A. LAG Rheinland-Pfalz 2.7.2008 – 7 Sa 250/08, PflR 2008, 588; Spengler, NZA 1987, 835.
657 Jarass in: Jarass/Pieroth, GG, Art. 4 Rn. 38a; ErfK/Schmidt, GG, Art. 4 Rn. 47; Triebel, Religionsrecht, S. 180; a.A. Belling, NZA 2004, 888.
658 Vgl. BVerfG, Kammerbeschluss 31.1.2001 – 1 BvR 619/92, NZA 2001, 717; BVerfG, Kammerbeschluss 7.3.2002 – 1 BvR 1962/01, NZA 2002, 609; BAG 8.9.2011 – 2 AZR 543/10, AP Nr. 92 zu § 1 KSchG 1969; gänzlich anders hingegen LAG Hamm – 18 Sa 210/20, AuR 2021, 223.

Die frühere Rechtsprechung,[659] der zufolge etwa einem Anstreicher in einem katholischen Krankenhaus gekündigt werden kann, weil er eine kirchlich ungültige Ehe schloss, ist nicht mehr haltbar. Dass bei im Hinblick auf Art. 3 Abs. 3 GG verfassungskonformer Auslegung und bei einem unionsrechtskonformen Verständnis von § 9 AGG beim Krankenhauspersonal (Ärzte, Krankenpfleger) eine Differenzierung nach der Religion zwingend sein könnte, erscheint schwer vorstellbar. Im verkündigungsfernen Bereich sind eine bestimmte Religion und Weltanschauung des Arbeitnehmers in der Regel nicht unabdingbare Voraussetzung. Genau das aber verlangt § 4 Abs. 2 der RL 2000/78/EG, um einen Rechtfertigungsgrund für die Ungleichbehandlung geltend machen zu können.[660]

Nach heutigem Stand gilt, dass die Berücksichtigung der europarechtlichen Vorgaben (u.a. Tätigkeitsbezug, Verhältnismäßigkeit) eine enge Auslegung von § 9 Abs. 2 AGG erfordert, so dass die sich aus dem Selbstverständnis der Religionsgemeinschaften ergebenden Loyalitätsanforderungen nur abgestuft durchgreifen und darüber hinaus nur eine Differenzierung nach Religion und Weltanschauung, nicht aber z.B. wegen der sexuellen Identität rechtfertigen.

Die Rechtsprechung legitimiert die von den Kirchen verlangten gesteigerten Loyalitätsanforderungen vor allem mit der Glaubwürdigkeit der Religionsgemeinschaften.[661] Auffallend ist, dass Werte wie Nächstenliebe und Barmherzigkeit nicht fokussiert werden.

Die Befugnis, Loyalitätsanforderungen zu definieren, ist schließlich auch verfassungsrechtlich nicht schrankenlos. § 9 Abs. 2 AGG muss verfassungsgeleitet und grundrechtsfreundlich ausgelegt werden.[662] Wegen seines Glaubens und seiner religiösen Anschauungen darf niemand benachteiligt werden (Art. 3 Abs. 3 GG). Bei der Ungleichbehandlung von Personengruppen gilt eine strenge Bindung, die umso enger ist, je mehr sich die personenbezogenen Merkma-

---

659 BAG 31.1.1956 – 3 AZR 67/54, BAGE 2, 279.

660 Grundsätzlich gegen eine Abstufung von Loyalitätspflichten sowie gegen eine unionsrechtskonforme Auslegung von § 9 AGG *Thüsing/Fink-Jamann/von Hoff*, ZfA 2009, 204f.; *Mohr/von Fürstenberg*, BB 2008, 2123; *Adomeit/Mohr*, § 9 Rn. 6–7; *Kamanabrou*, RdA 2006, 328; *Thüsing*, Diskriminierungsschutz Rn. 480; *Fahrig/Stenslik*, EuZA 2012, 200; *Schnabel*, ZfA 2008, 422, 426; *Melot de Beauregard*, NZA-RR 2012, 225. S. a. BVerfG 22.10.2014 – 2 BvR 661/12, NZA 2014, 1387; *Melot de Beauregard/Maximilian Baur*, NZA-RR 2014, 625. A.A. zutreffend *Däubler/Beck-Wedde*, § 9 AGG Rn. 64f.; *Krause* JA 2013, 944; *Fischermeier*, RdA 2014, 257; BAG 25.4.2013 – 2 AZR 579/12, AP Nr. 243 zu § 626 BGB; ArbG Hamburg 4.12.2007 – 20 Ca 105/07, AuR 2008, 109 (mit anderer Begründung aufgehoben durch LAG Hamburg 29.10.2008 – 3 Sa 15/08, AuR 2009, 97); ErfK/*Schlachter*, § 9 AGG Rn. 1; HK-ArbR-*Berg*, § 9 AGG Rn. 2; ausführlich *Deinert*, EuZA 2009, 339 sowie *Gleich*, Privilegien, S. 53ff.; MüKo-BGB/*Thüsing*, § 9 AGG Rn. 12–13 akzeptiert mit deutlichem Widerwillen die Rechtslage nach den Entscheidungen des EuGH zu Art. 4 Rahmenrichtlinie und setzt auf die Verfassungsbeschwerde.

661 BVerfG 4.6.1985 – 2 BvR 1703/83, BVerfGE 70, 138; BAG 4.3.1980 – 1 AZR 125/78, NJW 1980, 2211; BAG 31.10.1984 – 7 AZR 232/83, NZA 1985, 215.

662 ErfK/*Dieterich/Schmidt*, Einl. GG, Rn. 13.

le den in Art. 3 Abs. 3 GG Genannten annähern und je größer deshalb die Gefahr ist, dass eine an sie anknüpfende Ungleichbehandlung zur Diskriminierung einer Minderheit führt.[663] Die in Art. 3 GG genannten Merkmale Glaube und religiöse Anschauungen sind in diesem Sinn streng zu handhaben. Ausnahmen sind so gesehen nur aus zwingendem Anlass zulässig.[664]

Der Grundrechtsbezug wird gerade bei der Bestimmung der Loyalitätspflichten gemäß § 9 Abs. 2 AGG relevant. Die Grundrechte der Beschäftigten müssen berücksichtigt werden.[665] Art. 4 Abs. 2 der Rahmenrichtlinie betont ausdrücklich, dass eine zulässige Ungleichbehandlung die verfassungsrechtlichen Bestimmungen der Mitgliedstaaten beachten muss.

Es geht zugleich aber um den Schutz der kollektiven Glaubensfreiheit. Art. 3 Abs. 3 GG und Art. 4 GG überschneiden sich.[666] Da die in Art. 140 GG i.V.m. Art. 137 Abs. 2 und Abs. 3 WRV gewährleistete kollektive Glaubensfreiheit eine Konkretisierung von Art. 4 Abs. 1 und 2 GG ist,[667] gilt dasselbe für Art. 3 Abs. 3 GG und Art. 137 WRV.

Die in Art. 3 Abs. 3 GG genannten kategorischen Differenzierungsverbote sind nicht absolut. Bei kollidierendem Verfassungsrecht kann die Verwendung von grundsätzlich unzulässigen Differenzierungskriterien zulässig sein.[668]

Da die Glaubensfreiheit keinen Vorbehalt für den einfachen Gesetzgeber enthält, dürfen ihre Grenzen nur von der Verfassung selbst bestimmt werden. Es ist deshalb eine Abwägung zwischen dem Diskriminierungsverbot und der Glaubensfreiheit vorzunehmen.[669]

Verfassungsrechtliche Bedenken gegen die Vorgaben der Richtlinien sind nicht stichhaltig.[670] Das Gemeinschaftsrecht bildet einen eigenen Rechtskreis,

---

663 BVerfG 16.11.1993 –1 BvR 258/86, BVerfGE 89, 276.

664 Vgl. z.B. BVerfG 28.1.1992 – 1 BvR 1025/82, BVerfGE 85, 207.

665 BVerfG 31.1.2001 – 1 BvR 619/92, NZA 2001, 717; BVerfG 7.3.2002 – 1 BvR 1962/01, NZA 2002, 609. Die frühere Rechtsprechung des BVerfG und des BAG muss als aufgehoben gelten, vgl. *Wank*, NZA Sonderbeilage zu Heft 22/2004, 23.

666 Sachs/*Nußberger*, GG, Art. 3 Rn. 305.

667 Sachs/*Kokott*, GG, Art. 4 Rn. 4.

668 *Krieger* in: Schmidt-Bleibtreu/Hofmann/Henneke, GG, Art. 3 Rn. 58.

669 Einzelheiten bei ErfK/*Schmidt*, GG, Art. 4 Rn. 16 bis 19.

670 *Mohr/von Fürstenberg*, BB 2008, 2125 sehen das kirchliche Selbstbestimmungsrecht einer Disposition des deutschen und europäischen Gesetzgebers entzogen, weil es an der Ewigkeitsgarantie des Art. 79 Abs. 3 GG teilhabe (explizit dagegen *Reichold*, NZA 2001, 1057 sowie *Deinert*, EuZA 2009, 336). *Richardi*, ZfA 2008, 45 vertritt die Auffassung, dass es nicht bloß um Tendenzschutz gehe, gewährleistet sei der unangetastete Status der Kirchen einschließlich ihres Selbstbestimmungsrechts. *Joussen*, RdA 2003, 38 sowie NZA 2008, 679 meint, dass die arbeitsrechtliche Ordnung der Kirchen in Deutschland gemeinschaftsfest sei.

dessen Vorgaben unmittelbar auf das innerstaatliche Recht durchgreifen und Vorrang vor abweichendem nationalen Recht[671] beanspruchen. In seinem „Solange II-Beschluss"[672] entschied das BVerfG, dass es seine Gerichtsbarkeit nicht mehr in Anspruch nimmt, soweit es um die Anwendbarkeit von abgeleitetem Gemeinschaftsrecht in Deutschland geht. Die Grundrechte des Grundgesetzes beanspruchen gegenüber Rechtsakten der EU im Grundsatz keine Geltung mehr. Weil und solange nach EU-Recht ein vergleichbarer Grundrechtsschutz gewährleistet ist, wird der gemeinschaftsrechtliche Entscheidungsvorrang des EuGH auch für den Grundrechtsschutz anerkannt,[673] woran vorliegend auch die Weiterentwicklung der Grundrechtsprechung in den BVerfG-Entscheidungen *Recht auf Vergessen I und II*[674] nichts ändert.

Dass in Bezug auf Art. 3 Abs. 3 GG unionsrechtlich ein vergleichbares Schutzniveau besteht, ist unbestritten. Der gemeinschaftsrechtliche Verhältnismäßigkeitsgrundsatz wirkt zwar im Vergleich zur Kontrolldichte des BVerfG unschärfer[675], gleichwohl ist er effektiv. Die *Mangold*-Entscheidung des EuGH[676] spricht zudem dafür, dass der EuGH seine Rechtsprechung eher noch ausbaut.

Das Anliegen der Rahmenrichtlinie kommt in ihrem Erwägungsgrund Nr. 24, der auf die der Schlussakte zum Vertrag von Amsterdam beigefügte Erklärung Nr. 11 zum Status der Kirchen und weltanschaulichen Gemeinschaften verweist, klar zum Ausdruck: Die Europäische Union achtet den Status, den Kirchen in den Mitgliedstaaten nach deren Rechtsvorschriften genießen, und beeinträchtigt ihn nicht.

Zu dem „für alle geltenden Gesetz" i.S.d. Art. 140 GG i.V.m. Art. 137 Abs. 3 WRV, unter dessen Vorbehalt die inhaltliche Gestaltungsfreiheit des kirchlichen Arbeitgebers für die auf Vertragsebene begründeten Arbeitsverhältnisse steht, zählen die Regelungen des allgemeinen Kündigungsschutzes.[677] Mit ihm nimmt der Staat seine Schutzpflichten u.a. aufgrund der Berufsfreiheit der Arbeitnehmer und Arbeitnehmerinnen aus Art. 12 Abs. 1 GG wahr. Der Wechselwirkung von kirchlichem Selbstbestimmungsrecht und den Grundrechten der Arbeitnehmer und Arbeitnehmerinnen ist durch eine Güterabwägung im Rahmen der kündigungsschutzrechtlichen Bestimmungen Rechnung zu tragen. Das auch für kirchliche Arbeitgeber geltende staatliche Arbeitsrecht er-

---

671 Auch abweichendem Verfassungsrecht: EuGH 11.1.2000 – C-285/98 (*Kreil*), Slg. I69.
672 BVerfG 22.10.1986 – 2 BvR 197/83, BVerfGE 73, 339.
673 ErfK/*Dieterich/Schmidt*, Einl. GG, Rn. 93f.
674 BVerfG 6.11.2019 – 1 BvR 16/13; BVerfG 6.11.2019 – 1 BvR 276/17.
675 ErfK/*Dieterich/Schmidt*, Einl. GG, Rn. 103.
676 EuGH 22.11.2005 – Rs C-144/04 (*Mangold*), NZA 2005, 1345.
677 BVerfG 22.10.2014 – 2 BvR 661/12, NZA 2014, 1387.

laubt keine Annahme eines absoluten Kündigungsgrundes.[678] Das gilt auch im Fall des Kirchenaustritts, selbst wenn dieser nach dem Selbstverständnis der katholischen Kirche einer Weiterbeschäftigung der Mitarbeiterin oder des Mitarbeiters „generell" entgegensteht.[679]

Bei der Bestimmung der Loyalitätspflichten ist eine enge Auslegung geboten.[680] Im Geltungsbereich von Art. 4 der RL 2000/78/EG unterliegen die Loyalitätsanforderungen einer Angemessenheitskontrolle durch die staatlichen Gerichte. Es ist eine tätigkeitsbezogene Abstufung vorzunehmen.[681] Die Gesetzesbegründung[682] bezieht sich auf die der Richtlinie zu Grunde liegenden Erwägungsgründe. Diese stellen klar, dass Ungleichbehandlungen auf Grund der Religion oder Weltanschauung als Ausnahmetatbestand nur zulässig sind, wenn ein Merkmal eine wesentliche und entscheidende Anforderung darstellt und es sich um einen rechtmäßigen Zweck und eine angemessene Anforderung handelt.[683] Es kann deshalb nur um das Maß an Loyalität gehen, das für die Ausübung der konkreten Tätigkeit eine wesentliche und gerechtfertigte berufliche Anforderung darstellt.[684] § 9 Abs. 2 AGG wäre deshalb z.B. nicht einschlägig, wenn der Hausmeister einer Kirche eine Lebenspartnerschaft eingeht oder wenn der Sportlehrer einer kirchlichen Schule aus der Kirche austritt.

Ein hohes Maß an Loyalität kann im Bereich der Verkündigung und für Leitungstätigkeiten verlangt werden. Jenseits dessen sind reduzierte Anforderungen, nämlich Rücksichtnahme, legitim. In diesem Sinne kann ein kirchlicher Arbeitgeber erwarten, dass sich der Beschäftigte nicht öffentlich gegen die Religion stellt.[685] Ein Chefarzt der Inneren Medizin eines katholischen Krankenhauses verletzt im Fall einer erneuten Heirat zulässige Loyalitätsanforderungen (was im Streitfall eine Kündigung nicht rechtfertigte).[686] Ein zur Neutralität verpflichtetes staatliches Krankenhaus kann verlangen, dass ein Mitarbeiter nicht auf Patienten missionierend einwirkt.[687]

---

678 BVerfG 22.10.2014 – 2 BvR 661/12, NZA 2014, 1387; *Fischermeier*, RdA 2014, 257.
679 BAG 25.4.2013 – 2 AZR 579/12, NZA 2013, 1131.
680 Die Kündigung eines Kirchenmusikers, der sich offenhielt, für sich und seinen Ehemann Kinder im Wege der Leihmutterschaft in Kolumbien austragen zu lassen, ist unwirksam, da kein Verstoß gegen eine Loyalitätspflicht gegenüber der Landeskirche vorliege (ArbG Braunschweig 15.9.2022 – 7 Ca 87/22, Juris).
681 *Sperber*, Anm. zu BAG 8.9.2011 – 2 AZR 543/10, AuR 2012, 452; *Deinert*, EuZA 2010, 339; Rolfs/Giesen/*Roloff*, § 9 AGG Rn. 3.
682 S.o. E.II.6.
683 Däubler/Beck-*Wedde*, § 9 Rn. 62 ff.
684 *Reichold*, NZA 2001, 1059; *Schliemann*, NZA 2003, 413.
685 BAG 12.2.2001 – 2 AZR 139/00, NZA 2001, 1136.
686 BAG 8.9.2011 – 2 AZR 543/10, AP Nr. 92 zu § 1 KSchG 1969.
687 ArbG Reutlingen 5.1.1993 – 1 Ca 378/92, KirchE 31, 1.

VI. Unterscheidung zwischen verkündigungsnahen und verkündigungsfernen Tätigkeiten

Zwischen religiös verkündigungsnahen und religiös verkündigungsfernen Tätigkeiten muss unterschieden werden.[688] Der Begriff des Selbstverständnisses im Kontext des § 9 Abs. 1 AGG muss restriktiver interpretiert werden, als dies bisher in der Rechtsprechung des BVerfG und des BAG der Fall war, um richtlinienkonform zu sein.[689] Aus dem „Selbstverständnis" kann kein allgemeiner Anspruch auf unterschiedliche Behandlung abgeleitet werden, vielmehr kann sich dies nur auf den wesentlichen Kernbereich von Berufsfeldern beziehen, die inhaltlich direkt mit der religiösen Erziehung bzw. mit der Vermittlung der Inhalte der Religion befasst sind oder die der unmittelbaren Ausübung des Glaubens oder der Anschauung dienen.[690] Alles andere würde zu einer Reaktivierung der nicht anwendbaren 1. Alternative von § 9 Abs. 1 AGG[691] führen.

In diesem Zusammenhang wird von einer notwendigen kontextabhängigen Ausgestaltung der beruflichen Anforderung gesprochen, ausgehend vom Ethos/Selbstverständnis der Organisation, aber begrenzt durch das Verhältnismäßigkeitsprinzip.[692] Wie im Einzelnen die Abwägung zwischen den wegen Religionsnähe für Ungleichbehandlungen zugänglichen beruflichen Tätigkeiten und anderen Tätigkeiten erfolgt, ist in der Literatur wiederum unterschiedlich bewertet. Für die Tätigkeiten in Religionsnähe wird insbesondere abgestellt auf pastorale, katechetische, seelsorgerische und Aufgaben in Leitungsfunktionen der Kirche bzw. ihren Einrichtungen, auch auf Tätigkeiten in Schulen kirchlicher Einrichtungen, wenn von den Lehrenden in den jeweiligen Unterrichtsfächern religionsbezogene Inhalte unterrichtet werden. Dies sind jeweils Aufgaben, bei denen der Arbeitnehmer für die Kirche nach außen auftritt und bei denen er in seinem Bereich für die Kirche religiöse Überzeugungen vermitteln soll. Die Möglichkeit der Ausnahme sollte nur für Funktionen gelten, die in ihrer Gesamtheit die Religion fördern bzw. repräsentieren,[693] bei denen die Religion also wesentlicher Inhalt der Tätigkeit ist. Dies führt

---

688 Bejahend BVerfG 22.10.2014 – 2 BvR 661/12, NZA 2014, 1387; BAG 24.9.2014 – 5 AZR 611/12, NZA 2014, 1407.
689 Däubler/Beck-*Wedde*, § 9 Rn. 35; *Wank*, Beilage NZA 2004 S. 23.
690 Däubler/Beck-*Wedde*, § 9 Rn. 41.
691 S.o. E.II.7.
692 Preis/Sagan/*Grünberger*, § 3 Rn. 205.
693 *Howland*, S. 47.

dazu, dass bei Einstellungen die Religionszugehörigkeit zu einer christlichen Kirche nur bei entsprechender Verkündigungsnähe gefordert werden kann.[694]

Weitere Argumente für die Differenzierung zwischen verkündigungsnah und verkündigungsfern bietet die Rechtsprechung des EGMR. Dieser unterscheidet zwischen Tätigkeiten, die zum eigentlichen Verkündigungsauftrag der Kirchen zählen oder mit denen die Kirchen in besonders hervorgehobener Form nach außen repräsentiert werden, und sonstigen Tätigkeiten.[695] Zu beachten ist dabei aber, dass es bei den Entscheidungen des EGMR stets um Anknüpfungspunkte für die Differenzierungen in bestehenden Arbeitsverhältnissen handelt. Für den EGMR waren relevant insbesondere die Art der Tätigkeit (Lehre an einer katholischen Universität),[696] die Art der auszuführenden Position (katholischer Religionslehrer),[697] die Nähe der Tätigkeit zum Verkündigungsauftrag (katholischer Organist),[698] die Tätigkeit in einer hervorgehobenen Position (Leiter des Bereichs kirchliche Öffentlichkeitsarbeit),[699] die Glaubwürdigkeit der Kirche im Hinblick auf die Wirkung in der Öffentlichkeit (Kindergärtnerin).[700]

Bei der Einstellung für Positionen in Kirchen und ihren Einrichtungen kann eine bestimmte Religion nicht verlangt werden, wenn es sich um administrative, technische, die Datenverarbeitung betreffende[701] und ohne direkte Religionsbezüge ausübbare Tätigkeiten handelt – also Tätigkeiten, die mit identischen Inhalten auch in anderen Firmen wahrgenommen werden bzw. wahrgenommen werden können. Weist z.B. ein Krankenhaus in kirchlicher Trägerschaft die Bewerbung eines Krankenpflegers allein mit der Begründung zurück, er sei nicht Mitglied einer Religionsgemeinschaft, stellt dies eine Diskriminierung im Sinne des AGG dar und löst eine Entschädigung nach § 15 Abs. 2 AGG aus.[702] Die Religionsgemeinschaft kann sich nicht auf ihren verfassungsrechtlichen Sonderstatus berufen, wenn sie allein auf die formelle Mitgliedschaft in einer Religionsgemeinschaft abstellt. Nach ihren eigenen Vorgaben in § 3 der Grundordnung des kirchlichen Dienstes darf sie nur bei der Be-

---

694   Däubler/Beck-Wedde, § 9 Rn. 34, 40 ff., 55 ff.; Meinel § 9 Rn. 22; v. Roetteken, § 9 Rn. 40 und 45; Bauer/ Krieger, AGG, § 9 Rn. 13–15a; ErfK/Schlachter, AGG, § 9 Rn 1; Preis/Sagan/Grünberger, § 5 Rn. 206–208.
695   EGMR 23.9.2010 – 425/03 (Obst), AuR 2010, 447; EGMR 23.9.2010 – 1620/03 (Schüth), AuR 2011, 307; EGMR 3.2.2011 – 18136/02 (Siebenhaar), AuR 2011, 13; dazu auch Fahrig/Stenslik; EuZA 2012, 184.
696   EGMR 20.10.2009 - 39128/05 (Vallauri), NVwZ 2011, 153.
697   EGMR 12.6.2014 – 56030/07 (Martínez), AuR 2014, 429 m. Anm. Lörcher.
698   EGMR 23.9.2010 – 1620/03 (Schüth), AuR 2011, 307.
699   EGMR 23.9.10 – 425/03 (Obst), AuR 2010, 447.
700   EGMR 3.2.2011 – 18136/02 (Siebenhaar), AuR 2011, 131.
701   Nicht zu teilen die Wertung des ArbG Köln 22.2.2013 – 1 Ca 6290/12: Ablehnung eines muslimischen Bewerbers für die Stelle eines IT-Administrators in der Verwaltung der katholischen Kirche, weil diese Tätigkeit die Möglichkeit eröffne, intensive Einblicke in die interne Situation der Kirche zu nehmen.
702   ArbG Aachen 13.12.2012 – 2 Ca 4226/11, PflR 2013, 358.

setzung von Stellen im pastoralen, katechetischen sowie in der Regel im erzieherischen Bereich und bei leitenden Aufgaben die Mitgliedschaft in der katholischen Kirche verlangen. Bei allen übrigen Stellen reicht es aus, dass der Bewerber sicherstellt, den besonderen Auftrag glaubwürdig zu erfüllen.[703]

VII. Rechtsschutz

Die Kontrolle der Einhaltung der Kriterien von § 4 Abs. 2 der RL 2000/78/EG ginge (EuGH: „völlig") ins Leere, wenn sie keiner unabhängigen Stelle wie einem staatlichen Gericht, sondern der Kirche obläge.[704] Erforderlich ist nicht lediglich Plausibilitäts-, sondern volle Rechtskontrolle anhand der objektiven gesetzlichen Kriterien.

Die Befürchtung, die Kirchen könnten selbst entscheiden, wer alles ihr Ethos repräsentiert und verwirklicht, ist unbegründet. Es hängt von objektiven Kriterien, nämlich der Art der Tätigkeit oder den Umständen ihrer Ausübung ab, ob die Religion eine wesentliche, rechtmäßige und gerechtfertigte berufliche Anforderung angesichts des Ethos der Kirche darstellt. Das setzt einen objektiv bestehenden, direkten Zusammenhang zwischen der vom Arbeitgeber aufgestellten beruflichen Anforderung und der Tätigkeit voraus.[705] Ein solcher Zusammenhang kann sich entweder aus der Art der Tätigkeit[706] oder aus den Umständen ihrer Ausübung ergeben[707].

Unionsrechtlich gesehen ist es selbstverständlich, dass in einer rechtsstaatlichen Union es den Gerichten obliegt, über die Einhaltung von Unionsregelungen zu wachen.[708] Dies gilt auch für Art. 4 Abs. 2 der RL 2000/78/EG – und zwar für jeden seiner beiden Unterabsätze. Da Art. 4 Abs. 2 eine Ausnahme von einem allgemeinen Grundsatz ist, bedarf es auch einer richterlichen Kontrolle dahin, ob der Sachverhalt von der Ausnahme erfasst wird.

---

703 Das BAG ersucht den EuGH um Auslegung des Unionsrechts im Fall der Kündigung einer Hebamme wegen fehlender Kirchenmitgliedschaft (BAG 21.7.2022 – 2 AZR 130/21 (A), Juris; Vorinstanz: LAG Hamm, MedR 2021, 741).

704 EuGH 17.4.2018 – C-414/16 (*Egenberger*), AuR 2019, 586; BAG 25.10.2018 – 8 AZR 501/14, AuR 2019, 239.

705 BAG 20.2.2019 – 2 AZR 746/14 Rn. 32 (*Chefarzt*), AuR 2019, 193.

706 Z.B. wenn sie mit der Mitwirkung an der Bestimmung des Ethos der betreffenden Kirche oder Organisation oder einem Beitrag zu deren Verkündigungsauftrag verbunden ist.

707 Z.B. der Notwendigkeit, für eine glaubwürdige Vertretung der Kirche oder Organisation nach außen zu sorgen

708 EuGH 21.9.2016 – C-140/15 (*Kommission/Spanien*), Celex-Nr. 62015CJ0140.

Soweit sich Kirchen und vergleichbare Organisationen Handlungsformen des staatlichen Rechts bedienen, müssen sie sich gefallen lassen, dass andere von diesen Handlungsformen betroffene Personen nicht aus dem Anwendungsbereich der dafür geschaffenen Rechtsnormen, einschließlich des dafür geschaffenen richterlichen Rechtsschutzsystems, ausgeklammert werden.[709] Läge es an den kirchlichen Organisationen, selbst zu bestimmen, ob diese Bestimmung erfüllt ist, wären diese Organisationen nicht verpflichtet, die Regeln der Union auf dem Gebiet der Nichtdiskriminierung zu beachten, obwohl sie z.B. bei Stellenausschreibungen und Arbeitsverträgen sich der vom Unionsrecht anerkannten Handlungsformen bedienen. Die praktische Wirksamkeit der Richtlinie wäre beeinträchtigt. Ferner ist Art. 10 der RL 2000/78/EG zu beachten. Eine Ausnahme zugunsten kirchlicher Organisationen ist dort nicht vorgesehen. Das heißt, dass diese Beweislastregelung auch für Kirchen gilt: Es obliegt daher ihnen zu beweisen, dass in einem bestimmten Fall keine Verletzung des Gleichbehandlungsgrundsatzes vorliegt bzw. die Voraussetzungen des Art. 4 Abs. 2 der RL 2000/78/EG gegeben sind.

---

709 So insbesondere für Loyalitätspflichten, EGMR 4.10.2016, 75581/13 (*Travaš*), AuR 2017, 259.

F. Fazit

1. Die Antidiskriminierungsrichtlinien (Gleichbehandlung, Gender) beruhen auf Art. 19 AEUV, der seinerseits durch alle Mitgliedstaaten ratifiziert wurde. Die Bestimmungen haben eine denkbar weitgehende unmittelbare demokratische Legitimation. Sie sind nicht etwa hinter verschlossenen Türen im Ministerrat zustande gekommen. Die RL 2000/78/EG[710] und 2006/54/EG[711] setzen nur um, was Art. 19 AEUV vorsieht.

2. Die katholische Kirche setzt sich durch den geschlechtsbedingten Ausschluss von Frauen von der Weihe zudem in einen deutlichen Widerspruch zum staatlichen Gleichstellungsrecht.[712]

3. Rechtlich gilt: Aus religiösen Gründen darf niemand ungleich behandelt werden. Das gilt einfachgesetzlich und verfassungsrechtlich. Genauso es ist nach europäischem Sekundärrecht, nach unionalem Primärrecht und nach Völkerrecht. Das Verbot der Ungleichbehandlung gilt auch für Kirchen, wenngleich zu ihren Gunsten Ausnahmen bestehen.

4. Das überkommene deutsche Staatskirchenrecht ist im Gegensatz zur Argumentation der Kirchen nicht unionsfest. Art. 17 AEUV enthält weder ein Kirchengrundrecht, noch bietet es eine Bereichsausnahme für religionsrelevante Sachverhalte.

5. Die Vorschriften des Unionsrechts über den Diskriminierungsschutz können nicht als Eingriffe in die organisatorische Autonomie der Religionsgemeinschaften angesehen werden. Das kirchliche Arbeitsrecht ist kein religiöses proprium.[713]

6. Das Unionsrecht bezieht sich nicht auf Institutionen, es wirkt funktional. Es gilt Marktteilnehmern und Arbeitgebern, egal in welchen Bereichen. Auch das Antidiskriminierungsrecht ist eine Querschnittsaufgabe.

7. EU-Richtlinien sind so weit wie möglich im Lichte der GrCh auszulegen. Es gilt das Prinzip der Einheit der Unionsrechtsordnung.[714] Nach Art. 51 Abs. 1 Satz 1 GrCh sind die Mitgliedstaaten bei der Durchführung von Unionsrecht an die GrCh unmittelbar gebunden.[715] Nach Art. 52 Abs. 3 GrCh haben die Gewährleistungen der GrCh mindestens die gleiche Bedeutung und Tragweite, wie entsprechende Rechte in der EMRK. Der

---

710 Richtlinie 2000/78/EG des Rates vom 27.11.2000 zur Festlegung eines allgemeinen Rahmens für die Verwirklichung der Gleichbehandlung in Beschäftigung und Beruf.

711 Richtlinie 2006/54/EG des Europäischen Parlaments und des Rates vom 5.7.2006 zur Verwirklichung des Grundsatzes der Chancengleichheit und Gleichbehandlung von Männern und Frauen in Arbeits- und Beschäftigungsfragen.

712 *Ahlers*, S. 170.

713 *Reichold*, Selbstbestimmung, S. 106.

714 ErfK/*Wißmann*, AEUV Rn. 5.

715 Einzelheiten s. *Kainer*, NZA 2018, 894.

Grundrechtsschutz der GrCh darf nicht hinter demjenigen der Konvention zurückbleiben. Sowohl nach EGMR[716] als auch nach EuGH[717] kommt es nicht allein auf das Selbstbestimmungsrecht des kirchlichen Arbeitgebers an, vielmehr ist auf die Art der Tätigkeit abzustellen.

8. Unter dem BVerfG mutierte Art. 137 WRV zu einer Schutznorm des kirchlichen Selbstbestimmungsrechts gegen den Staat, obwohl die WRV mit diesem Artikel intendierte, die Kirchen aus dem Staatsverbund in die gesellschaftliche Freiheit zu entlassen und die Norm 1949 nicht neu konfiguriert wurde.

9. Die Umdeutung und Verkirchlichung des Art. 137 WRV steht nicht allein. Die Rechtsprechung ist auch sonst kirchlichen Glaubenslehren gefolgt: „Der homosexuelle Mann neigt dazu, einem hemmungslosen Sexualbedürfnis zu verfallen.“[718] „Männliche Homosexuelle ... lehnen ... familienhafte Bindungen meist ab und neigen zu ständigem Partnerwechsel.“[719] „Um die Geltung eines Sittengesetzes festzustellen, sind die Lehren der beiden großen christlichen Konfessionen zu beachten. Gleichgeschlechtliche Betätigung verstößt eindeutig gegen das Sittengesetz.“[720] Oder: „Die sittliche Ordnung will, dass sich der Verkehr der Geschlechter grundsätzlich in der Einehe vollziehe ... Die unbedingte Geltung der ethischen Norm lässt keine Ausnahme zu.“[721]

10. Die herrschende Meinung hat das kirchliches Selbstverwaltungsrecht der Kirchen extrem ausgeweitet. Es läuft aber auf eine unzulässige Klerikalisierung hinaus, wenn die Beschäftigten total ergriffen werden. Die Erstreckung des Selbstordnungsrechts der Kirchen auf die Regelung aller Arbeitsverhältnisse bzw. die Behauptung, es handele sich insoweit um ihre eigene Angelegenheit, usurpiert Grundrechte von Arbeitnehmern.

11. Die Kirchen können ihren Freiraum nach eigenen Maßstäben ausfüllen. Über die Reichweite dieses Freiraums können sie nicht bestimmen. Es ist allein Sache der Kirchen, Inhalt, Zeitpunkt und Ort eines Gottesdienstes festzulegen. Ist der Kirchenbau einsturzgefährdet, hat der Staat den Gottesdienst zu verbieten.

12. Es bietet sich an, nicht länger von eigenen Angelegenheiten auszugehen, wenn Kirchen Arbeitsverträge mit Außenstehenden abschließen. Bedienen sich die Kirchen der Privatautonomie zur Begründung von Arbeitsverhältnissen, findet vielmehr das staatliche Arbeitsrecht Anwendung.

---

716 EGMR 23.9.2010 – 1620/03 (*Schüth*), AuR 2011, 307.
717 EuGH 17.4.2018 – C-414/16 (*Egenberger*), AuR 2019, 586; EuGH 11.9.2018 – C-68/17 (*IR*).
718 BVerfG 10.5.1957 – 1 BvR 550/52, BVerfGE 6, 398 Rn. 149.
719 BVerfG 10.5.1957 – 1 BvR 550/52, BVerfGE 6, 398 Rn. 152.
720 BVerfG 10.5.1957 – 1 BvR 550/52, BVerfGE 6, 398 Rn. 167.
721 BGH 17.2.1954 – GSSt 3/53, BGHSt 6, 46 Rn. 13.

13. Will man nicht so weit gehen, muss jedenfalls im Sinne praktischer Konkordanz eine Abwägung Platz greifen. Der Wechselwirkung von kirchlichem Selbstbestimmungsrecht und Grundrechten der Beschäftigten ist durch Güterabwägung Rechnung zu tragen.

14. Die vollständige Erstreckung des kirchlichen Selbstbestimmungsrechts auf gewerbliche Einrichtungen[722] ist verfassungsrechtlich nicht zwingend.

15. Bei kirchlichen Wirtschaftsunternehmen müssen die religiösen Verstrebungen umso stärker und sichtbarer werden, je größer das Unternehmen ist und je gewinnorientierter es am Markt agiert.[723] Kirchlichkeit muss wahrnehmbar sein.[724]

16. § 9 Abs. 1 1. Alternative AGG ist mit der RL 2000/78/EG unvereinbar. Die Norm ist hinsichtlich der Worte „im Hinblick auf ihr Selbstbestimmungsrecht oder" nicht anzuwenden und sollte insoweit gestrichen werden.

17. Die bisherige Rechtsprechung des BVerfG führte zu einer Paralyse des staatlichen Kündigungsschutzrechts. Die Entscheidungen von 1985[725] und 2014,[726]

   – dass für die Frage, welche kirchlichen Grundverpflichtungen als Gegenstand des Arbeitsverhältnisses bedeutsam sein können, allein die von der Kirche anerkannten Maßstäbe von Belang seien,

   – dass das staatliche Arbeitsrecht inklusive des KSchG im Licht des Selbstbestimmungsrechts der Kirchen auszulegen seien,

   – dass auf einer ersten Stufe die kirchlichen Maßstäbe zugrunde zu legen seien, während erst auf einer zweiten Stufe eine Abwägung mit konfligierenden grundrechtlichen Interessen der Beschäftigten vorzunehmen sei,

   – dass die Kirchen festlegen könnten, welches Gewicht einem Verstoß gegen ihre Glaubens- und Sittenlehre zukomme,

   – dass die Entscheidung darüber, ob für kirchliche Mitarbeiter eine Abstufung der Loyalitätsobliegenheiten eingreifen soll, eine dem kirchlichen Selbstbestimmungsrecht unterliegende Angelegenheit sei,

   – und dass die Arbeitsgerichte lediglich berechtigt seien, Wertungen des kirchlichen Arbeitgebers auf Plausibilität zu überprüfen,

   kollidieren mit Unionsrecht.

18. Eine Konfrontation des BVerfG mit dem EuGH wie im PSPP-Verfahren[727] erscheint nicht alternativlos. Dem BVerfG sollte eine Kurskorrektur gesichtswahrend möglich sein, weil zum Zeitpunkt seiner Entscheidungen

---

722 BVerfG 4.6.1985 – 2 BvR 1703/83, 2 BvR 1718/83, 2 BvR 856/84, BVerfGE 70, 138.

723 ErfK-*Schlachter*, § 9 AGG Rn. 2.

724 *J. Schubert*, EuZA 2020, 320, 349.

725 BVerfG 4.6.1985 – 2 BvR 1703/83, BVerfGE 70, 138.

726 BVerfG 22.10.2014 – 2 BvR 661/12, NZA 2014, 1387.

727 BVerfG 5.5.2020 – 2 BvR 859/15, 2 BvR 980/16, 2 BvR 2006/15, 2 BvR 1651/15, AuR 2020, 287.

die Rechtsprechung des EuGH zu Art. 4 der RL 2000/78/EG noch nicht entfaltet war.

19. Die Herausnahme kirchlicher Einrichtungen aus dem BetrVG ist verfassungsrechtlich nicht geboten und sollte aufgehoben werden.[728] Kirchliche Sonderrechte wie im Gesetz zur Weiterentwicklung der Gesundheitsversorgung sind verfassungsrechtlich zweifelhaft.

20. Das Selbstbestimmungsrecht kann für sich allein betrachtet eine Benachteiligung nach § 9 AGG nicht rechtfertigen. Die Antidiskriminierungsgesetze sind allgemeine Gesetze, die auch für Kirchen gelten. Das AGG trifft Kirchen nicht nur wie Jedermann, sondern weniger als Jedermann, weil § 9 Abs. 2 AGG zugunsten der Kirchen Ausnahmen vorsieht.

21. Der Topos der christlichen Dienstgemeinschaft darf kein Instrument sein, die Geltung der staatlichen Rechtsordnung zu marginalisieren und das kirchliche Arbeitsrecht gegen Antidiskriminierungsrecht und kollektive Arbeitnehmerrechte zu immunisieren.

22. Die Kirchen legen ihr Ethos selbst fest. Bei der Durchsetzung ihres Ethos im Geltungsbereich der staatlichen Rechtsordnung unterliegen sie den Grenzen des staatlichen Rechts. Sie können ihr Ethos möglicherweise nicht uneingeschränkt durchsetzen.

23. Loyalitätsanforderungen können nur so weit reichen, wie die Glaubwürdigkeit des kirchlichen Arbeitgebers durch das arbeitnehmerseitige Verhalten beeinträchtigt wird. Kein Tendenzschutz ohne Tendenzbezug. Entscheidend ist eine durch die Gerichte vorgenommene Bewertung der Art der Tätigkeit im Kontext der Verkündigung des kirchlichen Arbeitgebers.

24. Die Kirchen dürfen Loyalitätspflichten festlegen, geboten ist aber eine gerichtliche Kontrolle anhand der religiösen Verkündigungsnähe der geschuldeten Tätigkeit. Gesteigerte Loyalitätspflichten sind nur bei verkündigungsnaher Tätigkeit zulässig. Für Loyalitätspflichten sollten Eckpunkte einer konventionskonformen Fortentwicklung sein: Sie unterliegen anhand der religiösen Verkündigungsnähe der geschuldeten Tätigkeit einer Angemessenheitskontrolle durch die staatlichen Gerichte.[729] Unzureichend ist ein pauschal behaupteter Glaubwürdigkeitsverlust. Eine Abwägung im Einzelfall ist unverzichtbar.[730] Zu berücksichtigen sind u.a.: Schwere des Verstoßes i.S. der jeweiligen Glaubenslehre, Grad des Verschuldens, Intensität des Eingriffs in das Privatleben, öffentliche Auswirkungen, Beschäftigungsdauer, Interesse am Erhalt des Arbeitsplatzes, Beschäftigungschancen, soziale Sicherung.[731] Gesteigerte Loyalitätspflichten

---

728 So auch *Allgaier/Boltel/Buschman/Däubler/Deinert/zu Dohna/Eder/Heilmann/Jerchel/Klapp/Klebe/Wenckebach*, AuR Sonderausgabe April 2022, S. 6.
729 *Reichold*, KuR 2011, 203.
730 A.A. *Richardi*, Arbeitsrecht in der Kirche, § 7 Rn. 16.
731 EGMR NZA 2015, 553.

sind nur bei religiös verkündigungsnaher Tätigkeit zulässig. Verkündigungsnähe ist zu bejahen bei kirchenspezifischen Aufgaben im Sinne einer unmittelbaren Teilhabe am kirchlichen Sendungsauftrag. Gegen eine kirchenspezifische Verkündigungsnähe spricht es, wenn dieselbe Tätigkeit in der Privatwirtschaft ausgeübt wird. Zuständig für diese Abgrenzung sind nicht die Kirchen, sondern die staatlichen Gerichte, die das kirchliche Selbstverständnis gebührend zu berücksichtigen haben. Jedenfalls bei verkündigungsfernen Tätigkeiten ist ein Eingriff in das Privatleben (außereheliche Beziehung, Wiederheirat,[732] gleichgeschlechtliche Beziehung/Lebenspartnerschaft)[733] ausgeschlossen.

25. Der Dritte Weg in der aktuellen Ausgestaltung verleiht der Arbeitnehmerseite trotz paritätischer Besetzung in der Kommission und Schlichtungsverfahren weder Verhandlungstärke noch Durchsetzungskraft. Es darf demzufolge gestreikt werden.

26. In der katholischen Kirche hat der Synodale Weg angesichts des Missbrauchsskandals einen gewissen Reformdruck aufgebaut. Würde lediglich die Diskriminierung Homosexueller eingestellt, wäre das nicht ausreichend. Das kirchliche Nebenarbeitsrecht muss auch in der katholischen Kirche insgesamt reformiert werden.

27. Die evangelische Kirche befindet sich in einem taktischen Dilemma: Würde sie, wie es überfällig ist, ihren Sonderstatus aus freien Stücken modernisieren, entzöge sie der Verfassungsbeschwerde den Boden.

28. Die weitere Entwicklung hängt wesentlich davon ab, wie sich das BVerfG positioniert. Die Frage ist, ob das BVerfG der Verfassungsbeschwerde des Evangelischen Werks für Diakonie und Entwicklung e.V.[734] gegen die BAG Entscheidung,[735] die das *Egenberger*-Urteil des EuGH[736] umsetzt, stattgibt und entscheidet, dass das Selbstbestimmungsrecht der Kirchen dem unionalen Antidiskriminierungsrecht vorgeht oder ob Karlsruhe anerkennt, dass die RL 2000/78/EG mit ihren Sonderrechten für die Religionsgemeinschaften auch für die Kirchen gilt.

29. Im Koalitionsvertrag vom 24.11.2021[737] heißt es: „Gemeinsam mit den Kirchen prüfen wir, inwiefern das kirchliche Arbeitsrecht dem staatlichen Arbeitsrecht angeglichen werden kann. Verkündungsnahe[738] Tätigkeiten bleiben ausgenommen." Bedauerlicherweise soll lediglich geprüft werden. Die Ankündigung, § 118 Abs. 2 BetrVG zu streichen, fehlt. Eine vernünfti-

---

732 A.A. *Pötters/Kalf*, ZESAR 2012, 219.
733 *Pallasch* NZA 2013, 1179; a.A. *Richardi*, Arbeitsrecht in der Kirche, § 7 Rn. 58ff.
734 Verfassungsbeschwerde vom 16.3.2019 – 2 BvR 934/19.
735 BAG 25.10.2018 – 8 AZR 501/14, AuR 2019, 239.
736 EuGH 17.4.2018 – C-414/16 (*Egenberger*), AuR 2019, 586.
737 S. 71.
738 Offensichtlich gemeint: verkündigungsnahe.

ge Lösung könnte in Folgendem liegen:

§ 118 Geltung für Religionsgemeinschaften

(1) Dieses Gesetz findet auch auf Religionsgemeinschaften einschließlich ihrer Einrichtungen Anwendung.

(2) Mitbestimmungsrechte finden bei verkündungsnahen[739] Tätigkeiten keine Anwendung. Mitwirkungs- und Beratungsrechte bleiben unberührt.[740]

Überraschender Weise ist nicht geplant, Gewerkschaften und Arbeitnehmervertretungen an dem Reformprozess zu beteiligen. Unverständlich ist, dass nicht auf die zwingenden Vorgaben des EU-Rechts Bezug genommen und eine Überarbeitung des AGG angekündigt wird.

---

739 Offensichtlich gemeint: verkündungsnahen.
740 *Allgaier/Boltel/Buschmann/Däubler/Deinert/zu Dohna/Eder/Heilmann/Jerchel/Klapp/Klebe/Wenckebach*, AuR Sonderausgabe April 2022, 6ff.

G. Einzelfragen

1. Abtreibung

Bei der Ablehnung von Abtreibungen handelt es sich um eine Grundposition des kirchlichen Verständnisses von der Unantastbarkeit des menschlichen Lebens. § 9 AGG verbietet nicht die Kündigung eines kirchlichen Bediensteten, der öffentlichkeitswirksam Abtreibungen befürwortet, es sei denn, dass dies als Privatmeinung geschieht.[741]

2. Altersgrenzen

Zahlreiche kirchliche Bestimmungen enthalten Altersgrenzen. Bei der Wählbarkeit in den Kirchenvorstand und den Kirchengemeinderat gibt es in der evangelischen Kirche teils keine Altersgrenze nach oben, teilweise liegt diese bei 68,[742] teilweise bei 70[743] und teilweise bei 75 Jahren.[744] Weitere Beispiele: „Mit Vollendung des 75. Lebensjahres scheidet der Älteste aus dem Gemeindekirchenrat aus".[745] „Wer das 70. Lebensjahr vollendet hat, darf nicht gewählt werden, kann aber berufen werden."[746] Presbyterinnen und Presbyter scheiden „spätestens mit Vollendung des 75. Lebensjahres aus dem Amt aus".[747] Die Amtszeit der Mitglieder des evangelischen Kirchengerichts endet mit Vollendung des 70. Lebensjahres.[748]

Soweit es sich um Erwerbsarbeit im europarechtlichen Sinn handelt – die Kirchen selbst gehen von ehrenamtlicher Tätigkeit aus[749] – sind weder § 8 Abs. 1 AGG noch § 9 Abs. 1 AGG geeignet, diese Bestimmungen zu legitimieren.[750] Der Umstand, dass herausgehobene kirchliche Ämter und Leitungsfunktionen in Rede stehen, kann die Altersdiskriminierung nicht rechtfertigen. Denn die Eigenschaft, jünger als 75 oder 70 oder 68 zu sein, stellt keine angemessene An-

---

741 Vgl. BVerfG 4.6.1985 – 2 BvR 1703/83, BVerfGE 70, 170 f.
742 § 5 Abs. 1b Kirchenvorstandsbildungsordnung Sachsen.
743 § 44 Kirchenordnung Pommern; § 18 Abs. 1 Grundordnung EKKW.
744 § 4 Wahlordnung Kirchenvorstände Lippe.
745 § 4 Kirchenverfassung Ev. Landeskirche Anhalt.
746 § 1 Gemeindekirchenratsgesetz Ev. Kirche der Kirchenprovinz Sachsen.
747 Art. 44 Abs. 4 Kirchenordnung der Ev. Kirche im Rheinland.
748 § 14 des Kirchengesetzes der EKD; landesrechtlich teilweise abweichend, z.B. § 6 Abs. 1 des Kirchengesetzes über die kirchliche Gerichtsbarkeit der ev.-luth. Kirche in Norddeutschland: Bei Wahl nicht älter als 65 Jahre.
749 Vgl. z.B. § 9 des Kirchengesetzes über die kirchliche Gerichtsbarkeit der evangelisch-lutherischen Kirche in Norddeutschland.
750 Wohl aber bei Erreichen der Altersgrenze gemäß § 10 AGG, s. EuGH 12.10.2010 – C-45/09 (*Rosenbladt*), NZA 2010, 1167.

forderung dar.[751] Spezifisch religiöse Gesichtspunkte, die eine starre Altersgrenze rechtfertigen könnten, sind nicht erkennbar. Schon die Unterschiedlichkeit der verschiedenen Regelungen zeigt, dass es offensichtlich keine sich jedem Vernünftigen aufdrängende, allgemeingültige Altersgrenze gibt. Hinzu kommt, dass bei Wahlämtern von vornherein die Möglichkeit besteht, diejenigen, denen die nötige Frische abgeht, nicht wieder zu wählen.

Das Interesse der Kirchen, dass wichtige Funktionen nicht in den Händen besonders alter Mitglieder liegen, unterscheidet sich nicht von dem Interesse eines Arbeitsgebers, sich von besonders alten Arbeitnehmern zu trennen. Ihr Selbstbestimmungsrecht kann nicht ausschlaggebend sein.

3.   Anwaltliche Vertretung

Bestimmungen, wonach Rechtsanwälte, die in kirchlichen Schlichtungsverfahren auftreten, einer christlichen Kirche angehören müssen, sind unzulässig, da in § 9 Abs. 1 AGG nur Anstellungsverhältnisse, nicht aber selbständige Tätigkeiten angesprochen sind. Auf § 8 Abs. 1 AGG kann nicht abgestellt werden, weil die konfessionelle Bindung des Rechtsanwalts für das Mandat weder wesentlich noch entscheidend ist. Auch die Parteien eines Dienst- oder Werkvertrags dürfen nicht wegen ihrer Religion ungleich behandelt werden.

4.   Arbeit auf verbandsrechtlicher Grundlage

S.o. C.VII.

5.   Arbeitskampf

Die evangelische und die katholische Kirche möchten Arbeitskämpfe nicht offen austragen. Die diakonischen Einrichtungen zeigen sich überwiegend tarifunwillig. In diakonischen Einrichtungen sind Streiks aber nicht nur Theorie, sondern aktuelle Praxis.[752]

Das Kirchenrecht sieht aktuell entweder den Zweiten oder den Dritten Weg vor. Im Zweiten Weg werden Tarifverträge geschlossen. Der Dritte Weg kennt weder Tarifverträge noch Arbeitskämpfe, hier agieren arbeitsrechtliche Kommissionen, im Konfliktfall entscheidet eine Schlichtungsstelle. Dies wird als

---

751 Ohnehin geht es in diesem Zusammenhang nicht um eine „berufliche" Anforderung; i.E. sehr deutlich für den ebenfalls gewählten Vorsitzenden einer Gewerkschaft EuGH 2.6.2022 – C-587/20 (*HK Danmark* u.a.).

752 Übersicht bei *Reichold*, ZTR 2012, 315.

kooperatives Verfahren verstanden. KODA-Ordnungen der Diözesen der katholischen Kirche werden z.T. einseitig von Bischöfen verändert.[753]

Die Einschränkung von Art. 9 Abs. 3 GG wird mit dem Selbstbestimmungsrecht der Kirchen legitimiert. Der mit einem Arbeitskampf verbundene Konflikt sei weder mit der christlichen Dienstgemeinschaft noch mit der christlichen Pflicht zum verlässlichen Dienst am Nächsten zu vereinbaren.

Der Dritte Weg bleibt von § 9 AGG im Prinzip unberührt.[754]

Die Große Kammer des EGMR hat anerkannt, dass der Arbeitskampf als Ausfluss der Koalitionsfreiheit vom Schutzbereich des Art. 11 EMRK umfasst ist und dass die absolute Beschränkung des Streikrechts gegenüber allen öffentlich Bediensteten nicht menschrechtskonform ist. Art. 11 EMRK berechtigt Gewerkschaften in der Türkei, überhaupt Tarifverträge abschließen zu dürfen.[755] Es ist daher zu erwarten, dass der EGMR bei einem Konflikt zwischen kirchlichem Selbstbestimmungsrecht und Streikrecht ein kategorisches Streikverbot ausschließt.[756] Eine Unvereinbarkeit von gewerkschaftlicher Betätigung mit Verkündigung und Seelsorge in einer Kirche wird vom EGMR nicht akzeptiert, sondern auf ihren realen Gehalt der Gefährdung des Selbstverständnisses einer religiösen Gemeinschaft überprüft.[757]

Strittig ist, inwieweit nach deutschem Recht verfassungsrechtlich Modifizierungen der kirchlichen Sonderwege geboten sind.[758] Ein Regelungsmodell, welches das partnerschaftliche Zusammenwirken in den Vordergrund rückt, ist verfassungskonform, wenn es Konflikte nicht leugnet und deren Klärung ermöglicht, ohne die Gewerkschaften als legitime Vertretung kollektiver Arbeitnehmerinteressen zurückzudrängen.

Ob das sozialpartnerschaftliche Konfliktlösungsverfahren des Dritten Wegs ausreicht, um das Streikrecht der Gewerkschaften im kirchlichen Bereich gänzlich verdrängen zu können, ist nicht nur im Hinblick auf Art. 11 EMRK höchst problematisch. Das Dilemma besteht darin, dass einerseits ein Dritter Weg möglich bleiben soll. Andererseits verstößt die generelle Leugnung des Interessengegensatzes zwischen Arbeitgebern und Arbeitnehmern sowie der Interes-

---

753 *Schwendele*, RdA 2017, 189.
754 *Schliemann*, NZA 2003, 413.
755 EGMR 21.4.2009 – 68959/01 (*Enerji Yapi-Sol*), NZA 2010, 1423.
756 *Pötters/Kalf*, ZESAR 2012, 216.
757 EGMR 9.7.2013, 2330/09 (*Sindicatul „Pastorul Cel Bun"*), AuR 2014, 31 m.Anm. *Lörcher*; s.a. *Reichold*, EuZA 2014, 386.
758 Vgl. ErfK/*Schmidt*, GG, Art. 4 Rn. 49ff.

senvertretung durch die Gewerkschaften gegen den Wesensgehalt von Art. 9 Abs. 3 GG. Deshalb kann das Arbeitskampfrecht nur insoweit ausgeschlossen werden, wie die innerkirchlichen Regelungsmodelle reale Verhandlungsparität unter Beteiligung der Gewerkschaften gewährleisten.[759] Daran fehlt es in der Katholischen Kirche und zumindest in einigen Landeskirchen der EKD. Wo sich Bischof oder Synode ein Letztentscheidungsrecht vorbehalten, wird das Postulat der Dienstgemeinschaft zum irreführenden Etikett eines hierarchischen Leitungsprinzips. Gewerkschaftliche Interessenvertretung müsste praktisch leerlaufen, bliebe nicht die Ultima ratio des Arbeitskampfes.[760] Ein Arbeitskampf zur Erzwingung eines Tarifabschlusses darf daher notfalls auch im Bereich kirchlicher Einrichtungen geführt werden,[761] es sei denn, dass Tarifverträge eine absolute Friedenspflicht oder zuvor ein Schlichtungsverfahren vorsehen.[762]

Nach der Entscheidung des BAG vom 20.11.2012[763] zum Dritten Weg dürfen Gewerkschaften nicht zu einem Streik aufrufen, wenn eine Religionsgesellschaft über ein am Leitbild der Dienstgemeinschaft ausgerichtetes Arbeitsrechtsregelungsverfahren verfügt, bei dem die Dienstnehmerseite und die Dienstgeberseite in einer paritätisch besetzten Kommission die Arbeitsbedingungen der Beschäftigten gemeinsam aushandeln und einen Konflikt durch den neutralen Vorsitzenden einer Schlichtungskommission lösen.[764] Das gelte jedoch nur, soweit Gewerkschaften in dieses Verfahren organisatorisch eingebunden sind und das Verhandlungsergebnis für die Dienstgeberseite als Mindestarbeitsbedingung verbindlich ist.

Erstreckt sich der Schutzbereich des kirchlichen Selbstbestimmungsrechts auf die Entscheidung, die Arbeitsverhältnisse kirchlicher Arbeitnehmer einheitlich auszugestalten, also das „Ob", könne die Religionsgesellschaft auch das „Wie" der Ausgestaltung bestimmen. Dazu gehörten die Entscheidung über die Art und Weise der kollektiven Arbeitsrechtsetzung, also der Gestaltungsmittel. Danach könne eine Religionsgesellschaft grundsätzlich darüber befinden, ob sie die Arbeitsbedingungen durch den Abschluss von Tarifverträgen regelt oder in arbeitsrechtlichen Kommissionen und Schiedskommissionen vereinbart. Entscheidet sich eine Religionsgesellschaft dazu, das Verfahren zur

---

759 MünchArbR/*Otto*, § 285 Rn. 216.

760 ErfK/*Schmidt*, Art. 4 GG Rn. 53 m.w.N.

761 Ausführlich *Kühling*, AuR 2001, 250; zurückhaltender *Bepler*, ZMV 2010, 32. A.A. *Thüsing*, Arbeitsrecht, S. 150; differenzierend *Belling*, ZevKR 2003, 407ff.

762 So z.B. in der Nordelbischen Kirche: Schlichtungsvereinbarung v. 5.11.1979, GVOBl. 1980, S. 12; Tarifvertrag zur Regelung der Grundlagen einer kirchengemäßen Tarifpartnerschaft v. 5.11.1979, GVOBl. 1980, S. 12.

763 Einzelheiten s. *Richardi*, RdA 2014, 42ff.

764 BAG 20.11.2012 – 1 AZR 179/11, AP Nr. 179 zu Art. 9 GG Arbeitskampf.

kollektiven Arbeitsrechtssetzung am Leitbild der Dienstgemeinschaft auszurichten, werde auch diese Entscheidung vom Selbstbestimmungsrecht umfasst. Die Ausrichtung der kollektiven Arbeitsrechtsordnung am Leitbild der Dienstgemeinschaft sei verfassungsrechtlich nicht zu beanstanden. Die Entscheidung der beteiligten Kirchen, das Verfahren ihrer kollektiven Arbeitsrechtssetzung am bekenntnismäßigen Leitbild der Dienstgemeinschaft auszurichten und nach den Grundsätzen einer partnerschaftlichen Lösung von Interessengegensätzen auszugestalten, schließe den Arbeitskampf zur Gestaltung von Arbeitsverhältnissen durch Tarifvertrag aus. Ein Ausschluss von Arbeitskampfmaßnahmen in diakonischen Einrichtungen kollidiere mit der durch Art. 9 Abs. 3 GG gewährleisteten Koalitionsfreiheit einer Gewerkschaft, mit dem Arbeitgeber die Arbeitsbedingungen ihrer Mitglieder kollektiv im Wege von Tarifverträgen auszuhandeln und hierfür Arbeitskämpfe zu führen.

Das BVerfG hat die Verfassungsbeschwerde der Gewerkschaft ver.di gegen die Entscheidung des BAG vom 20.11.2012 zurückgewiesen, weil sie durch die Entscheidung des BAG weder gegenwärtig noch unmittelbar betroffen sei.[765]

Zum Zweiten Weg hat das BAG entschieden, dass Streikmaßnahmen zur Durchsetzung von Tarifforderungen unzulässig sind, wenn sich die Kirche dafür entscheidet, die Arbeitsbedingungen der Beschäftigten ihrer Einrichtungen nur dann durch Tarifverträge auszugestalten, wenn eine Gewerkschaft zuvor eine absolute Friedenspflicht vereinbart und einem Schlichtungsabkommen zustimmt.[766]

Der Erstreckung des Selbstordnungsrechts der Kirchen auf die Betätigung ihrer Arbeitnehmer in Koalitionen ist mit überzeugenden Argumenten widersprochen worden.[767] Gewerkschaftliche Forderungen kreisen typischerweise um wirtschaftliche Themen, sie berühren das kirchliche Proprium nicht. Die Kirchen sind insoweit nicht anders betroffen als jeder weltliche Arbeitgeber. Tarifverträge thematisieren nicht den Gottesdienst, sondern Entgeltfragen, die üblicherweise in Lohn- und Rahmentarifverträgen geregelt werden.

In dem vom BAG akzeptierten Schlichtungsverfahren bleibt den Gewerkschaften die Beteiligung an einem von der Gegenseite organisierten Verfahren. Das ist die Rolle von Beratern. Von einem gleichgewichtigen Verhandeln und der Wahrnehmung von Freiheitsrechten kann auf dieser Basis nicht wirklich ge-

---

765 BVerfG 15.7.2015 – 2 BvR 2292/13, NZA 2015, 1117.
766 BAG 20.11.2012 – 1 AZR 611/11, AP Nr. 180 zu Art. 9 GG Arbeitskampf.
767 *Kocher/Krüger/Sudhoff*, NZA 2014, 880; *Kreß/Gerhardt*, ZRP 2013, 125; *J. Schubert/Wolter*, AuR 2013, 286; *Strake*, AuR 2016, 227; dem BAG grundsätzlich folgend dagegen *Schliemann*, ZTR 2013, 418; *Grzeszick*, NZA 2013, 1377.

sprochen werden. Damit dürfte der Wesensgehalt der Koalitionsfreiheit nicht gewährleistet sein.

Das kirchliche Regelungsmodell darf nach der Entscheidung des BAG zum Dritten Weg das Konzept der Tarifautonomie nur insoweit verdrängen, als es für die Wahrung des Leitbildes von der Dienstgemeinschaft erforderlich ist und das Ziel eines fairen Interessenausgleichs tatsächlich erreicht. Das setzt voraus, dass bei der streikersetzenden Schlichtung die Anrufung der Schiedskommission uneingeschränkt offensteht.[768] Danach müssten alle – wenn nicht: welche? – Gewerkschaften beanspruchen dürfen, in der Schiedskommission vertreten zu sein und ggf. zur Durchsetzung dieser Forderung streiken dürfen.[769] Nicht recht nachvollziehbar ist, dass eine vorübergehende Arbeitsniederlegung eine Auflösung der Dienstgemeinschaft darstellen soll.[770] Im Übrigen muss ein Rekurs auf die Dienstgemeinschaft als Ausdruck kirchlicher Selbstbestimmung und damit als Argument gegen einen Arbeitskampf scheitern, wenn die Dienstgemeinschaft tatsächlich nicht als solche gelebt wird.[771]

Die evangelische Kirche setzt die Entscheidung des BAG insofern um, als dass sie nunmehr den Zugang von Gewerkschaften zu ihren Einrichtungen akzeptiert. Es gibt auch ein bemerkenswertes Beispiel für einen Tarifvertrag, der nach dem 20.11.2012 in freien Verhandlungen ausgehandelt wurde: Der TV-Diakonie Niedersachsen (TV DN) vom 19.9.2014 enthält nach Art eines Manteltarifvertrags flächendeckende, umfassende Regelungen von der Einstellung über die Vergütung bis zur Entlassung von Arbeitnehmerinnen und Arbeitnehmern.

Um den Anforderungen der Urteile des BAG zu genügen, müssen die Regelungsverfahren für den Dritten Weg strukturell gewährleisten, dass frei gebildete Arbeitnehmerkoalitionen mit Gewerkschaftsqualität mitwirken und auf die Festlegung der Arbeitsbedingungen der Beschäftigten Einfluss nehmen können. Das zu gewährleisten ist den Kirchen bisher nicht gelungen, so dass die Gewerkschaften weiterhin streiken dürfen.

Selbst das Grundsätzegesetz der EKD in der Fassung vom 11.9.2014 gewährleistet nicht, dass in der arbeitsrechtlichen Kommission die Gewerkschaften überhaupt vertreten sind.[772] Es genügt nicht, MAV zu Gewerkschaften zu er-

---

768 *Reichold*, NZA 2013, 588.

769 Weitere offene Fragen erörtern *Reichold*, NZA 2013, 585 und *C. Schubert*, Jahrbuch des Arbeitsrechts, 2013, 101.

770 *Krause*, JA 2013, 944; ähnlich *Kocher/Krüger/Sudhoff*, NZA 2014, 880.

771 *C. Schubert*, Jahrbuch des Arbeitsrechts 2013, 101.

772 *Dieterich/Pfarr*, Die Rechtsprechung des Bundesarbeitsgerichts zum Arbeitskampf in kirchlichen Einrichtungen – ein erster Praxistest, S. 126.

klären.[773] Auch die Regelung zur Schichtung[774] gewährleistet keine angemessene Beteiligung der Gewerkschaften.

Die 27 deutschen Diözesanbischöfe der katholischen Kirche haben am 24.11.2014 eine Änderung der sogenannten Rahmenordnung für die Kommission zur Ordnung des diözesanen Arbeitsvertragsrechts (Rahmen-KODA-Ordnung) beschlossen, um die Arbeitsweise der arbeitsrechtlichen Kommissionen des Dritten Weges entsprechend der Entscheidung des BAG vom 22.11.2012 zu regeln. Das ist in doppelter Hinsicht misslungen. Die Kirche kann die Größe der Kommission auf 10 Mitglieder beschränken. Dann ist für die Gewerkschaften lediglich ein Vertreter garantiert.[775] Eine wirksame Interessenvertretung ist damit nicht möglich. Hinzu kommt, dass nach der Rahmen-Koda-Ordnung die von den Gewerkschaften entsandten Mitglieder die Gewähr dafür bieten müssen, dass sie das Selbstbestimmungsrecht der Kirchen achten und die Eigenart des kirchlichen Dienstes respektieren.[776] Die katholische Kirche behält sich mit anderen Worten die Entscheidung darüber vor, ob sie einen gewerkschaftlichen Vertreter als Verhandlungspartner akzeptiert oder nicht.[777]

Dass im Falle eines Arbeitskampfes auf die schutzwürdigen Belange von Patientinnen und Patienten, Pflegebedürftigen und Heimbewohnerinnen sowie Heimbewohnern Rücksicht genommen werden muss, ist selbstverständlich. Die Versorgung der Bevölkerung mit lebensnotwendigen Diensten ist bei jedem Streik sicherzustellen.[778] Dies gehört schon zu den allgemeinen Anforderungen an Arbeitskampfmaßnahmen.

Die Gewerkschaften müssen auch in kirchlichen Einrichtungen Werbung betreiben können.[779] Dies folgt aus der in Art. 9 Abs. 3 GG garantierten Freiheit der Koalitionsbetätigung. Das gewerkschaftliche Zutrittsrecht kann auch bei kirchlichen Einrichtungen nur beschränkt werden, wenn und soweit im konkreten Fall der ungestörte Arbeitsgang oder der Betriebsfrieden dies gebieten.[780]

---

773 § 4 ARGG-EKD.

774 § 12 Abs. 2 ARGG-EKD.

775 § 4 Rahmen-Koda-Ordnung.

776 § 9 V Rahmen-Koda-Ordnung.

777 Ein Letztentscheidungsrecht des Bischofs verneint *Stracke*, NZA 2019, 965.

778 ErfK/*Linsenmeier*, GG, Art. 9 Rn. 180.

779 Verneinend BVerfG 17.2.1981 – 2 BvR 384/78, BVerfGE 57, 220.

780 BVerfG 14.11.1995 – 1 BvR 601/92, BVerfGE 93, 359. Zum digitalen Zutrittsrecht *Däubler*, Interessenvertretung, S. 82.

6.   Ausschlussfristen

Enthält eine kirchlichen Arbeitsrechtsregelung eine Ausschlussfrist, so ist gemäß § 2 Abs. 1 Satz 2 Nr. 10 NachweisG ein besonderer Hinweis erforderlich. Die Bezugnahme auf kirchliche Arbeitsrechtsregelungen reicht nicht aus.[781]

7.   Befristung

Der EGMR stellt die Nichtverlängerung einer Befristung einer Kündigung gleich. Der Bestandsschutz wird unter dem Gesichtspunkt des Art. 8 EMRK geprüft.[782]

8.   Bekleidung[783]

Deutschland ist ein christlich geprägtes Land. Inwieweit Religionsfreiheit gesellschaftlich real ist, zeigt sich auch am Umgang mit einer religiösen Minderheit wie dem Islam. Das Kopftuch liefert den Toleranztest.

Eine bestimmte Bekleidung kann ohne besondere vertragliche Vereinbarung eine Nebenpflicht des Arbeitnehmers darstellen. Bekleidungsobliegenheiten können sich aus der Tätigkeitsbeschreibung im Arbeitsvertrag ergeben. In diesem Fall sind sie Teil der arbeitsvertraglichen Hauptleistungspflicht.[784] Das Tragen einer bestimmten Kleidung kann dann zur vertragsgemäßen Erfüllung der Arbeitsleistung geboten sein.[785]

Genauso, wie vertraglich ausdrücklich vereinbart werden kann, sich in einer bestimmten Art zu kleiden, kann vertraglich geregelt werden, dass bestimmte Kleidungsstücke nicht getragen werden. Allerdings setzen die Persönlichkeitsrechte der Arbeitnehmer und Arbeitnehmerinnen solchen Regelungen Schranken.[786] Bei der Bestimmung von Handlungs- bzw. Unterlassungspflichten in Bezug auf die Kleidung während der Arbeitszeit ist der Schutz des Arbeitnehmers vor Überforderung in eine Abwägung der Interessen beider Vertragsparteien unter Berücksichtigung der widerstreitenden Grundrechtspositionen und der Besonderheiten des jeweiligen Einzelfalls einzustellen. Kündigt etwa ein Arbeitgeber einem Arbeitnehmer auf dessen Ankündigung hin, er wolle

---

781   BAG 30.10.2009 – 6 AZR 465/18, NZA 2020, 379.
782   EGMR 12.6.2014 – Nr. 56030/07 (*Martínez*), AuR 2014, 429 m. Anm. *Lörcher*.
783   Die folgenden Ausführungen beruhen auf den Veröffentlichungen des Autors zu dem Thema Bekleidung: *Stein*, SR 2018, 107; *Stein*, RdA 2021,163, sowie *Stein*, SR 2021, 221.
784   BAG 24.9.2014 – 5 AZR 611/12, NZA 2014, 1407.
785   BAG 13.2.2007 – 1 ABR 18/06, BAGE 121, 147.
786   *Brose/Greiner/Preis*, NZA 2011, 369.

als Mitglied der Bhagwan-Bewegung in Zukunft bei der Arbeit rote Kleidung und die Mala tragen, so kann eine solche Kündigung nach § 134 BGB i.V.m. Art. 4 und Art. 3 Abs. 2 GG nichtig sein.[787]

Bei manchen Religionen gehört die visuelle Abgrenzung oder das Verdecken der Haut zum religiösen Bekenntnis.[788] Die Freiheit des religiösen oder weltanschaulichen Bekenntnisses kann daher auch durch das Tragen von Symbolen oder einer den Glaubensgrundsätzen entsprechenden Kleidung ausgeübt werden. Die Bekenntnisfreiheit ist zumindest beeinträchtigt, wenn der Arbeitnehmer sich vertraglich verpflichten muss, die Zurschaustellung religiöser Bekenntnisse durch Kleidung, Haartracht oder Anstecksymbole zu unterlassen. Ob eine derartige Verpflichtung einer richterlichen Inhaltskontrolle Stand hält, ist im Einzelfall vor dem Hintergrund der geschuldeten Tätigkeit abzuwägen.

Akzeptiert wird das religiös motivierte Tragen einer bestimmten Kleidung, soweit dadurch die betrieblichen Abläufe nicht wesentlich gestört werden.[789] Mittelbar diskriminierend kann ein Verbot jeglicher Kopfbedeckung am Arbeitsplatz sein, wenn Arbeitnehmer und Arbeitnehmerinnen eines bestimmten Glaubens dadurch besonders benachteiligt werden.[790]

Kopfbedeckungen spielen seit je her eine besondere Rolle. Im Europa des 14. und 15. Jahrhunderts trugen vornehme Frauen ihr Haar unter einer Haube oder bedeckten es mit einem Schleier. Der mit dem Hut verbundene Halbschleier war bis in die erste Hälfte des 20. Jahrhunderts ein modisches Attribut gehobener Damenbekleidung.

Heute bedecken Frauen in der orthodoxen Kirche, in einzelnen römisch-katholischen Ländern, in einzelnen protestantischen Kirchen wie Brüdergemeinden, bei den russischen Baptisten und u.a. den Mennoniten ihr Haar in der Kirche. In der katholischen Kirche ist das Tragen einer Kopfbedeckung für Frauen in der Heiligen Messe nicht mehr verpflichtend.

In einigen islamischen Ländern ist das Tragen des Schleiers gesetzlich vorgeschrieben.[791] In der Türkei war das Tragen des Kopftuchs durch Atatürk unter Androhung der Todesstrafe verboten. In öffentlichen Einrichtungen ist das

---

787 LAG Düsseldorf 22.3.1984 – 14 Sa 1905/83, DB 1985, 391.
788 Z.B. tragen Nonnen einen Habit, Sikhs schneiden sich nicht die Haare und tragen einen Turban.
789 Z.B. Mala (Bhagwan) LAG Düsseldorf 22.3.1984 – 14 Sa 1905/83, DB 1985, 391; Turban (Sikh) ArbG Hamburg 3.1.1996 – 19 Ca 141/95, AuR 1996, 243; Referendare BVerwG 26.6.2008 – 2 C 22/07, NJW 2008, 3654.
790 A. Stein, NZA 2014, 1053.
791 Z.B. Saudi-Arabien und bis vor einigen Jahren im Iran. Dafür gibt es eine Religionspolizei.

Kopftuchverbot dort wieder aufgehoben worden. Heute ist im Judentum und im Islam das Tragen der Kippa und der Takke im Gottesdienst für alle Männer üblich, bei besonders religiösen auch im Alltag. Frauen tragen entsprechend Perücken oder Kopftücher. Für Sikhs ist das Tragen des Dastars eine religiöse Pflicht.

Ein Kopftuch kann aus klimatischen, aus rein kulturellen Gründen oder wegen eines feministischen Motivs getragen werden. Des Weiteren sind Gründe des Arbeitsschutzes denkbar.

Das islamische Kopftuch ist in Deutschland eine Alltagserscheinung geworden. Der Streit über ein Kopftuchverbot kreist selten über Form, Material oder Nutzen. Es geht zuvorderst um den Symbolgehalt. Im Zentrum der Debatte steht weniger der Kopf als vielmehr das Tuch.

Das Kopftuch ist anders als das Kreuz für Christen kein zentrales Symbol islamischen Glaubens. Viele Betroffene verstehen das Tragen eines Kopftuchs gleichwohl als individuelle Pflicht vor Gott. Insofern ist das Tragen eines islamischen Kopftuchs vom Recht auf Religionsausübung umfasst.[792]

Die reflexhafte Gleichsetzung von Kopftuch und Bekenntnis zum Islam wird dem Problem nicht gerecht. Für die Frage des religiösen Charakters eines Zeichens oder Kleidungsstücks ist auf das Selbstverständnis der betroffenen Grundrechtsträgerin abzustellen.

a)   Privat-rechtlicher Bereich

Das Tragen einer bestimmten Kopfbedeckung im Privatbereich ist immer zulässig. Für die Frage, ob ein Kopftuch während der Arbeit getragen werden darf, ist die Stellung des Arbeitgebers von Bedeutung. Zu unterscheiden sind privatrechtliche, öffentlich-rechtliche und kirchliche Sphären. Es geht um multiple Diskriminierungen. Betroffen sind neben dem Merkmal Religion die Merkmale Ethnie und Geschlecht. Die Rechtsprechung beschränkt sich zumeist auf eine Prüfung des Merkmals Religion.[793]

aa)   Deutsche Rechtsprechung

Bodenangestellte von Fluggesellschaften dürfen während der Arbeitszeit sichtbar eine Kette mit Kreuz tragen.[794] Ebenso darf Zahnarzthelferinnen das Tra-

---

792 *Frings*, Diskriminierung 2010, S. 25f.
793 Beispielhaft für eine umfassende Abwägung auch mit Grundrechten der Arbeitnehmerin hingegen LAG Nürnberg 27.3.2018 – 7 Sa 304/1, AuR 2018, 588 m. Anm. *P. Stein*.
794 EGMR 15.1.2013 – 48420/10 (*Eweida*), NJW 2014, 1935.

gen eines Kopftuchs nicht verboten werden.[795] Das Tragen eines Kopftuches durch eine Verkäuferin islamischen Glaubens trotz gegenteiliger Weisung des Arbeitgebers rechtfertigt auch in ländlichen Gebieten keine verhaltensbedingte Kündigung. Der Arbeitgeber kann nicht von der Arbeitnehmerin die Einhaltung eines im Betrieb allgemein üblichen Bekleidungsstandards verlangen und die Arbeitnehmerin zu einer Arbeitsleistung ohne Kopftuch auffordern. Sowohl bei der Ausübung des Weisungsrechts des Arbeitgebers als auch bei der Ausgestaltung von vertraglichen Rücksichtnahmepflichten ist das durch Art. 4 Abs. 1 GG grund- und durch das Verbot der Benachteiligung wegen der Religion (§§ 1, 7 AGG) einfachrechtlich geschützte Anliegen einer Arbeitnehmerin, aus religiösen Gründen ein Kopftuch bei der Arbeit zu tragen, zu beachten.[796] Aber je nach Beruf der betroffenen Muslima sind unterschiedliche Grundrechtspositionen und Interessen nach Maßgabe praktischer Konkordanz abzuwägen.[797] Begründet ein Arbeitgeber die Kündigung einer Verkäuferin mit eventuell negativen Reaktionen der Kundschaft, verlangt das BAG, dass zunächst im Rahmen des Zumutbaren versucht wird, Störungen zu vermeiden. Glaubensfreiheit und Unternehmerfreiheit müssen ausgewogen berücksichtigt werden.[798]

Unternehmensinteressen sind ein rechtmäßiges Ziel nach Art. 2 Abs. 2 Buchst. b Ziff. i RL 2000/78/EG. Sie können eine Diskriminierung aber nur rechtfertigen, wenn sie im Hinblick auf dieses Ziel verhältnismäßig sind.

Diskriminierende Kundenerwartungen können keine legitime berufliche Anforderung darstellen.[799] Kundenerwartungen können nur im Ausnahmefall, wie bei einem besonderen Vertrauensverhältnis bei den Aufgaben einer Frauenreferentin, berücksichtigt werden, da hier die Tätigkeit und nicht eine Rolle (Frau) den Bezugspunkt für die Differenzierung darstellen.[800] Das auf einen Kundenwunsch erfolgende Verbot islamischer Kopftücher würde zu einer Verstetigung von Vorurteilen führen und wäre daher mit der Zielsetzung des Antidiskriminierungsrechts, diskriminierende Strukturen und Vorurteile abzubauen, schwer vereinbar.[801]

---

795 ArbG Berlin, 28.3.2012 – 55 Ca 2426/12, NZA-RR 2012, 627.

796 BAG 10.10.2002 – 2 AZR 472/01, AP KSchG 1969 § 1 Verhaltensbedingte Kündigung Nr. 44.

797 *Ruffert*, JZ 2009, 389.

798 BAG 10.10.2002 – 2 AZR 472/01, AP KSchG 1969 § 1 Verhaltensbedingte Kündigung Nr. 44; BVerfG 30.7.2003 – 1 BvR 792/03, AP GG Art. 12 Nr. 134; *Hoevels*, NZA 2003, 701; *Preis*, RdA 2003, 2448; s.a. BAG 20.8.2009 – 2 AZR 472/01, NZA 2010, 227.

799 Däubler/Beck-*Brors*, AGG § 8 Rn. 10ff.

800 Däubler/Beck-*Brors*, AGG § 8 Rn. 10, 13, 16.

801 *Grünberger/Husemann*, in: Preis/Sagan, Europäisches Arbeitsrecht, § 5 Rn. 231ff.

Die teilweise vertretene Auffassung,[802] die negative Glaubensfreiheit der Arbeitskollegen sei betroffen, wenn eine Arbeitnehmerin ein Kopftuch trägt, beruht auf einem Missverständnis. Die bloße Verwendung religiöser Symbole ist kein Fall der negativen Glaubensfreiheit. Wer damit konfrontiert ist, wird in nicht zu einem eigenen religiösen oder weltanschaulichen Bekenntnis veranlasst.[803] Der Ruf des Muezzins verletzt nicht die negative Religionsfreiheit von Anwohnern, die sich gestört fühlen.[804] Die negative Religionsfreiheit schützt vor staatlicher Missionierung, nicht aber vor der Glaubensbekundung Privater.

bb) EGMR

Der EGMR hat entschieden, dass die Gedanken-, Gewissens- und Religionsfreiheit i.S.v. Art. 9 Menschenrechtskonvention einen der „Grundpfeiler einer demokratischen Gesellschaft" im Sinne der Menschenrechtskonvention darstellen.[805] Er schließt folgerichtig einen Vorrang der Kirchenautonomie im Rahmen der Güterabwägung aus.[806] Der EGMR sieht das Verhältnismäßigkeitsprinzip verletzt, wenn dem Ziel einer einheitlichen Kleiderordnung mehr Gewicht beigemessen wird als dem Wunsch einer Arbeitnehmerin, ihren Glauben durch das Tragen eines diskreten Kreuzes zu bekennen.[807]

Der EGMR prüft sorgfältig, ob der Eingriff in die Religionsfreiheit verhältnismäßig ist. Zu dieser Frage liegt eine differenzierte Rechtsprechung vor. Der EGMR bejahte das Kriterium „im Hinblick auf das angestrebte Ziel verhältnismäßig" in mehreren Fällen und entschied zum Beispiel, dass ein Verbot des Tragens eines islamischen Kopftuchs während des Unterrichts, das gegenüber einer Lehrerin von Kindern „in jungem Alter" im staatlichen Bildungssektor ausgesprochen worden war, grundsätzlich gerechtfertigt und im Hinblick auf das erklärte Ziel des Schutzes der Rechte und Freiheiten anderer, der öffentlichen Ordnung und der öffentlichen Sicherheit verhältnismäßig war; es war demzufolge „in einer demokratischen Gesellschaft notwendig";[808] ferner, dass ähnliche Grundsätze jeweils für ein Verbot von Kopfbedeckungen gegenüber einer außerordentlichen Universitätsprofessorin, die Beamtin war,[809] sowie für ein ähnliches Verbot gegenüber einer Lehrerin für religiöse Angelegenheiten

---

802 BVerwG 8.8.1988 – 2 B 92/87, NVwZ 1988, 937; *Hoevels*, AuR 2016, 468.

803 BVerfG 17.7.1973 – 1 BvR 308/69, BVerfGE 35, 375.

804 OVG Nordrhein-Westfalen 23.9.2020 – 8 A 1161/18.

805 EGMR 15.2.2001 (*Dahlab*); EGMR 24.1.2006 – 65500/01 (*Kurtulmuş*), https://hudoc.echr.coe.int/eng?i=001-88325.

806 EGMR 23.9.10 – 425/03 (*Obst*), AuR 2010, 447; EGMR 23.9.2010 – 1620/03 (*Schüth*), AuR 2011, 307 – ein Anspruch auf Wiedereinstellung wurde verneint, LAG Düsseldorf 5.6.2014 – 11 Sa 1484/13, NZA 2014, VI; EGMR 12.6.2014 – 56030/07 (*Fernández Martínez*), AuR 2014, 429 m. Anm. *Lörcher*.

807 EGMR 15.1.2013 – 48420/10 (*Eweida*), NJW 2014, 1935.

808 EGMR 15.2.2001– 42393/98 (*Dahlab*), https://hudoc.echr.coe.int/eng?i=001-22643.

809 EGMR 24.1.2006 – 65500/01 (*Kurtulmuş*), https://hudoc.echr.coe.int/eng?i=001-88325.

an einer Sekundarschule des öffentlichen Sektors gelten;[810] ferner, dass ein Verbot des Tragens religiöser Bekleidung gegenüber einer in der psychiatrischen Abteilung eines Krankenhauses des öffentlichen Sektors beschäftigten Sozialarbeiterin nicht gegen Art. 9 MRK verstieß.[811] In anderem Zusammenhang hat der EGMR entschieden, dass der Schutz der Gesundheit und Sicherheit von Krankenpflegern und Patienten in einem Krankenhaus des öffentlichen Sektors einen legitimen Zweck darstellte. Die Beurteilung der Erforderlichkeit eines derartigen Schutzes auf einer Krankenhausstation sah er als einen Bereich an, in dem den innerstaatlichen Behörden ein weiter Beurteilungsspielraum einzuräumen ist. Eine Beschränkung des Tragens eines Kreuzes und einer Kette, die „sowohl sichtbar als auch erreichbar" waren, gegenüber einer auf einer geriatrischen Station eines psychiatrischen Krankenhauses tätigen Krankenschwester war nicht unverhältnismäßig und dementsprechend in einer demokratischen Gesellschaft notwendig.[812]

Die Frage, die dem EGMR im Fall von Frau *Eweida* zur Entscheidung vorlag, betraf das offene Tragen eines als „dezent" beschriebenen Kreuzes, was (zum damaligen Zeitpunkt) gegen ihre Beschäftigungsbedingungen verstieß, mit denen ein bestimmtes Unternehmensimage kommuniziert werden sollte.[813] Der Wunsch des Arbeitgebers, sein Unternehmensimage zu kommunizieren, war legitim, musste aber gegen den Wunsch von Frau *Eweida*, ihre religiöse Überzeugung zu bekennen, abgewogen werden. Da ihr Kreuz dezent war, konnte es ihr berufliches Erscheinungsbild nicht beeinträchtigen.

cc)   EuGH: Achbita und Bougnaoui
Nach dem Schlussantrag der Generalanwältin *Kokott* vom 31.5.2016 in dem Vorabentscheidungsverfahren *Achbita* sollte ein Kopftuchverbot gerechtfertigt sein können, wenn es sich auf eine allgemeine Betriebsregelung zur Untersagung sichtbarer politischer, philosophischer und religiöser Zeichen am Arbeitsplatz stützt. Eine solche Diskriminierung könne gerechtfertigt sein, um eine vom Arbeitgeber im jeweiligen Betrieb verfolgte Politik der religiösen und weltanschaulichen Neutralität durchzusetzen.[814]

In ihrem Schlussantrag vom 13.7.2016 zu dem Vorabentscheidungsersuchen in dem Verfahren *Bougnaoui*[815] plädierte die Generalanwältin *Sharpston* dafür, eine Unternehmenspraxis, nach der eine Arbeitnehmerin beim Kontakt mit

---

810 EGMR 3.4.2007 (*Karaduman*), https://hudoc.echr.coe.int/eng?i=001-80335.
811 EGMR 26.11.2015 – 64846 (*Ebrahimian*), AuR 2016, 170.
812 EGMR 15.1.2013 – 48420/10 (*Eweida*), NJW 2014, 1935.
813 EGMR 15.1.2013 – 48420/10 (*Eweida*), NJW 2014, 1935.
814 Schlussantrag der Generalanwältin *Kokott* 31.5.2016 – C-157/15 (*Achbita*).
815 Schlussantrag der Generalanwältin *Sharpston* 13.7.2016 – C-188/15 (*Bougnaoui*).

Kunden kein islamisches Kopftuch tragen darf, als rechtswidrige unmittelbare Diskriminierung zu beurteilen. Anderslautende Kundenwünsche seien keine „wesentliche und entscheidende" Anforderung, die in angemessenem Verhältnis zu dem verfolgten rechtmäßigen Zweck stehen. Potenzielle finanzielle Nachteile seien kein Rechtfertigungsgrund.

Der EuGH folgte den Schlussanträgen. In dem Verfahren *Bougnaoui* führte er aus, dass ein wie die Religion nach der RL 2000/78/EG geschütztes Merkmal nur „unter sehr begrenzten Bedingungen" eine berufliche Anforderung darstellen könne, die eine unmittelbare Diskriminierung rechtfertigt. Von dieser engen Auslegung seien nur Anforderungen erfasst, die von dem Beruf objektiv vorgegeben sind. Der subjektive Wille des Arbeitgebers, besonderen Kundenwünschen durch ein Kopftuchverbot nachzukommen, könne nicht als wesentliche und entscheidende berufliche Anforderung gelten.[816]

Hingegen sei wie in dem Verfahren *Achbita* eine unternehmensinterne Regel, neutrale Kleidung zu tragen, keine unmittelbar auf der Religion beruhende Diskriminierung, da alle Arbeitnehmer des Unternehmens allgemein und unterschiedslos hiervon betroffen seien.[817] Der Wunsch des Arbeitgebers, im Verhältnis zu Kunden eine Politik der politischen, philosophischen oder religiösen Neutralität zum Ausdruck zu bringen, sei ein rechtmäßiges Ziel i.S.d. Richtlinie und falle grundsätzlich in die nach Art. 16 GrCh anerkannte unternehmerische Freiheit. Das gelte insbesondere dann, wenn davon nur Arbeitnehmer mit Kundenkontakt betroffen sind. Werde die Politik der Neutralität im Unternehmen tatsächlich kohärent und systematisch verfolgt, sei eine derartige interne Regelung auch zur Zielerreichung geeignet. Das Verbot eines sichtbaren Tragens von Zeichen persönlicher Überzeugungen sei erforderlich, wenn es sich nur an Arbeitnehmer richtet, die mit Kunden in Kontakt treten. Dabei müsse die Beschränkung der Religionsfreiheit auf das unbedingt Erforderliche begrenzt werden. Es sei zu prüfen, ob der Arbeitgeber ohne eine zusätzliche Belastung anstelle einer Kündigung auch einen anderen Arbeitsplatz ohne Sichtkontakt mit Kunden hätte anbieten können.

dd)   Mittelbare oder unmittelbare Benachteiligung

Von der Einordnung als mittelbare oder unmittelbare Benachteiligung hängen die Anforderungen an die Rechtfertigung ab. Eine mittelbare Ungleichbehandlung kann durch jedes rechtmäßige Ziel gerechtfertigt sein. Eine unmittelbare Ungleichbehandlung wäre nur nach Art. 4 Abs. 1 RL 2000/78/EG zu rechtfertigen – bei einer Rezeptionistin wie im Fall *Achbita* kaum vorstellbar.

---

816   EuGH 14.3.2017 – C-188/15 (*Bougnaoui*), NZA 2017, 375.
817   EuGH 14.3.2017 – C-157/15 (*Achbita*), NZA 2017, 373. Die Firma G4S bewacht den EuGH.

In den Urteilen *Achbita* und *Bougnaoui* hatte der EuGH geurteilt, dass eine allgemeine Neutralitätspolitik des Arbeitgebers, die Arbeitnehmerinnen und Arbeitnehmern das Tragen religiöser Zeichen am Arbeitsplatz untersagt, keine Diskriminierung „wegen" der Religion darstellt, sofern sie „unterschiedslos für jede Bekundung solcher Überzeugungen" gilt.[818] Solange eine solche Regelung zwar an die Religion anknüpft, jedoch unterschiedslos auf alle Beschäftigten angewendet wird, soll hierin keine weniger günstige Behandlung aufgrund der Religion liegen. *Schlachter* unterstützt diese Sichtweise: Zwar werde durch das Verbot des Tragens religiöser Zeichen die Arbeitnehmerin in ihrer Religionsausübung beschränkt, eine Benachteiligung wegen der Religion liege darin aber erst bei Vorhandensein einer relevanten Vergleichsgruppe, die wegen ihrer Überzeugung bessergestellt wird. Werde die Neutralitätsordnung so weit gefasst, dass alle denkbaren Bekundungsanlässe gleichermaßen einbezogen sind, fehle es an dieser relevanten Vergleichsgruppe, der gegenüber religionsgebundene Personen schlechter behandelt werden. Jeder Mensch werde irgendeiner religiösen, weltanschaulichen oder politischen Überzeugung anhängen – und sei es nur in der negativen Ausprägung, so dass diese Kategorien als persönlich unbeachtlich anzusehen seien. Dürfen alle diese Überzeugungen während der Arbeit nicht geäußert werden, schränke dies die jeweiligen Freiheitsrechte der Betroffenen ein, behandele sie aber nicht unterschiedlich.[819]

Die Einordnung als mittelbare Benachteiligung wiederholt der EuGH in den Entscheidungen *WABE* und *MH Müller*.[820] Seine Auffassung begründet er mit dem Argument, dass eine Ungleichbehandlung „zwischen Personen, die einer Religion oder Weltanschauung anhängen, und Personen, die nicht einer Religion oder Weltanschauung anhängen" nicht genüge.[821] Vielmehr sei erforderlich, dass die Diskriminierung „in Abhängigkeit von der Religion oder der Weltanschauung erfahren wird".[822]

Der Ansatz des EuGH, bei einer Regelung, die ausdrücklich glaubensbekundende Kleidung untersagt, lediglich eine mittelbare Diskriminierung anzunehmen, erscheint verfehlt.[823] Eine mittelbare Diskriminierung liegt vor, wenn

---

818 EuGH 14.3.2017 – C-157/15 (*Achbita*), NZA 2017, 373 Rn. 30, 32; EuGH 14.3.2017 – C-188/15 (*Bougnaoui*), NZA 2017, 375 Rn. 32.

819 *Schlachter*, ZESAR 2021, 478.

820 EuGH 15.7.2021 – C-804/18 (*Wabe und MH Müller*), NZA 2021, 1085 Rn. 53; so auch Generalanwalt *Rantos*, Schlussanträge v. 25.2.2021 – C-804/18 und C-341/19, Rn. 52 ff. (*Wabe*).

821 EuGH C-804/18 und C-341/19 (*Wabe*), NZA 2021, 1085 (1087) Rn. 49; s.a. Generalanwältin *Kokott* Schlussanträge 31.5.2016 – C-157/15, Rn. 46ff. (*Achbita*).

822 EuGH 15.7.2021 – C-804/18 (*Wabe und MH Müller*), NZA 2021, 1085 Rn. 49.

823 *Germann*, EuR 2018, 235 (241); *Mangold/Payandeh*, EuR 2017, 700 (704 ff.); *Neugebauer/Sura*, RdA 2018, 350 (355 f.); *Sagan*, EuZW 2017, 457 (459); *Thüsing*, JZ 2006, 223 (228); *Köhlert*, NZA-RR 2018, 113; dagegen *Berka*, EuZA 2017, 465 (479 f.); Franzen/Gallner/Oetker/*Mohr*, EuArbR, RL 2000/78/EG Art. 1 Rn. 23.

es sich um ein Kriterium handelt, dass unabhängig von dem im Diskriminierungsverbot genannten Merkmal ist, aber überwiegend eine Gruppe betrifft, die durch dies Merkmal gekennzeichnet ist.[824] Eine Diskriminierung „wegen" der Religion ergibt sich bereits daraus, dass die unternehmerischen Vorschriften zum Verbot des Tragens bestimmter Symbole explizit an deren religiösen Charakter und damit an das verbotene Diskriminierungskriterium Religion anknüpfen.[825] Diese Auslegung des Begriffs der unmittelbaren Diskriminierung steht im Einklang mit dem allgemeinen Verständnis des Konzepts der unmittelbaren Diskriminierung [826] und wird durch den Wortlaut der Vorschrift nahegelegt. In Art. 2 II Buchst. a RL 2000/78/EG heißt es, dass eine unmittelbare Diskriminierung dann vorliegt, „wenn eine Person wegen eines der in Art. 1 genannten Gründe (…) eine weniger günstige Behandlung erfährt".

Nicht überzeugend ist es, lediglich eine mittelbare Diskriminierung anzunehmen, wenn das Kopftuchverbot in sachlicher Hinsicht erweitert wird auf das Tragen aller Zeichen, die als Bekundung einer religiösen oder philosophischen Überzeugung verstanden werden.[827] Betriebliche Regelungen, die ausdrücklich das Tragen glaubensbekundender Kleidung untersagen, stellen eine (zumindest verdeckte) unmittelbare Benachteiligung dar.[828] Die Arbeitnehmerin wird ausdrücklich wegen des Bekennens ihres Glaubens durch das Tragen eines Kopftuchs – also in direkter Anknüpfung an ein verbotenes Merkmal (Religion) – schlechter behandelt. Ein Kopftuchverbot wird nicht dadurch zu einer lediglich mittelbaren Diskriminierung, dass auch die Kippa und der Turban verboten werden.[829]

ee) Neutralitätsanordnungen

Die Entscheidungen des EuGH vom 14.3.2017 sind zu Recht überwiegend auf Ablehnung gestoßen.[830] Die Annahme, dass eine Arbeitnehmerin ihre religiös motivierte Kleidung an der Garderobe abgeben könne und daher auch

---

824 EuGH 22.6.2011 – C- 399/09, ABl. EU 2011 Nr. C 232, 6 (*Lantova*); EuGH 18.11.2010 – C-3556/09 (*Kaiser*), NZA 2010, 1401.

825 So schon Generalanwältin *Sharpston*, Schlussanträge 13.7.2016 – C-188/15 (*Bougnaoui*).

826 BeckOK/*Roloff*, § 3 AGG Rn. 1; *Sacksofsky* in Mangold/Payandeh, Handbuch Antidiskriminierungsrecht, § 15 Unmittelbare und mittelbare Diskriminierung, C.I.

827 So aber *Schlachter*, EuZA 2018, 173, 177 und *Meyer*, EuZA 2020, 207, 214.

828 *Berka*, EuZA 2017, 478; *Brors*, AuR 2018, 114; *German*, EuR 2018, 240; *Jacobs*, RdA 2018, 265; *Klein*, NVwZ 2017, 920; *Mangold/Payandeh*, EuR 2017, 704; *Preis/Morgenbrodt*, ZESAR 2017, 311; *Sagan*, EuZW 2017, 459; *Sandhu*, KJ 2017, 522; *Schrader/J. Schubert* in Däubler/Bertzbach, AGG-HK, § 3 AGG Rn. 38; *Schubert*, NJW 2017, 2584; *A. Stein*, NZA 2017, 829; *P. Stein*, SR 2018, 116; *Sura*, DB 2018, 1602. Zustimmend *Frenz*, Anm. zu EuGH C-157/15 und C-188/15, DVBl. 2017, 632; *Hartmeyer*, EuZA 2017, 553; *Hlava*, AuR 2017, 45; *Sprenger*, EuZA 2017, 357; *Wagner*, EuR 2018, 740. Offen *Biltgen*, AuR 2018, 167.

829 *Sagan*, EuZW 2017, 459.

830 S.o. Fn. 828.

müsse,[831] verkürzt den Gehalt der Religionsfreiheit und stellt eine handfeste Diskriminierung dar.[832]

Über das Vehikel des unternehmerischen Neutralitätsinteresses perpetuiert der EuGH in der Entscheidung *Achbita* die Kundenwünsche, die er in der Entscheidung *Bougnaoui* zurückgewiesen hat. Die Religionsfreiheit ist aber einer der Grundpfeiler der demokratischen Gesellschaft. Sie ist eines der wichtigsten Elemente, das die Identität der Gläubigen und ihre Auffassung vom Leben bestimmt.[833] Soweit der EuGH wie im Fall *Achbita* muslimische Arbeitnehmerinnen statt sie zu entlassen auf Arbeitsplätze ohne Sichtkontakt mit Kunden verweist, forciert er die aktive Exklusion unerwünschter Minderheiten. Die integrative Zielsetzung der Rahmenrichtlinie wird so in ihr Gegenteil verkehrt. Wenn bereits jede Form einer betrieblichen Neutralitätspolitik eine ausreichende Rechtfertigung für eine Einschränkung religiöser Manifestationen darstellt, läuft das auf einen Freibrief hinaus.[834]

Die Entscheidung C-157/15 ist auch in weiterer Hinsicht kritikwürdig. Eine Einschränkung der Religionsausübungsfreiheit ist richtigerweise nicht allein in die autonome Entscheidungsmacht des Arbeitgebers zu stellen.[835] Art. 16 GrCh bietet hierfür keine ausreichende Rechtsgrundlage.[836]

Der EuGH zitiert die *Eweida*-Entscheidung des EGMR dafür, dass die Entscheidung für eine Neutralitätspolitik ein legitimes unternehmerisches Ziel sei. Er unterschlägt aber dabei, dass der EGMR es gerade nicht hat ausreichen lassen, dass sich ein Unternehmen für ein bestimmtes Image entschieden hat. Der EGMR argumentierte, dass nicht ersichtlich sei, inwiefern das Tragen religiöser Symbole durch eine Angestellte negative Wirkungen für die Marke oder das Image des Unternehmens habe. In der Tat: Dass die Angestellte eines Unternehmens ein Kopftuch trägt, mag als Toleranz des Unternehmens gegenüber der religiösen Pluralität seiner Angestellten gewertet werden, ist aber ersichtlich kein Ausdruck einer Identifizierung des Unternehmens mit diesem Glaubensbekenntnis. Trägt eine Arbeitnehmerin eine religiös konnotierte Kopfbedeckung, ist dies ein Zeichen des persönlichen Glaubens, das allein dieser Grundrechtsträgerin zuzuordnen ist. Einer damit einhergehenden Identifizierung des Unternehmens steht bereits entgegen, dass nicht alle Be-

---

831 Schlussanträge der Generalanwältin *Kokott* 31.5.2016 – C-157/15.
832 *Sagan*, EuZW 2017, 460.
833 EGMR 15.1.2013 (*Eweida*), a.a.O.
834 *Berka*, EuZA 2017, 465 – 484.
835 *Hlava*, HSI Newsletter 1/2017, Anm. unter II.
836 *Buschmann*, AuR 2017, 180.

schäftigten in dieser Weise gekleidet sind.[837] So ist es Angehörigen der norwegischen Streitkräfte gestattet, Kopftuch und Turban zu tragen,[838] ohne dass jemand auf die Idee käme, den norwegischen Staat mit den entsprechenden Religionen zu identifizieren. In Irland dürfen Polizistinnen im Dienst ein Kopftuch tragen. Die schottische Polizei führte 2016 das muslimische Kopftuch als Teil ihrer Polizeiuniform ein. Aus dem Fall *Eweida*[839] ist bekannt, dass British Airways männlichen Angestellten, die der Sikh-Religion angehören, gestattet, ihre Arbeit mit Turban zu verrichten. Ebenso dürfen Frauen muslimischen Glaubens bei British Airways den Hijab tragen. In London gehören Polizisten mit Turban zum Stadtbild. In Neuseeland können muslimische Polizistinnen einen Hijab tragen. Das Kopftuch ist Bestandteil der Uniform. Bringen andererseits Behörden oder Gerichte in ihren Räumen Kreuze an, sind dies dem Staat zuzurechnende Maßnahmen.[840]

Ein bestimmtes Unternehmenskonzept bzw. ein Firmenimage, das für einen Auftritt nach außen Kopftücher untersagt, stellt keine wesentliche und entscheidende Anforderung dar. Die berufliche Anforderung muss für das Berufsbild prägend sein.[841]

Es ist zudem verfehlt, dem Neutralitätsinteresse des Arbeitgebers unbedingten Vorrang einzuräumen.[842] Im Hinblick auf die Persönlichkeitsrechte der Arbeitnehmerinnen und Arbeitnehmer würde das alleinige Abstellen auf die Unternehmerfreiheit sicherlich z.B. auch nicht eine unternehmensweite Regelung rechtfertigen können, der zufolge jeder verpflichtet ist, eine bestimmte Unterwäsche zu tragen. So hat der EuGH denn auch mehrfach unterstrichen, dass die unternehmerische Freiheit einer Vielzahl von Eingriffen der öffentlichen Gewalt unterworfen werden kann.[843] Sie gilt nicht schrankenlos und muss im Hinblick auf ihre gesellschaftliche Funktion gesehen werden.[844] Die unternehmerische Freiheit kann keine uneingeschränkte Geltung beanspruchen.[845] Es ist daher unstreitig, dass Art. 16 GrCh durch Art. 52 GrCh eingeschränkt wer-

---

837 BVerfG 18.10.2016 – 1 BvR 354/11, Rn. 65, NZA 2016, 1522.
838 Farblich müssen diese Kleidungsstücke den Uniformen angepasst sein. Weitere Einzelheiten s. *Hack*, NZA Beilage 3/2018, 67.
839 EGMR 15.1.2013 (*Eweida*), a.a.O.
840 *Mangold/Payandeh*, EuR 2017, 715.
841 *Schlachter*, EuZA 2018, 173, 180.
842 *A. Stein*, NZA 2017, 828.
843 EuGH 17.10.2013 – C-101/12 (*Schaible*), DÖV 2014, 41; EuGH 17.10.2013 – C-283/11 (*Sky Österreich*), EuZW 2013, 347; EuGH 27.3.2014 – C-314/12 (*UPC Telekabel Wien*), EuZW 2014, 388.
844 EuGH 9.9.2008 – C120/06 (*FIAMM*), ABl. EU 2008, Nr. C 285, S. 3–4, was bei der Interessenabwägung zu berücksichtigen ist, *Hoevels*, AuR 2016, 467.
845 EuGH 14.10.2014 – C-611/12 P (*Giordano*), ABl. EU 2014, Nr. C 462, S. 3; EuGH 9.9.2008 – C120/06 (*FIAMM*); ABl. EU 2008, Nr. C 285, S. 3 f.; EuGH 8.4.2014 – C293/12 (*Digital Rights*), NJW 2014, 2169.

den kann.[846] Der Umstand, dass eine Maßnahme der Verwirklichung der unternehmerischen Freiheit dient, macht eine Abwägung mit entgegenstehen Rechten Betroffener nicht entbehrlich.[847]

Des Weiteren darf nicht übersehen werden, dass die in Art. 10 Abs. 1 GrCh verbürgte Religionsfreiheit und das in Art. 21 Abs. 1 GrCh verankerte Diskriminierungsverbot bei der Auslegung der Gleichbehandlungsrahmenrichtlinie eine besondere Stellung innehaben.

Die von Unternehmen verfolgte Neutralitätspolitik trifft nicht alle gleich.[848] Faktisch sind vorrangig Musliminnen betroffen. Angehörige anderer Religionen, die sich dazu verpflichtet fühlen, sichtbare Attribute ihres Glaubens zu tragen, gibt es in der europäischen Arbeitswelt selten. Ausnahmen bestehen allenfalls für männliche Sikhs mit Turban oder Juden mit Kippa.[849]

Indem der EuGH allein das Diskriminierungsverbot „Religion" thematisiert, vernachlässigt er einerseits, dass Kopftuchverbote nur Frauen betreffen und daher auch geschlechterdiskriminierend sind. Andererseits trifft ein Kopftuchverbot überproportional häufig Frauen mit Migrationshintergrund, so dass auch eine Diskriminierung aufgrund ethnischer Herkunft zu erwägen ist.[850] Die Kopftuchverbote sind daher auch an den Vorgaben der Gender-Richtlinie[851] zu messen.

Hinzu kommt, dass nach Art. 52 Abs. 3 GrCh die Gewährleistungen der Charta mindestens die gleiche Bedeutung und Tragweite haben, wie entsprechende Rechte in der EMRK. Der Grundrechtsschutz der GrCh darf nicht hinter demjenigen der Konvention zurückbleiben. Nach Art. 9 Abs. 2 EMRK sind Einschränkungen der Bekenntnisfreiheit nur dann zulässig, wenn sie gesetzlich vorgesehen und aus konkreten Gründen (öffentliche Sicherheit und Ordnung, Gesundheit, Moral oder Schutz der Rechte und Freiheiten anderer) notwendig sind. Im Fall *Eweida u.a./Vereinigtes Königreich*[852] führte der EGMR wie bereits angesprochen aus, dass zwischen Arbeitgeber- und Arbeitnehmerinteressen ein fairer Ausgleich erreicht werden muss. Ein diskretes Kreuz lenkt nicht vom beruflichen Erscheinungsbild ab. Das Tragen religiöser Kleidungsstücke wirk-

---

846 Stern/Sachs/*Blanke*, GrCh, Art. 16, Rn. 2 und 16; Meyer/Hölscheidt/*Bernsdorff*, Art. 16 Rn. 16.
847 *Schlachter*, EuZA 2018, 173, 184.
848 Ausführlich *P. Stein*, RdA 2021, 163.
849 *Berghahn*, Vorgänge 2017, 31.
850 *Mangold/Payandeh*, EuR 2017, 711.
851 RL 2006/54/EG.
852 EGMR 15.1.2013 (*Eweida*), a.a.O.

te sich im Entscheidungsfall nicht nachteilig auf die Marke oder das Image der Fluggesellschaft aus.

Richtigerweise ist auch bei einer allgemeinen Regel zum Tragen neutraler Kleidung im Einzelfall zu prüfen, ob die Einschränkung der Religionsfreiheit gerechtfertigt ist. Das vom Arbeitgeber verfolgte Unternehmensbild ist nach der Rechtsprechung des EGMR nicht höher zu gewichten als das Recht der Religionsausübung. Ein generelles Kopftuchverbot kann nur gerechtfertigt sein, wenn durch diese Art der Bekleidung objektiv eine erhebliche Gefahr für das Unternehmensbild entsteht oder Rechte anderer unverhältnismäßig eingeschränkt werden. In einer offenen und pluralistischen demokratischen Gesellschaft sollte ein Kunde jedoch im Allgemeinen ein Kopftuch tolerieren können.[853] Zu einem anderen Ergebnis wird man kommen, wenn einer Verkäuferin das Tragen einer Burka (vollkommene Verhüllung) verboten wird, soweit für das Kundengespräch Augenkontakt und Mimik als eine berufliche Anforderung nach Art. 4 Abs. 1 RL 2000/78/EG erforderlich sind.

ff)   EuGH: WABE und MH Müller

Die Entscheidungen des EuGH in den Rechtssachen *WABE* und *MH Müller*[854] präzisieren die früheren Entscheidungen des Gerichtshofs vom 14.3.2017. Nach dem Urteil des EuGH vom 15.7.2021 in den Sachen *WABE* und *MH Müller* stehen Arbeitgeber in Deutschland, die Kopftücher verbieten wollen, vor kaum überwindbaren Hindernissen. Das Urteil erging auf Vorabentscheidungsersuchen des Arbeitsgerichts Hamburg[855] und des BAG.[856]

Der EuGH vertritt nach wie vor die Auffassung, dass im Falle einer unterschiedslosen Neutralitätspolitik eine unmittelbare Diskriminierung nicht in Betracht kommt. Die Einordnung beruht unausgesprochen auf der Feststellung, dass eine Neutralitätsanordnung nicht direkt an das Merkmal Religion anknüpft und damit auch nicht merkmalshomogen zwischen Menschen mit und ohne religiöse Überzeugung differenziert.[857] Eine unmittelbare Diskriminierung liegt hingegen vor, wenn die verbotene Bekundung einen untrennbaren Teil der Religion bildet.

Die Schwächung des Diskriminierungsschutzes fängt der EuGH über eine doppelte Verschärfung der Rechtfertigungsanforderungen für die mittelbare Diskri-

---

853   Vgl. dahingehend EGMR 15.1.2013 (*Eweida*), a.a.O.; *Brose/Greiner/Preis*, NZA 2011, 369.
854   EuGH 15.7.2021 – C-804/18 (*Wabe* und *MH Müller*), NZA 2021, 1085.
855   ArbG Hamburg, 21.11.2018 – 8 Ca 123/18, juris.
856   BAG 30.1.2019 – 10 AZR 299 (A) – NZA 2019, 693.
857   *Schlachter*, ZESAR 2021, 478.

minierung wieder ein.[858] Dem Neutralitätsinteresse des Arbeitgebers räumt der EuGH im Urteil *WABE* und *MH Müller* des Arbeitgebers keinen unbedingten Vorrang ein.[859] Die unternehmerische Freiheit gilt nicht schrankenlos. Die freie Berufsausübung kann keine uneingeschränkte Geltung beanspruchen.[860]

Das BAG und das BVerfG ließen in der Vergangenheit den reinen Willen des Arbeitgebers zu einer betrieblichen Neutralitätspolitik für deren Rechtfertigung nicht genügen. Stattdessen erkannten sie eine solche nur als rechtmäßig an, wenn anderenfalls konkrete betriebliche Störungen eintreten würden oder der Arbeitgeber mit konkreten wirtschaftlichen Nachteilen zu rechnen hätte.[861] Der EuGH ließ es dagegen bisher genügen, wenn der Arbeitgeber eine Neutralitätspolitik aufgrund einer willkürfreien Entscheidung kraft seiner unternehmerischen Freiheit implementierte, kohärent und in systematischer Weise verfolgte und auf das unbedingt Erforderliche beschränkte. Einen konkreten Grund musste der Arbeitgeber dagegen nicht darlegen.[862] Lediglich bei Einzelfallmaßnahmen, die auf keinen allgemein im Unternehmen geltenden Neutralitätsvorgaben beruhten, legte der EuGH einen strengeren Maßstab an.[863] Mit seinem neuen Urteil schwenkt der EuGH um und schließt sich der Rechtsprechung von BAG und BVerfG an.

Der bloße Wille des Arbeitgebers, ein Bild der Neutralität abzugeben, reicht nicht aus.[864] Für Neutralitätsanordnungen wird ein wirkliches Bedürfnis verlangt.[865] Dies Kriterium hat in der Rechtsprechung des EuGH eine lange Tradition.[866] Die Anordnung des Arbeitgebers muss im Hinblick auf ein rechtmäßiges Ziel sachlich gerechtfertigt und angemessen sein.[867] Dabei sind alle in Rede stehenden Rechte und Freiheiten zu berücksichtigen.[868] Nichtdiskriminierung, Gedanken-, Gewissens- und Religionsfreiheit, das Recht der Eltern, die Erziehung und den Unterricht ihrer Kinder entsprechend ihren eigenen religiösen, weltanschaulichen und erzieherischen Überzeugungen sicherzustellen, und die unter-

---

858   *Walter/Tremml*, NZA 2021, 1085.

859   EuGH 15.7.2021 – C-804/18 (*Wabe und MH Müller*), NZA 2021, 1085 Rn. 56 ff.; *A. Stein*, NZA 2017, 828.

860   EuGH 14.10.2014 – C-611/12 P (*Giordano*), ABl. EU 2014, Nr. C 462, S. 3; EuGH 9.9.2008 – C120/06 (*FIAMM*), ABl. EU 2008, Nr. C 285, S. 3 f.; EuGH 8.4.2014 – C293/12 (*Digital Rights*), NJW 2014, 2169.

861   BVerfG 27.1.2015 – 1 BvR 471/10, BVerfGE 138, 296; BAG 27.8.2020 – 8 AZR 62/19, NZA 2021, 189.

862   EuGH 14.3.2017 – C-157/15 (*Achbita*), NZA 2017, 373.

863   EuGH 14.3.2017 – C-188/15 (*Bougnaoui*), NZA 2017, 375.

864   EuGH 15.7.2021 – C-804/18 (*Wabe und MH Müller*), NZA 2021, 1085 Rn. 64.

865   EuGH 15.7.2021 – C-804/18 (*Wabe und MH Müller*), NZA 2021, 1085 Rn. 65; LAG Hessen 15.11.2021 – 7 Sa 1341/19, NZA-RR 2022, 279.

866   EuGH 12.7.1979 – C-260/78, RIW 1979, 704; EuGH 3.10.1985 – C-311/84, NJW 1986, 654; EuGH 13.5.1986 – C-170/84, NZA 1986, 599.

867   EuGH 15.7.2021 – C-804/18 (*Wabe und MH Müller*), NZA 2021, 1085 Rn. 60.

868   EuGH 15.7.2021 – C-804/18 (*Wabe und MH Müller*), NZA 2021, 1085 Rn. 82.

nehmerische Freiheit sind in Anbetracht des Grundsatzes der Verhältnismäßigkeit so miteinander in Einklang zu bringen, dass zwischen ihnen ein angemessenes Gleichgewicht besteht. Der Arbeitgeber muss ferner belegen, dass eine konkrete Gefahr bestand (z.B. die Gefahr konkreter Unruhe innerhalb des Unternehmens oder die konkrete Gefahr von Ertragseinbußen).[869] Der EuGH stellt klar, dass „rechtmäßiges Ziel" sowie „Angemessenheit und Erforderlichkeit der zu seiner Erreichung eingesetzten Mittel" eng auszulegen sind.[870]

Wer Mitarbeiterinnen und Mitarbeitern verbietet, am Arbeitsplatz sichtbare Zeichen ihrer politischen, weltanschaulichen oder religiösen Überzeugungen zu tragen, muss diese Neutralitätsregel allgemein und unterschiedslos anwenden und konsequent und systematisch ihre Befolgung durchsetzen. Sie kann nur dann gerechtfertigt sein, wenn ausnahmslos jede sichtbare Ausdrucksform politischer, weltanschaulicher oder religiöser Überzeugungen verboten ist.[871] Ein auf das Tragen auffälliger großflächiger Zeichen beschränktes Verbot kann eine unmittelbare Diskriminierung wegen der Religion oder der Weltanschauung darstellen.[872] Ob das Bekleidungsstück religiös verpflichtend ist oder aus freien Stücken getragen wird, macht keinen Unterschied.[873] Da ausnahmslos alle sichtbaren politischen, weltanschaulichen oder religiösen Zeichen zu untersagen sind, muss auch ein weit verbreitetes dezentes Kreuz als Schmuckstück verboten sein.

Mit seinen Anforderungen hinsichtlich einer konsequenten und systematischen Befolgung der Neutralitätsvorgaben und einer Beschränkung auf das unbedingt Erforderliche führt der *EuGH* im vorliegenden Fall nunmehr auch auf unionsrechtlicher Ebene die aus dem deutschen Verfassungsrecht bekannte Verhältnismäßigkeitsprüfung im Sinne einer praktischen Konkordanz durch.[874] Die deutschen Gerichte werden künftig – gegebenenfalls unter Rückgriff auf die neu gewählte Formulierung des *EuGH* eines „wirklichen Bedürfnisses" – weiterhin ihren bisherigen strengen Maßstab bei der Überprüfung von betrieblichen Neutralitätsvorgaben anlegen.

Das Urteil des EuGH bedeutet das weitgehende Ende der Neutralitätspolitik.[875] Der Arbeitgeber darf auch Zeichen für Demokratie, für Frieden und Gleichbe-

---

869   EuGH 15.7.2021 – C-804/18 (*Wabe und MH Müller*), NZA 2021, 1085 Rn. 85.

870   EuGH 15.7.2021 – C-804/18 (*Wabe und MH Müller*), NZA 2021, 1085 Rn. 61; auch bereits EuGH, 16.7.2015 – C-83/14 Rn. 112 (*CHEZ Razpredelenie Bulgaria*).

871   EuGH 15.7.2021 – C-804/18 (*Wabe und MH Müller*), NZA 2021, 1085 Rn. 77.

872   EuGH 15.7.2021 – C-804/18 (*Wabe und MH Müller*), NZA 2021, 1085 Rn. 7; im Fall *Eweida* hat der EuGH hingegen eine Unterscheidung zwischen großen und kleinen Zeichen gebilligt.

873   EuGH 15.7.2021 – C-804/18 (*Wabe und MH Müller*), NZA 2021, 1085 Rn. 73.

874   *Jungbauer*, NZA-RR 2021, 645.

875   *Jungbauer*, NZA-RR 2021, 645; *P. Stein*, SR 2021, 221.

rechtigung, für Black Lives Matter, Fridays for Future oder Zeichen gegen Rassismus, gegen Homophobie und gegen Antisemitismus nicht tolerieren. Diese Stringenz dürfte in der Praxis kaum vermittelbar sein und damit Anhänger eines Kopftuchverbots vor kaum überwindbare Hürden stellen.

gg) Verfassungsrecht

Die Entscheidungen des EuGH vom 14.3.2017 in den Verfahren C-157/15 und C-188/15 sind nur auf den ersten Blick von einschneidender Bedeutung für das nationale Recht. Dass Kundenwünsche keine Benachteiligung rechtfertigen, entspricht der deutschen Rechtsprechung.[876] Sie ist interessengerecht, denn für die betroffene Arbeitnehmerin macht es keinen Unterschied, ob der Arbeitgeber einen eigenen Entschluss zur Benachteiligung fasst oder sich einen fremden zu eigen macht.[877]

Unter Berufung auf die Entscheidung *Achbita* wird versucht, das Diskriminierungsverbot der Richtlinie auszuhebeln.[878] Der Logik der EuGH-Entscheidungen vom 14.3.2017 zufolge war es unzulässig, einen einzelnen Arbeitnehmer wegen eines religionskonnotierten Kleidungsstücks zu benachteiligen. Dagegen sollte es zulässig sein, den Diskriminierungsschutz dadurch abzusenken, dass der Arbeitgeber anstatt nur die einzelne eine Vielzahl von Arbeitnehmerinnen benachteiligt.

Damit stellt sich die Frage, ob der nationale Grundrechtsschutz aktuell bleibt, ob also mit der Richtlinienauslegung des EuGH lediglich unionsrechtliche Mindeststandards gesetzt werden.[879] Denn es steht den Mitgliedstaaten frei, günstigere Vorschriften einzuführen oder beizubehalten. Die Umsetzung der RL „darf nicht eine Absenkung des in den Mitgliedstaaten bereits bestehenden Schutzniveaus rechtfertigen" (28. Erwägungsgrund). Dies spiegelt sich in Art. 8 der RL wider.

Nach Ansicht des EuGH in den Urteilen *Achbita* und *Bougnaoui* rechtfertige eine kohärent und systematisch angewandte Neutralitätspolitik ein Kopftuchverbot am Arbeitsplatz. Damit legitimierte der bloße Unternehmerwunsch pauschal den Eingriff in die Religionsfreiheit. Das BVerfG fordert hingegen in

---

[876] BAG 10.10.2002 – 2 AZR 472/01, AP KSchG 1969 § 1 Verhaltensbedingte Kündigung Nr. 44; BVerfG 30.7.2003 – 1 BvR 792/03, AP GG Art. 12 Nr. 134.

[877] *Preis/Morgenbrodt*, ZESAR 2017, 309.

[878] In diese Richtung *Spielberger*, Anm. zu LAG Nürnberg 27.3.2018 – 7 Sa 304/17, NZA-RR 2018, 360.

[879] Dafür *Neugebauer/Sura*, RdA 2018, 355; ausführlich *Sandhu*, ZESAR 2019, 175.

seiner ständigen Rechtsprechung „eine hinreichend konkrete Gefahr".[880] Dieser Auffassung ist das BAG gefolgt.[881]

Der EuGH unterzieht das Kopftuchverbot entsprechend der Unionskompetenz einer gleichheitsrechtlichen Prüfung. Das BVerfG unterwirft Kopftuchfälle einer freiheitsrechtlichen Prüfung nach Art. 4 Abs. 1 und 2 GG. Das führt dazu, dass die Beurteilung der Fälle nicht immer übereinstimmt. Diskriminierungen müssen keine Beschränkungen der Religionsfreiheit sein.[882] Die Konsequenzen dieser unterschiedlichen Ansätze spiegeln sich auch in der Frage wider, ob Art. 4 GG als „günstigere Vorschrift" i.S.v. Art. 8 Abs. 1 der RL 2000/78/EG anwendbar ist. Bei Art. 4 GG müsste es sich um eine günstigere Vorschrift handeln. Doch für wen günstiger? Für Arbeitnehmerinnen günstigere Reglungen führen im Gegenzug zu Belastungen bei Arbeitgebern, was für diese zu einer Herabsetzung des Grundrechtsstandards führt. Das Ziel der Richtlinie ist der Schutz der nach den Merkmalen des Art. 1 RL 2000/78/EG diskriminierten Person. Die Günstigkeit bemisst sich aus deren Perspektive.[883] Art. 4 Abs. 1 und 2 GG ist damit in der Auslegung durch das BVerfG eine günstigere Vorschrift.[884]

Mit der Entscheidung *WABE* und *MH Müller* sind zwei Lösungs- bzw. Kooperationswege aufgezeigt: Der EuGH konkretisiert in Annäherung an die deutsche Rechtsprechung zum einen die Voraussetzungen zur Rechtfertigung einer Diskriminierung nach Art. 2 Abs. 2 Buchst. b Ziff. i RL 2000/78/EG und überlässt den Mitgliedstaaten in diesem Rahmen die abschließende Bewertung. Zum anderen erkennt der Gerichtshof die Anwendung einer nationalen, die Religionsfreiheit schützenden Norm als günstigere Vorschrift i.S.d. Art. 8 Abs. 1 RL 2000/78/EG bei der Rechtfertigungsprüfung der mittelbaren Diskriminierung durch die nationalen Gerichte an. Der in Deutschland erreichte Diskriminierungsschutz braucht nach allem nicht gesenkt zu werden. Er bildet das unionsrechtlich vorgegebene Mindestmaß bereits ab. Er darf höher sein. Die freiheitliche Dimension von Art. 4 GG gilt weiter.[885]

b) Öffentlich-rechtlicher Bereich

Bei einer muslimischen Lehrerin sind auch die Religionsfreiheit der Kinder und ihrer Eltern zu berücksichtigen. Ein Pauschalurteil verbietet sich. Eine Muslima

---

880 BVerfG 18.10.2016 – 1 BvR 354/11, Rn. 61; BVerfG 27.01.2015 – 1 BvR 471/10, 1 BvR 1181/10, Rn. 101, NJW 2015, 1359.

881 BAG 27.08.2020 – 8 AZR 62/19, Rn. 57; BAG 10.10.2002 – 2 AZR 472/01, Rn. 36.

882 EuGH 22.1.2019 – C-193/17 (*Cresco Investigation*); *Meyer*, EuZA 2020, 206, 211.

883 EuArbRK/*Mohr*, RL 2000/78/EG, Art. 8 Rn. 3.

884 Ausführlich *Seeland*, HSI-Report 3/2021, S. 9 f.

885 *Klein*, NVwZ 2017, 920; *Preis/Morgenbrodt*, ZESAR 2017, 309; *Sandhu*, KJ 2017, 517. A.A. *Meyer*, EuZA 2020, 207, 220.

ist nicht allein deshalb für den Schuldienst ungeeignet, weil sie aus religiöser Überzeugung ein Kopftuch trägt.[886] Die gegenteilige Entscheidung des BVerwG[887] hat das BVerfG aufgehoben.[888] Der EGMR erkannte 2001 in einem generellen Verbot für Lehrerinnen, ein Kopftuch zu tragen, keinen Verstoß gegen Art. 9 EMRK.[889] Hingegen wertet er die Nichtverlängerung eines befristeten Arbeitsvertrags, weil die im öffentlichen Dienst beschäftigte Arbeitnehmerin ein muslimisches Kopftuch trägt, als Verletzung der Religionsfreiheit.[890]

Mittlerweile normieren das BBG sowie landesgesetzliche Vorschriften ein Neutralitätsgebot. Nach § 34 Abs. 2 des Gesetzes zur Regelung des Statusrechts der Beamtinnen und Beamten in den Ländern (Beamtenstatusgesetz – BeamtStG) können religiös oder weltanschaulich konnotierte Merkmale des Erscheinungsbilds nur dann eingeschränkt oder untersagt werden, wenn sie objektiv geeignet sind, das Vertrauen in die neutrale Amtsführung der Beamtin oder des Beamten zu beeinträchtigen. Die Verhüllung des Gesichts bei der Ausübung des Dienstes oder bei einer Tätigkeit mit unmittelbarem Dienstbezug ist stets unzulässig, es sei denn, dienstliche oder gesundheitliche Gründe erfordern dies. Das BBG enthält dieselbe Regelung (§ 61 Abs. 2 BBG in der Fassung des Gesetzes zur Regelung des Erscheinungsbilds von Beamtinnen und Beamten vom 28.6.2021).[891] Im Klartext wird damit die Möglichkeit zu Kopftuchverboten im öffentlichen Dienst bundesweit und unabhängig von der dienstlichen Funktion gegeben. Die Bestimmung ist problematisch, weil sie suggeriert, dass das Kopftuch von uniformierten Beamtinnen wie Polizistinnen immer dazu geeignet ist, das Vertrauen in ihre neutrale Amtsführung zu beinträchtigen.

Durch die Formulierung „objektiv geeignet" geht es nicht darum, ob eine Beamtin mit Kopftuch im Einzelfall aufgrund ihres Verhaltens das Vertrauen beeinträchtigt, sondern um die Klarstellung, dass es für diese Wirkungen nicht auf die Absichten der Trägerin ankommt. Der Zweite Senat des BVerfG hat 2020 eine derartige Sicht gebilligt:[892] Der Staat dürfe Maßnahmen ergreifen, die die Neutralität der Justiz aus der Sichtweise eines objektiven Dritten unterstreichen. Das ist ziemlich weit hergeholt und eine Absetzbewegung von der überzeugenden Rechtsprechung des Ersten Senats. Warum soll ein schlichtes Kopftuch eine sozialkommunikative Neutralitätsgefährdung sein, obgleich

886 *Böckenförde*, NJW 2001, 723; *Morlok/Krüper*, NJW 2003, 1020; *Wiese*, Grundrechte-Report 2015, 62; s. auch ArbG Berlin 28.3.2012 – 55 Ca 2426/12, NZA-RR 2012, 627.

887 BVerwG 4.7.2002 – 2 C 21/01NN, NJW 2002, 3344.

888 BVerfG 24.9.2003 – 2 BvR 1436/02, BVerfGE 108, 282.

889 EGMR 15.2.2001– 42393/98 (*Dahlab*), https://hudoc.echr.coe.int/eng?i=001-22643.

890 EGMR 26.11.2015 – 64846 (*Ebrahimian*), AuR 2016, 170.

891 Ohne Aussprache im Bundestag und von der Öffentlichkeit weitgehend unbemerkt beschlossen.

892 BVerfG 14.1.2020 – 2 BvR 1333/1, NJW 2020, 1049.

auch das Gericht zutreffend davon ausgeht, dass Religiosität als solche kein Indiz für Voreingenommenheit ist? Wer ist der „objektive" Dritte, den der Senat bemüht? Setzt Objektivität nicht gerade voraus, sich um ein angemessenes Verständnis für die legitimen religiösen Bedürfnisse einer Amtsträgerin zu bemühen? Der objektive Dritte dürfte letztlich wohl nur eine Chiffre für Ressentiments und unhinterfragte Normalitätsvorstellungen sein. Überzeugender war das BVerfG, als es 2015 entschied, dass Lehrerinnen das Tragen eines muslimisch motivierten Kopftuches nicht allein wegen dessen abstrakter Eignung zur Begründung einer Gefahr für Schulfrieden und staatliche Neutralität verboten werden könne.[893]

Ein pauschales Kopftuchverbot für Lehrkräfte an öffentlichen Schulen ist verfassungs- und europarechtlich nicht haltbar.[894] § 2 Berliner NeutrG,[895] wonach es Lehrkräften in öffentlichen Schulen verboten ist, auffallende religiös geprägte Kleidungsstücke zu tragen, ist deshalb verfassungskonform dahin auszulegen, dass die Norm das Tragen des Kopftuchs nur bei Vorliegen einer konkreten Gefahr für den Schulfrieden oder die staatliche Neutralität verbietet.[896]

Mit dem Tragen eines Kopftuchs durch einzelne Pädagoginnen ist keine Identifizierung des Staates mit einem bestimmten Glauben verbunden. Der Staat nimmt nur hin, er ordnet nicht an. Die Freiheit, religiös konnotierte Kleidungsstücke zu tragen, darf zwar eingeschränkt werden, aber nur bei einer hinreichend konkreten Gefährdung oder Störung des Schulfriedens oder der staatlichen Neutralität. Der Schutz des Grundrechts auf Glaubens- und Bekenntnisfreiheit (Art. 4 Abs. 1 und 2 GG) gewährleistet auch Lehrkräften in der öffentlichen bekenntnisoffenen Gemeinschaftsschule die Freiheit, einem aus religiösen Gründen als verpflichtend verstandenen Bedeckungsgebot zu genügen, wie dies etwa durch das Tragen eines islamischen Kopftuchs der Fall sein kann. Ein gesetzliches Verbot religiöser Bekundungen durch das äußere Erscheinungsbild schon wegen der bloß abstrakten Eignung zur Begründung einer Gefahr für den Schulfrieden oder die staatliche Neutralität in einer öffentlichen bekenntnisoffenen Gemeinschaftsschule ist unverhältnismäßig, wenn dieses Verhalten nachvollziehbar auf ein als verpflichtend verstandenes religiöses Gebot zurückzuführen ist. Ein angemessener Ausgleich der verfassungsrechtlich verankerten Positionen – der Glaubensfreiheit der Lehrkräfte, der negativen Glaubens- und Bekenntnisfreiheit der Schülerinnen und Schüler sowie der Eltern, des Elterngrundrechts und des staatlichen Erziehungsauftrags – erfordert eine einschränkende Auslegung der Verbotsnorm, nach der zumindest

---

893 BVerfG 27.1.2015 – 1 BvR 471/10, NJW 2015, 1359.
894 *Sagan*, RdA 2021, 371. A.A. BayVerfGH 15.1.2007 – Vf. 11-VII-05, EuGRZ 2007, 107.
895 Gesetz zu Artikel 29 der Verfassung von Berlin vom 27.1.2005 – VerfArt29G, GVBl. 2005, S. 92.
896 BAG 27.8.2020 – 8 AZR 62/19, AP AGG § 15 Nr. 29.

eine hinreichend konkrete Gefahr für die Schutzgüter vorliegen muss.[897] Die Auffassung des ArbG Berlin,[898] es reiche aus, dass das Kopftuchverbot nicht für Lehrerinnen an berufsbildenden Schulen gelte, ist abzulehnen.

Die Rechtsprechung des BVerfG bleibt auch nach der EuGH-Entscheidung im Fall *Achbita* maßgebend. Ein flächendeckendes Kopftuchverbot im öffentlichen Dienst bleibt unzulässig. Geboten ist eine die Glaubensfreiheit für alle Bekenntnisse gleichermaßen fördernde Haltung des Staates. Einer – wie vom EuGH gefordert – „kohärenten und systematischen Umsetzung" eines derartigen Neutralitätsgebots steht entgegen, dass der Staat nach Art. 4 Abs. 1 und 2 GG „den Raum für die aktive Betätigung der Glaubensüberzeugung und die Verwirklichung der autonomen Persönlichkeit auf weltanschaulich-religiösem Gebiet" zu sichern hat.[899]

Eine gesetzliche Regelung, nach der Fachkräfte in öffentlich-rechtlichen Kindertagesstätten keine religiösen Bekundungen abgeben dürfen, die geeignet sind, die Neutralität des Landes in Frage zu stellen, wurde früher vom BAG gebilligt.[900] Soweit pädagogisches Personal aus offenkundig religiös motivierten Gründen eine Kopfbedeckung trägt, wurde wegen eines Verstoßes gegen das Neutralitätsgebot eine Abmahnung als gerechtfertigt angesehen.[901] Im Lichte seines Beschlusses vom 27.1.2015 bezüglich der Lehrkräfte an öffentlichen Schulen hat das BVerfG diese Entscheidungen folgerichtig aufgehoben.[902]

Das Kopftuch einer Lehrerin gefährdet die staatliche Neutralität nicht. Unterrichtete die Lehrerin mit ihrem Kopftuch ohne Probleme bereits längere Zeit, treten jetzt aber Probleme für den Schulfrieden auf, sind diese kaum der Lehrerin anzulasten, sondern den Störern. Zunächst einmal wird eine Verhaltensänderung deshalb dann von den Störern, nicht aber von der Lehrerin zu verlangen sein.[903]

---

897 BVerfG 27.1.2015 – 1 BvR 471/10, NJW 2015, 1359; BAG 28.2020 – 8 AZR 62/19, NJW 2021, 189.

898 ArbG Berlin, 14.4.2016 – 58 Ca 13376/15, BeckRS 2016, 67864. Aufgehoben mit überzeugender Begründung durch LAG Berlin-Brandenburg 9.2.2017 – 14 Sa 1038/16, NZA-RR 2017, 378; ebenso LAG Berlin-Brandenburg 24.5.2018 – 58 Sa 7193/17; LAG Berlin-Brandenburg 27.11.2018 – 7 Sa 963/18, NZA-RR 2019, 280; BAG 27.8.2020 – 8 AZR 62/19, 8 AZR 62/19. 2 Kammern des ArbG Berlin wiesen erneut Klagen Kopftuch tragender Lehrerinnen ab: ArbG Berlin 9.5.2018 – 60 Ca 8090/17 und ArbG Berlin 24.5.2018 – 58 Ca 7193/17.

899 BVerfG 27.6.2017 – 2 BvR 1333/17, NJW 2017, 2333.

900 BAG 12.8.2010 – 2 AZR 593/09, NZA-RR 2011, 162; BAG 20.8.2009 – 2 AZR 499/08, NZA 2010, 227; BAG 10.12.2009 – 2 AZR 55/09, NZA-RR 2010, 383.

901 BAG 20.8.2009 – 2 AZR 499/08, NZA 2010, 227 (Baskenmütze); LAG Stuttgart 19.6.2009 – 7 Sa 84/08, LAGE Art. 4 GG Nr. 2 (Kopftuch).

902 BVerfG 18.10.2016 – 1 BvR 354/11, NZA 354, 11.

903 *Häberle*, Der Staat 2018, 57 f.

Für Gerichte wird das anders gesehen: Wenn eine Frau auf der Richterbank sitzt, zweifelt niemand daran, dass sie in einem Sorgerechtsstreit den Vater gerecht behandelt. Wenn ein Richter im Rollstuhl sitzt, darf nicht bezweifelt werden, dass er den Schadensersatz bei Sportunfällen korrekt berechnet. Wenn ein Richter helle oder dunkle Hautfarbe hat, darf er dennoch über Diskriminierungsfälle entscheiden. Auch der sprachliche Dialekt, ein spezifischer Name oder der Ehering am Finger sagen einiges über die Person aus. All das ist nicht geeignet, Zweifel an der Unabhängigkeit zu begründen. Die Robe sagt vielmehr: Ihr seht zwar einen Menschen, aber er hat ein Amt und handelt deshalb neutral. Die Robe signalisiert, dass die Person hinter dem Amt zurücktritt. Nur weil eine Kopftuch tragende Richterin als Muslima erkennbar ist, wird hingegen die Befürchtung zugestanden und nahegelegt, sie werde nicht nach Gesetz und Recht entscheiden und andere Muslime bevorzugen.[904]

Ohne gesetzliche Grundlage darf einer Rechtsreferendarin nicht untersagt werden, während einer Gerichtsverhandlung ein Kopftuch zu tragen.[905] Eine gesetzliche Regelung,[906] wonach Gerichte nicht mit religiösen oder weltanschaulichen Symbolen ausgestattet werden dürfen und die Mitglieder des Spruchkörpers sowie das staatliche Justizpersonal derartige Symbole im Amt nicht tragen dürfen, wäre zulässig.[907] Der Bayerische Verfassungsgerichtshof[908] und der Hessische VGH[909] haben ein entsprechendes Kopftuchverbot bestätigt. Den dagegen gerichteten Antrag auf Erlass einer einstweiligen Anordnung lehnte das BVerfG ab, da die Prozesspartei einer vom Staat geschaffene Lage ohne Ausweichmöglichkeiten dem Einfluss eines bestimmten Glaubens, den Handlungen, in denen sich dieser manifestiert, und den Symbolen, in denen er sich darstellt, ausgesetzt ist.[910] Auch im Hauptsacheverfahren erklärte das BVerfG ein Kopftuchverbot für Rechtsreferendarinnen für verfassungsgemäß. Der Gesetzgeber sei verfassungsrechtlich frei, Kopftücher für Referendare zu erlauben oder zu verbieten.[911] Demgegenüber ist zu betonen, dass ein muslimisches Kopftuch auch in der Justiz grundrechtlichen Schutz genießt.[912]

---

904 *Rath*, TAZ vom 29.3.2019, S. 12.

905 BVerwG 12.11.2020 – 2 C 5.19; VG Augsburg 23.6.2016 – Au 2K 15.457. Den Antrag auf Erlass einer einstweiligen Anordnung (Sitzungsdienst mit Kopftuch) wies der BVerfG ab, BVerfG 27.6.2017 – 2 BvR 1333/17.

906 Derartige Regelungen gelten bereits in Bayern, Berlin und Baden-Württemberg. Niedersachsen will folgen.

907 *Feldmann*, BJ 2017, 56; a.A. *Nordmann*, BJ 2016, 191; *Berghahn*, KJ 2018, 172 ff.

908 BayVerfGH 14.3.2019 – Vf. 3-VII-18, NJW 2019, 2151.

909 HessVGH 23.5.2017 – 1 B 1056/17, AuR 2017, 317.

910 BVerfG 27.6.2017 – 2 BvR 1333/17, NJW 2017, 2333.

911 BVerfG 14.1.2020 – 2 BvR 1333/17, NZA 2020, VI.

912 *Leitmeier*, NJW 2020, 1036; *Muckel*, JA 2020, 555; *Payandeh*, DÖV 2018, 482; *Wißmann*, DRiZ 2016, 224.

c) Kirchlicher Bereich

Ein kirchlicher Arbeitgeber kann das Tragen eines islamischen Kopftuchs nicht generell untersagen.[913] Eine Krankenschwester macht mit dem Tragen dieses Kopftuchs von ihrem Grundrecht Gebrauch.[914] Sie ist nicht Tendenzträgerin. Wenn sie ihre Tätigkeit in einem Krankenhaus der Caritas nur mit Kopftuch ausüben will, ist sie weiterhin in der Lage, ihre vertraglich geschuldete Arbeitsleistung zu erbringen.[915] Die Versorgung der Patienten wird dadurch weder behindert noch erschwert. Eine Kündigung scheidet aus. Ein kirchlicher Arbeitgeber kann zwar von den Arbeitnehmerinnen und Arbeitnehmern, die Funktionsträger sind, die Einhaltung der wesentlichen kirchlichen Grundsätze verlangen.[916] Das Tragen eines Kopftuchs durch eine muslimische Pflegekraft fällt nicht darunter, es gefährdet nicht den Tendenzbereich eines kirchlichen Trägers.

Die gegenteilige Überlegung,[917] Außenstehende könnten den Eindruck gewinnen, die Kirche halte Glaubenswahrheiten für beliebig austauschbar, wenn ein kirchlicher Krankenhausträger Glaubensbekundungen durch das Tragen eines Kopftuchs tolerieren würde, wirkt nicht lebensnah. Dass, wie das BAG anführt, das kirchliche Selbstbestimmungsrecht nicht gewahrt werden könne, wenn der kirchliche Arbeitgeber eine Krankenschwester mit Kopftuch toleriert, überzeugt nicht. Die Beschwörung einer ernsthaften Gefährdung des Verkündigungsauftrags der Kirche und deren Glaubwürdigkeit ist durchaus nicht alternativlos, denkbar wäre ein toleranter Umgang mit Minderheiten. Schreitet ein kirchlicher Träger nicht ein, wenn eine Pflegekraft mit Kopftuch arbeitet, führt dies nach allem, was bekannt ist, nicht dazu, dass Arbeitnehmerinnen anderer Religionen automatisch ihrerseits religiöse Symbole tragen wollen. Wie sonst auch: Selbstbewusster Umgang mit abweichendem Verhalten und Barmherzigkeit gegenüber Menschen in Gewissensnot können überzeugender sein als starres Pochen auf Regeln.

Anderes gilt, wenn eine Kopftuch tragende Krankenschwester Patienten zum Islam zu bekehren sucht oder sie in deren (christlicher) Religionsausübung behindert.

---

913 BAG 10.10.2002 – 2 AZR 472/01, NZA 2003, 483; BVerfG 30.7.2003 - 1 BvR 792/03, NZA 2003, 959. A.A. LAG Hamm 8.11.2018 – 18 Sa 639/18, NZA-RR 2019, 139.
914 BVerfG 16.5.1995 – 1BvR 1087/91, BVerfG 93, 15.
915 ArbG Köln 6.3.2008 – 19 Ca 7222/07, PflR 2008, 438; a.A. BAG 24.9.2014 – 5 AZR 611/12, NZA 2014, 1407.
916 BAG 16.9.2004 – 2 AZR 447/03, NZA 2005, 1263.
917 BAG 24.9.2014 – 5 AZR 611/12, NZA 2014, 1407.

d) Hidschab, Amira, Chimar, Schador, Niqab, Burka

Musliminnen tragen verschiedene Kopftücher. Die meistgetragene Kopfbedeckung ist der Hidschab.[918] Bei der Amira verhüllt ein Teil den Kopf, der andere wird um die Schulter gelegt. Der mantelartige Schleier Chimar reicht bis zur Taille. Auch der Tschador reicht bis zur Taille. Bei allen vier Varianten ist das Gesicht frei. Sie können daher rechtlich wie ein Kopftuch behandelt werden.

Die Niederlande verbieten seit dem 1.8.2019 gesichtsbedeckende Kleidung in öffentlichen Einrichtungen. In Österreich gilt seit dem 1.10.2017 ein Vermummungsverbot.[919] 2018 wurden Kopftücher in Kindergärten verboten. Seit 2019 ist Mädchen das Tragen eines Kopftuchs in der Grundschule verboten. Am 11.12.2020 stellte der österreichische Verfassungsgerichtshof die Verfassungswidrigkeit dieses Gesetzes fest. In Belgien existiert ein Vermummungsverbot bereits seit April 2010. Der EGMR sieht die Religionsfreiheit nicht verletzt, da die Nationalstaaten lokale Bedürfnisse besser als ein internationales Gericht einschätzen könnten.

Ob ein Gesichtsschleier in der Öffentlichkeit akzeptiert wird, sei eine Wahl der Gesellschaft.[920] In Spanien existieren auf kommunaler Ebene, z.B. in katalanischen Städten, Verschleierungsverbote. In Frankreich ist es seit dem 11.4.2011 gesetzlich verboten, in der Öffentlichkeit Kleidung zu tragen, die dazu bestimmt ist, das Gesicht zu verbergen. Der EGMR hat darin keine Verletzung der EMRK gesehen.[921] Das Verbot sei gerechtfertigt, als es die Mindestanforderungen für das Zusammenleben der Menschen garantieren will.[922] Es gehöre zu den Aufgaben des Staates, die Voraussetzungen für das Zusammenleben der Menschen in ihrer Unterschiedlichkeit zu garantieren. Es sei nachvollziehbar, dass ein Staat den zwischenmenschlichen Beziehungen besondere Bedeutung beimisst, die beeinträchtigt werden, wenn Personen ihr Gesicht in der Öffentlichkeit verschleiern. Cannes verbot im August 2016 über das in ganz Frankreich geltende Verbot einer Gesichtsverschleierung hinaus das Tragen des Burkinis am Strand. Auch die Städte Sisco, Leucate, Oye-Plage und Le Touquet-Paris-Plage untersagten Frauen, beim Baden im Meer Ganzkörperbadeanzüge zu tragen. Dieses Burkini-Verbot wurde vom höchsten französischen Verwaltungsgericht für unwirksam erklärt. Am 8.6.2017 wurde das österreichische Anti-Gesichtsverhüllungsgesetz erlassen. Im Schweizer Kanton Tessin ist seit

---

918 Der Hidschab ist ein Kopftuch, das unter dem Kinn verknotet wird.
919 Bundesgesetz über das Verbot der Verhüllung des Gesichts in der Öffentlichkeit (Anti-Gesichtsverhüllungsgesetz – AGesVG), BGBl. I Nr. 68/2017.
920 EGMR 11.7.2017 – 37798/13 (*Belcacemi* und *Oussar*), https://hudoc.echr.coe.int/eng?i=001-175141; EGMR 11.7.2017 – 4619/12 (*Dakir*), https://hudoc.echr.coe.int/eng?i=001-175660.
921 EGMR 1.7.2014 – 43835/11 (*S.A.S*), NJW 2014, 2925.
922 Zur Kritik dieser Kategorie s. *Ibold*, KJ 2015, 83.

dem 1.7.2016 das Verbot, sein Gesicht im öffentlichen Raum zu verbergen, geregelt. Das Unterhaus des niederländischen Parlaments stimmte am 29.11.2016 für ein Gesetz, das das Tragen von Ganzkörperschleiern und Gesichtsschleiern in staatlichen Gebäuden, im öffentlichen Nahverkehr, in Schulen und in Krankenhäusern verbietet. 2016 verabschiedeten Bulgarien und Lettland ein Verbot der Gesichtsverschleierung in der Öffentlichkeit. In Tunesien besteht ein gesetzliches Vollverschleierungsverbot im öffentlichen Raum. Im Juli 2015 verabschiedete die Nationalversammlung Kameruns ein Verschleierungsverbot in der Öffentlichkeit. Der Tschad und die Republik Kongo hatten ein solches kurz zuvor ebenfalls verabschiedet. Seit 2015 verbietet Gabun das Tragen einer Vollverschleierung an öffentlichen Orten und am Arbeitsplatz.

Heute bieten Vollverschleierungen wie Niqab[923] oder Burka erhöhtes Konfrontationspotenzial.[924] In Deutschland sind die islamischen Ganzkörperschleier oder Gesichtsschleier nicht generell untersagt. Ein entsprechendes Gesetz wäre verfassungsrechtlich auch nicht haltbar.[925]

Bereits seit 1985 regelt § 17a des Versammlungsgesetzes ein Vermummungsverbot bei Demonstrationen. Am 15. Juni 2017 trat das Gesetz zu bereichsspezifischen Regelungen der Gesichtsverhüllung und zur Änderung weiterer dienstrechtlicher Vorschriften in Kraft.[926] Es verbietet Beamten bei einer Tätigkeit mit unmittelbarem Dienstbezug und Soldaten das Gesicht zu verhüllen (§ 61 BBG, § 34 BeamtStG, § 17 SG). Es regelt ferner die Mitwirkung bei der Identitätsfeststellung oder beim Lichtbildabgleich (§ 1 PAuswG, § 47a AufenthG). Mitglieder der Wahlorgane nach § 10 BWahlG dürfen während der Ausübung ihres Amtes ihr Gesicht nicht verhüllen. Wirkt ein Wähler auf Verlangen des Wahlvorstands nicht bei seiner Identifizierung mit, kann ihm die Stimmabgabe verweigert werden (§ 56 BWO). Seit dem 1.8.2017 enthält das Bayerische Beamtengesetz entsprechende Vorschriften.[927] Darüber hinaus dürfen Mitglieder einer Hochschule in Hochschuleinrichtungen und bei Hochschulveranstaltungen ihr Gesicht nicht verhüllen. Ebenso gilt in Schulen, in Kindertageseinrichtungen und in der Tagespflege ein Verhüllungsverbot.

Gesetze, die die Religionsfreiheit begrenzen, müssen konkret auf diesen Eingriff bezogen sein und einen angemessenen Ausgleich der gegenläufigen Verfassungsgüter vornehmen. Allgemeine gesetzliche (z.B. beamtenrechtliche) Regelungen

---

923 Mit Augenschlitz.
924 Mit Gesichtsgitter.
925 So auch *Wiese*, Grundrechte-Report 2015, 63.
926 Gesetz zu bereichsspezifischen Regelungen der Gesichtsverhüllung und zur Änderung weiterer dienstrechtlicher Vorschriften, BGBl. 2017 I, 1570.
927 Gesetz über Verbote der Gesichtsverhüllung in Bayern vom 12.7.2017, GVBl. S. 362.

genügen nicht.[928] Diese, die Religionsfreiheit begrenzenden Gesetze, müssen konkrete Gefahren abwehren wollen; abstrakte Gefährdungen genügen als Rechtfertigung nicht.[929] Untergesetzliche Regelungen (z.B. Verwaltungsvorschriften) könnten wegen des Grundrechtseingriffs ein Verbot nicht tragen.

Der Wert des Grundgesetzes besteht gerade darin, nicht alles zu verbieten, was die tonangebende Mehrheit stört – solange nicht gleichwertige Verfassungswerte dies gebieten. Auch wenn jede vollverschleierte Frau für aufgeklärte Menschen eine Provokation darstellt: Mit dieser Zumutung ist – um der freiheitlichen Ordnung willen – zu leben. Burka-Trägerinnen sind per se nicht gewalttätig, ebenso wenig gefährden sie die öffentliche Sicherheit. Wer Vollverschleierung als Ausdrucksform einer repressiven, frauenfeindlichen „Taliban-Kultur" sieht, löst das Problem nicht dadurch, dass er sie aus der öffentlichen Wahrnehmung verbannt.

Kommunikation ist essenziell für das Leben in der Gesellschaft. Aber der Schutz der Privatsphäre und die Glaubensfreiheit umfassen auch das Recht, nicht zu kommunizieren und Außenseiter zu sein. Tatsächlich schürt denn auch nicht die Verschleierung an sich (z.B. Karneval, Motorradhelme, Skikleidung, Kälteschutz) Angst und Misstrauen, es geht speziell um die muslimische Verschleierung. In einer offenen Gesellschaft gibt es aber keinen Anspruch darauf, nicht von Frömmigkeit gestört zu werden. Ebenso wenig gibt es ein Recht, nicht von unterschiedlichen Modellen religiöser Identität schockiert oder provoziert zu werden, und zwar auch dann nicht, wenn sie vom üblichen europäischen Lebensstil weit entfernt sind.[930]

Die Religionsfreiheit schützt Frauen mit Niqab und Burka nicht davor, ihr Gesicht zeigen zu müssen, wenn eine Kommunikation von Angesicht zu Angesicht erforderlich ist. Das gilt etwa für Schulen, Behörden und Gerichte. Deshalb ist eine staatliche Berufsoberschule berechtigt, eine Frau abzulehnen, die nicht ohne Niqab am Unterricht teilnehmen will.[931] Das VG Osnabrück hat es abgelehnt, im Eilverfahren einer Schülerin die Teilnahme am Unterricht mit Niqab zu gestatten, weil die Antragstellerin nicht dargelegt habe, dass das Tragen des Niqabs für sie eine unerlässliche religiöse Pflicht sei.[932]

Im Arbeitsleben ist – wenn nicht gar mit Kunden – so doch in der Regel zumindest mit Kollegen und Vorgesetzten häufig ein direkter Kontakt erforder-

---

928 BVerfG 24.9.2003 – 2 BvR 1436/02, BVerfGE 108, 282.
929 BVerfG 27.1.2015 – 1 BvR 471/10, 1 BvR 11891/10, BVerfGE 138, 296.
930 Abweichende Meinung *Nußberger/Jäderblom* zu EGMR 1.7.2014 – 43835/11 (*S.A.S.*), NJW 2014, 2932.
931 BayVGH 22.4.2014 – 7 CS 13.2592, NVwZ 2014, 1109.
932 VG Osnabrück 22.8.2016 – 1 B 81/16.

lich. In diesem Sinn wurde die vollständige Verhüllung des Gesichts einer Notariatsangestellten für unzulässig erachtet.[933] Auch Lehrerinnen mit Burka sind nicht denkbar.[934] Das Verlangen, das Gesicht nicht zu zeigen, dürfte auch sonst im Arbeitsleben häufig gerechtfertigt sein (§ 8 AGG). Für kirchliche Träger gilt nichts anderes (§ 9 AGG). Abzustellen ist auf die konkrete berufliche Situation. Pauschale Überlegungen ("Mit einem Zelt, das sich bewegt, kann man nicht kommunizieren"[935]) verbieten sich.

Ein Turban tragender Sikh hat nach der wenig überzeugenden verwaltungsgerichtlichen Rechtsprechung beim Motorradfahren keinen Anspruch darauf, aus religiösen Gründen von der Helmpflicht befreit zu werden. Die Helmpflicht solle nicht nur den Motorradfahrer selbst, sondern auch die körperliche und psychische Unversehrtheit anderer Unfallbeteiligter und der Rettungskräfte schützen. Sie könnten durch den Unfalltod oder durch den Eintritt schwerer Verletzungen bei einem nicht mit einem Schutzhelm gesicherten Motorradfahrer traumatisiert werden. Ein durch Helm geschützter Motorradfahrer werde bei einem Unfall eher in der Lage sein, zur Rettung anderer Personen beizutragen, etwa indem er die Unfallstelle sichert, Ersthilfe leistet oder Rettungskräfte ruft.[936] Einer Muslima wurde rechtskräftig verboten, beim Führen eines Kfz einen Niquab zu tragen.[937]

9. Berufsbildung

Berufsbildende Schulen in kirchlicher Trägerschaft dürfen niemanden unter Hinweis auf § 9 AGG und Art. 4 Abs. 2 der Rahmenrichtlinie abweisen, da Art. 4 Abs. 2 Rahmenrichtlinie nur berufliche Tätigkeit, nicht aber auch Ausbildung erwähnt. Das Gleiche gilt für berufliche Fort- und Weiterbildung im Rahmen bestehender Arbeitsverhältnisse innerhalb religiöser Organisationen. Anderenfalls läge eine Verletzung des Gleichbehandlungsgrundsatzes vor.

10. Beschäftigungs- und Entlassungsbedingungen

Das kirchliche Selbstbestimmungsrecht und die in Art. 137 Abs. 3 Satz 2 WRV gewährleistete Ämterautonomie umfassen das Recht festzulegen, welche Kirchenämter einzurichten, wie diese zu besetzen und welche Anforderungen an

---

933 Oberster Gerichtshof Wien 25.5.2016 – 9 ObaA 117/15v.
934 *Wiese*, Grundrechte-Report 2015, 63.
935 *Zeynelabidin*, Humanistischer Pressedienst 10.7.2014 – Nr. 19021
936 BVerwG 4.7.2019 – 3 C 24.17; VGH Baden-Württemberg 4.9.2017 – 10 S 30/16.
937 VG Düsseldorf 26.11.2020 – 6 L 2150/20.

die Amtsinhaber zu stellen sind. Der Entzug ihrer kanonischen Beauftragung kann einer Tätigkeit als Gemeindereferentin entgegenstehen.[938]

11. Betriebsübergang

Ein säkularer Arbeitgeber kann seinen Arbeitnehmerinnen und Arbeitnehmern keine kirchlichen Loyalitätspflichten auferlegen. Übernimmt ein weltlicher Arbeitgeber einen Betrieb von einer Kirche, entfallen die religiösen Obliegenheiten.[939] Im umgekehrten Fall befindet sich die Arbeitnehmerin/der Arbeitnehmer nach einem Betriebsübergang ohne sein Zutun bei einem religiösen Arbeitgeber, der besondere Loyalitäten erwartet. Die Vorstellung, dass nun gleichsam spiegelbildlich automatisch kirchliche Loyalitätspflichten verbindlich seien,[940] ist nicht haltbar.[941]

12. Beweislast[942]

Es obliegt der Kirche, im Licht der tatsächlichen Umstände des Einzelfalls darzutun, dass die geltend gemachte Gefahr einer Beeinträchtigung ihres Ethos oder ihres Rechts auf Autonomie wahrscheinlich und erheblich ist, so dass sich eine solche Anforderung tatsächlich als notwendig erweist.[943]

13. Ehebruch

S.u. G.39 Wiederverheiratung, Ehebruch, Scheidung.

14. Einstellung

Die Aufforderung in einer Stellenanzeige, die Konfession anzugeben, ist ein ausreichendes Indiz für eine unterschiedliche Behandlung wegen der Religion gemäß § 22 AGG.[944] Kirchen können Richtlinien zur Personalauswahl festlegen.[945] Die Zugehörigkeit zu einer bestimmten Religion kann durchaus auch eine nach § 9 AGG und nach dem ersten Unterabsatz des Art. 4 Abs. 2 der RL 2000/78/EG zulässige berufliche Anforderung sein. Diese Anforderung muss wesentlich, rechtmäßig und gerechtfertigt sein, und zwar sowohl im Ver-

---

938 BAG 10.4.2014 – 2 AZR 812/12, NZA 2014, 653.
939 *Richardi*, Arbeitsrecht in der Kirche, 6. Aufl. 2011, § 5 Rn. 14
940 *Hanau/Thüsing*, KuR 2000, 165.
941 *Melot de Beauregard/Bauer*, NZA-RR 2014, 625; s. auch *Joussen*, NJW 2006, 1850.
942 S.o. G.12 Beweislast.
943 BAG 25.10.2018 – 8 AZR 501/14, AuR 2019, 239 Rn. 69.
944 ArbG Karlsruhe 18.09.2020 – 1 Ca 171/19, ZMV 2021, 54; LAG Baden-Württemberg, 13.42021 – 19 Sa 76/20, juris.
945 BVerfG 4.6.1985 – 2 BvR 1703/83, BVerfGE 70, 164.

hältnis zum Ethos der Organisation als auch zur Art der Tätigkeit oder zu den Umständen ihrer Ausübung.

Für das Merkmal „wesentlich" gilt, vergleichbar mit Loyalitätspflichten,[946] dass je stärker eine Tätigkeit mit der Glaubwürdigkeit einer kirchlichen Organisation verbunden ist, die Zugehörigkeit zum entsprechenden Glauben umso eher von Bedeutung sein wird. Wesentlich ist eine Tätigkeit für eine kirchliche Organisation dann, wenn sie mit den Aufgaben der Verkündigung ihres Glaubens oder Leitung der kirchlichen Organisation in einer gewissen Nähe steht. Das Kriterium der Wesentlichkeit der Religion als beruflicher Anforderung würde seine Bedeutung verlieren, wenn alle in einer kirchlichen Einrichtung zu besetzenden Stellen von der Mitgliedschaft in eben dieser Kirche abhängig gemacht werden würden. Eine unterschiedslos auf alle Arbeitsplätze erstreckte Forderung nach Religionszugehörigkeit gestattet § 9 AGG nicht.[947] Die Praxis, generell nur Beschäftigte mit der Religion der Einrichtung einzustellen, ist nicht haltbar, so lange nicht nach der Stellung im Betrieb unterschieden wird.[948] Es steht der Kirche für weniger bedeutende Positionen immer noch offen, Loyalitätspflichten aufzuerlegen.

In Bezug auf die Bedeutung einer bestimmten Position innerhalb einer Organisation und dem Erfordernis, dass je höher die Bedeutung, desto mehr das Bekenntnis der Person, die diese Position bekleidet, mit jenem der Organisation übereinstimmen muss, es auch gerechtfertigt ist, wenn eine kirchliche Organisation grundsätzlich selbst die Bedeutung der betroffenen Positionen festlegt. Die Bestimmung der betroffenen Positionen, für welche die Religion eine berufliche Anforderung darstellt, ist nur gerechtfertigt, wenn sie in objektiver und verhältnismäßiger Weise mit dem Ethos der Organisation in Verbindung gebracht werden kann.

Die evangelische Kirche verlangt grundsätzlich die Zugehörigkeit zu einer ihrer Gliedkirchen oder einer Kirche, mit der sie in Kirchengemeinschaft verbunden ist. Dies gilt uneingeschränkt für Mitarbeiterinnen und Mitarbeiter, denen Aufgaben der Verkündigung, der Seelsorge und der evangelischen Bildung übertragen sind. Sofern es nach Art der Aufgabe unter Beachtung der Größe der Dienststelle oder Einrichtung und ihrer sonstigen Mitarbeiterschaft sowie des jeweiligen Umfelds vertretbar und mit der Erfüllung des kirchlichen Auftrags vereinbar ist, können für Aufgaben unterhalb der Ebene Dienststellenleitung auch Personen eingestellt werden, die keiner christlichen Kirche an-

---

946 EGMR 12.6.2014 – 56030/07 (*Martínez*), AuR 2014, 429 m. Anm. *Lörcher*.
947 A.A. *Joussen*, NZA 2008, 678.
948 Für eine Differenzierung bei Hilfstätigkeiten *Link*, ZevKR 2005, 414.

gehören.[949] Diese Ende 2016 neu definierten Einstellungsbedingungen sind besonders vage und damit kaum berechenbar und justiziabel („nach Art der Aufgabe unter Beachtung der Größe der Dienststelle", „jeweiligen Umfelds", „vertretbar", „können … eingestellt werden".)

Für katholische Arbeitgeber gilt, dass sie nach Art. 3 Abs. 5 der Grundordnung vor Abschluss des Arbeitsvertrags durch Befragung sicherzustellen haben, dass die Stellenbewerber die für sie nach dem Arbeitsvertrag geltenden Loyalitätsobliegenheiten erfüllen. Bei nichtkatholischen Christen sind dies Achtung und Umsetzung der Wahrheiten und Werte des Evangeliums, bei nichtchristlichen Mitarbeiterinnen und Mitarbeitern die Bereitschaft, die ihnen in einer kirchlichen Einrichtung zu übertragenden Aufgaben im Sinne der Kirche zu erfüllen. Für die abschließende Eignungsbeurteilung ist eine wertende Gesamtschau vorzunehmen. Die maßgebenden Grundwerte können auch bei Menschen anzutreffen sein, die – aus welchen Gründen auch immer – nicht Mitglied der Kirche sind. Für keinen Dienst in der Kirche geeignet ist, wer sich kirchenfeindlich betätigt oder aus der katholischen Kirche ausgetreten ist.[950]

Einstellungsbedingungen, die an eine bestimmte Religion oder Weltanschauung anknüpfen, sind personalwirtschaftlich, religiös und rechtlich problematisch. Die soziale Dimension ist erheblich: In Deutschland sind die Katholische und die Evangelische Kirche sowie ihre Einrichtungen der zweitgrößte Arbeitgeber nach dem öffentlichen Dienst. In einigen ländlichen Regionen Deutschlands besitzen kirchliche Sozial- und Wohlfahrtsdienste für bestimmte Berufe ein Monopol. Das gilt z.B. für Pflegeheime und Soziale Dienste.

Insbesondere in Ostdeutschland ist festzustellen, dass die Kirchen und ihre Einrichtungen u.a. aus Mangel an konfessionell gebundenen Bewerbern zunehmend konfessionslose Arbeitnehmer einstellen.[951] Auffällig ist zweierlei: Zum einen spielt das Ethos der Institution dann keine Rolle, wenn Arbeitskräfte für die entsprechenden Positionen nicht zu bekommen sind. Das gilt insbesondere für Arbeitskräfte mit Migrationshintergrund, die daher typischerweise nicht christlichen Glaubens sind. Würden die Kirchen weiterhin darauf bestehen, dass ein neuer Mitarbeiter bei Ihnen Mitglied ist, könnten Stellen vielfach nicht besetzt werden. Nur noch in 32,6 % aller Stellenausschreibungen wird Zugehörigkeit zu einer Kirche explizit als Einstellungskri-

---

949 § 3 der Richtlinie des Rates der EKD über die Anforderungen der privatrechtlichen beruflichen Mitarbeit in der Evangelischen Kirche in Deutschland und des Diakonischen Werkes der EKD vom 9.12.2016.

950 § 3 Abs. 4 Grundordnung.

951 *Heinrichs/Weinbach*, S. 37.

terium genannt.[952] Zum anderen werden für die ausgeschriebenen Tätigkeiten gleicher Art von den unterschiedlichen Einheiten der Evangelischen Kirche/ der Diakonie die Zugehörigkeit zur evangelischen Kirche gefordert oder die Zugehörigkeit jedenfalls zu einer der Kirchen der ACK verlangt oder aber auch eine Zugehörigkeit zur Kirche nicht gefordert.

Festzuhalten ist, dass der Ausschluss nichtchristlicher Bewerber neben den Angehörigen der Weltreligionen Islam, Hinduismus, Buddhismus und Judentum auch die Angehörigen einer Vielzahl kleinerer Religionen trifft.

Die Einstellungspraxis kirchlicher Träger hat zugleich rassistische Effekte. Wenn nach der Religion unterschieden wird, stellt dies häufig eine mittelbare Benachteiligung wegen der ethnischen Herkunft dar.[953] Religionen sind regional unterschiedlich verteilt. Die Beschränkung eines Einstellungsverfahren auf Christen bedeutet nicht allein den Ausschluss z.B. von Hindus, Buddhisten, Muslimen und Juden, sondern auch den Ausschluss vieler Menschen aus Asien, Südamerika und Afrika. Diese Gruppen sind bei der Beschränkung auf christliche Bewerber wegen ihrer ethnischen Herkunft mittelbar benachteiligt.

Die Antirassismus-RL 2000/43/EG untersagt in Art. 1 das Verbot der Diskriminierung aufgrund der ethnischen Herkunft sowie nach Art. 2 Abs. 2 Buchst. b) mittelbare Diskriminierungen. Als Ausnahmebestimmung legt Art. 4 RL 2000/43/EG fest, dass eine Ungleichbehandlung aufgrund eines mit der ethnischen Herkunft zusammenhängenden Merkmals keine Diskriminierung darstellt, „wenn das betreffende Merkmal aufgrund der Art einer bestimmten beruflichen Tätigkeit oder der Rahmenbedingungen ihrer Ausübung eine wesentliche und entscheidende Voraussetzung darstellt und sofern es sich um einen rechtmäßigen Zweck und eine angemessene Anforderung handelt." – eine Voraussetzung, die wie in Art. 4 Abs. 1 RL 2000/78/EG mit der Benutzung des Wortes entscheidend – wie der Erwägungsgründe 18 der Antirassismus-RL 2000/43/EG bzw. 23 der RL 2000/78/EG verdeutlichen – unter nur sehr begrenzten Bedingungen zur Anwendung kommen können und schärfer sind als die Ausnahmeregelung von Art. 4 Abs. 2 RL 2000/78/EG („wesentlich") für Kirchen.

Die Einstellungspraxis deutscher Kirchen wird international kritisch beurteilt. Der „Parallelbericht zum 19.–22. Staatenbericht der Bundesrepublik Deutschland an den UN-Antirassismusausschuss"[954] behandelt u.a. die Einstellungspra-

---

952 *Hempel/Mroß*, WSI Mitteilungen 2014, 482.
953 *Busch*, AuK 2016, 53ff.
954 *Diakonie*, Parallelbericht.

xis der kirchlichen Träger. In dem nach dem „Gesetz zum Internationalen Übereinkommen v. 7.3.1966 zur Beseitigung jeder Form von Rassendiskriminierung"[955] 2015 erstellten Bericht heißt es auf den Seiten 41/42 unter der Überschrift „Rassistische Effekte kirchlicher Einstellungspolitik":

> „Die Personalpolitik kirchlicher Einrichtungen in Deutschland grenzt bestimmte schutzbedürftige Personengruppen aus, was mittelbar rassistische Diskriminierung nach ICERD Art. 4 a–d und Art. 5 d zur Folge hat. Die einseitige Selektion und Bevorzugung von Beschäftigten christlicher Religionszugehörigkeit verletzt Art. 1 ICERD, da vom Ausschluss Andersgläubiger mittelbar Menschen bestimmter nationaler Herkunft disproportional betroffen sind.

> Aufgrund der Größe kirchlicher Träger gewinnt dieser mittelbar rassistische Ausschluss im deutschen Gesundheits- und Sozialsystem eine strukturelle Dimension. Betroffen sind alle (auch verkündigungsfern) Beschäftigten bei Deutschlands zweitgrößtem Arbeitgeber: Diakonie und Caritas haben zusammen über 1,3 Millionen Beschäftigte und somit im Gesundheits- und Sozialbereich eine strukturell wichtige Position inne.

> ...

> Die Anwendung der laut § 9 AGG „zulässigen unterschiedlichen Behandlung wegen der Religion oder Weltanschauung" hat unter anderem die systematische Ausgrenzung und Benachteiligung Andersgläubiger zur Folge. Hiervon betroffen sind bestimmte nach ICERD besonders schutzbedürftige Gruppen, aufgrund von Abstammung, nationaler Herkunft und Volkstums, insbesondere türkisch- und arabischstämmige Personen aus vorwiegend muslimischen Ländern.

> ...

> Die kirchlichen Einrichtungen werden zu erheblichen Teilen mit Steuergeldern finanziert, was nicht nur eine nach Art. 2 (b) ICERD untersagte staatliche Förderung der diskriminierenden Praxis, sondern auch deren Finanzierung durch mittelbar davon Betroffene in Form von Steuerzahlungen bedeutet. ..."

---

955 Gesetz v. 9.5.1969, BGBl. 1969 II, 961.

Der Bericht ging an den UN-Ausschuss für die Beseitigung rassistischer Diskriminierung. Dieser erklärt in seinen Schlussbemerkungen vom 30.6.2015, er sei darüber besorgt, dass § 9 AGG zu einer mittelbaren Diskriminierung verschiedener Gruppen beim Zugang zur Beschäftigung führe.[956] Der UN-Ausschuss empfiehlt wegen seines festgestellten Verstoßes gegen das internationale Übereinkommen eine Änderung oder Streichung des § 9 AGG.[957] Eine möglichst völkerrechtsfreundliche Auslegung gebietet daher, die Zugehörigkeit zu einer bestimmten Religion als Einstellungskriterium nur in eng begrenzten Ausnahmefällen zu akzeptieren.

Die Schaffung von Sonderwelten und homogenen Milieus wird auch in den Kirchen selbst z.T. kritisch gesehen.[958] So wird diskutiert, dass die Exklusivität einer formalen konfessionellen Mitarbeiterbindung schlecht zu dem universellen Hilfeethos passt. Zu christlichen Grundüberzeugungen dürfte denn auch eher passen, niemanden aufgrund seiner besonderen Eigenschaften auszuschließen. Der Universalität des Erbarmen Gottes dürfte entsprechen, dass das Heil auch außerhalb des Christusglaubens gedacht werden kann.[959] Für nächstenliebende Tätigkeiten ist Glaube keine Bedingung. Menschen, die unterschiedlich sind, können vor allem dann gut zusammenarbeiten, wenn sie ein gemeinsames Ziel haben.

Weist ein Krankenhaus in kirchlicher Trägerschaft die Bewerbung eines Krankenpflegers allein mit der Begründung zurück, er sei nicht Mitglied einer Religionsgemeinschaft, stellt dies eine Diskriminierung i.S.d. AGG dar und löst eine Entschädigung nach § 15 Abs. 2 AGG aus.[960] Für Tätigkeiten dieser Art reicht es, dass der Bewerber sicherstellt, seine Aufgabe glaubwürdig zu erfüllen. Dass eine katholische Kirchengemeinde berechtigt sein soll,[961] eine in eingetragener Lebenspartnerschaft lebende Bewerberin nicht als Leiterin eines Kindergartens einzustellen, erscheint nicht überzeugend, solange die Bewerberin ihre sexuelle Orientierung nicht demonstrativ zur Schau stellt.[962] Es ist durch § 9 Abs. 1 AGG nicht gedeckt, dass eine diakonische Einrichtung eine Ergotherapeutin, die der Neu-Apostolischen Kirche angehört, nicht mehr beschäftigt, wenn nach den eigenen Richtlinien des Arbeitgebers die Zugehörigkeit zu einer in der Arbeitsgemeinschaft christlicher Kirchen zusammenge-

---

956 Im Internet sind die abschließenden Bemerkungen als die concluding observations unter CERD/C/DEU/CO/19-22 eingestellt und in nicht offizieller Übersetzung ins Deutsche beim Deutschen Institut für Menschenrecht unter icerd_state_report_germany_19-22_2013_CoObs_2015_de wiedergegeben.

957 S. 21, Ziffer 15 in englischer Sprache.

958 Vgl. *Haas/Sternitzke*, S. 18.

959 Vgl. Kor 15,21 f und Röm 11,32.

960 ArbG Aachen 13.12.2012 – 2 Ca 4226/11, PflR 2013, 358.

961 ArbG Stuttgart 28.10.2010 – 14 Ca 1585/09, NZA-RR 2011, 407.

962 Das persönliche „coming out" ist unschädlich.

schlossener Kirchen keine Tätigkeitsvoraussetzung darstellt.[963] Werden Arbeitnehmer ohne kirchliche Bindung oder gar mit einer anderen Religion für eine bestimmte Tätigkeit eingestellt, kann die kirchliche Einrichtung nicht mehr damit gehört werden, dass bei einer weiteren Einstellung Tendenzschutz erforderlich wäre und kirchenspezifische Fragen zulässig seien.[964] Das Argument, der Arbeitsmarkt lasse ein anderes Vorgehen nicht zu, kann den Vorwurf widersprüchlichen Verhaltens nicht entkräften, da die fehlende Zugehörigkeit des Arbeitnehmers zu einer bestimmten Religion das Selbstbestimmungsrecht der Organisation offensichtlich nicht nachhaltig gefährdete[965] und die Anforderung für den Arbeitgeber nicht besonders wichtig war.[966] Anderenfalls hätte er sich in der Vergangenheit nicht den Gegebenheiten des Marktes gebeugt und auf Arbeitnehmer mit der bevorzugten Konfession verzichtet.

Für die Besetzung einer Sozialpädagogenstelle für ein Projekt „Integrationslotse" ist die christliche Religion keine gerechtfertigte berufliche Anforderung.[967] Verlangt eine Ausschreibung für die Stelle eines Personalsachbearbeiters eine positive Einstellung zu den Zielen eines katholischen Trägers, darf eine Bewerberin nicht zurückgewiesen werden, weil sie nicht getauft ist. Eine konfessionslose Bewerberin kann der Nächstenliebe, der die katholische Kirche in besonderem Maße verpflichtet ist, auch durch ein an humanistischen Grundsätzen ausgerichtetes Handeln entsprechen.[968] Verlangt eine katholische Arbeitgeberin in der Stellenausschreibung lediglich eine positive Einstellung zu ihren Zielen, so kann sie von diesem selbst gesetzten Anforderungsprofil für die Dauer des Bewerbungsverfahrens nicht mehr abweichen.[969]

Auch der EGMR prüft, ob die Zugehörigkeit zur Kirche nach der Art der Tätigkeit und der Umstände ihrer Ausübung eine wesentliche, rechtmäßige und gerechtfertigte berufliche Anforderung angesichts des Ethos der Kirche darstellt. Nach seiner Rechtsprechung kommt es folgerichtig auf die Art der Tätigkeit und die konkreten Umstände an. Bisher wurde auf folgende Aspekte abgestellt: die Art der bekleideten Stelle,[970] die Nähe der Tätigkeit zum Verkündigungsauftrag,[971] die Glaubwürdigkeit der jeweiligen Kirche in der Öf-

---

963 ArbG Hamburg 28.9.2009 – 11 Ca 121/09, AuR 2010, 43; ArbG Hamburg 28.8.2009 – 11 Ca 121/09, KirchE 54, 136.
964 *Schliemann*, NZA 2003, 412; a.A. *Thüsing*, Arbeitsrecht, 248.
965 Vgl. *Triebel*, Religionsrecht, S. 190.
966 Vgl. *Triebel*, Religionsrecht, S. 165.
967 ArbG Hamburg 4.12.2007 – 20 Ca 105/07, AuR 2008, 109.
968 ArbG Oldenburg 10.2.2016 – 3 Ca 334/15.
969 LAG Niedersachsen 14.12.2016 – 17 Sa 288/16, NdsRpfl 2017, 93.
970 EGMR 12.6.2014 – 56030/07 (*Martínez*), AuR 2014, 429 m. Anm. *Lörcher*; EGMR 23.9.10 – 425/03 (*Obst*), AuR 2010, 447; EGMR 23.9.2010 – 1620/03 (*Schüth*), AuR 2011, 307.
971 EGMR 23.9.2010 – 1620/03 (*Schüth*), AuR 2011, 307.

fentlichkeit und gegenüber der Klientel einer kirchlichen Einrichtung,[972] der Umstand einer herausragenden Position,[973] der Schutz der Rechte anderer und das Interesse einer katholischen Universität, dass die dortige Lehre vom katholischen Glauben geprägt ist.[974]

Ein einheitliches „Ethos" bzw. „Selbstverständnis" bildet sich bei Einstellungen in der Praxis nicht ab. Das „Ethos" oder das „Selbstverständnis" variiert sowohl nach Berufsgruppen als auch regional. Die Frage ist, wie von wem bzw. wie uneinheitlich Ethos bzw. Selbstverständnis definiert werden dürfen. Im Bereich der Evangelischen Kirche z.B. ergibt sich auch auf Grund der Gliederung in Landeskirchen ein uneinheitliches Bild. Welches Ethos/Selbstverständnis zugrunde gelegt wird, wie es auszulegen ist und welche Folgen es hat, wird in jeder auch noch so kleinen Untergruppierung der kirchlichen Organisationen unterschiedlich gesehen.[975] Die Richtlinie spricht von „der Religion" und „dem Ethos" der entsprechenden Organisationen. Rechtlich ist ungeklärt, ob nach der RL 2000/78/EG akzeptiert werden kann, dass innerhalb einer Kirche unterschiedliche Anforderungen hinsichtlich der Zugehörigkeit zu einer Religion gestellt werden. Welche Organisation ist nach der RL 2000/78/EG berechtigt, zu definieren, was „das evangelische Ethos" der Organisation ist und wer deshalb wegen fehlender (oder „falscher") Religionszugehörigkeit für welche Positionen bei Einstellungen abgelehnt werden darf?

Die Finanzierung der von kirchlichen Einrichtungen im sozialen Bereich unterhaltenen Arbeitsplätze erfolgt zumeist nicht aus eigenen Mitteln, sondern durch staatliche Zuschüsse bzw. Beiträge der Benutzer. So werden Kindergärten von kirchlichen Trägern ebenso durch staatliche Mittel bezuschusst wie Kindergärten von privaten Trägern, so rechnen kirchliche Krankenhäuser ebenso gegenüber den Krankenkassen ab wie Krankenhäuser privater Träger. Sie erhalten zudem die gleichen staatlichen Subventionen wie diese. Pflegeheime sowie soziale Dienste werden vor allem durch Zahlungen der Nutzer und Zuschüsse der Pflegeversicherung getragen. Angesichts dessen ist fraglich, wie überhaupt ein Privileg der Kirchen gerechtfertigt werden kann, Einstellungen auf weitestgehend staatlich finanzierten Arbeitsplätzen nach selbst bestimmten, unüberprüfbaren Vorgaben vorzunehmen.[976]

---

972   EGMR 3.2.2011 – 18136/02 (*Siebenhaar*), AuR 2011, 131.
973   EGMR 23.9.10 – 425/03 (*Obst*), AuR 2010, 447.
974   EGMR 20.10.2009 – 39128/05 (*Vallauri*), NVwZ 2011, 153.
975   Beispiele dafür siehe Schleusener/*Plum*, § 9 Rn. 38.
976   Beispielsfälle aus der Rechtsprechung: ArbG Hamburg 4.12.2007 – 20 Ca 105/07; BAG 17.3.2016 –
       8 AZR 501/14 (der Arbeitsplatz war weitestgehend von der Glücksspirale finanziert).

Soweit es um die religiöse Dimension des kirchlichen Dienstes geht,[977] darf ein kirchlicher Arbeitgeber die Einstellung von der Kirchenzugehörigkeit abhängig machen und ein entsprechendes Fragerecht ausüben.[978] Nur bei der Besetzung von Stellen im pastoralen, katechetischen sowie in der Regel im erzieherischen Bereich und bei leitenden Aufgaben kann die Mitgliedschaft in der Kirche verlangt werden. Z.B. ist die evangelische Kirche berechtigt, nur evangelische Bewerber als Pfarrer einzustellen.

Ein in Deutschland ohnehin nicht existierendes closed-shop-System – wonach in einem Betrieb ausschließlich Gewerkschaftsmitglieder beschäftigt werden – wäre diskriminierend gegenüber einem orthodoxen Hindu, der aus religiösen Gründen nicht Mitglied einer Gewerkschaft sein darf.

15. Ethos

Zur Abgrenzungsfrage nach dem religiösen Ethos steuert das Unionsrecht inhaltlich nichts Eigenes bei. Der Idee nach wird nicht auf eine Beibehaltung des deutschen Staatskirchenrechts im Sinne kirchlicher Selbstbestimmung gezielt. Es geht vielmehr um Tendenzschutz.[979]

Materiell kann ein religiöses Ethos nur bejaht werden, soweit eine „Wesens- und Lebensäußerung" der Kirche zu Tage tritt. Rein gewerbliche Betätigungen erfüllen keine kirchliche Grundfunktion. Privatrechtlich organisierte Betriebe mit gewerblichen Zwecken lösen außerhalb der kirchlichen Kernkompetenz die Regelvermutung zu Gunsten staatlichen Rechts aus.[980] Das ist von Bedeutung z.B. für die ausgegliederten Teile eines konfessionellen Krankenhauses (Kantine, Reinigung, Wäscherei, Verwaltung).

In formeller Hinsicht wird üblicherweise betont, dass ein Mindestmaß an Einflussmöglichkeiten der Kirche gegeben sein muss, um auf Dauer eine Übereinstimmung der religiösen Betätigung der Einrichtung mit kirchlichen Vorstellungen gewährleisten zu können.[981] Das reicht aber nicht aus. Der Einfluss der Kirche muss auch ausgeübt werden.[982]

---

977 Zu weitgehend deshalb *Willemsen/Schweibert*, NJW 2006, 2585.
978 MünchArbR/*Richardi*, § 193, Rn. 14.
979 *Schliemann*, NZA 2003, 411.
980 *Reichold*, NZA 2001, 1059.
981 BAG 30.4.1997 – 7 ABR 60/95, NZA 1997, 1241.
982 *Weht/Wern*, NZA 1998, 121.

16. Fragerecht

Nichtkirchlichen Arbeitgebern ist bei Einstellungsgesprächen die Frage nach einer Religionszugehörigkeit auch im Hinblick auf den Einzug von Kirchensteuern nicht gestattet.[983]

Im kirchlichen Bereich sind Fragen zur Kirchenzugehörigkeit und zur persönlichen Lebensführung nur zulässig, soweit sie auf die Glaubwürdigkeit der kirchlichen Einrichtung im Verhältnis zur übertragenen Aufgabe zielen.[984] In diesem Sinn darf eine Kirche einen Bewerber z.B. nach Beziehungen zu Sekten fragen.[985] Mit der Abstufung je nach Stellung und Arbeitsaufgabe wäre es nicht vereinbar, einer Reinigungskraft intime Fragen zu ihrer Lebensführung zustellen. Die Aufforderung in einer Stellenanzeige, die Konfession anzugeben, ist ein ausreichendes Indiz für eine unterschiedliche Behandlung wegen der Religion gemäß § 22 AGG.[986]

Bejaht man, dass Scientology wenn schon keine Religion, so doch aber zumindest eine Weltanschauung ist, verbietet sich die weit verbreitete Praxis, Arbeitsplatzbewerber versichern zu lassen, dieser Lehre nicht anzuhängen.

17. Geschlecht

Kirchen und ihre Einrichtungen dürfen in bestimmten Fällen das Geschlecht eines Bewerbers aus religiösen Gründen zur Voraussetzung einer Einstellung machen. Dies gilt etwa für Seelsorger/innen oder Mitarbeiter/innen in Klöstern.[987] Dass die Ungleichbehandlung religiös motiviert ist, macht die Differenzierung nicht zu einer religiösen Ungleichbehandlung, die nach § 9 AGG i.V.m. Art. 4 Rahmenrichtlinie zu beurteilen wäre. Einschlägig ist vielmehr allein Art. 2 Abs. 2 der RL 76/207/EWG.[988]

Bei der Auslegung, ob das Geschlecht eine unverzichtbare Voraussetzung darstellt, ist das Ethos der religiösen Organisation zu beachten. Soweit eine Religionsgemeinschaft aus religiösen Gründen Frauen für bestimmte Tätigkeiten im

---

983 *Adam*, NZA 2003, 1379.
984 *Reichold*, NZA 2001, 1060.
985 Dazu BAG 21.2.2001 – 2 AZR 139/00, NZA 2001, 1136.
986 ArbG Karlsruhe 18.9.2020 – 1 Ca 171/19, ZMV 2021, 55.
987 *Schliemann*, NZA 2003, 412.
988 RL 76/207/EWG des Rates vom 9.2.1976 zur Verwirklichung des Grundsatzes der Gleichbehandlung von Männern und Frauen hinsichtlich des Zugangs zur Beschäftigung, zur Berufsbildung und zum beruflichen Aufstieg sowie in Bezug auf die Arbeitsbedingungen.

Kernbereich der Religionsausübung für nicht befähigt erachtet, ist dies europarechtlich daher nicht zu beanstanden.[989]

18. Gleichbehandlung

Einem kirchlichen Arbeitgeber, der eine in Form einer privatrechtlichen Kapitalgesellschaft gegründete Klinik betreibt, ist es verwehrt, an ihre Beschäftigten je nach deren Konfession oder Konfessionslosigkeit unterschiedliche Anforderungen an das loyale und aufrichtige Verhalten im Sinne ihres Ethos zu stellen.[990]

19. Hochschulen

Kirchliche Hochschulen dürfen konfessionslose Studienbewerber nicht im Hinblick auf § 9 AGG und Art. 4 Abs. 2 der Rahmenrichtlinie abweisen. Diese Normen sind nicht anwendbar, da es sich nicht um eine Tätigkeit „innerhalb" einer religiösen Organisation handelt.[991]

20. Hochschullehrer und -lehrerinnen an staatlichen Fakultäten

Die WRV enthielt in Art. 149 Abs. 3 eine ausdrückliche Garantie für den Erhalt theologischer Fakultäten an den Hochschulen. Diese Bestimmung wurde nicht mit Art. 140 GG in das Grundgesetz inkorporiert. Das Grundgesetz garantiert theologische Fakultäten nicht, lässt sie aber zu.[992]

Theologische Fakultäten sind universitäre Einrichtungen, die unter dem Vorbehalt vertraglich fixierter kirchlicher Rechtspositionen stehen. Da die Religionsgemeinschaft selbst nicht als Arbeitgeber auftritt, sind § 9 AGG und Art. 4 Abs. 2 Rahmenrichtlinie nicht einschlägig. Katholische Universitätsprofessoren bedürfen zu ihrer Berufung des „Nihil obstat" – also einer Unbedenklichkeitserklärung – des Diözesanbischofs. Es kann substantiiert widerrufen werden. Evangelische Theologen werden im Benehmen mit der Kirchenleitung berufen.[993] Die evangelische Kirche ist auf Gutachten beschränkt, zu einer nachträglichen Beanstandung ist sie nicht befugt.

---

989 *Triebel*, Religionsrecht, S. 178.
990 EuGH 11.9.2018 – C-68/17 (*Chefarzt, IR*); ihm folgend BAG 20.2.2019 – 2 AZR 746/14, AP Nr. 94 zu § 1 KSchG 1969.
991 *Triebel*, Religionsrecht, S. 138.
992 BVerfG 28.10.2008 – 1 BvR 462/06, BVerfGE 122, 89.
993 Z.B. Anl. Art. 4 Abs. 2 Staatskirchenvertrag Schleswig-Holstein, GVOBl. 1957, 73.

Bei theologischen Fakultäten geht es (auch) um die Ausbildung zukünftiger Pfarrer und Priester. Deshalb legitimiert § 8 AGG es, bei der Einstellung von Hochschullehrerenden auf ihre konfessionelle Zugehörigkeit abzustellen, denn aufgrund der Art der Tätigkeit stellt seine Religion eine wesentliche und entscheidende berufliche Anforderung dar. Auch bei pädagogischen Fakultäten, die Religionslehrerende ausbilden, wird man die konfessionelle Bindung der Hochschullehrerenden als wesentliche und entscheidende berufliche Anforderung i.S.v. § 8 Abs. 1 AGG bezeichnen können.

Für die Ausbildung von Religionslehrerinnen und -lehrern dürften einzelne Lehrstühle genügen, so dass der Erhalt von ca. 30 theologischen Fakultäten fragwürdig erscheint.[994]

21. Homosexualität

Homosexualität kann nicht als „illoyales oder unaufrichtiges Verhalten" untersagt werden, da der oder die Betroffene nicht wegen der Religion, sondern wegen der sexuellen Orientierung benachteiligt wird. Der Wortlaut der RL 2000/78/EG (Art. 4 Abs. 2) ist eindeutig: § 9 Abs. 2 AGG gestattet Benachteiligungen nur wegen der Religion oder Weltanschauung.[995]

Tritt eine Ungleichbehandlung wegen Homosexualität im Gewand einer Loyalitätspflichtverletzung auf, bleibt sie rechtswidrig.[996] Nach den Regeln der Glaubens- und Sittenlehre der katholischen Kirche kann zwar von einem Arbeitnehmer verlangt werden, auch im außerdienstlichen Bereich seine Lebensführung so einzurichten, dass sie den grundlegenden Gesetzen der Kirche entspricht. Hierzu gehört aber grundsätzlich nicht, ihm eine Lebenspartnerschaft zu verbieten. Wird die Partnerschaft demonstrativ öffentlich gelebt, stellt sich Frage arbeitsvertraglicher Rücksichtnahmepflicht. Die Grundrechte und der gesetzlich bezweckte Schutz der Lebenspartner müssen abgewogen werden gegen die beruflichen Anforderungen der kirchlichen Einrichtung.[997] Solange die Partnerschaft bzw. die sexuelle Orientierung nicht öffentlich zur Schau gestellt wird und es sich nicht um kirchliche Führungskräfte handelt, gebührt den Grundrechten der Arbeitnehmerin bzw. des Arbeitnehmers der Vorrang.[998]

---

994 *Czermak*, S. 87.
995 Preis/Sagan/*Grünberger/Husemann*, § 5 Rn. 205; HK-ArbR/*Berg*, § 9 AGG Rn. 4 mit umfangreichen Nachweisen; a.A. ArbG Stuttgart 28.4.2010 – 14 Ca 1585/09, NZA-RR 2011, 407; MüKo-BGB-*Thüsing*, § 9 AGG Rn. 23.
996 Mehrfachdiskriminierung gemäß § 4 AGG, dazu s.o. C.VI.
997 So auch *Link*, ZevKR 2005, 417; a.A. *Thüsing*, Kirchliches Arbeitsrecht, S. 23.
998 A.A. *Thüsing*, der im Regelfall eine Kündigung verlangt, ZTR 2006, 231.

Der Widerspruch zur Rahmenrichtlinie wird auch nicht dadurch vermieden, dass als Verhaltensanforderung an Mitarbeiter und Mitarbeiterinnen lediglich das Verbot gerichtet wird, die Homosexualität zu praktizieren. Auch eine Vorgabe, enthaltsam zu leben, widerspricht dem Persönlichkeitsrecht und der Achtung des Privatlebens.[999]

Für den nichtkirchlichen Bereich gilt, dass eine Kündigung, die wegen der Homosexualität des Arbeitnehmers erfolgt, gegen § 242 BGB verstößt und deshalb nichtig ist.[1000] Das AGG schützt die sexuelle Selbstbestimmung umfassend.[1001] Das Recht auf sexuelle Selbstbestimmung stellt eine Ausprägung des allgemeinen Persönlichkeitsrechts[1002] dar, weshalb in den Intim- und Sexualbereich eines Menschen nur bei Vorliegen besonderer öffentlicher Belange eingegriffen werden darf.[1003] Auf sexuelle Aktivität kann auch vertraglich nicht wirksam verzichtet werden.[1004] Homosexualität kann deshalb allenfalls unter zwei Voraussetzungen als Kündigungsgrund anerkannt werden: Zum einen muss sie demonstrativ öffentlich gelebt werden und zum anderen muss es sich um eine herausgehobene berufliche Position handeln.

Im kirchlichen Arbeitsverhältnis soll das anders sein. Der Ständige Rat der Bischofskonferenz wertet das Eingehen einer eingetragenen Lebenspartnerschaft als schwerwiegenden Loyalitätsverstoß im Sinne der Grundordnung.[1005] Die Ablehnung der Homosexualität wird aus dem Katechismus abgeleitet, wonach homosexuelle Handlungen „in keinem Fall zu billigen" und homosexuelle Menschen „zur Keuschheit" aufgerufen sind.[1006] Die katholische Kirche trennt also zwischen sexueller Orientierung und sexueller Praxis. Erst wenn der Arbeitnehmer sich in einer ungeordneten homosexuellen Lebensführung befindet und durch sein offenes Bekenntnis dazu hartnäckig in einer offenkundig schweren Sünde verharrt, soll nach ihrer Auffassung ein Loyalitätsverstoß vorliegen. Das Diskriminierungsverbot würde demnach nur hinsichtlich der Orientierung, nicht aber hinsichtlich der Praxis zum Tragen kommen.[1007]

---

999 ErfK/*Schlachter*, § 9 AGG Rn. 5.
1000 EGMR 27.9.1999 - 29 EHRR 493 (*Smith and Grady*), NJW 2000, 2089; BAG 23.6.1994 – 2 AZR 617/93, AP BGB § 242 Kündigung Nr. 9; *Pallasch*, NZA 2013, 1177; vgl. ferner *Budde*, AuR 2005, 359; *Kehlen*, Antidiskriminierung, S. 202.
1001 *Annuß*, BB 2006, 1630.
1002 Art. 2 Abs. 1 i.V.m. Art 1 Abs. 1 GG.
1003 BVerfG 26.2.2008 – 2 BvR 392/07, BVerfGE 120, 224.
1004 *Pallasch*, NZA 2013, 1178 m.w.N.
1005 Erklärung des Ständigen Rats der Deutschen Bischofskonferenz vom 24.6.2002.
1006 Katechismus der katholischen Kirche, Nrn. 2357, 2359.
1007 *Joussen*, RdA 2003, 37 f.

Im Text der Rahmenrichtlinie findet eine solche Auslegung keine Stütze, sie widerspricht auch ihrer Intention.[1008] Die Sonderstellung der Religionsgemeinschaften gestattet diesen nicht, ihre Arbeitnehmer wegen eines nach § 1 AGG verpönten Merkmals zu benachteiligen. Dies folgt aus § 4 AGG, unionsrechtlich ergibt es sich aus Art. 4 Abs. 2 Satz 2 der RL 2000/78/EG. Wägt man Art. 1 Abs. 1, Art. 2 Abs. 1 GG gegen Art. 140 GG und die den Religionsgemeinschaften ebenfalls zustehende kollektive Religionsfreiheit ab, kann die Entscheidung nur zugunsten der unantastbaren Menschenwürde ausfallen, die das Maß aller Dinge ist.

Die evangelische Kirche ist mittlerweile toleranter. Die EKD sieht in der auf Dauer angelegten Lebenspartnerschaft jetzt eine schützenswerte Institution.[1009]

22. Karitativ

Für das Aufleben des Tendenzschutzes nach deutschem Recht ist von Bedeutung, ob eine Einrichtung karitativ ist.[1010] Das Selbstbestimmungsrecht der Kirchen ist nicht verletzt, wenn ein staatliches Gericht inhaltlich prüft, ob diese Voraussetzung gegeben ist.

Der Auffassung des BAG, dass die Kirchen wegen ihres Selbstbestimmungsrechts die Freiheit hätten, zu bestimmen, welche Betätigung als Caritas einzustufen sei,[1011] kann nicht gefolgt werden. Es handelt sich um einen gesetzlichen Begriff. Dies schließt es aus, dass es Sache der Religionsgemeinschaft wäre, allein zu definieren, was karitativ ist.[1012] Wenn die Auffassung des BAG richtig wäre, könnte eine Religionsgemeinschaft qua § 118 Abs. 2 BetrVG definieren, ob Unternehmen und Betriebe im Hinblick auf § 118 Abs. 1 BetrVG Tendenzschutz genießen oder nicht.

Nach überwiegend vertretener Ansicht ist das Merkmal „karitativ" bei einer Tätigkeit im Dienste hilfsbedürftiger, insbesondere körperlich, geistig und seelisch Kranker sowie materiell Not leidender Menschen zu bejahen.[1013] Als karitativ wurden ursprünglich nur Handlungen definiert, die unentgeltlich oder gegen ein nicht kostendeckendes Entgelt erbracht wurden.[1014] Mit welchen Argumenten heute eine neue Bedeutung begründet werden könnte, ist nicht er-

---

1008 *Triebel*, Religionsrecht, S. 174.
1009 *Budde*, AuR 2005, 356.
1010 Z.B. im Hinblick auf § 118 BetrVG.
1011 BAG 9.2.1982 – 1 ABR 36/80, AP BetrVG 1972 § 118 Nr. 24.
1012 S. dazu *Kohte*, BlStSozArbR 1983, 147 ff.
1013 Vgl. GK-*Weber*, GG, Bd. 2, § 118 Rn. 98; ErfK/*Kania*, BetrVG, § 118 Rn. 11.
1014 Vgl. *Kohte*, BlStSozArbR 1983, 130.

sichtlich.[1015] Eine karitative Einrichtung liegt daher z.B. nicht vor, wenn Kosten der den Hilfsbedürftigen zugewendeten Leistungen von dritter Seite vollständig erstattet werden. Eine bloße „finanzielle Durchgangsstelle" ist nicht karitativ i.S.d. § 118 BetrVG.[1016] Wer ein auswechselbares Rädchen im Sozialstaat ist, kann sich nicht auf eine kirchliche Sonderstellung berufen.[1017] Dies gilt umso mehr, wenn die Einrichtung ihre Aufgaben nicht mit Hilfe freiwilliger Helferinnen und Helfer wahrnimmt, bei ihr also weder Ordensschwestern noch ehrenamtliche Kräfte, sondern regulär vergütete Arbeitnehmerinnen und Arbeitnehmer tätig sind.

Schließlich ist nach der Rechtsprechung des BAG eine leidensbedingte Hilfsbedürftigkeit Voraussetzung für den karitativen Charakter einer Tätigkeit.[1018] Der Begriff Caritas hat seine Wurzel in der christlichen Tradition als praktisch geübter Liebestätigkeit in der Nachfolge Christi. Karitativ ist der selbstlose Dienst an den Hilfsbedürftigen und Unterprivilegierten. Es geht um selbstlose Hilfe für diejenigen, die sich selbst nicht mehr helfen können.[1019]

Nicht jede Tätigkeit einer Religionsgemeinschaft ist per se karitativ. Caritas und kirchlicher Auftrag sind begrifflich voneinander zu unterscheiden. Die Auffassung *Richardis*, der zufolge die karitative Zweckbestimmung nicht als Begrenzung zu interpretieren ist, weil es sich nur um die Kennzeichnung einer der Kirche eigentümlichen Aufgabe handeln würde,[1020] wird deshalb abgelehnt.

23. Katholische Grundordnung

S.o. E.V.1.

24. Kirchenaustritt

Nach kirchlichem Selbstverständnis ist der Kirchenaustritt eine besonders schwerwiegende Verfehlung.[1021] Die Kirche müsse um ihrer Glaubwürdigkeit willen – egal welche Position – kündigen.[1022] Nach Art. 3 Abs. 4 Grundord-

---

1015 Vgl. *Kohte*, Anm. zu BAG AP BetrVG § 118 Nr. 37.

1016 Vgl. DKW/*Wedde*, BetrVG, § 118 Rn. 33.

1017 *Kohte*, BlStSozArbR 1983, 152.

1018 Vgl. *Matthes*, in: MüHandB ArbR, Bd. 3, § 364 mit umfangreichen Nachweisen der Rechtsprechung in Fn. 26.

1019 Richardi/*Forst*, BetrVG, § 118 Rn. 71.

1020 *Richardi*, Arbeitsrecht, § 3 Rn. 16.

1021 Vgl. *Dill*, ZRP 2003, 319. Für *Thüsing*, Diskriminierung, S. 35, steht der Kirchenaustritt auf einer Stufe mit Bordellkauf, Glücksspiel und Bestechung.

1022 *Thüsing*, ZTR 2006, 231; *Schoenauer*, KuR 2012, 44.

nung der katholischen Kirche ist für keinen Dienst in der Kirche geeignet, wer sich kirchenfeindlich betätigt oder aus der Kirche ausgetreten ist. § 5 Abs. 2 der Richtlinie des Rates der EKD über die Anforderungen der privatrechtlichen beruflichen Mitarbeit bestimmt, dass der Austritt aus der evangelischen Kirche grundsätzlich einen Kündigungsgrund darstellt.

Richtigerweise kommt es auf die Art der Tätigkeit an. Die Loyalitätserwartung einer evangelischen Kita, dass ihr Koch nicht aus der Kirche austrete, stelle keine wesentliche und berechtigte Anforderung an die persönliche Eignung dar. Die wegen des Kirchenaustritts ausgesprochene fristlose, hilfsweise fristgemäße Kündigung ist deshalb unwirksam.[1023]

Für eine Abmahnung von Bedeutung ist die Frage, ob der Kirchenaustritt personen- oder verhaltensbedingten Gründen zuzuordnen ist.[1024] Das BAG tendiert neuerdings zur personenbedingten Kündigung.[1025]

Das kirchliche Selbstbestimmungsrecht wird durch die Grundrechte begrenzt.[1026] Tritt ein kirchlich Beschäftigter vor allem aus Glaubens- oder Gewissensnot aus der Kirche aus und wird ihm deshalb gekündigt, so ist bei der Auslegung von § 9 AGG und § 1 KSchG bzw. § 626 BGB zu beachten, dass sich mit der Glaubens- und Gewissensfreiheit (Art. 4 GG) einerseits und dem kirchlichen Selbstordnungs- und Selbstbestimmungsrecht zwei Verfassungspositionen gegenüberstehen. Hinzu kommt, dass in Art. 9 Abs. 1 EMRK das Recht auf Glaubenswechsel ausdrücklich verankert ist. Der Staat muss diese Möglichkeit sichern.[1027] Damit wäre es nicht vereinbar, Mechanismen zu tolerieren, die formal die Möglichkeit des Austritts eröffnen, den Wechsel der Religion hingegen automatisch mit dem Verlust der wirtschaftlichen Existenzgrundlage verbinden.

Ähnlich ist die Situation, wenn Beschäftigte einer Partei oder Gewerkschaft austreten und Mitglied einer konkurrierenden Organisation werden. Dann stehen sich die positive (Gewerkschaft, Partei) und die negative Koalitions- bzw. Vereinigungsfreiheit (Art. 9 Abs. 3, Art. 21 GG) gegenüber. Ein Unterschied besteht darin, dass der Staat die Kirchen weitgehend finanziert und für bestimmte Berufe die attraktivsten Chancen dort konzentriert sind. Unter diesem Aspekt wird der Staat die Berufsfreiheit der in kirchlichen Einrichtungen Beschäftigten besonders zu schützen haben.

1023 LAG Baden-Württemberg 10.2.2021 – 4 Sa 27/20, NZA-RR 2021, 251.
1024 A.A. *Pallasch*, RdA 2014, 103, 105.
1025 BAG 25.4.2013 – 2 AZR 579/12, NZA 2013, 1131.
1026 BAG 25.4.2013 – 2 AZR 579/12, NZA 2013, 1131.
1027 *Grabenwarter*, EMRK, § 22 Rn. 92.

Der Kirchenaustritt stellt nach allem keineswegs automatisch einen Kündigungsgrund dar.[1028] Der Austritt eines angestellten Beschäftigten kommt erst dann als Kündigungsgrund in Betracht, wenn die Glaubwürdigkeit der Einrichtung nach innen oder außen, d.h. ihre zulässige Corporate Identity, in Frage gestellt wird. Hat der kirchliche Arbeitgeber Kenntnis von der Nichtzugehörigkeit seines Arbeitnehmers zur Kirche, darf nicht gekündigt werden, solange dieser Mangel sich nicht nachteilig auf das Arbeitsverhältnis auswirkt.[1029]

Formal auf Kirchenmitgliedschaft abzustellen, ist ohnehin wenig überzeugend. Man kann gläubig sein, will aber nicht dieser Kirche angehören. Man kann allein wegen der Bewerbung um die Stelle frisch Mitglied geworden sein, ohne wirklich zu glauben. Man kann ausgetreten sein, weil man den Glauben verloren hat. Man kann aus Protest gegen vermeintlich skandalöse Strukturen ausgetreten sein, aber weiterhin glauben.

Ein Kirchenaustritt stellt auch in einem Tendenzbetrieb kein Verhalten i.S.d. § 144 Abs. 1 SGB III dar, das eine Sperrzeit auslösen würde.[1030]

25.　Kirchenbeamtinnen und -beamte

Ob die Praxis der Religionsgemeinschaften, die die Merkmale einer Körperschaft des öffentlichen Rechts erfüllen,[1031] Beamtenverhältnisse zu begründen und dafür Kirchengesetze erlassen (vgl. §§ 121, 135 Satz 2 BRRG), auch gegenüber europäischem Gemeinschaftsrecht gilt, ist bisher ungeklärt.[1032] Der Arbeitnehmerbegriff der EU ist weiter als der nach deutschem Verständnis. Grundsätzlich fallen unter den Arbeitnehmerbegriff des europäischen Rechts auch Personen, die in einem Amtsverhältnis stehen.[1033] Von daher darf die Ungleichbehandlung eines Kirchenbeamten wegen des Merkmals Religion jedenfalls nicht größer sein als die eines Beschäftigten im Arbeitsverhältnis.

26.　Kirchliche Einrichtungen

S.o. E.III.2 Zugeordnete Einrichtungen.

1028 LAG Baden-Württemberg 10.2.2021 – 4 Sa 27/20, NZA-RR 2021, 251; ArbG Karlsruhe 18.9.2020 – 1 Ca 171/19, ZMV 2021, 55; s.a. *Budde*, AuR 2005, 358; a.A. LAG Hamm 24.9.2020 – Sa 18 210/20, m.Anm. *Kreß*, MedR 2021, 746; *Thüsing*, Kirchliches Arbeitsrecht, S. 112, der eine Verpflichtung zum Ausspruch einer außerordentlichen Kündigung annimmt.
1029 ArbG Ludwigshafen 26.5.2010 – 3 Ca 2807/09, juris.
1030 SG München 26.5.2011, S 35 AL 203/08, NSZ 2011, 877.
1031 Dazu BVerfG 19.12.2000 – 2 BvR 1500/97, BVerfGE 102, 370 (*Zeugen Jehovas*).
1032 *Richardi*, Arbeitsrecht, § 1 V; realistischer *Reichold*, NZA 2001, 1058 und ZTR 2000, 57.
1033 *Schliemann*, NZA 2003, 409.

27. Konkordatslehrstühle

Bei Konkordatslehrstühlen außerhalb theologischer Fakultäten verbieten sich Differenzierungen, die am Merkmal Religion festgemacht werden. Das wäre weder mit § 8 AGG noch mit Art. 4 Abs. 1 Rahmenrichtlinie zu rechtfertigen.[1034]

28. Kündigung

Siehe G.1. Abtreibung; 8. Bekleidung; 10. Beschäftigungs- und Entlassungsbedingungen; 13. Ehebruch; 14.a) Katholische Kirche; 36. Scheidung; 37. Verhaltensbedingte Kündigung; 39. Wiederverheiratung; D.II. Grundsätze; 24. Kirchenaustritt; 21. Homosexualität; E.V. Loyales Verhalten.

29. Loyalität

S.o. G.29 Loyalität.

30. Mitgliedschaft in der Kirche

S.o. G.14. Einstellung sowie G.24. Kirchenaustritt.

31. Mitbestimmung[1035]

Das Unionsrecht verfolgt im Bereich des Arbeits- und Sozialrechts ein Konzept der Mindestharmonisierung. Der Vielfalt der einzelstaatlichen Gepflogenheiten ist Rechnung zu tragen.[1036] Die Existenz von MAV in der Kirche ist vorausgesetzt.

Das kirchliche Mitarbeitervertretungsrecht wird gleichwohl beständig modifiziert. Mehrere Richtlinien[1037] setzen Mindeststandards, die auch für die Kirchen zwingend sind. § 118 Abs. 2 BetrVG bestimmt, dass das Betriebsverfassungsgesetz auf Religionsgemeinschaften und ihre karitativen Einrichtungen generell nicht anzuwenden ist. Die an die Stelle des BetrVG getretenen MVG/MAVO-Regeln müssen richtlinienkonform ausgelegt werden.[1038] Deshalb exis-

---

1034 *Triebel*, Religionsrecht, S. 139.
1035 Siehe eingehend zur Mitbestimmung auch oben D.IV.3.b.
1036 Art. 151 Abs. 2 AEUV.
1037 Die Betriebsübergangsrichtlinie 77/187/EWG bzw. 2001/23/EG, die Massenentlassungsrichtlinie 75/129/EWG, die Arbeitsschutzrichtlinie 89/391/EWG, die Informations- und Konsultationsrichtlinie 2002/14/EG und die Richtlinie 94/45/EG über den Europäischen Betriebsrat.
1038 *Reichold*, NZA 2001, 1058.

tiert auch dann z.B. ein Übergangsmandat des Betriebsrats, wenn die Einrichtung zu einem kirchlichen Träger wechselt.[1039] Die richtlinienkonforme Auslegung gewinnt besonders bei § 27 Abs. 1 der Rahmenordnung für eine MAVO und § 34 Abs. 1 MVG-EKD als zentrale Normen über Informationsrechte der MAV an Bedeutung.[1040]

Nach § 10 Abs. 1 Satz 2 des MVG der Evangelischen Kirche in Deutschland können die Gliedkirchen bestimmen, dass nur Glieder einer christlichen Kirche wählbar sind. Diese Einschränkung ist rechtlich nicht haltbar, da von einer gerechtfertigten Anforderung nicht gesprochen werden kann. Kirchliche Einrichtungen beschäftigen auch konfessionell nicht oder anders gebundene Arbeitnehmerinnen und Arbeitnehmer. Nicht oder anders konfessionell gebundene Beschäftigte können die Interessen ihrer Kolleginnen und Kollegen unabhängig von deren Religion vertreten.

Im kirchengerichtlichen Verfahren in erster Instanz können die Beteiligten zu ihrem Beistand jemanden hinzuziehen. Diese Person muss überraschenderweise – für MAV-Mitglieder gilt die ACK-Klausel nicht mehr[1041] – Mitglied einer Kirche sein, die der Arbeitsgemeinschaft Christlicher Kirchen angehört.[1042] Bei objektiver und tätigkeitsbezogener Betrachtung ist Kirchenmitgliedschaft aber keine gerechtfertigte Anforderung. Der Beistand ist nur Vertreter der MAV. Er übt seine Tätigkeit im Rahmen der Weisungen der MAV aus. Das kirchliche Ethos ist nicht berührt. Gemäß § 7 Abs. 2 AGG ist § 61 Abs. 4 Satz 1 MVG daher unwirksam. Eine Rechtfertigung durch § 8 oder § 9 AGG scheidet aus.[1043] Die entgegenstehende Entscheidung des Verwaltungsgerichts der EKD[1044] erging vor Inkrafttreten der RL 2000/78/EG und des AGG.

Das Honorar einer bzw. eines Einigungsstellenvorsitzenden beträgt 500 € bis 2000 €.[1045] Es ist zu erwarten, dass auf dieser Basis umfangreiche und komplizierte Verfahren nicht oder nicht in angemessener Zeit durchgeführt werden können, da erfahrene und kompetente Personen sich kaum imstande sehen werden, zu diesen Bedingungen den Vorsitz einer Einigungsstelle zu übernehmen.[1046]

1039 *Krause*, NZA 1998, 1204; *Weth/Wern*, NZA 1988, 121f.
1040 Einzelheiten bei *Seifert*, FS Weiss, S. 185ff.
1041 § 10 MVG-EKD
1042 § 61 Abs. 4 S. 1 MVG.
1043 Ähnlich *Thomae* in Weth/Thomae/Reichold, Arbeitsrecht im Krankenhaus, 2. Aufl. 2011, Teil 4, IV 2, Rz. 133f.; Schwab/Weth/*Raasch*, S. 2029ff.
1044 VerwG-EKD 11.7.1997 – 0124/A 16-96.
1045 § 1 Abs. 1. S. 1 Verordnung über die Entschädigung für die Mitglieder von Einigungsstellen nach dem MVG-EKD.
1046 Zur Mitbestimmung s.o. G.31.

32. Militär- und Anstaltsseelsorgerinnen und -seelsorger

Bei Seelsorgern und Seelsorgerinnen darf nach dem Merkmal Religion differenziert werden.

33. Rechtschutz[1047]

Das Selbstbestimmungsrecht der Religionsgemeinschaften umfasst über die Befugnis zu eigenständiger Rechtsetzung hinaus im Bereich der eigenen Angelegenheiten die Kompetenz zur Kontrolle des selbst gesetzten Rechts.[1048] Das kirchliche Mitarbeitervertretungsrecht ist kirchlichen Gerichten anvertraut.[1049] Staatliche Gerichte dürfen in den innerkirchlichen Angelegenheiten nur prüfen, ob für alle geltende Gesetze verletzt worden sind.[1050]

Die verfassungsrechtliche Rechtsschutzgarantie geht weiter, sie erstreckt sich z.B. auch auf staatlich geschützte Rechtspositionen.[1051]

Die Kontrolle der Einhaltung der Kriterien von § 4 Abs. 2 der RL 2000/78/EG ginge völlig ins Leere, wenn sie keiner unabhängigen Stelle wie einem staatlichen Gericht, sondern der Kirche obläge.[1052] Werden Tatsachen glaubhaft gemacht, die das Vorliegen einer unmittelbaren oder mittelbaren Diskriminierung vermuten lassen, muss derjenige, der eine Ungleichbehandlung vornimmt, beweisen, dass keine Verletzung dieses Grundsatzes vorgelegen hat.[1053] Macht eine Kirche geltend, die Religion sei nach der Art der betreffenden Tätigkeiten oder den vorgesehenen Umständen ihrer Ausübung angesichts ihres Ethos dieser Kirche oder Organisation, ein solches Vorbringen gegebenenfalls Gegenstand eine wesentliche, rechtmäßige und gerechtfertigte berufliche Anforderung, muss eine wirksame gerichtliche Kontrolle gewährleistet sein, damit sichergestellt wird, dass die in der Vorschrift genannten Kriterien im konkreten Fall erfüllt sind.[1054]

1047 S. auch G.33 Rechtsschutz.

1048 V. *Campenhausen*, Staatskirchenrecht, S. 202f.; *Richardi*, Arbeitsrecht, §§ 20, 21.

1049 Zu Defiziten des kirchlichen Gerichtsschutzes vgl. *Fink*, ZMV 1995, 111.

1050 Rechtsstaatliche Bedenken aus Art. 19 Abs. 4 GG weist das BAG zurück, wenn bei Streitigkeiten zwischen einer MAV und dem kirchlichen Arbeitgeber eine Schlichtungsstelle entscheidet, die den rechtsstaatlichen Mindestanforderungen an ein Gericht genügt, vgl. BAG 9.9.1992 – 5 AZR 456/91, AP GG Art. 140 Nr. 40.

1051 Vgl. Sachs/*Ehlers*, GG, Art. 140 GG/137 WRV Rn. 16f.; *Jarass* in Jarass/Pieroth, GG, Art. 137/Art. 140 Rn.17; MD/*Schmidt-Aßmann*, GG, Art. 19 IV Rn. 113; MD/*Korioth*, GG, Art. 137 WRV Rn. 50.

1052 EuGH 17.4.2018 – C-414/16 (*Egenberger*), AuR 2019, 586; BAG 25.10.2018 – 8 AZR 501/14, AuR 2019, 239.

1053 EuGH 17.4.2018 – C-414/16 (*Egenberger*), AuR 2019, 586; BAG 25.10.2018 – 8 AZR 501/14, AuR 2019, 239.

1054 EuGH 17.4.2018 – C-414/16 Rn. 59 (*Egenberger*), AuR 2019, 586; EuGH 11.9.2018 – C-68/17 Rn. 43 (*IR*), AuR 2018, 494. S. ferner oben G.33. Rechtsschutz.

Ungeklärt ist die Kooperation der Kirchengerichte mit dem EuGH. Hier stellt sich die Frage, ob kirchliche Gerichte genauso wie die staatlichen Gerichte eine Vorabentscheidung des EuGH einholen dürfen (bzw. als letztinstanzliches Gericht einholen müssen), wenn die Vereinbarkeit nationalen Rechts mit EU-Recht fraglich ist.[1055]

34. Religionsgemeinschaften

Der Grundrechtsschutz kann nur von echten Religions- oder Weltanschauungsgemeinschaften und ihren Einrichtungen beansprucht werden. Im Streitfall haben das die Gerichte zu klären. Allein die Behauptung einer Gemeinschaft, sie bekenne sich zu einer Religion und sei Religionsgemeinschaft, genügt nicht. Maßgebend sind der geistige Gehalt des Zwecks der Gemeinschaft und das äußere Erscheinungsbild.[1056]

35. Religionslehrerinnen und -lehrer

Religionslehrerinnen und -lehrer an staatlichen Schulen sind nicht Arbeitnehmerinnen bzw. Arbeitnehmer einer religiösen Organisation, so dass § 9 Abs. 1 AGG für sie nicht gilt. Dass religiöse Anforderungen nach der allgemeinen Regel des § 8 Abs. 1 AGG gerechtfertigt wären, erscheint fraglich.[1057] Entgegen der h.M. erscheint es durchaus problematisch, in der Kirchenzugehörigkeit eine wesentliche und entscheidende berufliche Anforderung zu sehen.[1058] Der Religionsunterricht dient nicht der Werbung für eine Kirche. Eine gute Lehrerin bzw. ein guter Lehrer kann unabhängig vom eigenen Glauben und unabhängig von seiner eigenen Kirchenzugehörigkeit Religionen prägnant darstellen. Der Religionsunterricht in der öffentlichen Schule ist Sache des Staates. Er ist grundsätzlich durch Lehrkräfte im öffentlichen Dienst zu erteilen. Soweit Geistliche tätig werden, basiert dies auf einem Lehrauftrag.

Gemäß Art. 7 Abs. 3 Satz 2 GG wird der Unterricht „in Übereinstimmung mit den Grundsätzen der Religionsgemeinschaften erteilt". Die geforderte Übereinstimmung soll den Unterricht an ein konkretes Religionsbekenntnis binden, ihn aber nicht in jeder Hinsicht verkirchlichen.[1059] Untersagt ist eine missionarische, die Verbindlichkeit christlicher Glaubensinhalte beanspruchende Schule.[1060] Der Inhalt des Religionsunterrichts wird im Übrigen nicht vom

---

1055 Ablehnend *Schliemann*, NZA 2003, 414.
1056 BVerfG 28.8.1992 – 1 BvR 632/92, NVwZ 1993, 357.
1057 So aber *Triebel*, Religionsrecht, S. 139.
1058 A.A. BVerfG 25.2.1987 – 1 BvR 47/84, BVerfGE 74, 251; *Borowski*, Glaubensfreiheit, S. 731.
1059 Sachs/*Thiel*, GG, Art. 7, Rn. 56.
1060 BVerfG 17.12.1975 – 1 BvR 428/69, BVerfGE 41, 85 f.; BVerwG 17.6.1998 – 6 C 11/97, NVwZ 1999, 771.

Staat, sondern von den Religionsgemeinschaften bestimmt. Der Religionsunterricht zählt damit zu den gemeinsamen Angelegenheiten von Staat und Kirche. Die Einzelheiten sind in den Schulgesetzen der Länder und in den Verträgen der Länder mit den Kirchen geregelt. In Hamburg z.B. gewährleistet Art. 7 des Vertrags zwischen der FHH und der Nordelbischen Evangelisch-Lutherischen Kirche die Erteilung des Religionsunterrichts als ordentliches Lehrfach in Übereinstimmung mit den Grundsätzen ebendieser Kirche.[1061] Zugleich gewährleistet Hamburg gemäß Art. 5 des Vertrags zwischen der FHH und dem Heiligen Stuhl die Erteilung des Religionsunterrichts als ordentliches Lehrfach in Übereinstimmung mit den Grundsätzen der Katholischen Kirche. Art. 5 Abs. 2 bestimmt, dass die Erteilung des katholischen Religionsunterrichts die Zustimmung des Erzbischofs von Hamburg nach den Regeln der Missio canonica (also einer kirchlichen Lehrerlaubnis) voraussetzt.[1062] Generell brauchen Lehrkräfte für das Unterrichtsfach „Religionsunterricht für alle" eine Beauftragung durch die jeweils zuständige Religionsgemeinschaft.

2022 beginnt Hamburg mit einem „Religionsunterricht für alle", einem gemeinsamen Religionsunterricht aller größerer Konfessionen in ökumenischer Zusammenarbeit. Damit wird erstmals in Deutschland katholische gemeinsam mit evangelischer, islamischer, jüdischer Religion sowie anderen Glaubensrichtungen gelehrt. Auch konfessionslose Kinder können an dem Unterricht teilnehmen.

In einigen Bundesländern stehen sich Ethik- und Religionsunterricht als ordentliche Pflichtfächer im alternativen Wahlverhältnis gegenüber, in anderen gilt Ethikunterricht als Ersatzfach für die nicht am Religionsunterricht Teilnehmenden.[1063] In Brandenburg können Schülerinnen und Schüler sowohl am LER (Lebensgestaltung – Ethik – Religionskunde) als auch am Religionsunterricht teilnehmen. Eine weitere Besonderheit besteht in Hamburg: Der „Religionsunterricht für alle" in evangelischer Verantwortung ist für alle Religionen geöffnet und folgt einer dialogischen, interreligiösen Struktur.[1064]

Art. 7 Abs. 3 Satz 1 GG berechtigt den Staat nicht, Weltanschauungsgemeinschaften die Erteilung von Weltanschauungsunterricht zu versagen.[1065] Die staatliche Schulaufsicht ist in diesem Bereich zurückgenommen. Die Religions- und Weltanschauungsgemeinschaften können bestimmen, was Lehrstoff

---

1061 HmbGVBl. 2006, S. 429.
1062 HmbGVBl. 2006, S. 435.
1063 Sachs/*Thiel*, GG, Art. 7 Rn. 54.
1064 *Doedens*, Grundsätze, S. 354.
1065 BbgVerfG 15.12.2005 – 287/03, LKV 2006, 218.

des betreffenden Religionsunterrichts ist und welche Glaubenssätze gelehrt werden.[1066] Sie überprüfen den Religionsunterricht durch Visitationen.[1067]

Aus Art. 7 Abs. 3 GG wird abgeleitet, dass der Staat nicht befugt sei, einen Religionslehrer ohne Zustimmung der Religionsgemeinschaft anzustellen oder weiter zu beschäftigen. Die Lehrberechtigung für den Religionsunterricht könne von einer kirchlichen Erlaubnis (vocatio bzw. missio canonica) abhängig gemacht werden.[1068] Den Entzug einer kanonischen Beauftragung überprüft das BAG nicht.[1069] Der EGMR verneinte eine Verletzung von Art. 8 EGMRK im Fall der Kündigung eines katholischen Religionslehrers, dem nach Wiederheirat die kanonische Lehrbefugnis entzogen worden war.[1070]

Das Selbstverständnis beider großen Kirchen geht dahin, dass Religionsunterricht nur durch konfessionell gebundene Lehrer erteilt werden darf. Die katholische Kirche besteht auch in der Praxis darauf, dass z.B. an allgemeinbildenden staatlichen Schulen nur Katholikinnen und Katholiken katholischen Religionsunterricht erteilen. Die Religionszugehörigkeit wird bereits zu Beginn des Referendariats geprüft. Nur ein Katholik könne authentisch glaubwürdig den Katholizismus vermitteln und vorleben. Bei einem Austritt aus der Kirche oder nach einer Scheidung und Wiederverheiratung wird die missio canonica regelmäßig widerrufen. Eine Begründung ist nicht erforderlich. Kirchenrechtlich besteht kein Rechtschutz. Gegen die Versagung bzw. den Entzug der kirchlichen Lehrerlaubnis soll es auch keinen staatlichen Gerichtschutz geben.[1071]

Im Bereich der evangelischen Theologie wird zum 1. Staatsexamen nur zugelassen, wer Mitglied der evangelischen Kirche ist. Für die Zulassung zum Referendariat wird ausschließlich auf das Vorliegen des Staatsexamens abgestellt. Teilweise dürfen Lehrerinnen und Lehrer, die keiner evangelischen Kirche angehören, zum Religionsunterricht nicht herangezogen werden.[1072]

Diese Praxis ist fragwürdig. Das Recht der Religionsgemeinschaften, über die Inhalte des Religionsunterrichts mitzuentscheiden, ist nicht gleichzusetzen mit der Befugnis, die Zugehörigkeit zur eigenen Konfession generell zur Vor-

---

1066 BVerfG 25.2.1987 – 1 BvR 47/84, BVerfGE 74, 244, 252.
1067 Z.B. Anl. Art. 6 Abs. 5 Staatskirchenvertrag Schleswig-Holstein, GVOBl. 1957, S. 73.
1068 Statt vieler *Schooten* in: Schmidt-Bleibtreu/Hofmann/Henneke, GG, Art. 7 Rn. 34; von Münch/*Kunig/ Hemmerich*, Art. 7, Rn. 30.
1069 BAG 10.4.2014 – 2 AZR 812/12 (Gemeindereferentin).
1070 EGMR 4.10.2016 – 75581/13 (*Travaš*), AuR 2017, 259 m. Anm. *Klocke*.
1071 VG Aachen 27.6.1972 – 2 K 594/71, DVBl. 1974, 57.
1072 Z.B. Anl. Art. 5 Abs. 3 Staatskirchenvertrag Schleswig-Holstein, GVOBl. 1957, S. 73.

aussetzung dafür zu machen, dass diese Person den Unterricht erteilen darf.[1073]
Art. 7 GG beantwortet allein die Frage, ob der von den Religionsgemeinschaften erteilte Unterricht ordentliches Lehrfach ist, und bestimmt die Zuständigkeit zur Festlegung des Unterrichtsinhalts.[1074]

Damit stellt sich die Frage, ob die konfessionelle Bindung eines Religionslehrers eine wesentliche und entscheidende berufliche Anforderung i.S.v. § 8 Abs. 1 AGG darstellt. Für den Unterrichtenden stellt der Entzug der Lehrerlaubnis einen Eingriff in die Berufsausübungsfreiheit des Art. 12 GG dar. Verfassungsrechtlich stellt sich damit die Frage der Verhältnismäßigkeit. Europarechtlich ist zu fragen, ob Kirchenstaatsverträge, die die Unterrichtsbefugnis von einer Mitgliedschaft in der Kirche abhängig machen, gegen die RL 2000/78/EG verstoßen und deshalb unwirksam sind.

Warum ein theologisch ausgebildeter Lehrer, der aus persönlichen Gründen aus der Kirche ausgetreten ist, generell nicht imstande sein sollte, den christlichen Glauben glaubwürdig darzustellen, leuchtet nicht ein. Das individuelle Bekenntnis des Lehrers entscheidet nicht grundsätzlich über seine Kompetenz, Schüler engagiert und überzeugend zu unterrichten. Im Hinblick auf § 8 AGG sollte es daher ausreichen, den Religionsgemeinschaften das Recht einzuräumen, im begründeten Einzelfall der Beschäftigung eines Lehrers zu widersprechen.[1075] Eine andere Beurteilung wird am ehesten für den katholischen Bereich, in dem der Glaube inhaltlich von der Kirche festgelegt wird, möglich sein. Die Frage, ob eine Lehrerin/ein Lehrer, die bzw. der aus der katholischen Kirche ausgetreten ist, imstande ist, den Katholizismus authentisch und kirchenkonform zu vermitteln, erscheint berechtigt.

Bei der Abwägung des grundrechtlich geschützten Interesses der Religionsgemeinschaft an einer möglichst authentischen Darstellung ihrer Grundlagen mit den Grundrechten des Arbeitnehmers ([negative] Religionsfreiheit, Berufsfreiheit) sind die praktischen Konsequenzen zu berücksichtigen. Insbesondere ist in die Abwägung einzustellen, ob die Lehrerin / der Lehrer zukünftig überhaupt nicht mehr unterrichten könnte oder weiterhin, aber eben mit anderen Fächern, einsetzbar wäre.

36. Scheidung

S.o. G.39. Wiederverheiratung, Ehebruch, Scheidung.

1073 Differenzierend vor Inkrafttreten des AGG bereits *Link,* ZevK 2001, 276f.
1074 BbgVerfG 15.12.2005 – 287/03, LKV 2006, 220.
1075 So auch Art. 22 des Konkordats zwischen dem Heiligen Stuhl und dem Deutschen Reich, RGBl. 1933, II, 689.

37. Verhaltensbedingte Kündigungen

a) Individuelle Pflichten

Nicht alle kirchlichen Arbeitsverhältnisse sind gleich zu behandeln. Von Ausnahmen abgesehen, ermöglicht § 9 AGG keine einheitlichen, z.B. an Berufsgruppen orientierten Lösungen. Vielmehr kommt es entscheidend auf Art und Umfang der Loyalitätspflichten der einzelnen Arbeitnehmerinnen und Arbeitnehmer an.[1076] Maßgebend sind die Umstände des Einzelfalls. Dies zeigt sich exemplarisch an den Debatten rund um das Tragen von Kopftüchern.[1077]

Die Weigerung einer Arbeitnehmerin bzw. eines Arbeitnehmers, aus religiösen Gründen eine Arbeitsaufgabe auszuführen, zu der sie bzw. er sich vertraglich verpflichtet hat, rechtfertigt eine Kündigung, wenn eine andere Beschäftigung nicht möglich ist, die mit der Religion des Arbeitnehmers in Einklang steht.[1078]

b) Arbeitsgerichtliche Kontrolle

Das BVerfG räumt den Kirchen die sehr weitgehende Befugnis ein, bindend festzustellen, welche Arbeitnehmerinnen und Arbeitnehmer Loyalitätspflichten unterliegen und wie weit diese Loyalitätspflichten gehen. Obwohl die Rechtsprechung des BVerfG das Selbstbestimmungsrecht der Kirchen stark betont und die individuelle Glaubens- und Gewissensfreiheit wenig berücksichtigt, wird dadurch die arbeitsgerichtliche Kontrolle nicht gegenstandslos. Selbst wenn z.B. nach kirchlichem Verständnis eine schwere Loyalitätspflichtverletzung vorliegt, folgt daraus noch nicht, dass eine deshalb ausgesprochene Kündigung nach staatlichem Recht (§ 1 KSchG, § 626 BGB) wirksam sein müsste.

c) Interessenabwägung

So bedarf es weiterhin stets einer konkreten Interessenabwägung, bei der nur die Abwägungsspielräume eingeschränkt sind. Auch bei schweren und eindeutigen Loyalitätsverletzungen ist eine Interessenabwägung durchzuführen.[1079] Im Gegensatz zum BVerfG geht der EGMR davon aus, dass die Abwägung nicht von einem Vorrang der kirchlichen Sichtweise auszugehen hat, sondern sich die Parteien gleichrangig gegenüberstehen.[1080]

1076 S.a. G.29 Loyalität.
1077 S.o. G.8 Bekleidung.
1078 BAG 24.2.2011 – 2 AZR 639/09, NJW 2011, 3319.
1079 Vgl. BAG 8.9.2011 – 2 AZR 543/10, AP Nr. 92 zu § 1 KSchG 1969.
1080 EGMR 23.9.2010 – 425/03 (*Obst*), AuR 2010, 447; EGMR 23.9.2010 – 1620/03 (*Schüth*), AuR 2011, 307; EGMR 12.6.2014 – 56030/07 (*Martínez*), AuR 2014, 429 m. Anm. *Lörcher*.

In der Entscheidung *Schüth*,[1081] in der das durch die EMRK geschützte Privat- und Familienleben betroffen ist, verlangt der EGMR explizit eine eingehende Prüfung der Abwägung der im Spiel befindlichen konkurrierenden Rechte und Interessen. Dies gilt umso mehr, wenn das Individualrecht des Beschwerdeführers im Widerspruch zu einem Kollektivrecht stand. „Wenn nämlich nach Maßgabe der Konvention ein Arbeitgeber, dessen Ethos auf religiösen Grundsätzen oder Weltanschauungen beruht, seinen Arbeitnehmern spezielle Loyalitätsobliegenheiten auferlegen kann, so darf ein auf eine Verfehlung gegen solche Obliegenheiten gestützter Kündigungsbeschluss angesichts des Selbstbestimmungsrechts des Arbeitgebers nicht allein einer eingeschränkten gerichtlichen Kontrolle durch das zuständige staatliche Arbeitsgericht unterworfen werden, ohne dass dabei die Art der vom Betroffenen bekleideten Stelle berücksichtigt und tatsächlich eine Abwägung der in Rede stehenden Interessen im Licht des Grundsatzes der Verhältnismäßigkeit stattfindet." Die Rechtsstellung des Arbeitnehmers einer Kirche darf nicht „klerikalisiert" werden, aus dem bürgerlich-rechtlichen Arbeitsverhältnis darf nicht eine Art kirchliches Statusverhältnis, das die Person total ergreift und ihre private Lebensführung voll umfasst, werden. „Der Tatsache, dass ein von einem kirchlichen Arbeitgeber gekündigter Arbeitnehmer begrenzte Möglichkeiten hat, einen neuen Arbeitsplatz zu finden, kommt besondere Bedeutung bei. Dies trifft umso mehr zu, wenn die Ausbildung des entlassenen Beschäftigten einen besonderen Charakter trägt, derart, dass es für ihn schwierig oder gar unmöglich ist, einen neuen Arbeitsplatz außerhalb des kirchlichen Arbeitgebers zu finden."

Auch das BVerfG nennt Abwägungskriterien: „Unter anderem das Bewusstsein des Arbeitnehmers für die begangene Loyalitätspflichtverletzung, die öffentlichen Auswirkungen der Loyalitätspflichtverletzung, das Interesse des kirchlichen Arbeitgebers an der Wahrung seiner Glaubwürdigkeit, die Position des Arbeitnehmers in der Einrichtung, die Schwere des Loyalitätspflichtverstoßes in den Augen der Kirche sowie die zeitliche Dimension des Loyalitätsverstoßes, das Interesse des Arbeitnehmers an der Wahrung seines Arbeitsplatzes, sein Alter, seine Beschäftigungsdauer und die Aussichten auf eine neue Beschäftigung.[1082]

Absolute Kündigungsgründe (etwa bei Kirchenaustritt) gibt es nicht.[1083] Das BVerfG hat in seinem Beschluss vom 4.6.1985 nicht die Interessenabwägung selbst beanstandet, sondern nur die Ermittlung und Gewichtung des festge-

---

1081 EGMR 23.9.2010 – 1620/03 (*Schüth*), AuR 2011, 307
1082 BVerfG 22.10.2014 – 2 BvR 661/12, NZA 2014, 1387.
1083 BAG 16.9.1999 – 2 AZR 712/98, AP Art. 4 GrO kath. Kirche Nr. 1; *Stahlhacke/Preis*, Rn. 607; a.A. LAG Rheinland-Pfalz 2.7.2008 – 7 Sa 250/08, PflR 2008, 588; *Spengler*, NZA 1987, 835.

stellten Loyalitätsverstoßes.[1084] Die Tatsache, dass ein von einem kirchlichen Arbeitgeber gekündigter Arbeitnehmer nur begrenzte Möglichkeiten hat, eine neue Stelle zu finden, ist von besonderer Bedeutung. Das gilt besonders, wenn der gekündigte Arbeitnehmer eine spezifische Qualifikation hat, die es ihm schwierig macht, außerhalb der Kirche neue Arbeit zu finden.[1085] Aber auch der Umstand, dass bei einem weltlichen Beruf der kirchliche Arbeitgeber ein Angebotsmonopol hat, muss berücksichtigt werden.[1086]

Es ist festzustellen, dass für eine Reihe von Dienstleistungsberufen im sozialen Bereich – besonders in ländlichen Regionen – nur die Kirchen als Arbeitgeber auftreten. Für diese Berufsgruppen darf das Klerikalisierungsverbot kirchlicher Arbeitsverhältnisse nicht leerlaufen. Der Schutz durch das staatliche Arbeitsrecht muss umso höher sein, je rigider und weiter sich die kirchlichen Anforderungen von den Grundrechtsgarantien entfernen.

Das mit dem Vertragsabschluss erklärte Einverständnis der Arbeitnehmerin bzw. des Arbeitnehmers mit den Loyalitätsobliegenheiten ist bedeutungslos, wenn die kirchlichen Loyalitätsanforderungen gemessen am Maßstab des AGG oder Grundgesetz unzulässig sind.[1087] Im Hinblick auf die häufig vorliegende Monopolstellung kirchlicher Arbeitgeber erscheint die pauschale Überlegung des BAG unverständlich, wonach bei der Abwägung der Grundrechte des Arbeitnehmers mit dem kirchlichen Selbstbestimmungsrecht zu berücksichtigen sei, dass der Arbeitnehmer bei der Begründung des Arbeitsverhältnisses in die Obliegenheit, die an ihn gestellten Loyalitätserwartungen zu erfüllen, eingewilligt hat.[1088]

d) Grundrechte beider Seiten

Auch im Verständnis des BVerfG ist der Bestandsschutz des Arbeitsverhältnisses ein hoch anzusetzender Wert, der durch Art. 12 GG geschützt ist. Bei der Interessenabwägung müssen eben auch die Grundrechte der Arbeitnehmerinnen und Arbeitnehmer beachtet und gegen die kollektive Glaubensfreiheit abgewogen werden.[1089]

Das gilt insbesondere auch für Art. 6 GG (Scheidung, Wiederverheiratung) und Art. 5 GG (Meinungsfreiheit). Diese Grundrechte dürfen nicht durch Lo-

---

1084 BVerfG 4.6.1985 – 2 BvR 1703/83, BVerfGE 70, 170ff.
1085 EGMR 23.9.2010 – 1620/03 (*Schüth*), AuR 2011, 307.
1086 Schwer nachzuvollziehen insoweit BAG 25.4.2013 – 2 AZR 579/12, NZA 2013, 1131.
1087 Gegen BAG 25.4.2013 – 2 AZR 579/12, NZA 2013, 1131 zutreffend *Pallasch*, RdA 2014, 103, 109.
1088 BAG 25.4.2013 – 2 AZR 579/12, NZA 2013, 1131.
1089 BVerfG 7.3.2002 – 1 BvR 1962/01, NZA 2002, 609; *Jarass* in Jarass/Pieroth, GG, Art. 4 Rn. 37; a.A. *Thüsing*, EzA BGB § 611 Nr. 47a Kirchliche Arbeitnehmer; *Thüsing*, RdA 2003, 212 f.; *Richardi*, Arbeitsrecht, § 7 Rn. 22ff.

yalitätsanforderungen auf ein unzumutbares Maß zusammengestutzt werden. Andererseits sind die Kirchen und ihre Einrichtungen grundsätzlich berechtigt, von ihren Beschäftigten so viel Loyalität zu verlangen, wie nötig ist, damit sie ihre geistliche und religiöse Grundhaltung nach innen und außen hin glaubwürdig darstellen können.

e) Prinzipien des Kündigungsschutzrechts

Im Übrigen ist die Struktur des staatlichen Kündigungsschutzrechts nicht zur Disposition der Kirchen gestellt. Die Grundprinzipien des Kündigungsschutzrechts (z.b. Prognose, Verhältnismäßigkeit,[1090] Interessenabwägung, Einzelfallentscheidung) gelten unbedingt. Widersprüchliches Verhalten verbietet sich auch für Kirchen. Für den Gedanken der Abmahnung hat das BAG dies bereits festgestellt.[1091]

Dass das Verhältnismäßigkeitsprinzip zum Tragen kommen muss, ergibt sich im Übrigen auch aus Art. 4 Abs. 2 UAbs. 1 Satz 2 der Rahmenrichtlinie. Dort heißt es ausdrücklich, dass eine Ungleichbehandlung die allgemeinen Grundsätze des Verfassungsrechts beachten muss. Der Verhältnismäßigkeitsgrundsatz, der auch in Art. 5 Abs. 3 EG verankert ist, zählt nach der Rechtsprechung des EuGH zu den eigenständigen allgemeinen Rechtsgrundsätzen des Gemeinschaftsrechts.[1092]

38. Verkündigung, Erziehung und Bildung

Im Bereich der Verkündigung ist die Religionszugehörigkeit eine zulässige berufliche Anforderung, so dass § 9 AGG religionsspezifische Differenzierungen erlaubt. Dasselbe gilt in den Bereichen Erziehung und Bildung, soweit es für die glaubwürdige Darstellung einer Religionsgemeinschaft als Anstellungsträger erforderlich ist.[1093]

39. Wiederverheiratung, Ehebruch, Scheidung

Problematisch kann im katholischen Bereich ein Verstoß gegen das kirchliche Eherecht sein. Die Beachtung des kirchlichen Eherechts kann zu Eheverboten führen, die das bürgerliche Recht nicht kennt.[1094] Nimmt ein kirchlich Be-

---

1090 EGMR 23.9.2010 – 1620/03 (*Schüth*), AuR 2011, 307; *Perreng/Nollert-Borasio*, AiB 2006, 462.
1091 Unterlassung eines klärenden Gesprächs kann Sozialwidrigkeit der Kündigung begründen, BAG 16.9.1999 – 2 AZR 712/98, NZA 2000, 208.
1092 ErfK/*Schlachter*, Vorb. AEUV Rn. 13.
1093 Vgl. *Hammer*, Bereichsausnahmen, S. 190.
1094 MünchArbR/*Richardi*, § 186, Rn. 40ff.

schäftigter Rechte aus Art. 6 GG in Anspruch[1095], ist er vor staatlichen Sanktionen geschützt. Das gilt zunächst nicht automatisch auch für kirchliche Sanktionen. Deren Ausübung fällt unter den Schutzbereich der kollektiven Glaubensfreiheit (Art. 4 GG) sowie des Selbstverständnisses und der Kirchenautonomie (Art. 140 GG i.V.m. Art. 137 Abs. 3 WRV).

Im Fall einer Kündigung sind die Interessen des kirchlichen Arbeitgebers nicht nur abzuwägen gegen das Interesse der Arbeitnehmerin/des Arbeitnehmers, den Arbeitsplatz zu behalten, sondern auch gegen ihr bzw. sein Recht auf Achtung seines Privat- und Familienlebens.[1096] Bei der Abwägung der widerstreitenden Güter ist zu beachten, dass Art. 140 GG gerade den Schutz einer spezifisch kirchlich begründeten Auffassung von der prinzipiellen Unauflöslichkeit der Ehe bezweckt und es Sinn der Kirchenautonomie ist, dass die Kirchen in ihrem Bereich eine solche Überzeugung von der Ehe unverfälscht leben und propagieren können. Wer die tragenden Grundsätze des Glaubens grob missachtet, kann sich deshalb nach Auffassung der katholischen Kirche aus der Dienstgemeinschaft, die auf der gemeinsamen Verwirklichung (christlicher) Glaubensgrundsätze beruht, ausschließen.

Der Konflikt zwischen Art. 6 GG einerseits und Art. 140 GG i.V.m. Art. 137 Abs. 3 WRV ist durch konkrete Betrachtung des Einzelfalls nach dem Grundsatz der praktischen Konkordanz zu lösen.[1097] Bei herausgehobenen, öffentlichkeitswirksamen Funktionen gibt es Fälle, in denen das Grundrecht auf Schutz von Ehe und Familie hinter der Kirchenautonomie zurücktritt. Ein Verstoß gegen die Grundsätze einer kirchenrechtlich gültigen Ehe (Scheidung) rechtfertigt allenfalls bei sehr exponierten verkündigungsnahen Positionen arbeitsrechtliche Sanktionen.[1098]

Bei der Abwägung ist zu berücksichtigen, dass für eine Reihe von Dienstleistungsberufen im sozialen Bereich nur die Kirchen als Arbeitgeber auftreten. Für diese Berufsgruppen darf das Klerikalisierungsverbot kirchlicher Arbeitsverhältnisse nicht leerlaufen. Der Schutz durch das staatliche Arbeitsrecht muss umso höher sein, je rigider und weiter sich die kirchlichen Anforderungen von den Grundrechtsgarantien entfernen.

1095 Art. 6 GG beschränkt sich nicht lediglich auf eine Eheschließung, vgl. Sachs/*von Coelln,* GG, Art. 6 Rn. 24.

1096 EGMR 23.9.2010 – 1620/03 (*Schüth*), AuR 2011, 307.

1097 Beispiele: BAG 24.4.1997 – 2 AZR 268/96, NZA 1998, 145; BAG 16.9.1999 – 2 AZR 712/98, AP Art. 4 GrO kath. Kirche Nr. 1.

1098 LAG Hamm 14.6.2013 – 10 Sa 18/13, ZMV 2013, 334; A.A *Schoenauer,* KuR 2012, 44.

Trennt sich ein Organist und Chorleiter von seiner Ehefrau und zieht zu seiner neuen Lebensgefährtin, so ist eine wegen Bigamie und Ehebruchs ausgesprochene Kündigung unwirksam, weil die Interessen des kirchlichen Arbeitgebers nicht überwiegen.[1099] Demgegenüber hat der EGMR die Kündigung wegen eines außerehelichen Verhältnisses bei einem Gebietsdirektor Europa in der Abteilung Öffentlichkeitsarbeit der Mormonenkirche für wirksam erachtet.[1100]

Auch wenn die Wiederheirat eines weltlich Geschiedenen anders als beim Kirchenaustritt kein direkt gegen die Kirche gerichtetes Verhalten darstellt, gab nach früherer Rechtsprechung für katholische Einrichtungen ein solches Verhalten einen wichtigen Grund i.S.d. § 626 BGB ab.[1101] Bei dieser Sichtweise besteht aber die Gefahr, dass ein nur um den Preis des Arbeitsverlustes vermeidbarer Zwang zum Leben im Zölibat[1102] „aus dem bürgerlich-rechtlichen Arbeitsverhältnis ein kirchliches Statusverhältnis macht, das die Person total ergreift und auch ihre private Lebensführung voll umfasst. Arbeitsverhältnisse kirchlicher Arbeitnehmer ... (dürfen aber) keine säkulare Ersatzform für kirchliche Ordensgemeinschaften und Gesellschaften des apostolischen Lebens sein".[1103]

§ 9 AGG kann deshalb nur ausnahmsweise zugunsten der Kirche greifen. Wegen einer Wiederverheiratung eines geschiedenen kirchlichen Beschäftigten in einer katholischen Einrichtung darf im Normalfall nicht gekündigt werden, da der grundrechtliche Schutz von Ehe und Familie (Art. 6 GG) in das Abwägungsprogramm einzustellen ist.[1104] Ein kirchlicher Arbeitnehmer kann nicht wirksam verpflichtet werden, im Falle einer Trennung oder Scheidung enthaltsam zu leben, so dass bei einer Wiederheirat keine Vertragsverletzung vorliegt.[1105]

40. Zölibat

Sofern es sich nicht um konfessionsbezogene Ämter handelt, sind Zölibatsklauseln in Beschäftigungsverhältnissen mit Art. 6 Abs. 1 GG unvereinbar.[1106]

1099 EGMR 23.9.2010 – 1620/03 (*Schüth*), AuR 2011, 307; anders LAG Hamm 14.6.2013 – 10 Sa 18/13, ZMV 2013, 334.

1100 EGMR 23.9.2010 – 425/03 (*Obst*), AuR 2010, 447.

1101 BAG 25.5.1988 – 7 AZR 506/87, AP GG Art. 140 Nr. 36. So aber erneut wieder BVerfG 22.10.2014 – 2 BvR 661/12, NZA 2014, 1387.

1102 Die schwangere Arbeitnehmerin durfte nicht verhüten, darf nicht abtreiben und kann den geschiedenen Kindesvater nicht heiraten – dieser Pflichtenkollision kann sie sich nur durch den Zölibat entziehen.

1103 BVerfG 4.6.1985 – 2 BvR 1703/83, BVerfGE 70, 138, 166.

1104 *Budde*, AuR 2005, 358. A.A. *Belling*, NZA 2004, 887; *Joussen*, RdA 2003, 38.

1105 *Pallasch*, RdA 2014, 103. S.a. BAG 8.9.2011 – 2 AZR 543/10, AP KSchG 1969 § 1 Nr. 92 (aufgehoben durch BVerfG 22.10.2014 – 2 BvR 661/12, NZA 2014, 1387).

1106 *Sachs/von Coelln*, Art. 6 GG Rn. 28 m.w.N.

Literaturverzeichnis

Ahlers, Stella: Gleichstellung der Frau in Staat und Kirche – ein problematisches Spannungsverhältnis, Münster 2006.

Albrecht, Christian (Hrsg.): Wieviel Pluralität verträgt die Diakonie?, Tübingen 2013.

Allgaier, Antonius/Bolte, Michael/Buschmann, Rudolf/Däubler, Wolfgang/Deinert, Olaf/zu Dohna, Verena/Eder, Isabel/Heilmann, Micha/Jerchel, Kerstin//Klapp, Micha/Klebe, Thomas/Wenckebach, Johanna: Betriebliche Mitbestimmung für das 21. Jahrhundert, AuR Sonderausgabe April 2022.

Annus, Georg/Picker, Eduard/Wissmann, Helmut (Hrsg.): Festschrift für Reinhard Richardi, München 2007.

Anschütz, Gerhard: Die Verfassung des deutschen Reiches vom 11. August 1919, 14. Aufl. 1933.

Baumann-Czichon, Bernhard/Feuerhahn, Sven: Die Rechtssammlung, 2. Aufl., Bremen 2020.

Baumann-Czichon, Bernhard/Gathmann, Mira/Germer, Lothar: Mitarbeitervertretungsgesetz der Evangelischen Kirche in Deutschland, 4. Aufl., Bremen 2013.

Bauer, Jobst-Hubertus/Krieger, Steffen/Günther, Jens: Gleichbehandlungsgesetz und Entgelttransparenzgesetz, 5. Aufl., München 2018.

Bäumlin, Richard/Azzola, Axel (Hrsg.): Kommentar zum Grundgesetz für die Bundesrepublik Deutschland, 2. Aufl., Neuwied (zit.: AK-GG/*BearbeiterIn*).

Becker, Ulrich/Hatje, Armin/Schoo/Johann/Schwarze Jürgen (Hrsg.): EU-Kommentar, 4. Aufl., Baden-Baden 2019 (zit.: Schwarze/*BearbeiterIn)*.

Belling, Detlev: Umsetzung der Antidiskriminierungsrichtlinie im Hinblick auf das kirchliche Arbeitsrecht, NZA 2004, 885–889.

Belling, Detlev: Streik in der Diakonie? ZevKR 2003, 407–445.

Bepler, Klaus: Der Dritte Weg aus der Sicht der staatlichen Gerichte für Arbeitssachen, ZMV 2010, 22–32.

Berghahn, Sabine: Kopftuchdebatten – und kein Ende, Vorgänge 2017, 31–46.

Berghahn, Sabine: Staatliche Neutralität zwischen religiösem Pluralismus und wohlfeilem Populismus: Ist ein Kopftuchverbot für Richterinnen und Rechtsreferendarinnen verfassungskonform? KJ 2018, 167–178.

Berka, Walter: Das islamische Kopftuch: Antidiskriminierung und Religionsfreiheit in den Rechtssachen Achbita und Bougnaoui, EuZA 2017, 465–484.

Berroth, Walter: Wie solidarisch ist das kirchliche Arbeitsrecht? ZMV 2022, 1–11.

Biltgen, Francois: Die Rechtsprechung des EuGH im Jahr 2017 in Sachen Nichtdiskriminierung in Arbeit, Beschäftigung und in den Arbeitsbedingen, AuR 2018, 163–168.

Bischoff, Bernhard/Hammer, Ulrich: Grundfragen des kirchlichen Arbeitsrechts, AuR 1995, 161–168.

Böckenförde, Ernst-Wolfgang: „Kopftuchstreit" auf dem richtigen Weg?, NJW 2001, 723.

Borowski, Martin: Glaubens- und Gewissensfreiheit des Grundgesetzes, Tübingen 2019.

Brose, Wiebke/Greiner, Stefan/Preis, Ulrich: Kleidung im Arbeitsverhältnis, NZA 2011, 369–380.

Brors, Christiane: Gibt es eine religiöse oder weltanschauliche Neutralität? Zum Einfluss der EuGH-Entscheidungen Achbita und Bougnaoui auf das deutsche Arbeitsrecht, AuR 2018, 112–116.

Büro zur Umsetzung von Gleichbehandlung e.V. – BUG (Hrsg.): Schattenbericht für den UN-Ausschuss zur Beseitigung von Rassendiskriminierung CERD, Berlin 2015

Busch, Sebastian: Sonderrechte kirchennaher Träger vor einer Überprüfung durch den EuGH, AuK 2016, 53–57.

Buschmann, Rudolf: Anmerkung zu EuGH 14.3.2017, C-157/15 und C-188/15.

Callies, Christian/Ruffert, Matthias (Hrsg.): EUV/AEUV, 5. Aufl., München 2016.

Classen, Claus Dieter: Das kirchliche Arbeitsrecht unter europäischem Druck – Anmerkungen zu den Urteilen des EuGH (jeweils GK) vom 17.04.2018 in der Rs. C-414/16 (Egenberger) und vom 11.09.2018 in der Rs. C-68/17 (IR), Europarecht 2018, 752–767.

Colneric, Ninon: International law as a stimulus for developing social rights in the case-law of the ECJ, SR 2018, 48–68.

Czermak, Gerhard: Die Ablösung der historischen Staatsleistungen an die Kirchen, DÖV 2004, 110–116.

Czermak, Gerhard: Grundfragen des sogenannten Selbstbestimmungsrechts der Religionsgemeinschaften, in: Neumann, Jacqueline u.a., Aktuelle Entwicklungen im Weltanschauungsrecht, S. 89–102.

Czermak, Gerhard: Siebzig Jahre Bundesverfassungsgericht in weltanschaulicher Schieflage, Baden-Baden 2021.

Däubler, Wolfgang: Interessenvertretung durch Betriebsrat und Gewerkschaften im digitalen Betrieb, HSI-Schriftenreihe Bd. 41, Frankfurt am Main 2022.

Däubler, Wolfgang (Hrsg.): Tarifvertragsgesetz, 5. Aufl., Baden-Baden 2022.

Däubler, Wolfgang (Hrsg.): Arbeitskampfrecht, 4. Aufl., Baden-Baden 2018.

Däubler, Wolfgang: Das kirchliche Arbeitsrecht und die Grundrechte des Arbeitnehmers, RdA 2003, 204–209.

Däubler, Wolfgang/Hjort, Jens Peter/Schubert, Michael/Wolmerath, Martin: Arbeitsrecht, 4. Aufl., Baden-Baden 2017.

Däubler, Wolfgang/Beck, Thorsten (Hrsg): Allgemeines Gleichbehandlungsgesetz, 5. Aufl., Baden-Baden 2022 (zit.: Däubler/Beck-*BearbeiterIn*).

Däubler, Wolfgang/Klebe, Thomas/ Wedde, Peter (Hrsg.): Betriebsverfassungsgesetz, 17. Aufl., Frankfurt am Main 2020 (zit.: DKW/*Bearbeiterln*)

Deinert, Olaf: Arbeitnehmerschutz vor Diskriminierung in kirchlichen Einrichtungen, EuZA 2009, 332–342.

Deiseroth, Dieter: Verantwortung vor Gott und den Menschen, in: Groschopp, Horst (Hrsg.), Schriftenreihe der Humanistischen Akademie Berlin, Bd. 6, Berlin 2013.

Diakonie (Hrsg.): Rassistische Diskriminierung in Deutschland, Parallelbericht an den UN-Antirassismusausschuss zum 19.-22. Bericht der Bundesrepublik Deutschland nach Art. 9 des Internationalen Übereinkommens zur Beseitigung jeder Form von rassistischer Diskriminierung, Berlin 2015.

Dieterich, Thomas/Pfarr, Heide: Die Rechtsprechung des Bundesarbeitsgerichts zum Arbeitskampf in kirchlichen Einrichtungen – ein erster Praxistest, in: Jahrbuch Sozialer Protestantismus, Band 8 „Dritter Weg – Arbeitsbeziehungen in Kirche und Diakonie", S. 126–136.

Doedens, Folkert: Gemeinsame Grundsätze der Religionsgemeinschaften für einen interreligiösen Unterricht?, in: Lähnemann, Johannes, Spiritualität und ethische Erziehung, Pädagogische Beiträge zur Kulturbegegnung, Band 20, Hamburg 2001, 352–372.

Dreier, Horst: Säkularisierung des Staates am Beispiel der Religionsfreiheit, Rechtsgeschichte 2011, 72–86.

Dreier, Horst: Staat ohne Gott, München 2018.

Dreier, Horst: Gott und Spott, SZ 27.11.2015, S. 11.

Dreier, Horst (Hrsg.): Grundgesetz, 3. Aufl., Tübingen 2018 (zit.: Dreier/*Bearbeiterln*).

Edenharter, Andrea: Loyalitätsobliegenheiten in kirchlichen Arbeitsverhältnissen – Eingeschränkte gerichtliche Überprüfbarkeit, NZA 2014, 1378–1381.

Edenharter, Andrea: Grundrechtskonforme gerichtliche Kontrolle vorgeschriebenen Religionszugehörigkeit für eine kirchliche Stelle, Deutsches Verwaltungsblatt 2018, 867–871.

Eder, Joachim: Aus der Rechtsprechung des kirchlichen Arbeitsgerichthofes im Bereich der Deutschen Bischofskonferenz, ZTR 2021, 673–681.

Engels, Gerd/Schmidt, Ingrid/Trebinger, Yvonne/Linsenmaier, Wolfgang/Schelz, Hanna (Hrsg.): Betriebsverfassungsgesetz, 30. Aufl., München 2020 (zit.: Fitting-*Bearbeiterln*).

Fahrig, Stephan/Stenslik, Bastian-Peter: Die Rechtsprechung des EGMRK zum kirchlichen Arbeitsrecht, EuZA 2012, 184–204.

Fischermeier, Ernst: Kündigungen wegen Loyalitätspflichtverletzungen kirchlicher Arbeitnehmer, RdA 2014, 257–262.

Fischermeier, Ernst: Europäisches Antidiskriminierungsrecht versus kirchliches Loyalitätsanforderungen?, in: FS Richardi, München 2007, S. 875–889.

Fischermeier, Ernst: Kirchenautonomie und Grundrechte kirchlicher Arbeitnehmerinnen und Arbeitnehmer, ZMV Sonderheft Tagung 2012, 30–35.

Fleischmann, Christoph: Förderung in alle Ewigkeit? In: Blätter für deutsche und internationale Politik 2020, 115–120.

Frerk, Carsten: Finanzen und Vermögen der Kirchen in Deutschland, Aschaffenburg 2004.

Fremuth, Lysander: Das letzte Amen ist noch nicht gesprochen, EuZW 2018, 723–731.

Frenz, Walter: Anm. zu EuGH 14.3.2017, C-157/15.

Friedemann, Kainer: Rückkehr der unmittelbar-horizontalen Grundrechtswirkung aus Luxemburg? NZA 2018, 894–900.

Frowein, Jochen/Peukert, Wolfgang: Europäische Menschenrechtskonvention, 3. Aufl., Kehl am Rhein 2009.

Frings, Dorothee: Diskriminierung aufgrund der islamischen Religionszugehörigkeit im Kontext Arbeitsleben – Erkenntnisse, Fragen und Handlungsempfehlungen, Antidiskriminierungsstelle des Bundes 2010.

Fuhlrott, Michael: Unterschiedliche Behandlung von Bewerbern wegen ihrer Konfession im Stellenbesetzungsverfahren eines kirchlichen Arbeitgebers, NZA 2018, 573–575.

Gailus, Manfred: Gläubige Zeiten. Religiosität im Dritten Reich, Freiburg 2021.

Gamillscheg, Franz: Die Grundrechte im Arbeitsrecht, Berlin 1989.

Germann, Michael: Die Urteile des Europäischen Gerichtshofs über Kopftuchverbote in privaten Arbeitsverhältnissen, EuR 2018, 235–248.

Geiger, Rudolf/Khan, Daniel Erasmus/Kotzur, Markus (Hrsg.): EUV AEUV, 6. Aufl., München 2017 (zit.: Geiger/Khan/Kotzur/*BearbeiterIn*).

Gleich, Christian: Arbeitsrechtliche Privilegien der Religionsgemeinschaften als Ausnahme vom allgemeinen Gleichbehandlungsgrundsatz, Göttingen 2013.

Grabenwarter, Christoph/Pabel, Katharina: Europäische Menschenrechtskonvention, 7. Aufl., München 2021.

Grabitz, Eberhard/Hilf, Meinhard/Nettesheim, Martin (Hrsg.): Das Recht der Europäischen Union, 74. Ergänzungslieferung, München 2021 (zit.: *BearbeiterIn* in Grabitz/Hilf/Nettesheim).

Greiner, Stefan: Kirchliche Loyalitätsobliegenheiten nach dem „IR"-Urteil des EuGH, NZA 2018, 1291–1294.

Greiner, Stefan: Neuausrichtung des kirchlichen Arbeitsrechts durch den EuGH? Die Rechtssache Egenberger, jM 2018, 233–238.

Groeger, Axel: Der Rechtsstatus von Rotkreuz-Schwestern, ZTR 2014, 379–395.

Grzeszick, Bernd: Das Urteil des BAG zum Streikverbot in Kirchen auf dem Prüfstand des Verfassungs- und Europarechts, NZA 2013, 1377–1384.

Groh, Jens Sebastian: Einstellungs- und Kündigungskriterien kirchlicher Arbeitgeber vor dem Hintergrund des § 9 AGG, 2009.

Haas, Hanns-Stephan/Starnitzke, Dierk: Einleitung: Konfessionsgebundener Überzeugungspluralismus – Stationen eines Weges, in: Hanns-Stephan Haas/Dierk Starnitzke (Hrsg.), Diversität und Identität, Stuttgart 2015.

Häberle, Lothar: Religionsfreiheit und Toleranz, Der Staat 2018, 35–76.

Hack, Melanie Regine: Diskriminierung aufgrund der Religion und Weltanschauung im Arbeitsverhältnis – Ein Blick nach Norwegen, NZA Beilage 3/2018, 63–68.

Hanau, Peter/Thüsing, Gregor: Arbeitsrechtliche Konsequenzen beim Betriebsübergang kirchlicher Einrichtungen, KuR 2000, 165–178.

Hammer, Ulrich: Europäische Wende im Kirchlichen Arbeitsrecht? AuR 2011, 278–285.

Hammer, Ulrich: Bereichsausnahmen für kirchliche Einrichtungen in der Gleichbehandlungsrichtlinie 2000/78/EG, in: Rust, Ulla u.a. (Hrsg.): Die Gleichbehandlungsrichtlinien der EU und ihre Umsetzung in Deutschland, 190–203, Loccum 2003.

Hartmeyer, Elisabeth: Kopftuchverbot in privaten Unternehmen – Religiöses Symbol und „corporate identity", EuZA 2017, 545–554.

Haupt, Johann-Albrecht: Staatsleistungen der Länder an die Kirchen, Vorgänge 2016, 153–161; Vorgänge 2020, 105–112.

Haupt, Johann-Albrecht: Staatsleistungen ablösen: Was schert uns die Verfassung? In: Grundrechte-Report 2020, 199–203.

Hecker, Wolfgang: Das Kopftuchverbot für Lehrerinnen nach dem Berliner Neutralitätsgesetz, NZA 2021, 480–483.

Heinig, Hans Michael: Öffentlich-rechtliche Religionsgesellschaften, Berlin 2003.

Heinig, Hans Michael: Kirchenrechtliche Herausforderungen für die Diakonie im Horizont religiöser Pluralisierung und Säkularisierung, in: Albrecht, Christan (Hrsg.), Wieviel Pluralität verträgt die Diakonie?, Tübingen 2013.

Heinrichs, Thomas/Weinbach, Heike: Weltanschauung als Diskriminierungsgrund, in: Antidiskriminierungsstelle des Bundes, 2016.

Hempel, Sebastian/Mroß, Michael: Konfessionszugehörigkeit als Selektionskriterium bei Stellenausschreibungen kirchlicher Arbeitgeber, WSI-Mitteilungen 2014, 478–485.

Herdegen, Matthias/Herzog, Roman/Klein, Hans H./Scholz, Rupert (Hrsg.): Grundgesetz, Band VII, 42. Lfg., München (zit.: *Dürig/Herzog/Scholz-BearbeiterIn*).

Heuschmid, Johannes: Egenberger = Mangold hoch x, AuR 2018, 265.

Heuschmid, Johannes/Höller, Johannes: Kirchliches Sonderarbeitsrecht ist unionsrechtswidrig, AuR 2018, 586–590.

Hey, Thomas/Forst, Gerrit (Hrsg.): AGG, 2. Aufl., Frankfurt am Main 2015.

Hoevels, Niloufar: Kopftuch als Kündigungsgrund?, NZA 2003, 701.

Hoevels, Niloufar: Kopftuchverbot am Arbeitsplatz, AuR 2016, 467–469.

Hlava, Daniel: Kopftuchverbote am Arbeitsplatz – Spannungsverhältnis zwischen Arbeitgeberwille und Religionsfreiheit, AuR 2017, 456–459.

Ibold, Shino: Bei Burka und Nikab hört die Toleranz auf, KJ 2015, 83–95.

Isensee, Josef/Kirchhof, Paul (Hrsg.): Handbuch des Staatsrechts, Band II, 3. Aufl., Heidelberg 2004 (zit.: HStR/*BearbeiterIn*).

Isensee, Josef/Kirchhof, Paul (Hrsg.): Handbuch des Staatsrechts, Band VI, 3. Aufl., Heidelberg 2008 (zit.: HStR/*BearbeiterIn*).

Jacobs, Matthias: Aktuelle Entwicklungen im deutschen und europäischen Antidiskriminierungsrecht, RdA 2018, 263–270.

Jähnichen, Traugott: Arbeitswelt Kirche – Überblick über die Geschichte der Gestaltung der kirchlichen und diakonischen Arbeitsbeziehungen während des 20. Jahrhunderts, Jahrbuch sozialer Protestantismus, Bd. 8, Dritter Weg? Arbeitsbeziehungen in Kirche und Diakonie, S. 21ff.

Jarras, Hans D./Pieroth, Bodo: GG, 16. Aufl., München 2020.

Joussen, Jacob: „Ut unum sint" – Betriebsgemeinschaft und Dienstgemeinschaft im Arbeitsrecht, RdA 2007, 328–335.

Joussen, Jacob: § 9 AGG und die europäischen Grenzen für das kirchliche Arbeitsrecht, NZA 2008, 675–679.

Joussen, Jacob: Die Folgen der europäischen Diskriminierungsverbote für das kirchliche Arbeitsrecht, RdA 2003, 32–39.

Joussen, Jacob: Kirchliche Arbeitsvertragsinhalte beim Betriebsübergang, NJW 2006, 1850–1854.

Joussen, Jacob: „Ut unum sint" – Betriebsgemeinschaft und Dienstgemeinschaft im Arbeitsrecht, RdA 2007, 328–335.

Joussen, Jacob: Die Folgen des Mormonen- und des Kirchenmusikerfalls für das kirchliche Arbeitsrecht in Deutschland, RdA 2011, 173–178.

Joussen, Jacob: Der EuGH und die Kirchenzugehörigkeit von Beschäftigten, EuZA 2018, 421–435.

Joussen, Jacob: Religionszugehörigkeit als Einstellungskriterium, ZMV 2018, 162–164.

Joussen, Jacob/Mestwerdt, Wilhelm/Nause, Helmut/Spelge, Karin (Hrsg.): MVG-EKD, München 2020.

Junker, Abbo: Gleichbehandlung und kirchliches Arbeitsrecht – Ein deutscher Sonderweg endet vor dem EuGH, NJW 2018, 1850–1853.

Jungbauer, Vincent: Rechtfertigung für Kopftuchverbot im Arbeitsverhältnis, NZA-RR 2021, 645–648.

Kahl, Wolfgang/Waldhoff, Christian/Walter, Christian (Hrsg.): Bonner Kommentar zum Grundgesetz, 210. Aktualisierung, Heidelberg 2021 (zit. BK-*BearbeiterIn*).

Kainer, Friedemann: Rückkehr der unmittelbar-horizontalen Grundrechtswirkung aus Luxemburg? NZA 2018, 894–900.

Kamanabrou, Sudabeh: Die arbeitsrechtlichen Vorschriften des Allgemeinen Gleichbehandlungsgesetzes, RdA 2006, 321–339.

Kehlen, Detlef: Europäische Antidiskriminierung und kirchliches Selbstbestimmungsrecht, Frankfurt am Main 2003.

Kempen, Otto Ernst/Zachert, Ulrich (Hrsg.): TVG, 5. Aufl., Frankfurt am Main 2014 (zit.: Kempen/Zachert/ *BearbeiterIn*).

Keßler, Rainer: Die Kirchen und das Arbeitsrecht, Darmstadt 1986.

Kiel, Heinrich/Lunk, Stefan/Oetker, Hartmut (Hrsg.): Münchener Handbuch zum Arbeitsrecht, Bd. 2, 5. Aufl., München 2021 (zit.: MünchArbR/*BearbeiterIn*).

Kirchhoff, Ferdinand: Kooperation zwischen nationalem und europäischem Gericht, EuR 2014, 267–276.

Klein, Marvin: Das Recht der Kirchen im Tauziehen zwischen Luxemburg und Karlsruhe – Das kirchliche Arbeitsrecht als Machtprobe?, EuR 2019, 338–351.

Klein, Tonio: Schleierhaftes vom EuGH?, NVwZ 2017, 920–925.

Klein, Thomas/Bustami, Ammar: Ungleichbehandlung wegen der Religion oder Weltanschauung bei kirchlichen Arbeitgebern, ZESAR 2019, 18–26.

Klimpe-Auerbach, Wolf: Die Grundordnung des kirchlichen Dienstes im Rahmen kirchlicher Arbeitsverhältnisse, AuR 1995, 170–177.

Klocke, Kyra/Wolters, Hendrik: Die Reichweite der Religionsfreiheit im Rahmen kirchlicher Arbeitsverhältnisse – Mit Besprechung zu EuGH, 17.4.2018 – C-414/16 – „Egenberger", BB 2018, 1460–1465.

Kocher, Eva/Krüger Laura/Sudhoff, Clemens: Streikrecht in der Kirche im Spannungsfeld zwischen Koalitionsfreiheit und kirchlichem Selbstbestimmungsrecht, NZA 2014, 880–886.

Köhlert, Sophie: Überblick über die arbeitsrechtliche Rechtsprechung des EuGH im Jahre 2017, NZA-RR 2018, 113.

Krause, Rüdiger: Arbeitskampf in kirchlichen Einrichtungen – Dritter Weg, JA 2013, 944–947.

Kreß, Hartmut (Hrsg.): Religionsfreiheit als Leitbild, Münster 2004.

Kreß, Hartmut: Religionsfreiheit und Toleranz als Leitbild: Kulturelle Grundlagen – sozial- und rechtsethische Problemstellungen, in: *ders.*, Religionsfreiheit als Leitbild, 21–58.

Kreß, Hartmut: Die Sonderstellung der Kirchen im Arbeitsrecht – sozialethisch vertretbar?, Baden-Baden 2014.

Kreß, Hartmut/Gerhardt, Rudolf: Das Recht von Kirchen auf korporative Selbstbestimmung rechtfertigt keine moralische Fremdbestimmung über andere, ZRP 2013, 123–126.

Kummer, Pierre M.: Die Umsetzungsanforderungen der neuen arbeitsrechtlichen Antidiskriminierungs-richtlinie (RL 2000/78/EG), Frankfurt am Main 2003.

Kühling, Jürgen: Arbeitskampf in der Diakonie, abrufbar unter: *http://www.schiering.org/download/gutachten-arbeitskampf.pdf* (zuletzt abgerufen am 24.7.2022).

Kühling, Jürgen: Wieviel Religion verträgt eine offene Gesellschaft?, in: Ein Recht, dass die Gesellschaft braucht, Baden-Baden 2021, S. 95–109.

Lakies, Thomas: Rechtsprobleme des neuen Mindestlohngesetzes – ein erster Überblick, AuR 2014, 360–366.

Leitmeier, Lorenz: Das Kopftuchverbot für Referendarinnen, NJW 2020, 1036–1038.

Lörcher, Klaus: Priester ohne Gewerkschaften? Anm. zu EGMR 9.7.2013, AuR 2014, 31–33.

Löwisch, Manfred (Hrsg.): Arbeitskampf- und Schlichtungsrecht, Heidelberg 1997.

Lührs, Herrman: Kirchliche Dienstgemeinschaft. Genese und Gehalt eines umstrittenen Begriffs, KuR 2006, S. 220–247.

Malorny, Friederike: Diskriminierungsschutz als Grenze kirchlicher Selbstbestimmung, EuZA 2019, 441–454.

Mangold, Katharina/Payandeh, Mehrsdad: Diskriminierungsschutz und unternehmerische Freiheit im Unionsrecht, EuR 2017, 700–724.

Matthäus-Maier, Ingrid: Über die lange Geschichte der Grundrechtsverletzungen durch das kirchliche Arbeitsrecht, in: *Neumann*, Aktuelle Entwicklungen, S. 313–332.

Meyer-Ladewig, Jens: EGMRK, 3. Aufl., Baden-Baden 2011.

Melot de Beauregard, Paul: Ende des Sonderwegs? – Zum Stand des kirchlichen Arbeitsrechts, NZA-RR 2012, 225–232.

Melot de Beauregard, Paul/Baur, Maximilian: Loyalitätspflichten des Arbeitnehmers – eine Übersicht über die aktuelle Rechtsprechung, NZA-RR 2014, 625–630.

Mestwerdt, Wilhelm: Arbeit in persönlicher Abhängigkeit im Rahmen vereinsrechtlicher Strukturen, NZA 2014, 281–284.

Meyer, Christina: Das Kopftuch am Arbeitsplatz und unternehmerische Neutralitätskonzepte: Wie verändert europäisches Gleichbehandlungsrecht den Umgang mit der Religionsfreiheit in Arbeits-verhältnissen zwischen Privaten? EuZA 2020, 207–223.

Meinel, Gernod/Heyn, Judith/Herms, Sascha: Allgemeines Gleichbehandlungsgesetz, 2. Aufl., München 2010.

Meyer, Jürgen/Hölscheidt, Sven (Hrsg.): Charta der Grundrechte der Europäischen Union, 5. Aufl. 2019.

Mohr, Jochen/von Fürstenberg Maximilian: Kirchliche Arbeitgeber im Spannungsverhältnis zwischen grundrechtlich geschütztem Selbstbestimmungsrecht und europarechtlich gefordertem Diskriminierungs-schutz, BB 2008, 2122–2126.

Morgenbrodt, Kai: Loyalitätsobliegenheiten und Grundrechte, Baden-Baden 2021.

Morlok, Martin/Krüper, Julian: Auf dem Weg zum „forum neutrum"? – Die „Kopftuch-Entscheidung" des BVerwG, NJW 2003, 1020.

Müller, Sebastian: Kirchliches Selbstbestimmungsrecht und individuelles Arbeitsrecht, Deutsches Institut für Menschenrechte 2015.

Müller-Glöge, Rudi/Preis, Ulrich/Schmidt, Ingrid (Hrsg.): Erfurter Kommentar zum Arbeitsrecht, 22. Aufl., München 2022 (zit.: ErfK/*Bearbeiterin*).

Müller-Heidelberg, Till: Die Kirchenhörigkeit des Bundeverfassungsgerichts und sein Selbstwiderspruch, Vorgänge 2015, 123–127.

Müller-Heidelberg, Till: Zurück ins Mittelalter, in: Grundrechte-Report 2015, 56–59.

Muckel, Stefan: Kopftuchverbot für Referendarinnen verfassungsgemäß, JA 2020, 555–558.

Neugebauer, Fabian/Sura, Stephan: Das Verbot religiöser Bekleidung uns Symbolik am Arbeitsplatz – Unternehmerisches Freiheitsrecht und öffentliches Desiderat einer neutralen Beschäftigungsgestaltung?, RdA 2018, 350–359.

Neumann, Volker: Individuelle Religionsfreiheit und kirchliches Selbstbestimmungsrecht am Beispiel der karitativen Tätigkeit, in: Rechtstheorie und Rechtsdogmatik im Austausch, Gedächtnisschrift für Bernd Jeand'Heur, 1999, S. 247–264.

Neureither, Georg: Die Angelegenheiten der Religionsgemeinschaften, JZ 2013, 1089–1093.

Nordmann, Christine: Ein Kopftuch zu tragen ist nicht nur eine Frage der Amtstracht, BJ 2016, 191–195.

Pallasch, Ulrich: Kirchenaustritt als Kündigungsgrund, RdA 2014, 103–110.

Pallasch, Ulrich: Homosexualität als Kündigungsgrund, NZA 2013, 1169–1232.

Payandeh, Mehrdad: Das Kopftuch der Richterin aus verfassungsrechtlicher Perspektive, DÖV 2018, 482–488.

Pirson, Dietrich/Rüfner, Wolfgang/Germann, Michael/Muckel, Stefan (Hrsg.): Handbuch des Staatskirchenrechts der Bundesrepublik Deutschland, 3. Aufl., Berlin 2020 (zit.: HSKR/*Bearbeiterin*).

Pieroth, Bodo/Barczak, Tristan: Grenzen verfassungsgerichtlicher Überprüfung der Judikatur des EuGH am Beispiel des kirchlichen Selbstbestimmungsrechts, NwVZ 2019, 1803–1804.

Plum, Martin: Kirchliche Loyalitätsobliegenheiten im Lichte der Rechtsprechung des EGMRK, NZA 2011, 1194–1201.

Pötters, Stephan/Kalf, Martin: Europäisches Arbeitsrecht und das kirchliche Selbstbestimmungsrecht, ZESAR 2012, 216.

Preis, Ulrich/Sagan, Adam (Hrsg.): Europäisches Arbeitsrecht, 2. Aufl., Köln 2019.

Preis, Ulrich/Greiner, Stefan: Kündigung einer Verkäuferin wegen Tragens eines – islamischen – Kopftuchs, RdA 2003, 240.

Preis, Ulrich/Morgenbrodt, Kai: Religiöse Symbole am Arbeitsplatz zwischen Gleichbehandlung und unternehmerischer Freiheit, ZESAR 2017, 309–318.

Rath, Winfried: Was ist eine Weltanschauungsgemeinschaft? Zum Fall der Kirche des Fliegenden Spaghettimonsters, in: Neumann, Jaqueline/Czermak, Gerhard/Merkel, Reinhard/Putzke, Holm (Hrsg.), Aktuelle Entwicklungen im Weltanschauungsrecht, Baden-Baden 2019, 103–116.

Reichold, Herrmann: Selbstbestimmungsrecht der Kirche oder (nur) Tendenzschutz? In: Kreß, Hartmut (Hrsg.), Religionsfreiheit als Leitbild, S. 105–118.

Reichold, Hermann: Vorrang der Kirchenautonomie vor der Vereinigungsfreiheit? EuZA 2014, 386–393.

Reichold, Hermann: Europa und das deutsche kirchliche Arbeitsrecht, NZA 2001, 1054.

Reichold, Hermann: Das Sonderarbeitsrecht der Kirchen im Fokus der Politik und der Gerichte, KuR 2011, 199–208.

Reichold, Hermann: Das deutsche Arbeitsrecht im Fokus des Europäischen Gerichtshofs für Menschenrechte, EuZA 2011, 320–328.

Reichold, Hermann: Ein „Ja, aber" zum Streikverbot in den Kirchen und ihren Einrichtungen, NZA 2013, 585–590.

Reichold, Hermann: Streik zur Systemüberwindung oder Systemstabilisierung? ZTR 2012, 315–319.

Reichold, Hermann/Beer, Peter: Eine „Abmahnung" des EuGH mit Folgen – Neue Anforderungen an die kirchliche Personalpolitik nach dem Urteil in der Rechtssache Egenberger aus juristischer und theologischer Sicht, NZA 2018, 681–686.

Richardi: Arbeitsrecht in der Kirche, 7. Aufl., § 4 Rn. 19.

Richardi, Reinhard: Arbeitsrecht in der Kirche, 8. Aufl., München 2020.

Richardi, Reinhard: Janusköpfigkeit der Pflicht zur Gleichbehandlung im Arbeitsrecht, ZfA 2008, 31–50.

Richardi, Reinhard: Kündigung eines Chefarztes eines katholischen Krankenhauses wegen Wiederverheiratung, SAE 2013, 14–17.

Richardi, Reinhard: Das BAG zur Streikfreiheit in kirchlichen Einrichtungen, RdA 2014, 42–47.

Richardi, Reinhard: Betriebsverfassungsrecht, 17. Aufl., München 2022 (zit.: Richardi- BetrVG/*BearbeiterIn*).

Rixen, Stephan: Anmerkung zu einem Beschluss des BVerfG vom 22.10.2014 (2 BvR 661/12) – Zur Frage des Rechts kirchlicher Einrichtungen Mitarbeiter zu kündigen, wenn diese gegen die kirchlichen Pflichten zur Lebensführung verstoßen, JZ 2015, 202–206.

Robbers, Gerhard: Streikrecht in der Kirche. Gutachtliche Stellungnahme für die evangelische Kirche und den Verband der Diözesen Deutschlands, Baden-Baden 2010.

Rolfs, Christian/Giesen, Richard/Kreikenbohm, Ralf/Udsching, Peter (Hrsg.): Beck'scher Onlinekommentar Arbeitsrecht, München 2021 (zit.: BeckOK/*BearbeiterIn*).

Ruffert, Matthias: Die Rechtsprechung des BVerfG zum Privatrecht, JZ 2009, 389.

Runggaldier, Ulrich: Das neue „Antidiskriminierungsrecht" der EU – Bestandsaufnahme und Kritik, in: FS Doralt, Wien 2004, S. 511–528.

Rust, Ursula/Falke, Josef (Hrsg.): AGG, Berlin 2007.

Sachs, Michael (Hrsg.): Grundgesetz, 9. Aufl., München 2021 (zit.: Sachs/*BearbeiterIn*).

Säcker, Franz-Jürgen: „Vernunft statt Freiheit!" – Die Tugendrepublik der neuen Jakobiner – Referentenentwurf eines privatrechtlichen Diskriminierungsgesetzes, ZRP 2002, 286–290.

Säcker, Franz Jürgen/Rixecker, Roland/Oetker, Hartmut/Limperg, Bettina (Hrsg.): Münchener Kommentar zum Bürgerlichen Gesetzbuch, Band 1, München, 9. Aufl. 2021 (zit.: MüKo-BGB/*BearbeiterIn*).

Sagan, Adam: Arbeitsrecht: Unterschiedliche Behandlung von Bewerbern wegen ihrer Konfession im Stellenbesetzungsverfahren eines kirchlichen Arbeitgebers, EuZW 2018, 386–387.

Sagan, Adam: Unionaler Diskriminierungsschutz gegen Kopftuchverbote am Arbeitsplatz, EuZW 2017, 457–461.

Sagan, Adam: Anm. zu EuGH 17.4.2018 – C-414/16 (Egenberger), EuZW 2018, 386–387.

Sagan, Adam: Das Berliner Neutralitätsgesetz vor dem Bundesarbeitsgericht: Ein neues Kapitel im Streit um das Kopftuch am Arbeitsplatz, RdA 2021, 371–375.

Sandhu, Aqilah: Kopftuch/Heilerziehungspflegerin, ZESAR 2019, 172–176.

Sandhu, Aqilah: Das EU-Antidiskriminierungsrecht zwischen ökonomischer und sozialer Integration: Zu den Grenzen unternehmerischer Freiheit, KJ 2017, 517–529.

Sauer, Martin: Kirchliche Selbstbestimmung und deutsche Verfassungsidentität: Überlegungen zum Fall „Egenberger", Verfassungsblog v. 3.5.2019.

Schieder, Rolf: Religion in der pluralistischen Gesellschaft, in: Weyrauch, Martina; Will, Rosemarie (Hrsg.), Religionen – Weltanschauungen – Grundrechte, 2017.

Schlachter, Monika: Kopftuchverbot auf „Kundenwunsch"? – Die Religionsfreiheit als notwendiger Bestandteil der Rechtfertigungsprüfung im Diskriminierungsrecht, EuZA 2018, 173–186.

Schlachter, Monika: Kopftücher und Neutralitätsanordnung – die Religionsfreiheit im Diskriminierungsrecht, ZESAR 2021, 477–483.

Scheusener, Aino/Suckow, Jens/Plum, Martin: AGG, 5. Aufl., Köln 2019.

Schlink, Bernhard: Die Angelegenheiten der Religionsgesellschaften, JZ 2013, 209–218.

Schliemann, Harald: Europa und das deutsche kirchliche Arbeitsrecht, NZA 2003, 407–415.

Schliemann, Harald: Kirchliche Dienstgemeinschaft und Gewerkschaft, ZTR 2013, 414–418.

Schnabel, Patrick: Die Richtlinie 2000/78/EG und das kirchliche Arbeitsrecht in Deutschland, ZfA 2008, 413–443.

Schmidt-Bleibtreu, Bruno/Hofmann, Hans/Henneke, Hans-Günter: GG, 15. Aufl., Köln 2022.

Schoenauer, Andreas: Kirchliche Arbeitnehmer zwischen Loyalität und Diskriminierung, KuR 2012, 30–43.

Schubert, Claudia: Rechtswidrigkeit von Arbeitskampfmaßnahmen in kirchlichen Einrichtungen auf dem Zweiten und Dritten Weg, Jahrbuch des Arbeitsrechts 2013, 101–128.

Schubert, Jens: Religiöse Symbole und Kleidungsstücke am Arbeitsplatz, NJW 2017, 2582–2588.

Schubert, Jens: Die Kirche als Arbeitgeber – Die Folgen von „Egenberger" und „Chefarzt" für Diakonie und Caritas, EuZA 2020, 320–354.

Schubert, Jens/Wolter Henner: Fremdbestimmung des gewerkschaftlichen Streikrechts durch Kirchen – verfassungswidrig?, AuR 2013, 285–290.

Schwab, Norbert/Weth, Stephan (Hrsg.): ArbGG, Köln 2021.

Schwarze, Jürgen/Becker, Ulrich/Hatje, Armin/Schoo, Johann (Hrsg.): EU-Kommentar, 4. Aufl., Baden-Baden 2019 (zit.: *BearbeiterIn*, in Schwarze/Becker/Hatje/Schoo).

Schwendele, Thomas: Der Dritte Weg der Katholischen Kirche und ihrer Caritas kommt in Bewegung, RdA 2017, 189.

Schulte, Axel: Selbstbestimmungsrecht der Kirchen und ihrer Einrichtungen – ein Integrationshindernis in der multireligiösen Einwanderungsgesellschaft? ZAR 2013, 24.

Seeland, Antonia: Das Kopftuch zwischen nationalem und Unionsrecht – Anmerkung zu EuGH v. 15.07.2021 – verb. Rs. C-804/18, C-341/19 – WABE und MH Müller Handel, HSI-Report 3/2021, S. 4–11.

Sprenger, Markus: Anforderungen an Verbote des islamischen Kopftuchs und anderer Formen des offenen religiös-weltanschaulichen Bekenntnissesam Arbeitsplatz, EuZA 2017, 352–369.

Stein, Andreas: Angemessene Vorkehrungen am Arbeitsplatz – auch für Fragen der Religion und Weltanschauung? NZA 2014, 1053–1057.

Stein, Andreas: Kopftuchverbot am Arbeitsplatz – hat der EuGH das letzte Wort gesprochen? NZA 2017, 828–833.

Stein, Peter: Religionsfreiheit, Kopftuch, Arbeit, SR 2018, 107–121.

Stein, Peter: Neutralitätsanordnungen von Arbeitgebern zwischen Unternehmerfreiheit, mittelbarer und unmittelbarer Ungleichbehandlung, RdA 2021, 163–167.

Stein, Peter: Kopftuch – Die neue Runde, SR 2021, 221–232.

Stein, Peter: Diskriminierungsschutz und Kirchenautonomie, ZESAR 2018, 277–283.

Stein, Peter: Der Fall Egenberger - die Kirchen müssen sich bewegen, AuR 2018, 545.

Steinmeyer, Heinz-Dietrich: AGG und kirchliches Arbeitsrecht, in: FS Wank, S. 587–598.

Stern, Klaus/Sachs, Michael (Hrsg.): Europäische Grundrechte-Charta, München 2016 (zit.: Stern/Sachs/ *BearbeiterIn*).

Stiens, Gerhard: Die neue arbeitsrechtliche Grundordnung der katholischen Kirche und ihre Auswirkungen auf die Arbeitsverhältnisse, AuR 2015, 352–354.

Strake, Martin: Streikausschluss in karitativ kirchlichen Einrichtungen durch den Zweiten Weg, AuR 2016, 227–230.

Strake, Martin: Streikausschluss durch den Dritten Weg in karitativ kirchlichen Einrichtungen der katholischen Kirche, NZA 2019, 960–965.

Streinz, Rudolf (Hrsg.): EUV/AEUV, 3. Aufl., München 2018 (zit: Streinz/*Bearbeiterln*).

Sura, Stephan: Kein Verbot religiöser Zeichen bei bloß subjektivem Neutralitätswunsch des Arbeitgebers, DB 2018, 1602.

Thüsing, Gregor: Arbeitsrechtlicher Diskriminierungsschutz, 2. Aufl., München 2013.

Thüsing, Gregor: Kirchliches Arbeitsrecht, Tübingen 2006.

Thüsing, Gregor: Leiharbeitnehmer in Caritas und Diakonie, in FS Richardi, München 2007, S. 989–1005.

Thüsing, Gregor/Fink-Jamann, Daniela/von Hoff, Konrad: Das kirchliche Selbstbestimmungsrecht als Legitimation zur Unterscheidung nach der Religion, ZfA 2009, 153–209.

Thüsing, Gregor/Mathy, Regina: Diskriminierungsschutz von Stellenbewerbern und Auswahlermessen von Einrichtungen mit kirchlichem Auftrag, RIW 2018, 559–564.

Triebel, Matthias: Das Europäische Religionsrecht am Beispiel der arbeitsrechtlichen Antidiskriminierungs-richtlinie 2000/78/EG, Frankfurt am Main 2005.

Unruh, Peter: Religionsverfassungsrecht und Religionspolitik der EU, NVwZ 2011, 1487.

von der Groeben, Hans/Schwarze, Jürgen/Hatje, Armin (Hrsg.): Europäisches Unionsrecht, 7. Aufl., Baden-Baden 2015 (zit.: *Bearbeiterln* in von der Groeben/Schwarz/Hatje).

von Nell-Breuning, Oswald: Arbeitnehmer im kirchlichen Dienst, AuR 1979, 1.

von Roetteken, Torsten: Allgemeines Gleichbehandlungsgesetz, 72. Ergänzungslieferung, Heidelberg 2021.

Voßkuhle, Andreas: Der Rechtsanwalt und das Bundesverfassungsgericht – Aktuelle Herausforderungen der Verfassungsrechtsprechung, NJW 2013, 1329–1392.

Wagenitz, Thomas: Viele Wege führen an Rom vorbei, in: Kohte, Wolfgang/Absenger, Nadine (Hrsg.), Festschrift Armin Höland, 578–599.

Wank, Rolf: Diskriminierung in Europa – Die Umsetzung der europäischen Antidiskriminierungsrichtlinien aus deutscher Sicht, NZA-Beilage 22/2004, 16–26.

Wagner, Stephan: Kopftuch in Beschäftigungsverhältnissen – zu den Auswirkungen der EuGH-Urteile in den Rechtssachen Achbita und Bougnaoui auf den nationalen Grundrechtsschutz, EuR 2018, 724–752.

Walter, Christian/Tremml, Kathrin: Die neue Rechtsprechung des EuGH zur Bedeutung der Religions-freiheit in privaten Arbeitsverhältnissen, NZA 2021, 1453–1457.

Weber, Hermann: Religionsrecht und Religionspolitik der EU, NVwZ 2011, 1485ff.

Weis, Roland: Die Luxemburger Gretchenfrage oder: Ist § 9 AGG europarechtswidrig?, EuZA 2017, 214–227.

Wendeling-Schröder, Ulrike/Stein, Axel: Allgemeines Gleichbehandlungsgesetz, München 2008.

Wieland, Joachim: Die Angelegenheiten der Religionsgesellschaften, 32 –350.

Wiese, Günther/Kreutz, Peter/Oetker, Hartmut/Raab, Thomas/Weber, Christoph/Franzen, Martin/ Gutzeit, Martin/Jacobs, Matthias/Schubert, Claudia (Hrsg.): Betriebsverfassungsgesetz, 12. Aufl., München 2022 (zit.: GK-*BearbeiterIn*).

Wiese, Kirsten: Kopftuch und Burka verlangen differenzierte Lösungen, Grundrechte-Report 2015, 60–64.

Wißmann, Hinnerk: Justitia mit Kopftuch, DRiZ 2016, 224–227.

Dank

Klaus Bertelsmann, Nadine Brandl, Mario Gembus, Alfred Grimm, Saskia Jensch, Ernesto Klengel, Christian Lewek, Klaus Lörcher, C. Mock, Johannes Patett, Amélie Sutterer-Kipping, Antonia Seeland und Ursula Rust danke ich für wertvolle Hinweise.

In der Schriftenreihe des Hugo Sinzheimer Instituts für Arbeits- und Sozialrecht sind zuletzt erschienen:

Band 46 Bernd Waas
Künstliche Intelligenz und Arbeitsrecht
ISBN 978-3-7663-7294-9

Band 45 Victoria Koch-Rust/Gabriele Rosentreter
Rechtsstellung Dual Studierender
ISBN 978-3-7663-7287-1

Band 44 Michael Kittner/Ernesto Klengel
Entstehung des Kündigungsschutzgesetzes
ISBN 978-3-7663-7284-0

Band 43 Thomas Klein/Daniel Klocke/Monika Schlachter
Standort- und Beschäftigungssicherung in Tarifverträgen und Betriebsvereinbarungen
ISBN 978-3-7663-7279-68

Band 42 Achim Seifert
Kollektivverträge für wirtschaftlich abhängige Selbständige und unionsrechtliches Kartellverbot
ISBN 978-3-7663-7220-8

Band 41 Wolfgang Däubler
Interessenvertretung durch Betriebsrat und Gewerkschaften im digitalen Bereich
ISBN 978-3-7663-7188-1

Band 40 Henner Wolter
Arbeitsrecht bei Umstrukturierung von Betrieben und Unternehmen
ISBN 978-3-7663-7167-6

Band 39 Eberhard Eichenhofer
Wirtschaftliche, soziale und kulturelle Menschenrechte
ISBN 978-3-7663-7161-4

Band 38 Olaf Deinert
Betriebsverfassung in Zeiten der Globalisierung
ISBN 978-3-7663-7120-1

Band 37 Rüdiger Krause
Agile Arbeit und Betriebsverfassung
ISBN 978-3-7663-7119-5

Weitere Informationen zur Schriftenreihe:
www.hugo-sinzheimer-institut.de